上饶统计年鉴

SHANGRAO STATISTICAL YEARBOOK

2015

中国统计出版社
China Statistics Press

图书在版编目(CIP)数据

上饶统计年鉴. 2015 / 上饶市统计局编.
——北京:中国统计出版社,2015.9
ISBN 978-7-5037-7605-2

Ⅰ.①上… Ⅱ.①上… Ⅲ.①社会经济统计-统计资料-上饶市-2015-年鉴 Ⅳ.①C832.563-54

中国版本图书馆 CIP 数据核字(2015)第 211215 号

上饶统计年鉴-2015

作　　者 / 上饶市统计局
责任编辑 / 陈越月
装帧设计 / 何　莉
出版发行 / 中国统计出版社
地　　址 / 北京市丰台区西三环南路甲 6 号
邮政编码 / 100073
电　　话 / 邮购 (010) 63376909　书店 (010) 68783171
网　　址 / http: //csp. stats. gov. cn
印　　刷 / 上饶同济印刷厂
经　　销 / 新华书店
开　　本 / 890mm×1240mm　1 / 16
字　　数 / 980 千字
印　　张 / 25.75
印　　数 / 1-1000 册
版　　别 / 2015 年 9 月第 1 版
版　　次 / 2015 年 9 月第 1 次印刷
定　　价 / 230 元

如有印装差错，由本社发行部调换。

《上饶统计年鉴——2015》编辑部

编　者　说　明

一、《上饶统计年鉴——2015》是一本经济信息密集的资料性年刊。它以全面系统的统计资料，介绍了上饶市国民经济和社会发展情况，为各级领导和有关部门了解上饶市情、研究经济发展战略、制定规划和管理经济提供了有参考价值的统计数据；为社会各界组织生产、进行贸易以及进行招商引资决策提供了翔实的统计信息。

二、本《年鉴》以2014年各项统计资料为主，同时对一些主要指标增列了历年或主要年份的数据，全书内容分为16个部分：1、综合；2、人口与计划生育；3、从业人员和职工工资；4、固定资产投资；5、能源生产与消费；6、物价；7、人民生活；8、农业；9、工业；10、建筑业；11、交通、运输、邮电通讯业；12、国内贸易、个私经济；13、对外经济贸易、旅游业；14、财政、金融；15、教育、科技、文化、卫生、体育和其他；16、与江西省及兄弟市对比资料。每篇篇首配有简要说明和内容提要，篇末附有《主要统计指标解释》。

三、本《年鉴》统计数据除特殊说明外，均按"块块统计"原则搜集得到。本《年鉴》表中的符号说明："…"表示数据不足本表最小单位数；"空格"表示该项统计指标数据不详或无该项数据；"#"表示其中的主要项。

四、在本《年鉴》编印过程中，得到了有关领导和有关部门的大力支持，在此一并表示感谢。为使今后的《年鉴》编印工作不断改进和完善，更好地满足社会各界的需求，希望广大读者提出宝贵意见和建议。

目　　录

一、综　　合

二、人口

三、从业人员和职工工资

四、固定资产投资

五、能源生产与消费

六、物　　价

七、人民生活

八、农　　业

九、工　　业

十、建筑业

十一、交通、运输、邮电通讯业

十二、国内贸易、个私经济

十三、对外经济贸易、旅游业

十四、财政、金融

十五、教育、科技、文化、卫生、体育、其他

十六、江西省及兄弟市对比资料

一、综　　合

简要说明

●本篇资料包括国民经济综合资料、国民经济核算资料、行政区划和气象方面等内容。

●本篇有关行政区划的资料来源于市民政局；生产总值数据来源于统计部门国民经济核算统计年报；气象资料来源于市气象局。

内容提要

●土地面积22791平方公里，设1个县级市，1个区，10个县，206个乡、镇、街道办事处。

●2014年，地区生产总值1550.24亿元，比2013年可比增长9.9%。其中第一产业213.26亿元，增长4.5%；第二产业779.01亿元，增长11.2%；第三产业557.97亿元，增长10.0%。

本篇资料整理、校对

何莉、王忠诚、周泱成、林嵩

2014年国民经济和社会发展统计公报[1]

中华人民共和国国家统计局

（2015年2月26日）

2014年，面对复杂多变的国际环境和艰巨繁重的国内发展改革稳定任务，党中央、国务院团结带领全国各族人民，牢牢把握国内外发展大势，坚持稳中求进工作总基调，全力推进改革开放，着力创新宏观调控，奋力激发市场活力，努力培育创新动力，国民经济在新常态下平稳运行，结构调整出现积极变化，发展质量不断提高，民生事业持续改善，实现了经济社会持续稳定发展。

一、综合

年末全国大陆总人口为136782万人，比上年末增加710万人，其中城镇常住人口为74916万人，占总人口比重为54.77%。全年出生人口1687万人，出生率为12.37‰；死亡人口977万人，死亡率为7.16‰；自然增长率为5.21‰。全国人户分离的人口[2]为2.98亿人，其中流动人口[3]为2.53亿人。

表1　2014年年末人口数及其构成

指　　标	年末数(万人)	比重%
全国总人口	136782	100.0
其中：城镇	74916	54.77
乡村	61866	45.23
其中：男性	70079	51.2
女性	66703	48.8
其中：0－15岁(含不满16周岁)[4]	23957	17.5
16－59岁(含不满60周岁)	91583	67.0
60周岁及以上	21242	15.5
其中：65周岁及以上	13755	10.1

国民经济稳定增长。初步核算，全年国内生产总值[5]636463亿元，比上年增长7.4%。其中，第一产业增加值58332亿元，增长4.1%；第二产业增加值271392亿元，增长7.3%；第三产业增加值306739亿元，增长8.1%。第一产业增加值占国内生产总值的比重为9.2%，第二产业增加值比重为42.6%，第三产业增加值比重为48.2%。

图1　2010-2014年国内生产总值及其增长速度

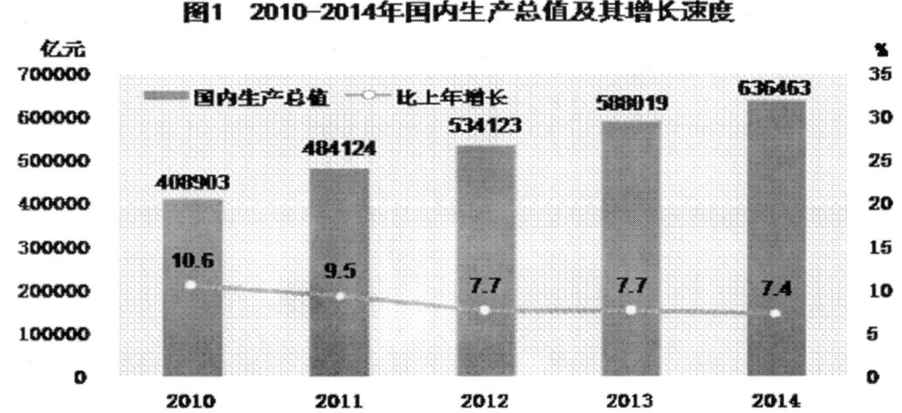

就业继续增加。年末全国就业人员77253万人,其中城镇就业人员39310万人。全年城镇新增就业1322万人。年末城镇登记失业率为4.09%。全国农民工[6]总量为27395万人,比上年增长1.9%。其中,外出农民工16821万人,增长1.3%;本地农民工10574万人,增长2.8%。

图2 2010-2014年城镇新增就业人数

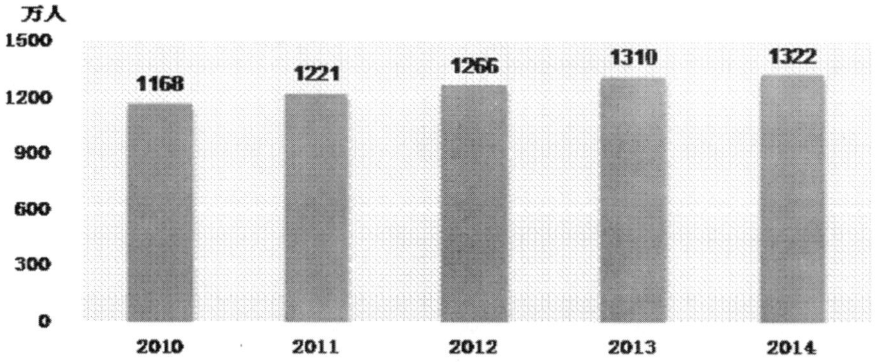

万人
1500
1200
900
600
300
0
1168
1221
1266
1310
1322
2010
2011
2012
2013
2014

劳动生产率稳步提高。全年国家全员劳动生产率[7]为72313元/人,比上年提高7.0%。

图3 2010-2014年国家全员劳动生产率

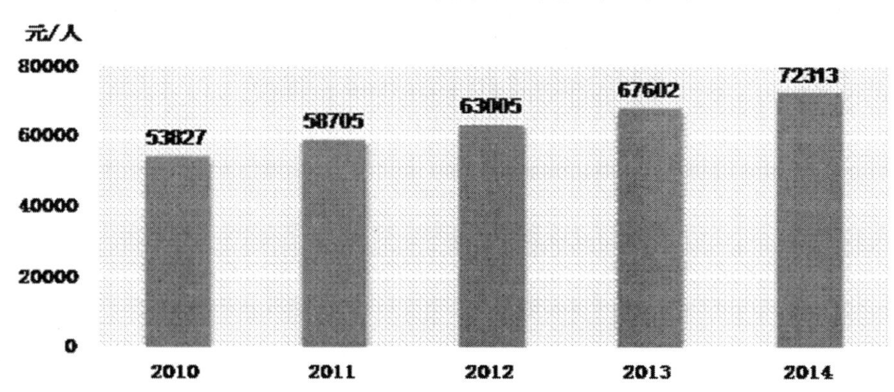

价格水平涨幅较低。全年居民消费价格比上年上涨2.0%,其中食品价格上涨3.1%。固定资产投资价格上涨0.5%。工业生产者出厂价格下降1.9%。工业生产者购进价格下降2.2%。农产品生产者价格[8]下降0.2%。

图4 2014年居民消费价格月度涨跌幅度

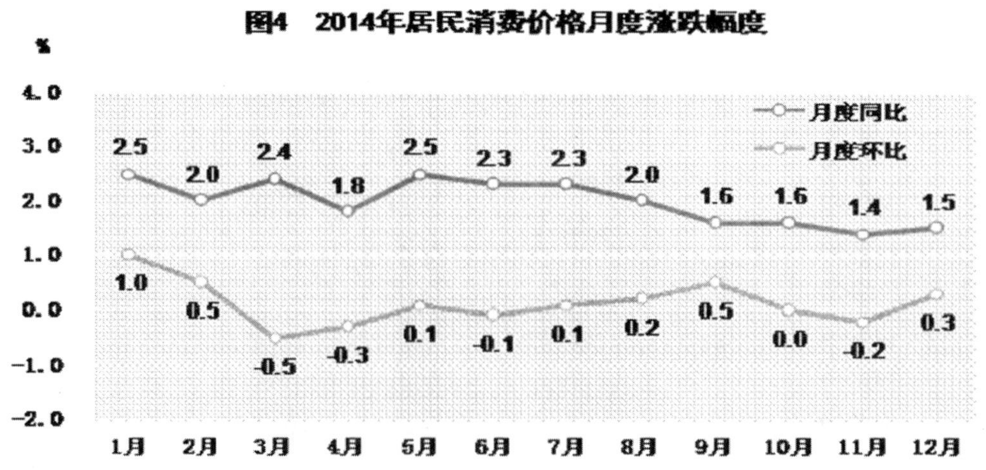

表 2:2014 年居民消费价格比上年涨跌幅度 单位:%

指　　标	全　国	城　市	农　村
居民消费价格	2.0	2.1	1.8
其中:食 品	3.1	3.3	2.6
烟酒及用品	-0.6	-0.7	-0.5
衣　着	2.4	2.4	2.4
家庭设备用品及维修服务	1.2	1.2	1.2
医疗保健和个人用品	1.3	1.2	1.5
交通和通信	-0.1	-0.2	0.0
娱乐教育文化用品及服务	1.9	1.9	1.7
居　住[9]	2.0	2.1	1.9

70 个大中城市新建商品住宅销售价格月同比上涨城市个数上半年各月均为 69 个,下半年月同比上涨城市个数逐月减少, 12 月份为 2 个,月同比价格下降城市个数增加至 68 个。

图5　2014年新建商品住宅月同比价格上涨、持平、下降城市个数变化情况

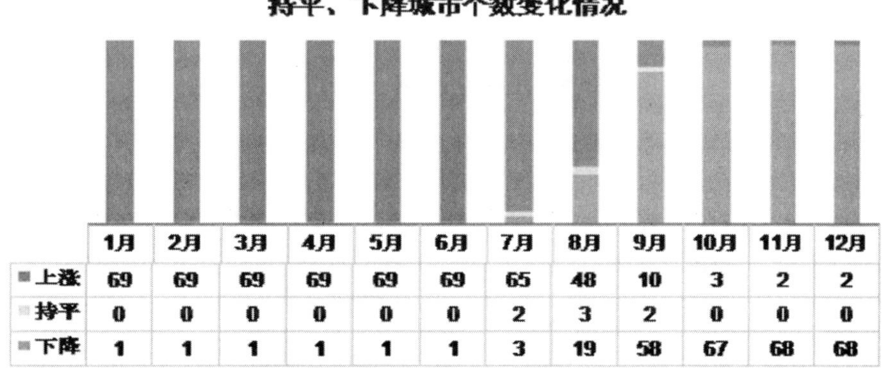

	1月	2月	3月	4月	5月	6月	7月	8月	9月	10月	11月	12月
上涨	69	69	69	69	69	69	65	48	10	3	2	2
持平	0	0	0	0	0	0	2	3	2	0	0	0
下降	1	1	1	1	1	1	3	19	58	67	68	68

财政收入稳定增长。全年全国一般公共财政收入 140350 亿元,比上年增加 11140 亿元,增长 8.6%,其中税收收入 119158 亿元,增加 8627 亿元,增长 7.8%。

图6　2010-2014年全国一般公共财政收入

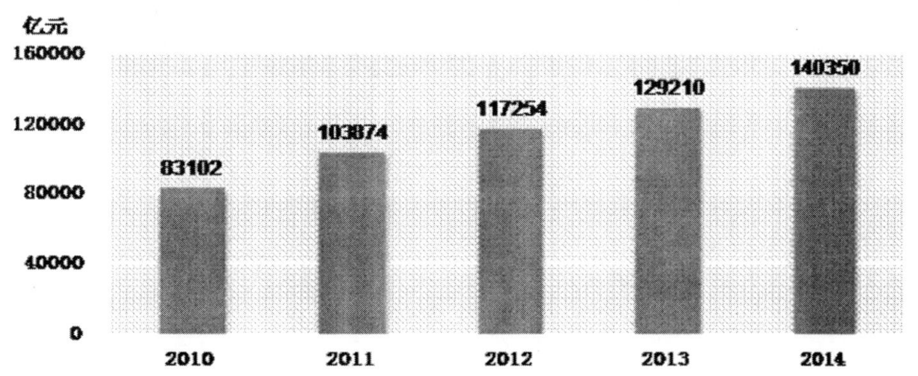

注:图中 2010 年至 2013 年数据为全国一般公共财政收入决算数,2014 年为执行数。

外汇储备略有增加。年末国家外汇储备 38430 亿美元,比上年末增加 217 亿美元。全年人民币平均汇率为 1 美元兑 6.1428 元人民币,比上年升值 0.8%。

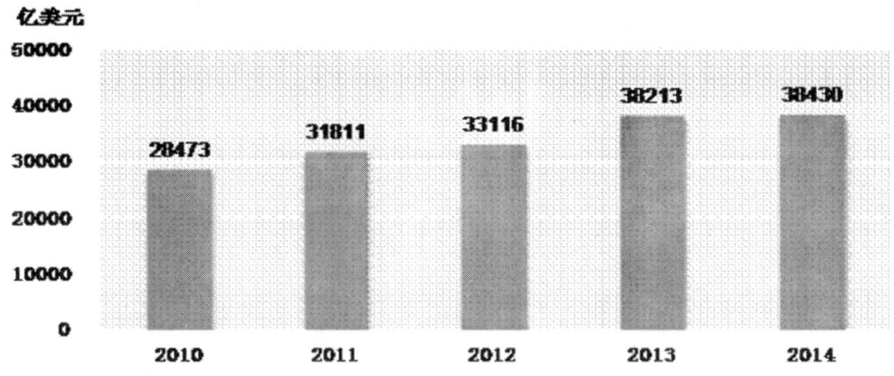

图7 2010-2014年年末国家外汇储备

二、农业

全年粮食种植面积11274万公顷，比上年增加78万公顷。棉花种植面积422万公顷，减少13万公顷。油料种植面积1408万公顷，增加6万公顷。糖料种植面积191万公顷，减少9万公顷。

粮食再获丰收。全年粮食产量60710万吨，比上年增加516万吨，增产0.9%。其中，夏粮产量13660万吨，增产3.6%；早稻产量3401万吨，减产0.4%；秋粮产量43649万吨，增产0.1%。全年谷物产量55727万吨，比上年增产0.8%。其中，稻谷产量20643万吨，增产1.4%；小麦产量12617万吨，增产3.5%；玉米产量21567万吨，减产1.3%。

图8 2010-2014年粮食产量

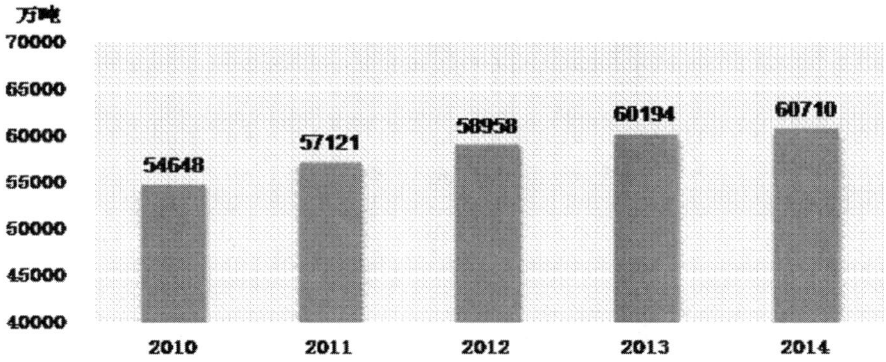

万吨

年份	2010	2011	2012	2013	2014
粮食产量	54648	57121	58958	60194	60710

全年棉花产量616万吨，比上年减产2.2%。油料产量3517万吨，与上年持平。糖料产量13403万吨，减产2.5%。茶叶产量209万吨，增产8.7%。

全年肉类总产量8707万吨，比上年增长2.0%。其中，猪肉产量5671万吨，增长3.2%；牛肉产量689万吨，增长2.4%；羊肉产量428万吨，增长4.9%；禽肉产量1751万吨，下降2.7%。禽蛋产量2894万吨，增长0.6%。牛奶产量3725万吨，增长5.5%。年末生猪存栏46583万头，下降1.7%；生猪出栏73510万头，增长2.7%。

全年水产品产量6450万吨，比上年增长4.5%。其中，养殖水产品产量4762万吨，增长4.9%；捕捞水产品产量1688万吨，增长3.5%。

全年木材产量8178万立方米，比上年下降3.1%。

全年新增耕地灌溉面积132万公顷，新增节水灌溉面积223万公顷。

三、工业和建筑业

工业生产平稳增长。全年全部工业增加值227991亿元，比上年增长7.0%。规模以上工业增加值增长8.3%。在规模以上工业中，分经济类型看，国有及国有控股企业增长4.9%；集体企业增长1.7%，股份制企业增长9.7%，外商及港澳台商投资企业增长6.3%；私营企业增长10.2%。分门类看，采矿业增长4.5%，制造业增长9.4%,电力、热力、燃气及水生产和供应业增长3.2%。

图9 2010-2014年全部工业增加值及其增长速度

全年规模以上工业中,农副食品加工业增加值比上年增长7.7%,纺织业增长6.7%,通用设备制造业增长9.1%,专用设备制造业增长6.9%,汽车制造业增长11.8%,计算机、通信和其他电子设备制造业增长12.2%,电气机械和器材制造业增长9.4%。六大高耗能行业增加值比上年增长7.5%。其中,非金属矿物制品业增长9.3%,化学原料和化学制品制造业增长10.3%,有色金属冶炼和压延加工业增长12.4%,黑色金属冶炼和压延加工业增长6.2%,电力、热力生产和供应业增长2.2%,石油加工、炼焦和核燃料加工业增长5.4%。高技术制造业[10]增加值比上年增长12.3%,占规模以上工业增加值的比重为10.6%。装备制造业[11]增加值增长10.5%,占规模以上工业增加值的比重为30.4%。

表3:2014年主要工业产品产量及其增长速度[12]

产　品　名　称	单　位	产　量	比上年增长%
纱	万吨	3379.2	5.6
布	亿米	893.7	-0.4
化学纤维	万吨	4389.8	5.5
成品糖	万吨	1642.7	3.1
卷　烟	亿支	26098.5	1.9
彩色电视机	万台	14128.9	10.9
其中:液晶电视机	万台	13865.9	13.3
家用电冰箱	万台	8796.1	-5.0
房间空气调节器	万台	14463.3	10.7
一次能源生产总量	亿吨标准煤	36.0	0.5
原　煤	亿吨	38.7	-2.5
原　油	万吨	21142.9	0.7
天然气[13]	亿立方米	1301.6	7.7
发电量	亿千瓦小时	56495.8	4.0
其中:火电	亿千瓦小时	42337.3	-0.3
水　电	亿千瓦小时	10643.4	15.7
核　电	亿千瓦小时	1325.4	18.8
粗　钢	万吨	82269.8	1.2
钢　材[14]	万吨	112557.2	4.0
十种有色金属	万吨	4380.1	7.4
其中:精炼铜(电解铜)	万吨	764.4	15.0

产　品　名　称	单　位	产　量	比上年增长%
原铝(电解铝)	万吨	2435.8	10.3
氧化铝	万吨	4777.3	7.3
水　泥	亿吨	24.8	2.3
硫　酸(折100%)	万吨	8846.3	8.5
纯　碱	万吨	2514.2	3.4
烧　碱(折100%)	万吨	3059.0	4.5
乙　烯	万吨	1696.7	6.1
化　肥(折100%)	万吨	6887.2	-2.0
发电机组(发电设备)	万千瓦	15053.0	6.0
汽　车	万辆	2372.5	7.3
其中:基本型乘用车(轿车)	万辆	1248.3	3.1
大中型拖拉机	万台	64.4	-3.3
集成电路	亿块	1015.5	12.4
程控交换机	万线	3123.1	15.7
移动通信手持机	万台	162719.8	6.8
微型计算机设备	万台	35079.6	-0.8

年末全国发电装机容量136019万千瓦,比上年末增长8.7%。其中[15],火电装机容量91569万千瓦,增长5.9%;水电装机容量30183万千瓦,增长7.9%;核电装机容量1988万千瓦,增长36.1%;并网风电装机容量9581万千瓦,增长25.6%;并网太阳能发电装机容量2652万千瓦,增长67.0%。

全年规模以上工业企业实现利润64715亿元,比上年增长3.3%,其中国有及国有控股企业14007亿元,下降5.7%;集体企业538亿元,增长0.4%,股份制企业42963亿元,增长1.6%,外商及港澳台商投资企业15972亿元,增长9.5%;私营企业22323亿元,增长4.9%。

全年全社会建筑业增加值44725亿元,比上年增长8.9%。全国具有资质等级的总承包和专业承包建筑业企业实现利润6913亿元,增长13.7%,其中国有及国有控股企业1639亿元,增长11.7%。

图10　2010-2014年建筑业增加值及其增长速度

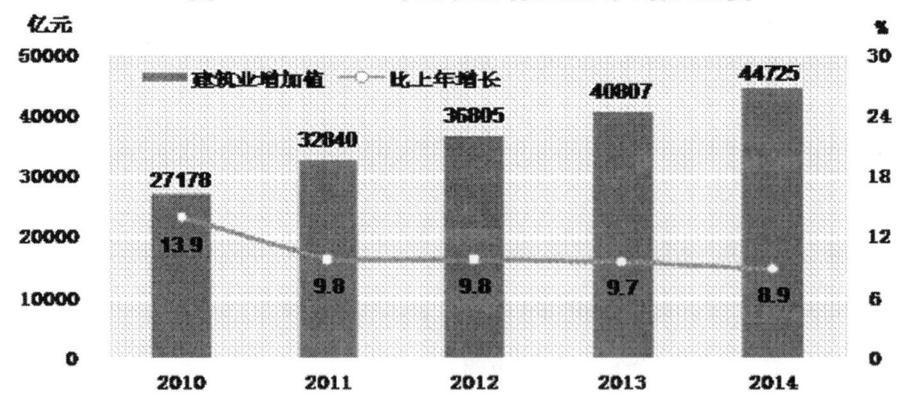

四、固定资产投资

固定资产投资增速放缓。全年全社会固定资产投资512761亿元,比上年增长15.3%[16],扣除价格因素,实际增长14.7%。其中,固定资产投资(不含农户)502005亿元,增长15.7%,农户投资10756亿元,增长2.0%。东部地区投资[17]206454亿元,比上年增长15.4%;中部地区投资124112亿元,增长17.6%;西部地区投资129171亿元,增长17.2%;东北地区投资46096亿元,增长2.7%。

图11 2010-2014年全社会固定资产投资

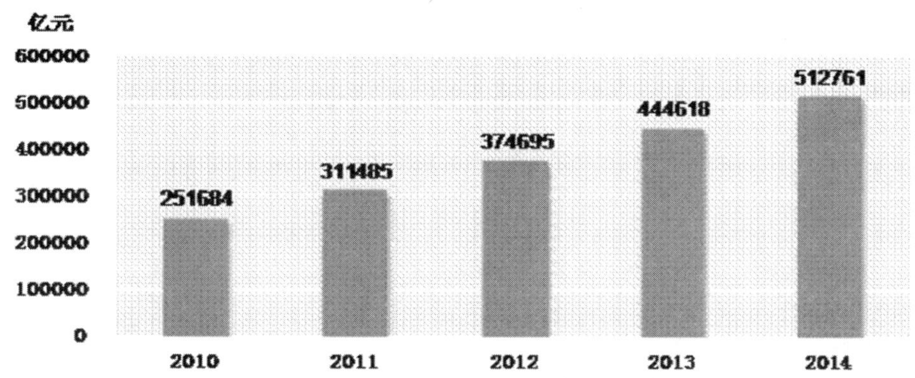

在固定资产投资(不含农户)中,第一产业投资11983亿元,比上年增长33.9%;第二产业投资208107亿元,增长13.2%;第三产业投资281915亿元,增长16.8%。民间固定资产投资[18]321576亿元,增长18.1%,占固定资产投资(不含农户)的比重为64.1%。

表4:2014年分行业固定资产投资(不含农户)及其增长速度

行　　业	投资额(亿元)	比上年增长(%)
总　计	502005	15.7
农、林、牧、渔业	14697	31.3
采矿业	14681	0.7
制造业	166918	13.5
电力、热力、燃气及水生产和供应业	22916	17.1
建筑业	4450	27.2
批发和零售业	15669	25.7
交通运输、仓储和邮政业	42984	18.6
住宿和餐饮业	6237	4.2
信息传输、软件和信息技术服务业	4187	38.6
金融业	1360	10.5
房地产业[19]	123690	11.1
租赁和商务服务业	7970	36.2
科学研究和技术服务业	4205	34.7
水利、环境和公共设施管理业	46274	23.6
居民服务、修理和其他服务业	2262	14.2
教育	6678	24.0
卫生和社会工作	3983	27.6
文化、体育和娱乐业	6192	18.9
公共管理、社会保障和社会组织	6652	13.6

表5:2014年固定资产投资新增主要生产与运营能力

指　　标	单位	绝对数
新增220千伏及以上变电设备	万千伏安	22394
新建铁路投产里程	公里	8427
其中:高速铁路[20]	公里	5491
增、新建铁路复线投产里程	公里	7892

指　　标	单位	绝对数
电气化铁路投产里程	公里	8653
新建公路里程	公里	65260
其中:高速公路	公里	7394
港口万吨级码头泊位新增吞吐能力	万吨	43553
新增民用运输机场	个	9
新增光缆线路长度	万公里	301

全年房地产开发投资95036亿元,比上年增长10.5%。其中,住宅投资64352亿元,增长9.2%;办公楼投资5641亿元,增长21.3%;商业营业用房投资14346亿元,增长20.1%。

全年全国城镇保障性安居工程基本建成住房511万套,新开工740万套。

表6:2014年房地产开发和销售主要指标完成情况及其增长速度

指　　标	单　位	绝对数	比上年增长%
投资额	亿元	95036	10.5
其中:住宅	亿元	64352	9.2
其中:90平方米及以下	亿元	20335	4.6
房屋施工面积	万平方米	726482	9.2
其中:住宅	万平方米	515096	5.9
房屋新开工面积	万平方米	179592	-10.7
其中:住宅	万平方米	124877	-14.4
房屋竣工面积	万平方米	107459	5.9
其中:住宅	万平方米	80868	2.7
商品房销售面积	万平方米	120649	-7.6
其中:住宅	万平方米	105182	-9.1
本年到位资金	亿元	121991	-0.1
其中:国内贷款	亿元	21243	8.0
其中:个人按揭贷款	亿元	13665	-2.6

五、国内贸易

市场销售稳定增长。全年社会消费品零售总额[21]262394亿元,比上年增长12.0%,扣除价格因素,实际增长10.9%。按经营地统计,城镇消费品零售额226368亿元,增长11.8%;乡村消费品零售额36027亿元,增长12.9%。按消费类型统计,商品零售额234534亿元,增长12.2%;餐饮收入额27860亿元,增长9.7%。

图12　2010-2014年社会消费品零售总额

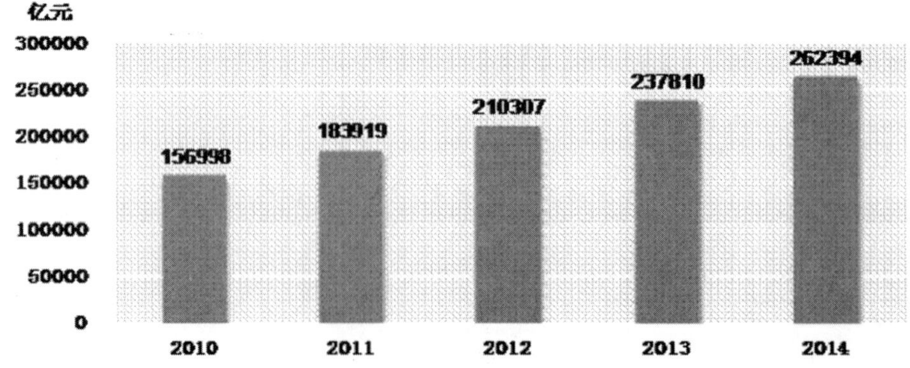

在限额以上企业商品零售额中,粮油、食品、饮料、烟酒类零售额比上年增长11.1%,服装、鞋帽、针纺织

品类增长 10.9%，化妆品类增长 10.0%，金银珠宝类与上年持平，日用品类增长 11.6%，家用电器和音像器材类增长 9.1%，中西药品类增长 15.0%，文化办公用品类增长 11.6%，家具类增长 13.9%，通讯器材类增长 32.7%，石油及制品类增长 6.6%，建筑及装潢材料类增长 13.9%，汽车类增长 7.7%。

全年网上零售额[22] 27898 亿元，比上年增长 49.7%，其中限额以上单位网上零售额 4400 亿元，增长 56.2%。

六、对外经济[23]

全年货物进出口总额 264334 亿元，比上年增长 2.3%。其中，出口 143912 亿元，增长 4.9%；进口 120423 亿元，下降 0.6%。进出口差额(出口减进口)23489 亿元，比上年增加 7395 亿元。

图13 2010-2014年货物进出口总额

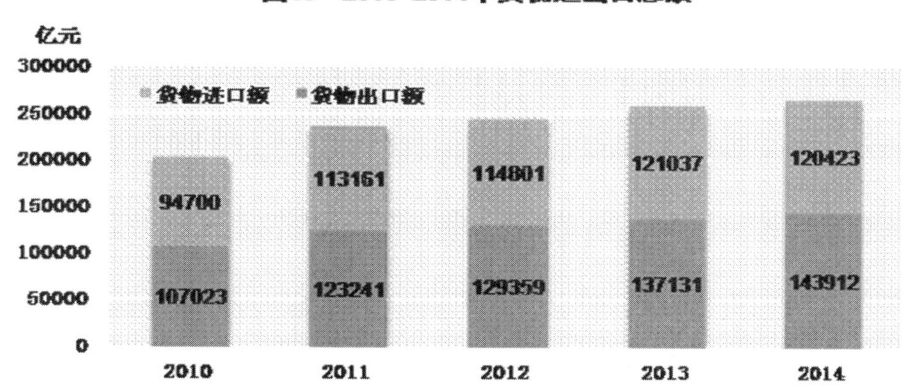

表 7:2014 年货物进出口总额及其增长速度

指　　标	金额(亿元)	比上年增长(%)
货物进出口总额	264334	2.3
货物出口额	143912	4.9
其中:一般贸易	73944	9.6
加工贸易	54320	1.8
其中:机电产品	80527	2.6
高新技术产品	40570	-1.0
货物进口额	120423	-0.6
其中:一般贸易	68162	-1.0
加工贸易	32211	4.5
其中:机电产品	52509	0.7
高新技术产品	33876	-2.2
进出口差额(出口减进口)	23489	—

表 8:2014 年主要商品出口数量、金额及其增长速度

商品名称	单　位	数　量	比上年增长%	金　额(亿元)	比上年增长%
煤(包括褐煤)	万吨	574	-23.5	43	-35.5
钢材	万吨	9378	50.5	4350	31.6
纺织纱线、织物及制品	—	—	—	6888	3.8
服装及衣着附件	—	—	—	11445	4.2
鞋类	—	—	—	3455	9.7
家具及其零件	—	—	—	3195	-0.7

商品名称	单　位	数　量	比上年增长%	金　额（亿元）	比上年增长%
自动数据处理设备及其部件	万台	191836	2.6	11159	-1.3
手持或车载无线电话	万台	131199	10.6	7085	20.2
集装箱	万个	302	12.1	553	13.0
液晶显示板	万个	245080	-25.0	1952	-12.4
汽车	万辆	90	-2.8	770	3.5

表 9:2014 年主要商品进口数量、金额及其增长速度

商品名称	数量（万吨）	比上年增长(%)	金　额（亿元）	比上年增长(%)
谷物及谷物粉	1951	33.8	382	20.7
大豆	7140	12.7	2474	5
食用植物油	650	-19.7	364	-27.3
铁矿砂及其精矿	93251	13.8	5748	-12.8
氧化铝	528	37.7	118	35.5
煤(包括褐煤)	29122	-10.9	1366	-24.4
原油	30838	9.5	14017	2.8
成品油	3000	-24.2	1439	-27.7
初级形状的塑料	2535	3.0	3167	4.0
纸浆	1796	6.6	741	4.9
钢材	1443	2.5	1101	4.0
未锻轧铜及铜材	483	7.4	2188	0.8

全年服务进出口[24]总额 6043 亿美元,比上年增长 12.6%。其中,服务出口 2222 亿美元,增长 7.6%;服务进口 3821 亿美元,增长 15.8%。服务进出口逆差 1599 亿美元。

表 10:2014 年对主要国家和地区货物进出口额及其增长速度

国家和地区	出口额(亿元)	比上年增长%	进口额(亿元)	比上年增长%
欧盟	22787	8.3	15031	9.7
美国	24328	6.4	9764	3.1
东盟	16712	10.3	12794	3.3
中国香港	22307	-6.6	792	-21.5
日本	9187	-1.4	10027	-0.5
韩国	6162	8.9	11677	2.8
中国台湾	2843	12.7	9337	-3.9
俄罗斯	3297	7.2	2555	3.7
印度	3331	10.7	1005	-4.6

全年非金融领域新设立外商直接投资企业 23778 家,比上年增长 4.4%。实际使用外商直接投资金额 7364 亿元,按美元计价为 1196 亿美元,增长 1.7%。

表 11:2014 年非金融领域外商直接投资及其增长速度

行　　业	企业数（家）	比上年增长%	实际使用金额(亿美元)	比上年增长%
总计	23778	4.4	1195.6	1.7
其中:农、林、牧、渔业	719	-5.0	15.2	-15.4
制造业	5178	-20.4	399.4	-12.3
电力、燃气及水生产和供应业	208	4.0	22.0	-9.3
交通运输、仓储和邮政业	376	-6.2	44.6	5.7
信息传输、计算机服务和软件业	981	23.2	27.6	-4.4
批发和零售业	7978	8.6	94.6	-17.8
房地产业	446	-15.9	346.3	20.2
租赁和商务服务业	3963	18.0	124.9	20.5
居民服务和其他服务业	181	9.0	7.2	9.3

全年非金融领域对外直接投资额 6321 亿元,按美元计价为 1029 亿美元,比上年增长 14.1%。

表 12:2014 年非金融领域对外直接投资额及其增长速度

行 业	对外直接投资金额（亿美元）	比上年增长（%）
总　　计	1028.9	14.1
其中:农、林、牧、渔业	17.4	19.2
采矿业	193.3	-4.1
制造业	69.6	-19.8
电力、热力、燃气及水生产和供应业	18.4	36.3
建筑业	70.2	7.5
批发和零售业	172.7	26.3
交通运输、仓储和邮政业	29.3	17.2
信息传输、软件和信息技术服务业	17	100
房地产业	30.9	45.8
租赁和商务服务业	372.5	26.5

全年对外承包工程业务完成营业额 8748 亿元,按美元计价为 1424 亿美元,比上年增长 3.8%。对外劳务合作派出各类劳务人员 56.2 万人,增长 6.6%。

七、交通、邮电和旅游

交通运输平稳增长。全年货物运输总量 439 亿吨,比上年增长 7.1%。货物运输周转量 184619 亿吨公里,增长 9.9%。全年规模以上港口完成货物吞吐量 111.6 亿吨,比上年增长 4.8%,其中外贸货物吞吐量 35.2 亿吨,增长 5.9%。规模以上港口集装箱吞吐量 20093 万标准箱,增长 6.1%。

表 13:2014 年各种运输方式完成货物运输量及其增长速度

指　　标	单　位	绝对数	比上年增长%
货物运输总量	亿 吨	439.1	7.1
铁路	亿 吨	38.1	-3.9
公路	亿 吨	334.3	8.7
水运	亿 吨	59.6	6.4
民航	万 吨	593.3	5.7
管道	亿 吨	6.9	5.2
货物运输周转量	亿吨公里	184619.2	9.9

指　　标	单　位	绝对数	比上年增长%
铁路	亿吨公里	27530.2	-5.6
公路	亿吨公里	61139.1	9.7
水运	亿吨公里	91881.1	15.7
民航	亿吨公里	186.1	9.3
管道	亿吨公里	3882.7	10.9

全年旅客运输总量221亿人次,比上年增长3.9%。旅客运输周转量29994亿人公里,增长8.8%。

表14:2014年各种运输方式完成旅客运输量及其增长速度

指　　标	单　位	绝对数	比上年增长%
旅客运输总量	亿人次	220.7	3.9
铁路	亿人次	23.6	11.9
公路	亿人次	190.5	2.8
水运	亿人次	2.6	12.3
民航	亿人次	3.9	10.6
旅客运输周转量	亿人公里	29994.2	8.8
铁路	亿人公里	11604.8	9.5
公路	亿人公里	11981.7	6.5
水运	亿人公里	74.4	8.9
民航	亿人公里	6333.3	12.0

年末全国民用汽车保有量达到15447万辆(包括三轮汽车和低速货车972万辆),比上年末增长12.4%,其中私人汽车保有量12584万辆,增长15.5%。民用轿车保有量8307万辆,增长16.6%,其中私人轿车7590万辆,增长18.4%。

邮电业务快速增长。全年完成邮电业务总量[25]21846亿元,比上年增长19.0%。其中,邮政业务总量3696亿元,增长35.6%;电信业务总量18150亿元,增长16.1%。邮政业全年完成邮政函件业务56.1亿件,包裹业务0.6亿件,快递业务量139.6亿件;快递业务收入2045亿元。电信业全年新增移动电话交换机容量[26]7980万户,达到204537万户。年末全国电话用户总数达到153552万户,其中固定电话用户24943万户,移动电话用户128609万户。固定电话普及率下降至18.3部/百人,移动电话普及率上升至94.5部/百人。固定互联网宽带接入用户[27]20048万户,比上年增加1157万户;移动宽带用户[28]58254万户,增加18093万户。互联网上网人数6.49亿人,增加3117万人,其中手机上网人数[29]5.57亿人,增加5672万人。互联网普及率达到47.9%。

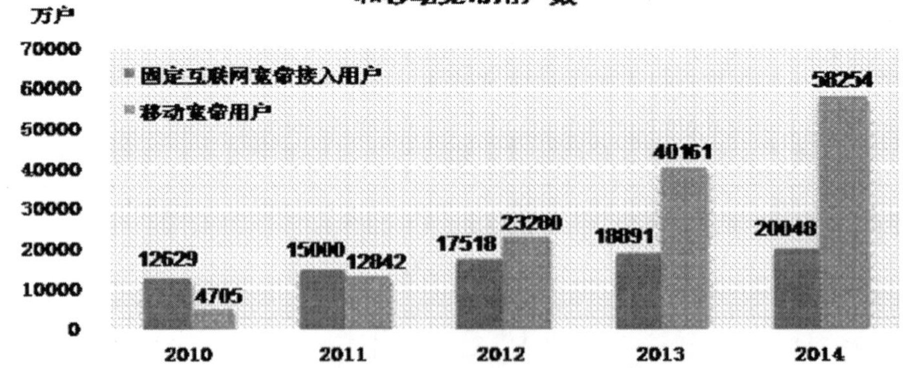

全年国内游客36.1亿人次,比上年增长10.7%,国内旅游收入30312亿元,增长15.4%。入境游客12849万人次,下降0.5%。其中,外国人2636万人次,增长0.3%;香港、澳门和台湾同胞10213万人次,下降0.6%。在入境游客中,过夜游客5562万人次,与上年基本持平。国际旅游外汇收入569亿美元,增长10.2%。国内

居民出境11659万人次，增长18.7%，其中因私出境11003万人次，增长19.6%。

八、金融

金融市场运行总体平稳。年末广义货币供应量(M2)余额为122.8万亿元，比上年末增长12.2%；狭义货币供应量(M1)余额为34.8万亿元，增长3.2%；流通中货币(M0)余额为6.0万亿元，增长2.9%。

全年社会融资规模[30]为16.5万亿元，按可比口径计算，比上年少8598亿元。年末全部金融机构本外币各项存款余额117.4万亿元，比年初增加10.2万亿元，其中人民币各项存款余额113.9万亿元，增加9.5万亿元。全部金融机构本外币各项贷款余额86.8万亿元，增加10.2万亿元，其中人民币各项贷款余额81.7万亿元，增加9.8万亿元。

表15:2014年年末全部金融机构本外币存贷款及其增长速度

指　　标	年末数(亿元)	比上年末增长(%)
各项存款余额	1173735	9.6
其中:住户存款	506890	8.9
其中:人民币	502504	8.9
非金融企业存款	400420	5.4
各项贷款余额	867868	13.3
其中:境内短期贷款	336371	7.9
境内中长期贷款	471818	15.0

年末主要农村金融机构(农村信用社、农村合作银行、农村商业银行)人民币贷款余额105742亿元，比年初增加14105亿元。全部金融机构人民币消费贷款余额153660亿元，增加23938亿元。其中，个人短期消费贷款余额32491亿元，增加5902亿元；个人中长期消费贷款余额121169亿元，增加18037亿元。

全年上市公司通过境内市场累计筹资8397亿元，比上年增加1512亿元。其中，首次公开发行A股125只，筹资669亿元；A股再筹资(包括配股、公开增发、非公开增发[31]、认股权证)4165亿元，增加1362亿元；上市公司通过发行可转债、可分离债、公司债、中小企业私募债筹资3563亿元，减少519亿元。全年公开发行创业板股票51只，筹资159亿元。

全年发行公司信用类债券[32]5.15万亿元，比上年增加1.48万亿元。

全年保险公司原保险保费收入[33]20235亿元，比上年增长17.5%。其中，寿险业务原保险保费收入10902亿元，健康险和意外伤害险业务原保险保费收入2130亿元，财产险业务原保险保费收入7203亿元。支付各类赔款及给付7216亿元。其中，寿险业务给付2728亿元，健康险和意外伤害险赔款及给付700亿元，财产险业务赔款3788亿元。

九、人民生活和社会保障

城乡居民收入继续增加。全年全国居民人均可支配收入20167元，比上年增长10.1%，扣除价格因素，实际增长8.0%。按常住地分，城镇居民人均可支配收入[34]28844元，比上年增长9.0%，扣除价格因素，实际增长6.8%；城镇居民人均可支配收入中位数[35]为26635元，增长10.3%。农村居民人均可支配收入10489元，比上年增长11.2%，扣除价格因素，实际增长9.2%；农村居民人均可支配收入中位数为9497元，增长12.7%。全年农村居民人均纯收入为9892元。全国居民人均消费支出14491元，比上年增长9.6%，扣除价格因素，实际增长7.5%。按常住地分，城镇居民人均消费支出19968元，增长8.0%，扣除价格因素，实际增长5.8%；农村居民人均消费支出8383元，增长12.0%，扣除价格因素，实际增长10.0%。

社会保障建设取得新进展。年末全国参加城镇职工基本养老保险人数34115万人，比上年末增加1897万人。参加城乡居民基本养老保险人数50107万人，增加357万人。参加基本医疗保险人数59774万人，增加2702万人。其中，参加职工基本医疗保险人数28325万人，增加882万人；参加居民基本医疗保险人数31449万人，增加1820万人。参加失业保险人数17043万人，增加626万人。年末全国领取失业保险金人数207万人。参加工伤保险人数20621万人，增加703万人，其中参加工伤保险的农民工7362万人，增加98万人。参加生育保险人数17035万人，增加643万人。按照年人均收入2300元(2010年不变价)的农村扶贫标准计算，2014年农村贫困人口为7017万人，比上年减少1232万人。

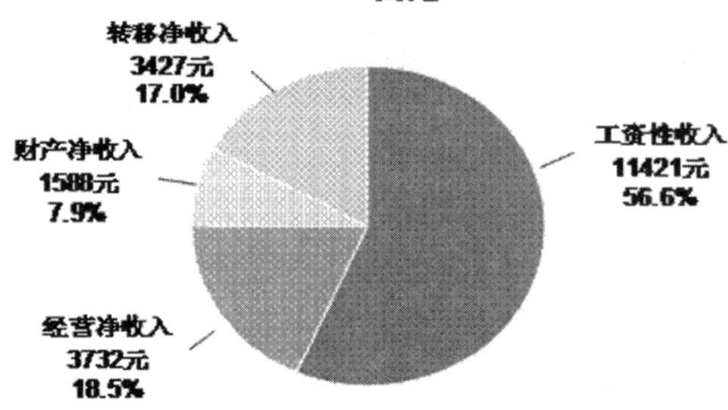

十、教育、科学技术和文化体育

教育科技和文化体育事业较快发展。全年研究生招生 62.1 万人，在学研究生 184.8 万人，毕业生 53.6 万人。普通本专科招生 721.4 万人，在校生 2547.7 万人，毕业生 659.4 万人。中等职业教育[36]招生 628.9 万人，在校生 1802.9 万人，毕业生 633.0 万人。普通高中招生 796.6 万人，在校生 2400.5 万人，毕业生 799.6 万人。初中招生 1447.8 万人，在校生 4384.6 万人，毕业生 1413.5 万人。普通小学招生 1658.4 万人，在校生 9451.1 万人，毕业生 1476.6 万人。特殊教育招生 7.1 万人，在校生 39.5 万人，毕业生 4.9 万人。幼儿园在园幼儿 4050.7 万人。

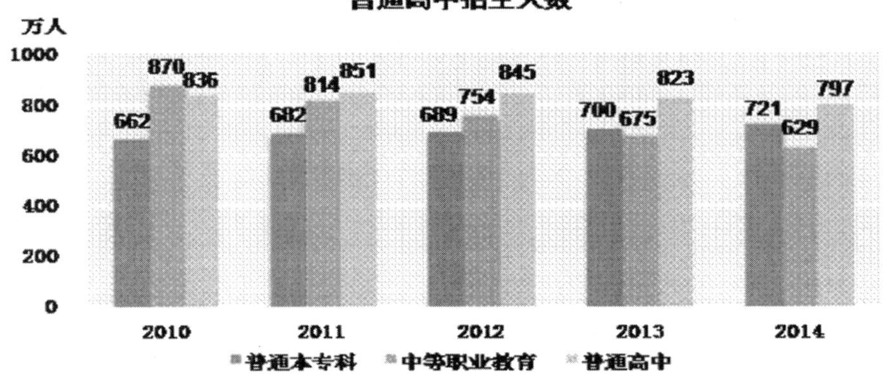

全年研究与试验发展(R&D)经费支出 13312 亿元，比上年增长 12.4%，与国内生产总值之比为 2.09%，其中基础研究经费 626 亿元。全年国家安排了 3997 项科技支撑计划课题，2129 项“863”计划课题。截至年底，累计建设国家工程研究中心 132 个，国家工程实验室 154 个，国家认定企业技术中心 1098 家。全年国家新兴产业创投计划[37]累计支持设立 213 家创业投资企业，资金总规模 574 亿元，投资创业企业 739 家。全年受理境内外专利申请 236.1 万件，授予专利权 130.3 万件。截至年底，有效专利 464.3 万件。全年共签订技术合同 29.7 万项，技术合同成交金额 8577 亿元，比上年增长 14.8%。

表 16：专利申请受理、授权和有效专利情况

指　　标	专利数(万件)	比上年增长(%)
专利申请受理数	236.1	-0.7
其中：境内专利申请受理数	218.6	-1.0
其中：发明专利申请受理数	92.8	12.5
其中：境内发明专利	79.0	13.9
专利申请授权数	130.3	-0.8

指　　标	专利数(万件)	比上年增长(%)
其中:境内专利授权	119.2	-1.5
其中:发明专利授权	23.3	12.3
其中:境内发明专利	15.8	14.1
年末有效专利数	464.3	10.7
其中:境内有效专利	391.8	11.1
其中:有效发明专利	119.6	15.7
其中:境内有效发明专利	66.3	21.7

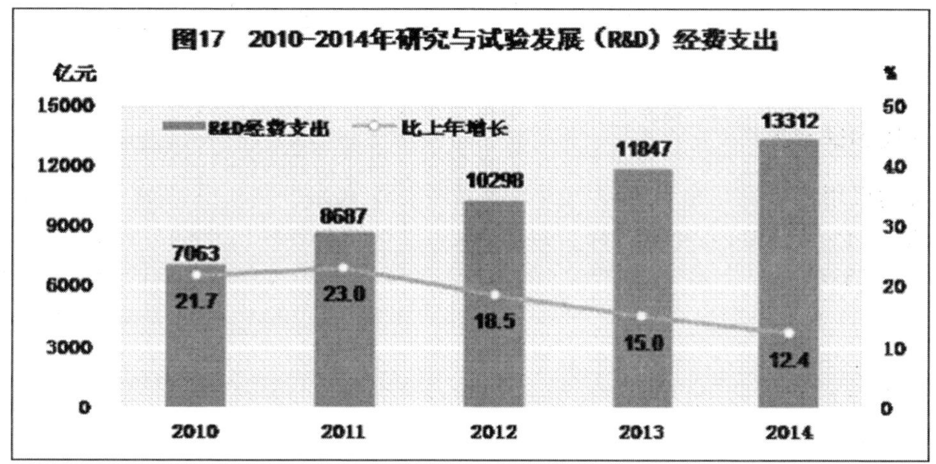

全年成功发射卫星16次。探月工程三期再入返回试验圆满完成。高分二号卫星成功发射。

年末全国共有产品检测实验室27051个,其中国家检测中心597个。全国现有产品质量、体系认证机构183个,已累计完成对118354个企业的产品认证。全国共有法定计量技术机构4056个,全年强制检定计量器具6162万台(件)。全年制定、修订国家标准1530项,其中新制定1067项。全国共有地震台站1687个,区域地震台网32个。全国共有海洋观测站79个。测绘地理信息部门公开出版地图1678种。

年末全国文化系统共有艺术表演团体2008个,博物馆2760个。全国共有公共图书馆3110个,总流通[38]52252万人次;文化馆3311个。有线电视用户2.31亿户,有线数字电视用户1.87亿户。年末广播节目综合人口覆盖率为98.0%,电视节目综合人口覆盖率为98.6%。全年生产电视剧429部15983集,电视动画片138496分钟。全年生产故事影片618部,科教、纪录、动画和特种影片[39]140部。出版各类报纸465亿份,各类期刊32亿册,图书84亿册(张),人均图书拥有量[40]6.12册(张)。年末全国共有档案馆4246个,已开放各类档案12835万卷(件)。

根据第六次全国体育场地普查结果[41],全国共有体育场地169.5万个,场地面积[42]19.9亿平方米。全年我国运动员在22个运动大项中获得98个世界冠军,共创10项世界纪录。全年我国残疾人运动员在19项国际赛事中获得122个世界冠军。

十一、卫生和社会服务

卫生和社会服务事业不断改善。年末全国共有医疗卫生机构982443个,其中医院25865个,乡镇卫生院36899个,社区卫生服务中心(站)34264个,诊所(卫生所、医务室)188415个,村卫生室646044个,疾病预防控制中心3491个,卫生监督所(中心)2975个。卫生技术人员739万人,其中执业医师和执业助理医师282万人,注册护士292万人。医疗卫生机构床位652万张,其中医院484万张,乡镇卫生院117万张。

年末全国各类提供住宿的社会服务机构[43]3.8万个,其中养老服务机构3.4万个。社会服务床位[44]586.5万张,其中养老床位551.4万张。收留抚养和救助各类人员304.6万人,其中养老人员288.7万人。年末共有社区服务中心2.2万个,社区服务站11.4万个。年末全国共有1880.2万人享受城市居民最低生活保障,5209.0万人享受农村居民最低生活保障,农村五保供养[45]529.5万人。全年资助1310.9万城市困难群众参加医疗保险,资助4118.9万农村困难群众参加新型农村合作医疗。

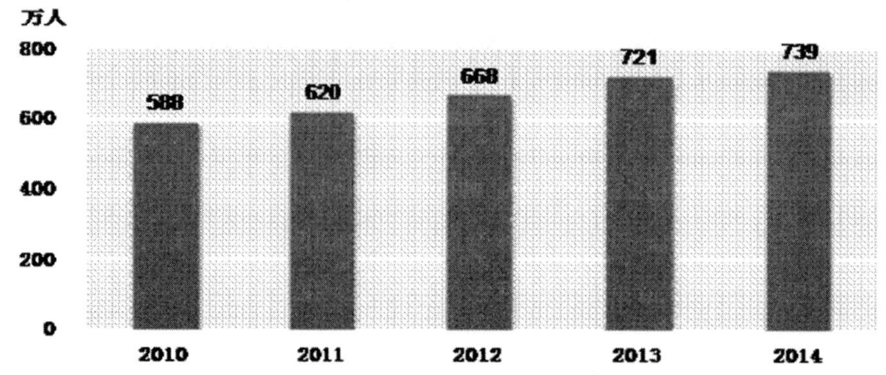

十二、资源、环境和安全生产

全年全国国有建设用地供应总量[46]61 万公顷,比上年下降 16.5%。其中,工矿仓储用地 15 万公顷,下降 29.9%;房地产用地[47]15 万公顷,下降 25.5%;基础设施等其他用地 31 万公顷,下降 1.9%。

全年水资源总量 28370 亿立方米。全年平均降水量 648 毫米。年末全国监测的 609 座大型水库蓄水总量 3663 亿立方米,比上年末蓄水量增加 7.0%。全年总用水量 6220 亿立方米,比上年增长 0.6%。其中,生活用水增长 2.7%,工业用水增长 1.0%,农业用水增长 0.1%,生态补水增长 0.6%。万元国内生产总值用水量[48] 112 立方米,比上年下降 6.3%。万元工业增加值用水量 64 立方米,下降 5.6%。人均用水量 456 立方米,比上年增长 0.1%。

全年完成造林面积 603 万公顷,其中人工造林 427 万公顷。林业重点工程完成造林面积 200 万公顷,占全部造林面积的 33.2%。截至年底,自然保护区达到 2729 个,其中国家级自然保护区 428 个。新增水土流失治理面积 5.4 万平方公里,新增实施水土流失地区封育保护面积 2.0 万平方公里。

全年平均气温为 10.1℃,共有 5 个台风登陆。

初步核算,全年能源消费总量 42.6 亿吨标准煤,比上年增长 2.2%。煤炭消费量下降 2.9%,原油消费量增长 5.9%,天然气消费量增长 8.6%,电力消费量增长 3.8%。煤炭消费量占能源消费总量的 66.0%,水电、风电、核电、天然气等清洁能源消费量占能源消费总量的 16.9%。全国万元国内生产总值能耗下降 4.8%。工业企业吨粗铜综合能耗同比下降 3.76%,吨钢综合能耗下降 1.65%,单位烧碱综合能耗下降 2.33%,吨水泥综合能耗下降 1.12%,每千瓦时火力发电标准煤耗下降 0.67%。

十大流域[49]的 702 个水质监测断面中,Ⅰ～Ⅲ类水质断面比例占 71.2%,劣Ⅴ类水质断面比例占 9.0%。十大流域水质总体为轻度污染,水质保持稳定。

近岸海域 301 个海水水质监测点中,达到国家一、二类海水水质标准的监测点占 66.8%,三类海水占 7.0%,四类、劣四类海水占 26.2%。

在按照《环境空气质量标准》(GB3095－2012)监测的 161 个城市中,城市空气质量达标的城市占 9.9%,未达标的城市占 90.1%。

在监测的 319 个城市中,城市区域声环境质量好的城市占 1.3%,较好的占 70.8%,一般的占 27.3%,较差的占 0.6%。

年末城市污水处理厂日处理能力达到 12896 万立方米,比上年末增长 3.5%,城市污水处理率达到 90.2%,提高 0.8 个百分点。城市集中供热面积 59.1 亿平方米,增长 3.3%。城市建成区绿地率达到 35.9%,提高 0.2 个百分点。

全年农作物受灾面积 2489 万公顷,其中绝收 309 万公顷。全年因洪涝和地质灾害造成直接经济损失 1030 亿元,因旱灾造成直接经济损失 836 亿元,因低温冷冻和雪灾造成直接经济损失 129 亿元,因海洋灾害造成直接经济损失 136 亿元。全年大陆地区共发生 5 级以上地震 30 次,成灾 10 次,造成直接经济损失 356 亿元。全年共发生森林火灾 3703 起,森林火灾受害森林面积 1.9 万公顷。

全年各类生产安全事故共死亡 68061 人。亿元国内生产总值生产安全事故死亡人数为 0.107 人,比上年下降 13.7%;工矿商贸企业就业人员 10 万人生产安全事故死亡人数为 1.328 人,下降 12.9%;道路交通事故万车死亡人数为2.22人,下降5.1%;煤矿百万吨死亡人数为0.255人,下降11.5%。

注释:

[1]本公报中数据均为初步统计数。各项统计数据均未包括香港特别行政区、澳门特别行政区和台湾省。部分数据因四舍五入的原因,存在着与分项合计不等的情况。

[2]人户分离的人口是指居住地与户口登记地所在的乡镇街道不一致且离开户口登记地半年以上的人口。

[3]流动人口是指人户分离人口中扣除市辖区内人户分离的人口。市辖区内人户分离的人口是指一个直辖市或地级市所辖区内和区与区之间,居住地和户口登记地不在同一乡镇街道的人口。

[4]2014年年末,0-14岁(含不满15周岁)人口为22558万人,15-59岁(含不满60周岁)人口为92982万人。

[5]国内生产总值、各产业增加值绝对数按现价计算,增长速度按不变价格计算;根据第三次全国经济普查结果和国家统计局2012年制定的《三次产业划分规定》对相关数据进行了修订。

[6]年度农民工数量包括年内在本乡镇以外从业6个月以上的外出农民工和在本乡镇内从事非农产业6个月以上的本地农民工两部分。

[7]国家全员劳动生产率为国内生产总值(以2010年不变价格计算)与全部就业人员的比率。

[8]农产品生产者价格是指农产品生产者直接出售其产品时的价格。

[9]居住类价格包括建房及装修材料、住房租金、自有住房和水电燃料等价格。

[10]高技术制造业包括医药制造业,航空、航天器及设备制造业,电子及通信设备制造业,计算机及办公设备制造业,医疗仪器设备及仪器仪表制造业,信息化学品制造业。

[11]装备制造业包括金属制品业,通用设备制造业,专用设备制造业,汽车制造业,铁路、船舶、航空航天和其他运输设备制造业,电气机械和器材制造业,计算机、通信和其他电子设备制造业,仪器仪表制造业,金属制品、机械和设备修理业。

[12]根据第三次全国经济普查结果对相关数据进行了修订。

[13]天然气包括气田天然气、油田天然气(分为油田气层气、油田伴生溶解气)和煤田天然气(也称煤层气)。

[14]钢材产量数据中含企业之间重复加工钢材约33400万吨。

[15]少量发电装机容量(如地热等)文中未列出。

[16]根据第三次全国经济普查结果,对2013年全社会固定资产投资数据进行了修订。

[17]固定资产投资按东部、中部、西部和东北地区计算的合计数据小于全国数据,是因为有部分跨地区的投资未计算在地区数据中。其中,东部地区是指北京、天津、河北、上海、江苏、浙江、福建、山东、广东和海南10省(市);中部地区是指山西、安徽、江西、河南、湖北和湖南6省;西部地区是指内蒙古、广西、重庆、四川、贵州、云南、西藏、陕西、甘肃、青海、宁夏和新疆12省(区、市);东北地区是指辽宁、吉林和黑龙江3省。

[18]民间固定资产投资是指具有集体、私营、个人性质的内资企事业单位以及由其控股(包括绝对控股和相对控股)的企业单位建造或购置固定资产的投资。

[19]房地产业投资除房地产开发投资外,还包括建设单位自建房屋以及物业管理、中介服务和其他房地产投资。

[20]高速铁路是指最高营运速度达到200公里/小时及以上的铁路。

[21]2014年社会消费品零售总额及相关数据均为快报数。

[22]网上零售额是指通过公共网络交易平台(包括自建网站和第三方平台)实现的商品和服务零售额。其中,网上零售额包括的服务类商品,以及少部分用于生产经营用或被转卖的商品不统计在社会消费品零售总额中。

[23]根据有关规定,货物贸易改用人民币计价。服务贸易、利用外资、对外投资和对外承包工程由于技术原因仍主要沿用美元计价。

[24]服务进出口按照《国际收支手册(第六版)》标准统计,不含政府服务,增速按可比口径计算。

[25]邮电业务总量按2010年不变价格计算。

[26]移动电话交换机容量是指移动电话交换机根据一定话务模型和交换机处理能力计算出来的最大同时服务用户的数量。

[27]固定互联网宽带接入用户是指报告期末在电信企业登记注册,通过xDSL、FTTx+LAN、FTTH/0以及其他宽带接入方式和普通专线接入公众互联网的用户。

[28]移动宽带用户是指报告期末在计费系统拥有使用信息,占用3G或4G网络资源的在网用户。

[29]手机上网人数是指过去半年通过手机接入并使用互联网的6周岁及以上中国居民数量。

[30]社会融资规模是指一定时期内实体经济从金融体系获得的资金总额,是增量概念。

[31]非公开增发又叫定向增发,不含资产认购部分。

[32]公司信用类债券包括非金融企业债务融资工具、企业债券以及公司债、可转债等。

[33]原保险保费收入是指保险企业确认的原保险合同保费收入。

[34]按一体化住户调查改革前的城镇住户调查老口径推算，全年全国城镇居民人均可支配收入为 29381 元。

[35]人均收入中位数是指将所有调查户按人均收入水平从低到高（或从高到低）顺序排列，处于最中间位置调查户的人均收入。

[36]中等职业教育包括普通中专、成人中专、职业高中和技工学校，其中技工学校数据为 2013 年数据。

[37]国家新兴产业创投计划是指中央财政专项资金通过与地方政府资金、社会资本共同发起设立创业投资企业，或以股权投资模式直接投资创业企业等方式，培育和促进新兴产业发展的活动。

[38]总流通人次是指本年度内到图书馆场馆接受图书馆服务的总人次，包括借阅书刊、咨询问题以及参加各类读者活动等。

[39]特种影片是指那些采用与常规影院放映在技术、设备、节目方面不同的电影展示方式，如巨幕电影、立体电影、立体特效(4D)电影、动感电影、球幕电影等。

[40]人均图书拥有量是指在一年内全国平均每人能拥有的当年出版图书册数。

[41]数据为截至 2013 年底。

[42]场地面积是指可供训练、比赛、健身活动的场地有效面积，场地除包括比赛规定的尺寸外，还包括必要的安全区、缓冲区和无障碍地带。

[43]根据第三次全国经济普查，对提供住宿的社会服务机构、社区服务中心进行归类清理，2014 年相应数据有所调整。

[44]社会服务床位数除收养性机构外，还包括救助类机构、社区类机构以及军休所、军供站等机构的床位。

[45]农村五保供养是指老年、残疾和未满 16 周岁的村民，无劳动能力、无生活来源又无法定赡养、抚养、扶养义务人，或者其法定赡养、抚养、扶养义务人无赡养、抚养、扶养能力的村民，在吃、穿、住、医、葬方面得到的生活照顾和物质帮助。

[46]国有建设用地供应总量是指报告期内市、县人民政府根据年度土地供应计划依法以出让、划拨、租赁等方式将土地使用权提供给单位或个人使用的国有建设用地总量。

[47]房地产用地是指商服用地和住宅用地的总和。

[48]万元国内生产总值用水量、万元工业增加值用水量和万元国内生产总值能耗按 2010 年不变价格计算。

[49]十大流域包括长江、黄河、珠江、松花江、淮河、海河、辽河、浙闽片河流、西北诸河和西南诸河。

资料来源：本公报中城镇新增就业、登记失业率、社会保障数据来自人力资源社会保障部；财政数据来自财政部；外汇储备、汇率、货币金融、公司信用类债券数据来自人民银行；水产品产量数据来自农业部；木材产量、林业、森林火灾数据来自林业局；灌溉面积、水资源数据来自水利部；发电装机容量、新增 *220* 千伏及以上变电设备数据来自中电联；新建铁路投产里程、增新建铁路复线投产里程、电气化铁路投产里程、铁路运输数据来自铁路总公司；新建公路里程、港口万吨级码头泊位新增吞吐能力、公路运输、水运、港口货物吞吐量数据来自交通运输部；新增民用运输机场、民航数据来自民航局；新增光缆线路长度、电话交换机容量、电话用户、宽带用户、上网人数等通信数据来自工业和信息化部；保障性住房、城市污水处理、城市集中供热面积、建成区绿地率数据来自住房城乡建设部；货物进出口数据来自海关总署；服务进出口、外商直接投资、对外直接投资、对外承包工程、对外劳务合作等数据来自商务部；管道数据来自中石油、中石化、中海油；民用汽车、交通事故数据来自公安部；邮政业务数据来自邮政局；旅游数据来自旅游局、公安部；上市公司数据来自证监会；保险业数据来自保监会；教育数据来自教育部；安排科技计划课题、技术合同等数据来自科技部；国家工程研究中心、企业技术中心、新兴产业创投等数据来自发展改革委；专利数据来自知识产权局；发射卫星数据来自国防科工局；质量检验、国家标准制定修订等数据来自质检总局；地震数据来自地震局；海洋观测站、海洋灾害造成直接经济损失数据来自海洋局；测绘数据来自测绘地信局；艺术表演团体、博物馆、公共图书馆、文化馆数据来自文化部；广播电视、电影、报纸、期刊、图书数据来自新闻出版广电总局；档案数据来自档案局；体育数据来自体育总局；残疾人运动员数据来自中国残联；卫生数据来自卫生计生委；社会服务、低保和五保供养数据、农作物受灾面积、洪涝地质灾害造成直接经济损失、旱灾造成直接经济损失、低温冷冻和雪灾造成直接经济损失来自民政部；国有建设用地供应数据来自国土资源部；自然保护区、环境监测数据来自环境保护部；平均气温、登陆台风数据来自气象局；安全生产数据来自安全监管总局；其他数据均来自国家统计局。

江西省2014年国民经济和社会发展统计公报

江西省统计局　国家统计局江西调查总队

2014年，面对复杂严峻的国内外发展环境，在省委、省政府的坚强领导下，全省上下认真贯彻落实党的十八大、十八届三中、四中全会和习近平总书记系列重要讲话精神，按照"发展升级、小康提速、绿色崛起、实干兴赣"十六字方针，坚持稳中求进、改革创新，统筹做好稳增长、促改革、调结构、惠民生各项工作，全省经济在新常态下平稳运行，各项社会事业全面进步，较好地完成了年初确定的主要目标任务。

一、综合

*经济运行稳中有进。*初步核算，全年实现地区生产总值15708.6亿元，比上年增长9.7%。其中，第一产业增加值1683.7亿元，增长4.7%；第二产业增加值8388.3亿元，增长11.1%；第三产业增加值5636.6亿元，增长8.8%。三次产业对经济增长的贡献率分别为5.0%、65.8%和29.2%。人均生产总值34661元，增长9.2%。经济结构进一步优化。三次产业结构调整为10.7:53.4:35.9，第三产业占比较上年提高0.8个百分点。非公有制经济实现增加值9129.3亿元，增长10.3%，占GDP的比重为58.1%，比上年提高0.7个百分点。区域发展战略扎实推进。南昌临空经济区、共青先导区建设进展顺利，昌九一体化实力显著增强；国务院批复赣闽粤原中央苏区振兴发展规划，赣州综合保税区等重大平台获批设立，中央国家机关及有关单位对口支援工作扎实推进，苏区振兴发展步伐加快；扎实推进赣东北开放合作、赣西经济转型发展，支持抚州深化区域合作。

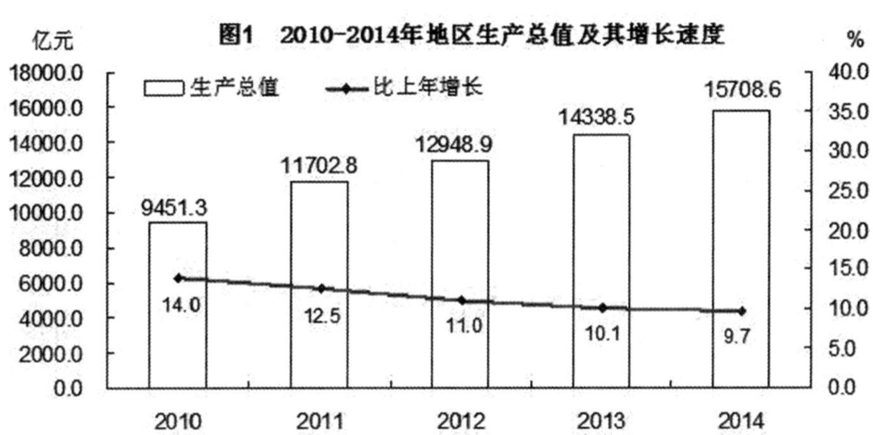

*就业形势总体稳定。*年末从业人员2603.3万人，比上年末增加14.6万人。全年城镇新增就业55.1万人。新增转移农村劳动力58.7万人。年末城镇登记失业率为3.3%。年末农民外出从业人员822.4万人。其中，省外务工553.5万人。

*劳动生产率稳步提高。*全年全员劳动生产率为60341元/人，比上年提高4952元/人。

*财政收入稳定增长。*全年财政总收入2680.5亿元，比上年增长13.7%。其中，公共财政预算收入1881.5亿元，增长16.1%。财政总收入占生产总值的比重17.1%，比上年提高0.7个百分点；税收收入2179.8亿元，增长13.8%，占财政总收入的比重81.3%，比上年提高0.1个百分点。县域财力显著增强，所有县(市、区)财政总收入都超过6亿元，财政总收入超10亿元的县(市、区)77个，超30亿元的15个，超50亿元的3个。其

中,南昌县突破80亿元,达87.3亿元。

财政支出结构不断优化。全年公共财政预算支出3882.2亿元,比上年增长11.9%。其中,科学技术支出57.6亿元,增长24.3%;社会保障和就业支出419.1亿元,增长10.6%;医疗卫生与计划生育支出334.7亿元,增长9.1%。

居民消费价格涨幅放缓。全年居民消费价格上涨2.3%,比上年回落0.2个百分点。其中,食品类价格上涨3.7%,对居民消费价格上涨的贡献率56.6%,衣着类价格上涨2.4%,居住类价格上涨2.5%。商品零售价格上涨1.2%。工业生产者出厂价格下降2.2%,其中冶金工业、煤炭及炼焦工业下降幅度最大,分别下降6.1%和5.8%。工业生产者购进价格下降1.6%,其中有色金属材料和电线类、燃料动力类价格下降幅度最大,分别下降5.2%、5.0%和2.2%。固定资产投资价格上涨0.1%。农产品生产价格上涨0.3%。

图2　2010-2014年居民消费价格涨跌幅度

表1　2014年居民消费价格比上年涨跌幅度

单位:(%)

指　　标	全　省	城　市	农　村
居民消费价格	2.3	2.4	2.2
食品	3.7	4.2	2.7
其中:粮食	3.0	2.7	3.9
烟酒	0.1	0	0.3
衣着	2.4	1.9	3.9
家庭设备用品及服务	-0.1	-0.4	0.7
医疗保健及个人用品	1.0	1.3	0.5
交通和通信	-0.3	-0.6	0.3
娱乐教育文化用品及服务	2.8	2.6	3.2
居住	2.5	2.3	2.8

二、农业

农业生产稳步发展。全年粮食总产量2143.5万吨,比上年增长1.3%,总产再创历史新高,实现"十一连丰"。其中,早稻820.1万吨,下降1.0%;中稻及一季晚稻272.5万吨,增长3.1%;二季晚稻932.6万吨,增长2.3%。全年粮食种植面积3697.3千公顷,增长0.2%;油料种植面积741.5千公顷,减少0.2%;棉花种植面积84.9千公顷,增长0.3%;蔬菜种植面积572.3千公顷,增长1.5%。

牧渔业较快发展。全年肉类总产量355.2万吨,比上年增长3.1%。年末生猪存栏1943.0万头,下降

1.3%;生猪出栏3325.7万头,增长3.0%。全年牛奶产量12.8万吨,增长1.1%。禽蛋产量57.8万吨,增长1.6%。全年水产品产量253.8万吨,增长4.6%。

农业现代化发展加快。全年854家省级以上龙头企业实现销售收入2798.5亿元,实现利润116.7亿元。全省规模以上农产品加工企业3298家,比上年增长3.9%;实现销售收入3116.7亿元,增长7.2%。农民专业合作组织3.5万个,成员达64.4万人。

表2 2014年主要农产品产量及其增长速度

产品名称	产量(万吨)	比上年增长(%)
粮食	2143.5	1.3
其中:稻谷	2041.5	1.1
油料	121.7	2.1
其中:油菜籽	72.3	2.8
棉花	13.4	2.2
烟叶	5.9	16.5
茶叶	4.7	9.6
园林水果	420.8	-4.7
蔬菜	1312.4	4.4
肉类	355.2	3.1
水产品	253.8	4.6

农业生产条件持续改善。全年新增有效灌溉面积29.4千公顷,有效灌溉总面积2001.6千公顷;新增节水灌溉面积40.1千公顷。农用化肥施用量(折纯)142.9万吨,增长0.9%。

三、工业和建筑业

工业生产稳定增长。全年全部工业完成增加值6994.7亿元,比上年增长11.2%,占生产总值比重为44.5%。其中,规模以上工业增加值6833.7亿元,增长11.8%。分轻重工业看,规模以上轻工业增加值2471.5亿元,增长12.7%;重工业增加值4362.2亿元,增长11.3%。分企业类型看,规模以上国有企业增加值294.3亿元,增长5.1%;集体企业增加值22.2亿元,增长1.7%;股份合作企业增加值25.9亿元,增长6.8%;股份制企业增加值2638.4亿元,增长12.7%;私营企业增加值2781.9亿元,增长13.5%;外商及港澳台投资企业增加值1065.1亿元,增长10.2%。六大高耗能行业实现工业增加值2702.4亿元,增长10.3%,低于全省平均增速1.5个百分点。

装备制造业增势较好。在规模以上工业中，全年装备制造业完成增加值1477.3亿元，占全省工业比重21.6%，比上年增长14.5%，高于全省平均水平2.7个百分点，拉动全省工业增长3.0个百分点，贡献率达25.6%。其中，汽车制造业实现增加值234.8亿元，增长14.1%；计算机、通信和其他电子设备制造业实现增加值330.8亿元，增长24.5%，对全省工业增长的贡献率分别达3.9%和8.5%。

表3　2014年规模以上工业主要产品产量及其增长速度

产品名称	单位	产量	比上年增长%
纱	万吨	157.4	-2.6
布	亿米	9.7	21.4
机制纸及纸板	万吨	154.5	-15.3
化学纤维	万吨	45.9	9.4
卷烟	亿支	676.5	5.9
彩色电视机	万台	19.6	-58.1
家用电冰箱	万台	109.5	7.9
房间空气调节器	万台	328.4	2.7
原煤	万吨	2261.4	-5.5
原油加工量	万吨	471.3	-9.2
发电量	亿千瓦小时	781.3	-1.3
火电	亿千瓦小时	729.2	-1.6
水电	亿千瓦小时	45.3	-0.6
粗钢	万吨	2235.3	3.6
钢材	万吨	2611.1	5.5
十种有色金属	万吨	165.1	6.5
其中：精炼铜	万吨	130.6	6.5
多晶硅	吨	1882.7	17.5
单晶硅	吨	342.3	6.6
水泥	万吨	9803.6	6.3
瓷质砖	亿平方米	11.3	24.0
硫酸	万吨	333.7	3.2
烧碱	万吨	7.6	-20.7
化肥（折100%）	万吨	134.7	23.0
化学农药	万吨	4.6	10.1
发电设备	万千瓦	37.6	7.6
汽车	万辆	46.2	25.4
其中：轿车	万辆	9.7	16.9
工业锅炉	蒸发量吨	1216	-19.7
金属切削机床	台	5775	5.9
移动通信手持机（手机）	万部	5570.5	-3.1

企业效益稳步提升。全年规模以上工业实现利税3358.7亿元，比上年增长14.4%，其中利润2043.9亿元，增长14.1%。38个行业全部实现盈利，其中增长20%以上的行业有15个。全年规模以上工业实现主营业务收入30537.1亿元，增长13.0%。主营业务收入过千亿元的行业11个，较上年增加2个。主营业务收入超过百亿元的企业14户，比上年增加1户。其中，江铜集团主营业务收入突破2千亿元，达到2078.5亿元，居全省首位。全年工业经济效益综合指数339.3%，同比提高13.4个百分点。

工业园区平稳发展。年末全省工业园区投产企业8966家；安置从业人数208.2万人。全年园区完成工业增加值5454.5亿元，增长12.0%；主营业务收入、利润、利税分别完成23226.7亿元、1663.4亿元和2747.6亿元，分别增长12.3%、16.7%和16.8%。年主营业务收入超百亿元的园区新增35家，总数71家，其中南昌高新技术产业开发区达1103.7亿元，居全省首位。

建筑业较快增长。全年共完成建筑业总产值4122.6亿元，比上年增长18.8%；全社会建筑业增加值1393.6亿元，比上年增长10.5%。

四、固定资产投资

固定资产投资较快增长。全年全社会固定资产投资15110.0亿元，比上年增长17.6%。其中，固定资产投资(不含农户)14677.0亿元，增长18.0%。分产业看，在固定资产投资中，第一产业投资315.8亿元，增长16.3%；第二产业投资7999.7亿元，增长11.1%，其中工业投资7935.5亿元，增长11.2%；第三产业投资6361.5亿元，增长28.1%。分投资主体看，在固定资产投资中，国有投资3326.0亿元，增长31.9%；非国有投资11351.0亿元，增长14.5%，其中民间投资10738.2亿元，增长15.2%。

表4　2014年分行业固定资产投资(不含农户)及其增长速度

行　　业	投资额(亿元)	比上年增长(%)
总　　计	14677.0	18.0
第一产业	315.8	16.3
第二产业	7999.7	11.1
工业	7935.5	11.2
采矿业	285.1	13.0
制造业	7255.6	10.6
#化学原料及化学制品制造业	589.0	-1.5
非金属矿制品业	818.3	15.1
黑色金属冶炼和压延加工业	97.6	-8.7
有色金属冶炼和压延加工业	423.4	3.7
电气机械及器材制造业	590.8	16.4
计算机、通信和其他电子设备制造业	477.7	16.5
电力、热力、燃气及水生产和供应业	394.8	21.2
建筑业	80.6	5.9
第三产业	6361.5	28.1
批发和零售业	683.3	36.5
交通运输、仓储和邮政业	692.6	43.1
住宿和餐饮业	257.0	-5.4
信息传输、软件和信息技术服务业	73.7	52.4

行　　业	投资额(亿元)	比上年增长(%)
金融业	33.7	7.1
房地产业	1937.6	12.4
租赁和商务服务业	270.7	69.0
科学研究和技术服务业	54.0	5.4
水利、环境和公共设施管理业	1488.5	44.7
居民服务、修理和其他服务业	68.8	0.3
教育	182.5	3.5
卫生和社会工作	104.6	20.3
文化、体育和娱乐业	250.7	75.0
公共管理、社会保障和社会组织	212.1	42.5

重大基础设施建设加快推进。全年新增高速公路通车里程180公里,通车总里程达4515公里,实现"县县通高速"。新增铁路营运里程588公里,达到3734公里。沪昆客专杭南长段建成通车,昌吉赣客专开工建设,江西进入高铁时代。

房地产投资稳定增长。全年房地产开发投资1322.5亿元,比上年增长12.6%。其中,住宅投资增长22.1%,商业营业用房投资增长29.3%,办公楼投资下降46.5%。商品房竣工面积1871.8万平方米,增长4.9%;商品房销售面积3067.2万平方米,下降3.2%;商品房销售额1621.8亿元,下降1.6%。

五、国内贸易

消费品市场总体平稳。全年社会消费品零售总额5129.2亿元,比上年增长12.7%。分城乡看,城镇消费品零售额4258.8亿元,增长12.5%;乡村消费品零售额870.4亿元,增长13.7%。限额以上批发零售业零售额1893.9亿元,增长13.9%。其中,汽车类零售额520.2亿元,增长16.2%;家具类零售额47.7亿元,增长23.2%;通讯器材类零售额17.1亿元,增长18.2%;家用电器和音像器材类零售额122.2亿元,增长18.4%;化妆品类零售额14.9亿元,增长36.0%;建筑及装潢材料类零售额28.2亿元,增长33.4%;电子出版物及音像制品类零售额8.5亿元,增长20.6%。

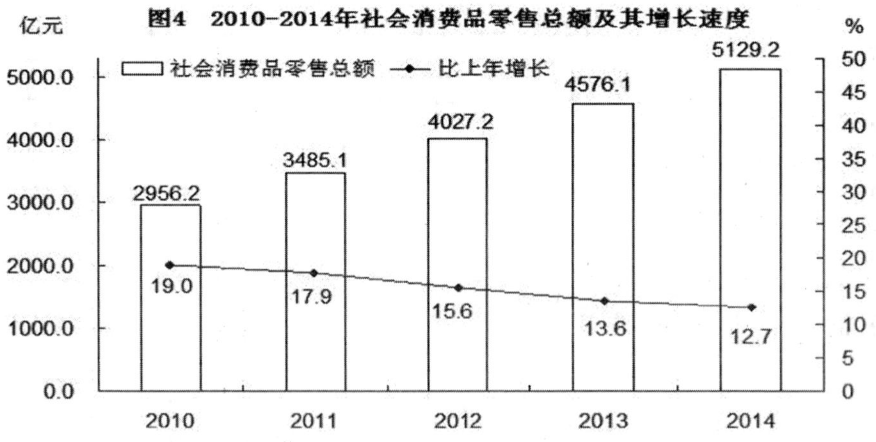

图4　2010-2014年社会消费品零售总额及其增长速度

六、对外经济

对外贸易形势向好。全年进出口总额427.83亿美元,比上年增长16.4%,同比加快6.5个百分点。其中,出口320.38亿美元,增长13.7%;进口107.45亿美元,增长25.2%。在出口中,外商投资企业出口额68.51亿美元,增长8.0%;私营企业出口额227.68亿美元,增长11.0%;国有企业出口额23.72亿美元,增长88.5%。

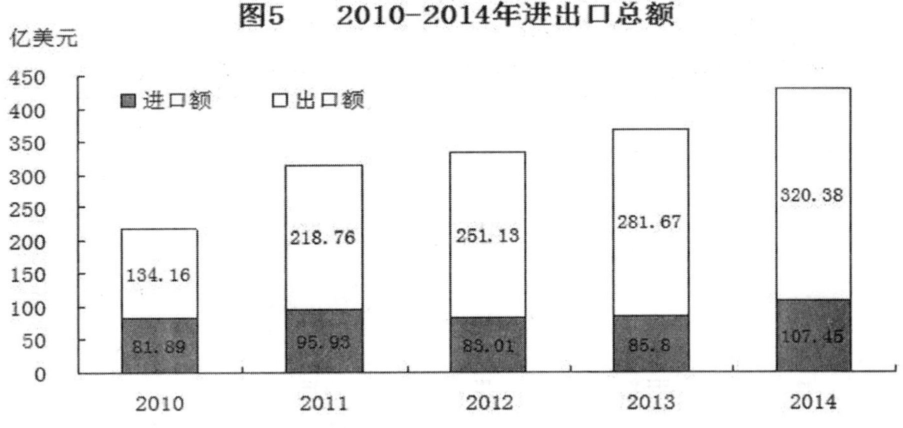

出口结构不断优化。全年机电产品出口 129.09 亿美元,比上年增长 22.2%;高新技术产品出口 52.54 亿美元,增长 53.2%。对韩国、香港、日本、俄罗斯联邦等国家或地区出口快速增长,分别为 82.1%、49.1%、28.5%和 26.7%。

表 5　2014 年进出口总额及其增长速度

指　　标	绝对数(亿美元)	比上年增长(%)
进出口总额	427.83	16.4
出口额	320.38	13.7
其中:一般贸易	256.57	9.7
加工贸易	48.43	18.8
其中:机电产品	129.09	22.2
其中:高新技术产品	52.54	53.2
进口额	107.45	25.2
其中:一般贸易	43.63	12.3
加工贸易	50.78	15.1
其中:机电产品	47.18	104.8
其中:高新技术产品	34.49	120.8

利用外资增速加快。全年新批外商投资企业 822 个,实际使用外商直接投资 84.51 亿美元,比上年增长 11.9%,同比加快 1.3 个百分点。利用省外 5000 万元以上项目实际进资 4540.5 亿元,增长 17.6%。截止 2014 年底,全省具有世界 500 强投资背景的外商投资企业 62 家。

对外合作力度加大。全年对外承包工程合同项目 209 个,合同金额 26.48 亿美元,比上年增长 30.2%,同比加快 9.3 个百分点;完成营业额 28.51 亿美元,增长 25.5%,同比加快 2.0 个百分点。

七、交通、邮电和旅游

交通运输业基本平稳。全年铁路、公路、水运完成旅客运输量 67798 万人,比上年增长 4.1%;完成货物运输量 151767 万吨,增长 12.0%。机场旅客吞吐量 930 万人,增长 9.6%。其中,昌北机场旅客吞吐量 724 万人,增长 6.3%。

汽车保有量较快增长。年末民用汽车保有量 296.5 万辆,增长 15.6%。年末民用轿车保有量 154.3 万辆,增长 21.2%,其中私人轿车保有量 139.3 万辆,增长 25.4%。

邮政电信业快速发展。全年完成邮电业务总量 445.7 亿元,比上年增长 32.4%。其中,邮政业务量 51.4 亿元,电信业务量 394.3 亿元。年末固定电话用户 577.4 万户。全年新增移动电话用户 131.6 万户,年末移动电话用户总数为2938.5万户。3G移动电话用户1150.7万户,增长22.6%。固定互联网宽带接入用户434.2万户,比上年增加24.1万户;移动宽带用户1914.6万户,增加247.2万户。

表6 2014年铁路、公路、水运完成客货运输量及其增长速度

指标	单位	绝对数	比上年增长%
旅客运输量	万人	67798	4.1
铁路	万人	7840	12.9
公路	万人	59676	3.0
水运	万人	282	36.5
旅客周转量	亿人公里	971.3	4.4
铁路	亿人公里	654.5	5.1
公路	亿人公里	316.5	2.9
水运	亿人公里	0.4	1.6
货物运输量	万吨	151767	12.0
铁路	万吨	4821	-5.0
公路	万吨	137784	13.6
水运	万吨	9162	5.6
货物周转量	亿吨公里	3830	4.6
铁路	亿吨公里	541.3	-12.5
公路	亿吨公里	3073.3	8.6
水运	亿吨公里	251.4	8.6

旅游业发展进一步加快。全年接待国内旅游人数31134.5万人次,比上年增长25.3%,同比加快3.2个百分点;国内旅游收入2615.2亿元,增长40.3%,同比加快4.5个百分点。入境旅游者人数171.7万人次,增长4.9%;旅游外汇收入5.57亿美元,增长6.1%。

八、金融、证券和保险业

金融市场运行总体平稳。年末金融机构人民币各项存款余额21537.7亿元,比上年末增长10.8%。其中,单位存款余额9520.7亿元,增长10.3%;个人存款余额11048.3亿元,增长11.1%。年末金融机构人民币各项贷款余额15466.1亿元,增长19.4%。其中,短期贷款余额6436.1亿元,增长13.8%;中长期贷款余额8586.3亿元,增长20.9%。年末金融机构人民币消费贷款余额3255.5亿元,增长28.5%。为加大实体经济帮扶力度,对融资模式进行了创新,全年"财园信贷通"发放贷款229亿元,"财政惠农信贷通"发放贷款21.1亿元。

证券交易市场稳定发展。全年新增证券分公司5家、证券营业部107家、期货营业部3家。年末证券公司2家、期货公司1家、证券分公司11家、证券营业部239家、期货营业部30家。年末全省境内证券市场共有A股上市公司32家,全年6家上市公司资本市场融资65.4亿元。新三板企业实现融资突破,1家企业通过定向增发募集资金1.3亿元,3家挂牌企业提交了融资方案;4家企业发行中小企业私募债融资5.5亿元,比上年增长1.8倍;4家企业引入私募股权投资基金5.6亿元。全年证券经营机构累计成交2.9万亿元,增长55.0%;期货经营机构共代理成交5.2万亿元,增长50.1%。

保险业发展加快发展。全年保险公司保费收入400.4亿元,比上年增长25.9%,同比加快8.9个百分点。其中,财产险保费收入138.8亿元,增长19.4%;寿险保费收入153.4亿元,增长6.4%;健康险保费收入29.5亿元,增长78.7%;意外伤害险收入9.5亿元,增长23.1%。支付各类赔款及给付142.1亿元,增长11.9%。

其中，财产险赔款73.0亿元，增长9.5%；寿险给付57.4亿元，增长8.5%；健康险赔款和给付9.7亿元，增长71.0%；意外险赔款2.0亿元，增长12.8%。

九、教育和科学技术

教育事业较快发展。全年研究生教育在校研究生2.8万人。普通高校在校生91.6万人。普通高中、初中、小学在校生分别为90.5万人、175.0万人和413.0万人。特殊教育在校生2.0万人。幼儿园11448所，在园幼儿159.4万人。高等教育毛入学率34.5%，比上年提高2.5个百分点；高中阶段毛入学率84.5%，提高2.5个百分点；初中适龄人口入学率98.95%；小学适龄儿童入学率99.83%。

表7　2014年各类学校招生、在校生和毕业生人数

单位：万人

指　　标	招生数	在校生数	毕业生数
研究生	1.0	2.8	0.8
普通高校	30.3	91.6	24.0
成人高校	6.7	19.9	4.5
中等职业学校	19.7	57.9	19.3
普通高中	31.6	90.5	27.7
普通初中	59.5	175.0	55.1
普通小学	69.5	413.0	59.7

科技创新能力进一步增强。全年研究与试验发展(R&D)经费支出157亿元，占GDP比重为1.0%，比上年提高0.05个百分点。新增国家重点实验室1家，省重点实验室18家；年末拥有国家重点实验室2家，省重点实验室90家。国家工程技术研究中心8家，省工程技术研究中心172家。全年通过省级科技主管部门鉴定的科技成果101项，获得国家级科学技术奖的科技成果7项，特别是时隔15年，1项科技成果获国家科技进步一等奖。全年受理专利申请25594件，比上年增长51.1%；授权专利13831件，增长38.7%，增幅居全国第一，南昌欧菲光获中国专利金奖。全年技术市场合同成交金额50.8亿元。高新技术产业增加值1700.4亿元，增长11.9%；占GDP的比重为10.8%，比上年提高1.0个百分点。

质量检验能力稳步提升。年末共有10个国家级产品质量检测中心，59个通过国家实验室认可的实验室。年末产品质量检验机构79个，法定计量技术机构243个，全年强制检定计量器具83.5万台件，开展省级产品质量监督抽查6547批次。全年共有581家企业获得3C证书。截止2014年底，发放工业产品生产许可证133张。年末拥有新一代天气雷达8部。全年测绘部门为经济社会发展提供各种基本比例尺地形图2892张，大地成果2598点，航摄成果6121片。

十、文化、卫生和体育

公共文化服务水平进一步提高。年末共有艺术表演团体82个，文化馆104个，公共图书馆113个，博物馆109个。广播电台10座，电视台10座，广播电视台82座。有线广播电视用户610.0万户，数字电视用户498.3万户。广播综合人口覆盖率97.5%；电视综合人口覆盖率98.6%。全年出版各类报纸12.2亿份，各类期刊7352万册，图书18950万册。

卫生事业平稳发展。年末共有各类医疗卫生机构38874个(含村卫生室)。其中，医院、卫生院2164个，妇幼保健院(所、站)112个，专科疾病防治院(所、站)110个，疾病预防控制中心110个，卫生监督所(中心)110个。卫生技术人员20万人。其中，执业医师和执业助理医师7万人，注册护士8万人。医院和卫生院床位18万张。

体育事业较快发展。年末共有青少年俱乐部138个，晨晚练健身活动点15153个。全民活动每天相对稳定人数39.8万人次。农民体育健身工程2232个，老区和贫困地区“雪炭工程”设施建设项目3个。全省体育健儿在国际和国内的重大比赛中共获得41枚金牌、36枚银牌和39枚铜牌。

十一、人口、人民生活和社会保障

人口增长处于较低水平。根据人口变动情况抽样调查统计，年末常住人口4542.2万人，比上年末增长0.4%。65岁及以上老年人口414.2万人，占总人口的比重为9.1%，比上年末提高0.3个百分点。全年出生人口60.0万人，出生率13.24‰；死亡人口28.4万人，死亡率6.26‰；自然增长率6.98‰。

表8　2014年人口数及其构成

单位：万人

指　　标	年末数	比重%
常住人口	4542.2	100
其中：城镇	2281.1	50.2
乡村	2261.1	49.8
其中：男性	2334.7	51.4
女性	2207.5	48.6
其中：0－14岁	929.3	20.5
15－64岁	3198.6	70.4
65岁及以上	414.2	9.1

居民生活水平持续改善。根据城乡一体化住户抽样调查，全年居民人均可支配收入16734元，比上年增长10.8%。按常住地分，农村居民人均可支配收入10117元，比上年增长11.3%；城镇居民人均可支配收入24309元，增长9.9%。年末农村居民人均住房建筑面积50.2平方米，比上年末增加1.1平方米。城镇居民人均住房建筑面积41.0平方米，比上年末增加0.9平方米。

社会保障体系进一步完善。全年就业困难人员实现就业6.8万人。共发放小额担保贷款114.5亿元，扶持个人创业9.2万人次，带动就业44.7万人次。年末参加城镇基本养老保险人数783.9万人，比上年末增长3.9%。其中，参保职工562.8万人，参保离退休人员221.1万人。参加城镇职工医疗保险人数579.2万人，其中，职工381.5万人，退休人员197.7万人。开展新型农村合作医疗试点工作的县(市、区)96个，实现农村人口全覆盖，基金支出额125.1亿元。参加失业保险人数271.8万人，参加生育保险人数241.1万人。参加工伤保险人数461.2万人，其中参加工伤保险的农民工136.5万人。重大疾病免费救治工作顺利推进，全年免费救治大病患者12万例。向城市低保户发放低保金月人均补差270元；向农村低保户发放低保金月人均补差145元。为全省城乡561.1万名义务教育阶段公办学校学生全部免除学杂费和免费提供教科书。全年新开工保障性住房10.7万套，基本建成12.3万套。新开工棚户区改造22.4万套，基本建成13.8万套。发放廉租住房租赁补贴17万户，完成农村危旧房改造15.8万户。加大扶贫开发力度，全年完成扶贫移民搬迁8.0万人，减贫70万人。大力推进法治江西、平安江西建设，安全生产形势持续好转，社会保持和谐稳定。

社会福利事业健康发展。年末有各类收养性社会福利提供床位17.9万张，收养人数15.8万人，临时救济困难户5.6万人次。全年销售社会福利彩票61.5亿元，筹集福利彩票公益金18.6亿元。

十二、资源、环境与安全生产

生态建设成效显著。全年深入实施大气污染防治行动计划，南昌、九江空气质量优良率分别为80.5%、84.4%，其他设区市空气环境质量稳定在国家Ⅱ级。全省地表水监测断面水质达标率80.9%，设区市城区集中式饮用水源地达标率100%。完成植树造林210.2万亩，森林覆盖率63.1%。吉安、抚州成功创建国家森林城市。新增国家级自然保护区3处、国家级森林公园2处、国家级湿地公园13处。深入开展农村环境连片整治行动，农村面源污染防治取得新成效。启动排污权有偿使用和交易、环境污染强制责任保险试点。国家六部委批复江西省生态文明先行示范区建设实施方案，我省成为全国首批全境纳入生态文明先行示范区建设的省份。

水资源和气候基本稳定。全年平均降水量1667.8毫米，折合降水总量2784.3亿立方米，比上年增长

13.9%;自产地表水资源量1597.4亿立方米,折合年径流深956.8毫米,增长13.7%。全年平均气温18.8℃,较常年偏高0.74℃;平均降水量为1697.6毫米,比常年略偏多;日照时数为1631.7小时,接近常年。

节能减排顺利推进。淘汰落后产能和技改工作取得积极进展,完成国家下达的老机动车及黄标车、燃煤锅炉淘汰任务,淘汰落后和过剩产能涉及7个行业80家企业,实现综合节能约150万吨标煤;安排节能技改资金8500万元,支持了方大特钢、万年青水泥等70多个企业节能技改项目和节能产品推广,帮助企业实现节能约50万吨标准煤。初步核算,万元生产总值综合能耗0.573吨标准煤,下降3.16%。全年化学需氧量排放量72.0万吨,下降1.96%;二氧化硫排放量53.4万吨,下降4.18%。单位生产总值能耗下降和主要污染物减排完成年度目标任务。

安全生产形势持续向好。全年生产安全事故3199起,比上年下降38.5%。其中,道路交通事故879起,工矿商贸事故155起,铁路交通事故74起,水上交通事故2起,火灾事故2079起,农业机械事故10起。全年生产安全事故死亡845人,比上年下降50.2%。其中,道路交通事故死亡591人,下降56.3%;工矿商贸事故死亡195人,下降16.7%;铁路交通事故死亡48人,与上年持平;水上交通事故死亡3人,下降25.0%;火灾事故死亡6人,下降90.1%;农业机械事故死亡2人。亿元生产总值生产安全事故死亡人数0.104人,下降9.6%。

注:

1、本公报所列各项数据均为初步统计数。

2、部分数据因四舍五入的原因,存在着与分项合计不等的情况。

3、生产总值、各产业增加值绝对数按现价计算,增长速度按不变价格计算。

4、六大高耗能行业分别为:化学原料和化学制品制造业、非金属矿物制品业、黑色金属冶炼和压延加工业、有色金属冶炼和压延加工业、石油加工炼焦和核燃料加工业、电力热力生产和供应业。

5、固定资产投资(不含农户)统计范围为计划投资500万元及以上项目。

6、邮电业务总量按2010年不变价格计算。

7、已建有自然保护区个数、自然保护区总面积统计数据来源于省环保厅。

8、万元生产总值能耗按2010年不变价格计算。

2014年上饶市国民经济和社会发展统计公报

上饶市统计局

（2015年4月27日）

2014年，在上饶市委、市政府的坚强领导下，全市上下紧紧围绕建设四省交界现代化区域中心城市和江西绿色崛起重要增长极的奋斗目标，牢牢把握稳中求进总基调，发展升级主旋律，以提高经济增长质量和效益为中心，主动适应经济发展新常态，扎实做好稳增长、调结构、促改革、打基础、优生态、惠民生等各项工作，全市经济社会发展保持了稳中有进、提质增效的良好态势。

一、综合

初步核算，全年地区生产总值(GDP)突破1550亿元大关，达到1550.2亿元，按可比价格计算，增长9.9%。其中，第一产业增加值218.5亿元，增长4.6%；第二产业增加值779.0亿元，增长11.2 %；第三产业增加值552.8亿元，增长10.0%。全市三大产业结构由去年同期的14.8:51.0:34.2调整为14.1:50.2:35.7。人均水平进一步提高，按平均人口计算，人均生产总值23221元，达到3780美元，比上年增加379美元。非公有制经济增加值1008.7亿元，可比增长10.3%，占GDP的比重达65.1%。多种经济成分共同发展的格局基本形成。

2014年地区生产总值

单位：亿元

指　　标	绝对数	比上年增长%
全市生产总值	1550.24	9.9
第一产业	218.47	4.6
第二产业	779.01	11.2
工业	646.7	11.8
建筑业	132.3	8.0
第三产业	552.76	10.0
交通运输、仓储及邮政业	65.0	3.9
批发和零售业	118.1	8.1
住宿和餐饮业	47.6	5.9
金融保险业	38.0	18.8
房地产业	76.8	10.9

全年财政收入262.6亿元，增长13.2%，财政总收入占GDP比重上升0.3个百分点，达到16.9%；其中地方财政收入194.2亿元，增长18.1%。税收占财政总收入比重下降0.4个百分点，达到76%；增值税增长8.7%，营业税下降7.6%，企业所得税增长10.8%。财政支出384.6亿元，增长8%。其中，一般公共服务支出下降7.3%，教育支出增长5.1%，社会保障和就业支出增长10%，医疗卫生支出增长26.7%，环境保护支出下降4.4%，科学技术支出增长50.8%。县域经济整体推进。各县(市、区)财政总收入均超过10亿元，广丰县、德兴市财政总收入超30亿元，上饶县财政总收入超20亿元。

2014年居民消费价格指数比上年上涨2.3%，涨幅低于上年0.4个百分点，八大类居民消费价格指数呈“五升一跌二平”态势，其中，食品类、衣着类、家庭设备用品及维修服务类、娱乐教育文化用品及服务类和居住类价格分别同比上涨2.3%、2.8%、1.2%、6.2%和2.7%；烟酒类、医疗保健和个人用品类同比持平；交通和通信类价格同比下降0.6%。

2014 年居民消费价格指数比上年涨跌幅度

类　　别	涨跌幅度%
居民消费价格	2.3
一、食品	2.3
二、烟酒	0
三、衣着	2.8
四、家庭设备用品及服务	1.2
五、医疗保健及个人用品	0
六、交通和通信	-0.6
七、娱乐教育文化用品及服务	6.2
八、居住	2.7

二、农业

综合生产能力稳步提高。农林牧渔业总产值达 347.94 亿元，剔除价格因素，比上年增长 4.51%。粮食、油料、经济作物、畜禽、渔业等产量全面增长。全年粮食种植面积 597.4 千公顷，油料种植面积 114.4 千公顷，棉花种植面积 4.10 千公顷。蔬菜种植面积 55.3 千公顷。油料产量 19.3 万吨，增产 1.34%。

2014 年主要农产品产量　　单位：万吨

产品名称	绝对数	比上年增长%
粮食	350.3	1.4
油料	19.3	1.34
其中：花生	4.9	0.58
油菜籽	13.4	2.13
茶叶	1.6	20.07
蔬菜	136.9	4.51
园林水果	12.7	123.4

农业现代化迈出新步伐。主要农产品产量持续增长，粮食产量连续十一年增长，达 350.3 万吨，增长 1.4%。

农业基础设施不断加强。年末全市农业机械总动力 246 万千瓦，比上年增长 5.5%。全年化肥施用量(折纯)14.6 万吨，下降 1.8%。

农业产业化迅速发展。新增规模以上农业龙头企业 33 家，国家级龙头企业增至 4 家，省级以上龙头企业增至 108 家，市级龙头企业增至 260 家，市级以上龙头企业实现销售收入 285.5 亿元，增长 5.7%，带动农户 121.8 万户，促进农民增收 29.7 亿元。

农业现代化经营形式继续优化。新增农民专业合作社 1361 家，总数达到 5620 家。

农业生产区域化取得重要成果。全力推进了现代农业示范园区建设，已创建国家级现代农业示范区 1 个，省级现代农业示范区 6 个。

三、工业和建筑业

工业主导地位继续加强。规模以上工业增加值突破 650 亿元，达到 653.00 亿元，增长 12.1%，规模以上工业增加值占全部工业增加值的比重下降 1.36 个百分点，达到 83.82%。股份制及其他经济类型企业继续快速增长。主要产品产量平稳增长，服装为 7151.9 万件，增长 4.2%；发电量为 74.9 万千瓦时，增长 3.1%；十种有色金属为 23.3 吨，增长 38.9%。

四大主导产业增势强劲。全年有色金属、新能源、机电光学、新型建材四大主导产业共完成规模以上工业增加值 460.43 亿元，同比增长 11.69%，占规模以上增加值比重达到 70.51%。机电光学和新型建材增幅均实现两位数增长，分别为 20.71% 和 17.22%。

2014 年规模以上工业增加值 单位:亿元

指　　标	绝对数	比上年增长%
全市总计	653.00	12.10
在总计中:国有企业	9.49	1.62
集体企业	2.20	-26.72
股份合作企业	1.19	7.80
股份制企业	201.97	16.81
外商和港澳台商投资企业	129.29	5.93
其他经济类型企业	3.44	18.11
私营企业	305.43	13.40
在总计中:国有控股企业	66.75	11.37
在总计中:轻工业	157.93	15.51
重工业	495.07	11.13

工业经济效益水平提升。全市规模以上工业经济效益综合指数 393.78%,比上年提高 10.68 个百分点。企业主营业务收入 2613.31 亿元,增长 8.00%;实现利税 375.99 亿元,增长 16.60%,其中利润 230.63 亿元,增长 20.00%,有色金属矿采选业利税总额增长 537.16%,化学原料和化学制品制造业增长 255.70%,仪器仪表制造业增长 103.03%,电气机械和器材制造业增长 94.00%。

园区经济集聚效应突显。实际开发面积达到 91.27 平方公里,增长 3.87%,实际开发面积全省第二。已投产企业达 967 户,同比增加 91 户。实现主营业务收入 2491.00 亿元,总量排全省第六位,增长 7.08%,实现利税 369.53 亿元,安置就业人员 20.57 万人,分别增长 16.35%和 6.79%。

2014 年主要工业产品产量

产品名称	单　位	绝对数	比上年增长%
原煤	万吨	99.0	5.1
大米	万吨	71.5	7.7
精制食用植物油	万吨	1.2	-10.8
精制茶	万吨	2.3	26.3
服装	万件	7151.9	4.2
机制纸及纸板(外购原纸加工除外)	万吨	10.3	-11.3
水泥	万吨	1564.9	4.9
十种有色金属	万吨	23.3	38.9
精炼铜(电解铜)	万吨	12.4	92.6
铜材	万吨	37.6	-15.4
滚动轴承	亿套	1.4	14.5
改装汽车	辆	664.0	6
太阳能电池	万千瓦	200.3	-8.6
光学仪器	万台(个)	6.5	-34.9
发电量	亿千瓦小时	74.9	3.1

建筑业发展稳定。全市全社会建筑业增加值 132.3 亿元,同比增长 8.0%。房屋建筑施工面积 3222 万平方米,增长 51.1%;房屋建筑竣工面积 1894.9 万平方米,增长 12%。

四、固定资产投资

投资总量进一步扩大、产业投资结构得到优化。全年固定资产投资 1344 亿元,增长 15.4%。从产业看,第一产业投资 44.7 亿元,增长 18.7%;第二产业投资 764.8 亿元,增长 7.3%;第三产业投资 534.6 亿元,增长 28.9%。

重大项目投资数为历年之最。全年累计在建亿元以上重大投资项目286个,总投资规模为2551.0亿元,同比增长177.2%,完成投资1111.3元,同比增长195.1%。亿元以上新开工项目153个,同比增长44.3%,总投资规模为556.1亿元,同比增长28.2%,完成投资360.0亿元,同比增长59.0%。5亿元以上重大产业项目46个,较去年全年增加19个,投资规模与本年累计完成投资额分别为600.1亿元和206.2亿元,同比分别大幅增长129.1%和130.7%。

房地产开发投资保持稳定增长。全年房地产开发累计完成投资125.5亿元,增长17.5%。其中,住宅投资完成96.6亿元,同比增长25.8%;办公楼投资4889万元,同比下降16.8%,商业营业用房投资15.2亿元,同比增长13.1%;其他用房投资13.3亿元,同比下降17.2%。另外,全年商品房销售面积258.1万平方米,增长8.1%;商品房屋销售额128.9亿元,增长28.2%。

2014年分行业全社会固定资产投资及其增长速度

分　类	投资额(亿元)	比上年增长(%)
总　计	1344.0	15.4
农、林、牧、渔业	44.7	18.7
采矿业	36.3	-4.0
制造业	680.9	8.4
化学原料和化学制品制造业	48.2	8.9
医药制造业	50.1	157.3
非金属矿制品业	41.5	11.9
有色金属冶炼和压延加工业	58.0	-33.9
电气机械及器材制造业	56.6	-2.1
计算机、通信和其他电子设备制造业	50.1	134.7
电力、热力、燃气及水生产和供应业	20.6	35.9
建筑业	26.9	-14.6
批发和零售业	33.2	39.0
交通运输、仓储和邮政业	41.5	-2.6
住宿和餐饮业	20.2	-21.0
信息传输、软件和信息技术服务业	1.8	-46.7
金融业	0.2	-68.6
房地产业	166.3	28.1
租赁和商务服务业	18.0	99.4
科学研究和技术服务业	0.6	653.1
水利、环境和公共设施管理业	185.3	41.3
居民服务、修理和其他服务业	1.1	-41.1
教育	9.3	-23.6
卫生和社会工作业	7.8	-37.4
文化、体育和娱乐业	32.5	244.5
公共管理、社会保障和社会组织	16.9	32.6

城镇化建设步伐加快。全市开工城镇建设项目833个,完成投资324亿元。城镇化率提高1.2个百分点,达到45.86%。现代化区域中心城市建设步伐进一步加快,市中心城区开工城建项56个,完成投资66亿元,建成区面积达到79.8平方公里。

重点工程建设快速推进。完成了三清山机场航站楼主体土建及场道地基工程,建成了全国首个两条高铁骑跨式枢纽站。杭南长高铁正式运行,合福高铁铺轨贯通,九景衢铁路上饶段全线施工。万年港综合码头建成运营。德上高速三清山连接线、沪昆高速经开区互通及连接线、上武高速铅山县连线建成通车。完成国省道公路改造37.5公里,农村公路建设35.2公里,行政村基本实现通水泥路(油路)。境内高速总里程达到618公里。新增农村公路474.812公里。

五、国内贸易

消费品市场繁荣活跃。全年社会消费品零售总额548.2亿元,增长13.0%。按所在地分,城市市场完成消费品零售额391.5亿元,增长12.9%;农村市场需求有所增长,完成消费品零售额156.7亿元,增长13.2%。分行业看,批发业完成零售额121.1亿元,增长8.9%;零售业完成零售额365.7亿元,增长14.9%;住宿业完成零售额10.0亿元,增长9.1%;餐饮业完成零售额51.5亿元,增长10.2%。

限额以上贸易企业零售额比重逐步提高。全市限额以上贸易企业零售额148.4亿元,增长14.4%,占贸易业的比重为27.0%,比上年提高0.5个百分点。

消费品零售结构升级加快。在限额以上批发零售业零售额中,体育、娱乐用品类增长91.5%,石油及制品类增长1.4%,汽车类增长16.1%,食品、饮料、烟酒类增长14.8%,服装鞋帽、针、纺织品类增长9.2%,文化办公用品类增长42.4%,家具类增长70.9%。

大型商品交易市场快速发展。全市亿元以上商品交易市场42个,商品总成交额270.0亿元,增长36.1%。"万村千乡市场工程"扎实推进,新建农家店31家,上规模的配送中心1家。

六、对外经济

全力扩大开放。加快推进了全国中小商贸流通企业服务体系建设试点城市项目,开工建设了万达广场、万里时代、星河国际等一批大型城市商业综合体和万年国际珍珠城、鄱阳湖生态水产品交易中心等一批专业市场。全年进出口总额403620万美元,增长27 %。其中,出口360692万美元,增长18%;进口42928万美元,增长219%。从出口经营主体看,外贸流通企业出口20.62亿美元,增长4.3%;生产企业出口15.45亿美元,增长44%;三资企业出口6.16亿美元,增长239%。出口商品情况:纺织服装产品出口5.64亿美元,增长2.2%;农副产品1.88亿美元,增长54%;机电、高新技术产品7.1亿美元,增长29%。

招商引资取得新成绩。全年新批外商直接投资项目70个。实际使用外资8.3912亿美元,增长10.8%。其中,第二产业实际使用外资5.6038亿美元,下降9.32%;第三产业2.2814亿美元,增长335.88%。实际引进5000万以上省外工业项目资金438.29亿元,增长18.37%。合同引资5000万元以上的省外工业项目251个,合同引资亿元以上的省外工业项目165个。

七、交通、邮电和旅游

2014年各种运输方式完成旅客运输量

指　　标	单　位	绝对数	比上年增长%
旅客运输量	万人	9712.7	-41.3
其中:公路	万人	9663	-41.4
水运	万人	49.7	-21.2
旅客运输周转量	万人公里	369723	19.8
其中:公路	万人公里	368842	-19.7
水运	万人公里	881	-42.3

2014年各种运输方式完成货物运输量

指　　标	单　位	绝对数	比上年增长%
货物运输量	万吨	20590.1	6.7
其中:公路	万吨	19816	6.4
水运	万吨	774.1	13.7
货物运输周转量	万吨公里	3823462	-2.5
其中:公路	万吨公里	3645643	-3.0
水运	万吨公里	177819	9.5

交通运输能力稳步提高。全年交通运输、仓储和邮政业增加值65.05亿元,比上年增长3.9%。全市公路总里程达到20164.815公里。高速公路总里程达到617.543公里,高速公路总里程居全省第二,实现县县通高

速公路。全年完成旅客运输量 9712.7 万人，比上年下降 41.3%，货物运输量 20590.1 万吨，比上年增长 6.7%；旅客运输周转量 369723 万人公里，比上年增长 19.8%，货物运输周转量 3823462 万吨，比上年下降 2.5%。全年港口货物吞吐量 1663.5 万吨，比上年增长 7%。

年末机动车保有量 563259 辆，下降 8.25%；其中个人机动车 501928 辆，增长 26%。汽车保有量 307469 万辆，增长 15.62%；其中个人汽车 253361 万辆，增长 15%。

邮电通信能力不断提高。全年邮电业务收入 32.05 亿元，增长 9.8%。其中，电信业务收入 29.13 亿元，增长 10.3%；邮政业务收入 2.92 亿元，增长 4.3%。本地固定电话用户 63 万户，减少 2.29 万户；移动电话用户 50 万户，增加 5.75 万户。年末计算机互联网用户数 40 万户，增加 4.58 万户。农村信息化建设成效显著。100%以上的行政村通上宽带；所有自然村通上电话；90%以上的自然村基本实现移动信号“全覆盖”。

旅游业保持强劲发展势头。婺源县被评为国家生态旅游示范区、三清山获评第二批国家旅游标准化示范景区，上饶市被确定为第三批国家旅游标准化试点城市，婺源篁岭、婺源严田、德兴大茅山、万年神农源、婺源五龙源景区被评为国家 4A 级景区。全市国家 5A 级景区 2 处，4A 级景区 16 处，上饶成为全省 4A 级以上景区最多的设区市。年末，全市共有 A 级旅游景区 24 处。全年接待游客突破 7000 万人次，达到 7018.89 万人次，同比增长 29.95 %，旅游综合收入 572.66 亿元，增长 32.08%；门票收入 11.88 亿元，同比增长 25.21%；其中，接待入境游客 45.31 万人次，同比增长 39.9%，旅游外汇收入 1.83 亿美元，增长 41.5%。

八、金融和保险

加快发展现代金融业。年末全市金融机构各项存款余额（人民币口径，下同）1906.4 亿元，比上年末增加 241.1 亿元，增长 14.48%。其中，单位存款 590.5 亿元，增长 12.16%；城乡居民储蓄存款 1240.9 亿元，增长 15.98%。金融机构各项贷款余额 1234.1 亿元，比上年末增加 229.2 亿元，增长 22.8%。其中，短期贷款 569.5 亿元，增长 18.89%；个人中长期消费贷款 244.6 亿元，增长 28.33%。

2014 年新增保险机构 26 家。全年保险业保费收入 36.63 亿元，比上年增长 28%。其中，财产险业务保费收入 15.12 亿元，增长 17%；人身险业务保费收入 21.5 亿元，增长 36.5%。

九、教育和科学技术

优先发展教育事业，义务教育得到加强，职业教育健康有序，民办教育不断规范。教育民生工程有效实施，免除了 94.93 万名学生的学杂费并免费提高教科书，7.57 万名义务教育阶段贫困寄宿学生、2.59 万名普通高中贫困学生、2.42 万名中等职业教育学生得到了资助，扶助 3469 名寒门学子圆了大学梦。中小学校舍安全工程全面推进，全市 2014 年中小学校建投入 8.83 亿元，新建校舍面积 66.22 万平方米，维修校舍面积 33.46 万平方米。高中教育质量进一步提高，高考再创佳绩，录取率达 82.27%。全市共有普通高校 3 所，在校生 2.44 万人。各类中等职业教育（含职高，不含技工学校）在校生 4.23 万人。普通高中 64 所，在校生 10.45 万人。普通初中 292 所，在校生 20.97 万人。小学 1444 所，在校生 55.00 万人。初中阶段适龄人口入学率为 99.64%，小学适龄儿童入学率为 100%。

2014 年各类教育发展情况

单位：万人

指　　标	招生数	在校生数	毕业生数
普通高等教育	0.85	2.44	0.67
中等职业教育	1.59	4.23	1.43
普通高中	3.74	10.45	3.22
普通初中	7.33	20.97	6.68
小学	9.22	55.00	7.59

2014 年申请专利 1563 件，全市专利授权 733 件；有 4 项科技成果达到国际先进水平。县属科研机构 24 个，科技人员 144 人；技术合同成交额 16224.1 万元，技术交易额 1437.7 万元。全市民营科技企业已达 508 家，从业人员 83720 人，各类专业技术人员 25116 人；民营企业和县属科研机构全年科技活动经费支出为 25048.7 万元，研究与发展经费（R&D）经费支出 20469.3 万元；技术合同成交额为 5539.1 万元，技术交易额为 4399.1 万元。

十、文化、卫生和体育

公共文化服务体系进一步完善。文化信息资源共享工程全面覆盖县、乡、村。免费开放图书馆、文化馆、文化站，组织送戏下乡 2713 余场。文化事业和文化产业稳步发展。年末全市共有专业剧团 9 个，有资质的农民剧团 21 个，文化馆 12 个、群艺馆 1 个，公共图书馆 13 个，总藏数 166 万册(件)，增长 22%。

全市共有广播转播发射台 9 座，中短波广播发射台 1 座，广播人口覆盖率 98.67%，比去年同期增加 0.9 个百分点；电视转播发射台 9 座，电视人口覆盖率 98.80%，比去年同期增加 0.9 个百分点。完成村村通广播电视工程 2137 个。有线电视用户达到 91 万户。

公共医疗卫生保障能力增强。县及以下医疗机构建设全面铺开，基层医疗卫生服务体系不断完善。贫困家庭重性精神病患者免费救治工作正式启动，累计免费治疗白内障手术 31852 例、白血病 121 例、先天性心脏病 1359 例，收治尿毒症患者 3462 人。

卫生事业进一步加强。食品药品专项整治扎实开展，全市未发生重大食品药品安全事件。全市共有卫生机构 352 个。其中，医院 113 个，卫生院 239 个。医疗卫生机构共有床位 22779 张，其中医院 14690 张。平均每千人拥有医院床位 3.4 张。全市卫生技术人员达到 26344 人，增长 8.2%。其中，执业医师 8110 人，注册护士 10306 人。平均每千人拥有执业医师 1.3 人，平均每千人拥有注册护士 1.52 人。全市医疗机构共诊疗 3734.4 万人次，健康检查 436.93 万人次。新农合农民参保人数达到 581.4456 万人，参合率达到 99.51%。

体育事业取得新进展。群众体育活动深入开展。扎实推进了全民健身运动。全市共有体育场馆 25 个，专业体育运动员 59 人，全年我市体育健儿在国际和国内的重大比赛中，奋勇拼搏，共获得 6 枚金牌和 3 枚银牌。深入开展全民健身运动，群众体育运动进一步普及，全年共发行体育彩票 1.85 亿元。全民健身和竞技体育取得新成绩，承办了“舞出精彩 梦圆中华”全民健身广场舞、全国半程马拉松赛等体育赛事。

十一、人民生活和社会保障

人口自然增长率稳中略升。根据人口变动情况抽样调查统计，全市人口出生率为 13.31‰，比上年上升 0.06 个千分点；死亡率为 6.29‰，比上年下降 0.02 个千分点；自然增长率为 7.02‰，比去年上升 0.08 个千分点。年末全市户籍人口 773.09 万人，比上年增加 13.32 万人；常住人口 668.8 万人，净增人口 2.37 万人。

人民生活水平稳步提高。市区城镇居民人均可支配收入 26876 元，增长 10.2%。人均消费性支出 13584 元，增长 6.8%，其中食品支出 5433 元，增长 1.6%，交通与通讯支出 1435 元，增长 6.3%，衣着支出 1261 元，增长 0.7%，教育文化娱乐支出 1492 元，增长 4.6%。城镇居民家庭恩格尔系数为 40.0%，比上年下跌 2.0 个百分点。城镇居民人均住房总建筑面积 41.21 平方米，比上年增加 2.57 平方米。全年农村居民人均可支配收入 9102 元，比上年增长 11.1%。

民生保障持续增强。全市拨付教育、社会保障和就业、医疗卫生等各项民生保障支出 20 亿元，32 项民生实事全面落实。就业工作成效显著，全年城镇新增就业人数 8.86 万人，“零就业”家庭就业安置率达到 100%，“4050”人员就业人数 7483 人，新增转移农村劳动力 22.37 万人；社会保障更加有力，全市城镇职工养老保险参保人数达到 80.41 万人。医疗保险惠及更多百姓，新农合农民参保人数达到 581.4456 万人，参合率达到 99.51%；城镇居民、城镇职工基本医疗参保人数达到 151.62 万人，参保缴费人数达到 134.58 万人，覆盖率达到 95%。向 69.97 万 60 周岁以上老年人发放养老金 4.95 亿元。

就业再就业工作扎实推进。年末全市从业人员 427.90 万人，比上年增加 6.47 万人。其中，第一产业 127.39 万人，减少 1.62 万人；第二产业 145.59 万人，增加 1.15 万人；第三产业 154.92 万人，增加 6.94 万人。在岗职工 39.88 万人，增加 2.07 万人。全年城镇新增就业人数 8.86 万人，“零就业”家庭就业安置率达到 100%，“4050”人员就业人数 7483 人，新增转移农村劳动力 22.37 万人。继续大力实施“创业带动就业”战略，全民创业和服务水平不断提升，创业文化加快培育。全市 6.17 万名农村劳动力接受了培训，零就业家庭就业安置率达到 100%，3270 名大学毕业生实现了就业。390 名残疾人得到了公益性岗位，29.23 万人参加了失业保险，全年发放小额贷款 14.20 亿元。

保障性住房建设进度加快。2014 年我市 13942 套保障性住房全面开工，面积 67.31 万平方米。其中公租房 12314 套，廉租房 1628 套。截止 2014 年底，全市基本建成 11019 套，其中公租房 8831 套，廉租房 2188 套。以信州区为主体的棚户区改造已拆迁 29.32 万平方米。2014 年全市有 20738 户获得了租赁补贴，一批低收入群众圆了住房梦。改造城市棚户区和国有工矿棚户区 137.4 万平方米。城市居民人均住房面积达到 39.32 平方米。

社会福利事业稳步发展。年末全市有各类收养性社会福利院床位2.32万张，收养各类人员19508人。城镇建立各种社区服务设施3910个，其中综合性社区服务中心14个。全年销售社会福利彩票21100万元，筹集社会福利资金6018万元。

十二、资源、环境和安全生产

水利基础设施加快推进。完成水利投资15.25亿元，新增和改善灌溉面积4.2万亩，新建高标准农田9.4万亩。列入国家专项规划内的369座病险水库除险加固工程已基本完成；解决了32.04万农村人口饮水安全问题。

严格加强环境监管。全市否决了36个有污染隐患的项目，全市主要河流监测断面水质达标率99.51%，城市环境空气质量全部在二级以上，削减化学需氧量4507.5吨、二氧化硫1089.9吨、氮氧化物6946.6吨、氨氮493.4吨。

节能减排完成年度目标。初步核算，全年能源消费总量为642.43万吨标准煤，比上年增长5.56%。万元生产总值综合能耗0.468吨标准煤，下降3.94 %。单位GDP能耗和化学需氧量、二氧化硫等均完成年度节能减排目标任务。

通过全市上下的共同努力，2014年全市安全生产形势持续稳定好转，杜绝了重特大事故，有效遏制了较大事故，一般事故得到了预期控制，各分项指标数均在省政府（省安委会）给我市下达的安全生产年度控制指标范围内。全年非煤工矿商贸企业、煤矿、道路交通共发生各类事故291起，同比上升0.34%；死亡120人，同比下降2.44%，其中列入考核的生产经营性道路交通和工矿商贸领域死亡53人，同比下降26.39%，比年度控制指标少死亡15人，占年度控制指标的77.94%，其中：非煤工矿商贸企业发生死亡事故12起，死亡19人，同比分别下降33.33%和20.83%；煤矿发生死亡事故5起，死亡6人，同比分别上升25%和50%；道路交通事故274起，同比上升2.24%，死亡95人，与上年同期持平；亿元地区生产总值生产安全事故死亡率为0.077‰，道路交通万车死亡率为1.2‰，工矿商贸十万从业人员死亡率为1.94‰，煤矿百万吨死亡率为1.58‰。

注：

1.本公报所列各项数据均为初步统计数。

2.部分数据因四舍五入的原因，存在着与分项合计不等的情况。

3.生产总值、各产业增加值绝对数按现价计算，增长速度按不变价格计算。

4.从2011年开始，纳入规模以上工业统计范围的工业企业起点标准从年主营业务收入500万元提高到2000万元，固定资产投资统计的起点标准从计划总投资50万元提高到500万元，与此同时，月度投资统计制度将统计范围从城镇扩大到城镇和农村企事业组织，并定义为“固定资产投资（不含农户）”。

5.2014年城镇居民可支配收入与消费支出数据均采用城乡住户调查一体化新口径统计。

1-1 行　政　区　划

（2014年末）

县市	土地面积（平方公里）	街道办事处（个）	镇（个）	乡（个）	居委会（个）	村委会（个）	乡、镇、街道办事处名称
全市	22791.1	20	99	87	427	2180	
信州区	308.7	6	3		79	46	东市　西市　水南　灵溪　北门　茅家岭　沙溪　朝阳　秦峰
上饶县	2246.1	3	11	10	35	195	罗桥　旭日　兴园　田墩　上泸　华坛山　茶亭　皂头　四十八　枫岭头　煌固　花厅　五府山　郑坊　望仙　石人　清水　石狮湖村　董团　尊桥　应家　黄沙岭　铁山
广丰县	1377.8	3	16	4	59	167	永丰　芦林　丰溪　五都　洋口　横山　桐畈　湖丰　大南　排山　毛村　枧底　泉波　壶峤　霞峰　下溪　吴村　沙田　铜钹山　大石　东阳　嵩峰　少阳
玉山县	1722.6	2	9	6	43	195	冰溪　文成　仙岩　下镇　岩瑞　临湖　双明　樟村　横街　紫湖　必姆　下塘　四股桥　南山　怀玉　六都　三清
铅山县	2177.7		7	10	16	162	河口　永平　石塘　湖坊　鹅湖　武夷山　汪二　陈坊　虹桥　新滩　葛仙山　稼轩　英将　紫溪　太源畲族　天柱山　篁碧畲族
横峰县	655.2	1	2	6	10	63	兴安　岑阳　葛源　姚家　莲荷　司铺　港边　龙门畈　青板
弋阳县	1592.5	1	9	5	14	126	桃源　弋江　漆工　港口　曹溪　樟树墩　圭峰　叠山　南岩　朱坑　湾里　葛溪　清湖　中畈　旭光
余干县	2330.8		8	12	37	323	玉亭　瑞洪　黄金埠　石口　古埠　九龙　乌泥　杨埠　康山　东塘　大塘　鹭鸶港　三塘　洪家嘴　白马桥　江埠　枫港　大溪　梅港　社赓
鄱阳县	4214.7		14	15	43	527	鄱阳　石门街　田畈街　谢家滩　四十里街　双港　古县渡　饶埠　油墩街　乐丰　饶丰　金盘岭　高家岭　凰岗　侯家岗　莲花山　银宝湖　响水滩　鸦鹊湖　柘港　枧田街　游城　珠湖　白沙洲　团林　昌洲　芦田　三庙前　莲湖
万年县	1135.5		6	6	23	130	陈营　石镇　青云　梓埠　大源　裴梅　湖云　齐埠　汪家　上坊　苏桥　珠田
婺源县	2947.5	1	10	6	25	172	蚺城　紫阳　清华　秋口　江湾　思口　中云　赋春　镇头　许村　太白　溪头　段莘　浙源　沱川　大鄣山　珍珠山
德兴市	2082.0	3	5	6	52	77	银城　新营　香屯　泗洲　花桥　绕二　海口　新岗山　黄柏　万村　张村　昄大　李宅　龙头山

1－2 国民经济和社会发展总量与速度指标

指　标		总　量　指　标					2014年比2013年增长%
		2000年	2005年	2010年	2013年	2014年	
人口、就业	（万人）						
年末总人口		611.78	635.15	658.7478	666.4279	668.7968	0.36
年末从业人员数		294.28	354.93	395.69	421.4316	427.9012	1.54
国民经济核算							
生产总值	（万元）	1860214	3881089	9010029	14083200	15502360	9.9
第一产业		605880	823297	1518961	2024863	2132554	4.5
第二产业		543082	1647068	4591774	7177273	7790101	11.2
第三产业		711252	1410724	2899294	4881064	5579705	10.0
人均生产总值	（元）	3056	6130	13729	21166	23221	9.5
农　业							
农业总产值	（万元）	958294	1350137	2503809	3280286	3479409	4.5
主要农产品产量							
粮　食	（万吨）	222.24	261.95	304.90	345.48	350.31	1.40
棉　花	（吨）	3405	4836	6169	6379	7761	21.66
甘　蔗	（吨）	88926	106596	101262	124569	120978	－2.88
黄（红）麻	（吨）	905	974	480	95	66	－30.53
苎　麻	（吨）	294	345	257	263	265	0.76
烟　叶	（吨）	1129	669	461	580	398	7.57
茶　叶	（吨）	5758	6034	10137	12972	15575	20.07
水　果	（吨）	31185	43616	47919	56965	58553	2.79
肉类总产量	（吨）	177778	231191	281678	307144	315427	2.70
水产品	（吨）	218656	314994	423990	482958	505174	4.60
年末生猪存栏数	（万头）	169.53	193.46	197.34	211.91	208.72	－1.51
当年出栏肉猪数	（万头）	184.93	236.84	266.68	289.75	296.80	2.43
工　业							
工业总产值（当年价）	（万元）	1494956	3379608	11759109	22053974	26117446	18.43
主要工业产品产量							
机制纸及纸板	（吨）	29008	69338	184831	116417.18	103308	－11.26
改装汽车	（辆）	836	350	605	625	664	6.24
原　煤	（万吨）	189.42	133.15	109.35	70.86	98.99	39.68
发电量	（万千瓦时）	46163	23190.6	602090	716357	748899	4.54
水　泥	（万吨）	280.28	582.63	1058.77	1487.65	1564.89	5.19
运输、邮电业							
货物周转量（交通部门）	（万吨公里）	209229	209084	2511471	3920908	3823463	－2.49
旅客周转量（交通部门）	（万人公里）	191321	219236	401473	460747	369723	－19.76
邮电业务收入	（万元）	71851	213218	106338.32	306500	320500	4.57
函　件	（万件）	866	848.13	1968.39	506.17	624.4	23.36
报刊发行量	（万份）	423	4455.79	5300.12	5907.48	6157.74	4.24

1－2续表

指　　标	总　量　指　标					2014年比2013年增长%
	2000年	2005年	2010年	2013年	2014年	
固定资产投资						
全社会固定资产投资额　（万元）	225758	2284678	6616230	11899970	13707556	15.2
内外贸易						
社会消费品零售总额　（万元）	812858	1357544	3305011	5005892	5656658.3	13.0
外贸出口总额　（万美元）	2706	13111	152097	304774	360692	18.3
实际利用外资额　（万美元）	916	15958	50425	75733	83912	10.8
财　政						
财政总收入　（万元）	156648	335969	1139031	2320061	2626098	13.19
公共财政预算支出　（万元）	218733	553946	1916792	3562046	3846056	7.97
人均财政收入　（元）	257	531	1735.65	3486.93	3933.57	12.81
教　育						
高等学校在校学生数　（人）	4927	13723	20375	22761	24444	7.39
中等专业学校在校学生数　（人）	12362	18750	21614	25234	25887	2.59
普通中学在校学生数　（万人）	35.92	45.92	44.83	39.73	39.94	0.53
小学在校学生数　（万人）	75.46	66.72	71.46	67.36	68.70	1.98
卫　生						
卫生机构数　（个）	418	331	801	1055	1054	－0.09
卫生技术人员　（人）	13621	11914	17206	24345	24627	1.16
#医　生	6188	5099	6794	9007	9205	2.20
病　床　（张）	10510	9274	15678	21993	31399	42.77
#医院病床	6178	6024	8576	14221	16211	13.99
物价指数(上年＝100)						
市区居民消费价格总指数	102.4	102.9	103.1	102.7	102.3	2.3
市区商品零售物价总指数	102.4	101.1	102.9	101.9	101.1	1.1
人民生活						
城镇非私营单位在岗职工年平均工资　（元）	5662	11830	23428	40921	43561	6.45
全市城镇居民人均年可支配收入　（元）	4891	8629	15535	22195.00	24656	9.90
全市农村居民人均年可支配收入　（元）	2038	3226	5317	7919	9102	11.05
城乡居民储蓄存款年末余额　（万元）	1317750	2888931	6538072	10698829	12408688	15.98
平均每一居民年末储蓄存款余额　（元）	2154	4563	9963	16054	18554	15.57

注：1、从2011年起，规模以上工业限额为2000万元，固定资产投资限额为500万元。

2、本表速度指标中，生产总值、农业总产值指标均按可比价格计算。本表速度指标中，生产总值、农业总产值指标均按可比价格计算。

3、自1998年起，职工工资为在岗职工工资。自2012年起，平均工资含劳务派遣人员工资。

4、自2014年起，城镇居民可支配收入与农村居民人均年可支配收入数据均采用城乡住户调查一体化新口径统计。

1-3 上饶的一天

指标	单位	2010年	2011年	2012年	2013年	2014年
地区生产总值	万元	24685	30427	34668	38392	42472
一产	万元	4162	4836	5283	5548	5843
二产	万元	12580	16410	18152	19432	21343
三产	万元	7943	9181	11233	13413	15287
全部工业增加值	万元	10386	13847	15138	16306	17718
财政总收入	万元	3121	4152	5489	6356	7195
公共财政预算收入	万元	1988	2619	3676	4505	5321
公共财政预算支出	万元	5251	6592	8336	9759	10537
全社会固定资产投资	万元	25862	27822	27417	32603	37555
社会消费品零售总额	万元	9055	10445	11758	13365	15498
海关进出口	万美元	457	726	741	872	1106
#出口	万美元	417	662	719	835	988
外商直接投资实际使用额	万美元	138	163	185	207	230
金融机构人民币年末贷款余额	万元	26752	18962	22680	27532	33811
金融机构人民币年末存款余额	万元	15814	31934	38507	45622	52229

1-4 上饶市与江西省人均主要指标比较表

（2014 年）

指　　　　标	单　位	上饶市	江西省
一、生产总值(当年价)	元	23221	34674
二、规模以上工业增加值	元	9781	15078
三、全社会固定资产投资	元	20543	33272
四、财政总收入	元	3934	5915
公共财政预算收入	元	2909	4152
五、社会消费品零售总额	元	8473	11678
六、实际利用外资	美元	126	186
七、农业总产值	元	5212	6016
主要农产品产量			
粮　　食	千克	525	473
棉　　花	千克	1.16	2.95
水　　果	千克	8.77	91.29
肉类总产量	千克	47.25	78.38
水 产 品	千克	75.67	55.97
八、主要工业品产量			
发 电 量	千瓦时	1122	1934
水　　泥	千克	2344	2163

1－5　上饶市与江西省国民经济主要比例关系比较表

（2014 年）　　　　单位：%

类　　别	上饶市	江西省
生产总值中三次产业比例（当年价）		
第一产业	13.8	10.7
第二产业	50.2	52.5
第三产业	36.0	36.8
社会从业人员中三大产业比例		
第一产业	29.8	30.8
第二产业	34.0	32.2
第三产业	36.2	37.0
农业总产值中农林牧渔业比例（当年价）		
农　　业	40.00	42.0
林　　业	8.13	10.0
牧　　业	27.25	29.9
渔　　业	22.23	14.7
服　务　业	2.39	3.4
规模以上工业增加值		
轻　工　业	24.2	36.2
重　工　业	75.8	63.8
500 万元以上项目固定资产投资		
第一产业	3.2	2.2
第二产业	56.9	54.4
第三产业	39.9	43.4
财政总收入占生产总值比重	16.9	17.1
公共财政预算收入构成		
税收收入	67.54	73.39
公共财政预算支出内部结构比例		
医疗卫生支出	12.24	8.72

1－6 国民经济主要指标占全省的比重

（2014 年）

指　　标	单位	上饶市	江西省	上饶市占江西省比重%
一、土地面积	平方公里	22791	166933	13.65
二、年末总人口（抽样调查人口）	万人	668.80	4542.16	14.72
三、职工年末人数	万人	39.05	426.0	9.17
四、生产总值	亿元	1550.24	15714.6	9.86
五、规模以上工业增加值	亿元	653.00	6833.7	9.56
六、农业总产值	亿元	347.94	2726.54	12.76
主要农产品产量				
粮　食	万吨	350.31	2143.5	16.34
棉　花	吨	7761	133682	5.81
苎　麻	吨	265	6601	4.01
水　果	吨	58553	4137459	1.42
生猪出栏	万头	296.80	3325.66	8.92
水 产 品	万吨	50.52	253.66	19.92
肉　类	万吨	31.54	355.24	8.88
七、主要工业品产量				
机制纸与纸板	万吨	10.33	154.52	6.69
硫　酸	万吨	47.33	333.74	14.18
发电量	亿千瓦小时	74.89	782.13	9.58
水　泥	万吨	1564.89	9803.57	15.96
八、500 万元以上项目固定资产投资	亿元	1343.33	14646.31	9.17
# 第一产业	亿元	42.39	315.99	13.42
第二产业	亿元	764.82	7971.80	9.59
第三产业	亿元	536.12	6358.52	8.43
# 工　业	亿元	738.17	7906.91	9.34
房地产	亿元	125.48	1322.49	9.49
九、社会消费品零售总额	亿元	565.67	5292.63	10.69
十、实际利用外资	亿美元	8.39	84.51	9.93
十一、财政总收入	亿元	262.61	2680.96	9.80
公共财政预算收入	亿元	194.21	1881.83	10.32
公共财政预算支出	亿元	384.61	3882.70	9.91
城乡居民储蓄存款	亿元	1240.87	10790.70	11.50
十二、在校学生				
高等学校	万人	2.44	94.41	2.59
中等专业学校	万人	2.59	25.86	10.01
普通中学	万人	39.94	265.48	15.05
职业中学	万人	1.55	16.96	9.15
小学	万人	68.70	412.98	16.63
十三、卫生技术人员	万人	2.46	20.13	12.23
# 医生	万人	0.92	7.46	12.34
病床数	万张	3.14	18.69	16.80
# 医院病床	万张	1.62	17.00	9.53

注：在岗职工含劳务派遣人员。

1－7　生产总值分项目构成

单位：万元

指　　标	2013	2014
地区生产总值	14083200	15502360
按产业分		
第一产业	2024863	2132554
第二产业	7177273	7790101
第三产业	4881064	5579705
按行业分		
农林牧渔业	2071462	2184674
工业	5951823	6467001
建筑业	1225450	1323100
批发和零售业	1061972	1181167
交通运输、仓储和邮政业	623287	650471
住宿和餐饮业	368122	475884
信息传输、软件和信息技术服务业	263291	285671
金融业	315988	379898
房地产业	686194	768327
租赁和商务服务业	161385	186722
科学研究和技术服务业	68099	79403
水利、环境和公共设施管理业	50984	56082
居民服务、修理和其他服务业	203760	236973
教育	355608	394725
卫生和社会工作	196149	221255
文化、体育和娱乐业	104023	119908
公共管理、社会保障和社会组织	375603	491099
按收入法分		
劳动者报酬	8001350	8786839
生产税净额	1772213	1952622
固定资产折旧	1558720	1704030
营业盈余	2750917	3058869
按支出法分		
最终消费支出	6123922	6820300
资本形成总额	8828273	9368113
货物和服务净流出	－939061	－686053

注：1.根据国家统计局《关于印发三次产业划分规定的通知》（国统字〔2012〕108 号）文件精神，自 2013 年起对三次产业重新划分，将 A 门类“农、林、牧、渔业”中的“05 农、林、牧、渔服务业”，B 门类“采矿业”中的“11 开采辅助活动”，C 门类“制造业”中的“43 金属制品、机械和设备修理业”等三个大类一并调入第三产业，明确第三产业即为服务业；2.2013 年根据第三次经济普查资料对增加值数据进行了修正，下同。

1－8 地区生产

（按当年

	上饶市	信州区	上饶县	广丰县	玉山县
地区生产总值	15502360	1760959	1652925	2698187	1254912
# 第一产业	2132554	63581	151693	202127	141954
第二产业	7790101	423018	1268364	1549933	661042
第三产业	5579705	1274360	232868	946127	451916
# 农林牧渔业	2184674	67345	153520	205612	143447
工业	6467001	261205	1220654	1194547	591560
建筑业	1323100	161813	47710	355386	69482
批发和零售业	1181167	304579	62426	275750	121478
交通运输、仓储和邮政业	650471	105252	41003	87615	48660
住宿和餐饮业	475884	122536	12359	32188	59631
信息传输、软件和信息技术服务业	285671	129503	7938	34041	30290
金融业	379898	80602	32010	62351	33086
房地产业	768327	190611	13304	148571	53950
租赁和商务服务业	186722	24598	2336	8144	3969
科学研究和技术服务业	79403	5174	241	13357	2230
水利、环境和公共设施管理业	56082	5867	720	19599	1364
居民服务、修理和其他服务业	236973	29687	2766	37620	17191
教育	394725	86557	26694	37591	18715
卫生和社会工作	221255	47399	11829	40479	15284
文化、体育和娱乐业	119908	30538	321	49368	12615
公共管理、社会保障和社会组织	491099	107693	17094	95968	31960
人均地区生产总值(元)	23221	41611	23268	35330	21525

总值(2014 年)

价格计算) 单位:万元

铅山县	横峰县	弋阳县	余干县	鄱阳县	万年县	婺源县	德兴市
904861	771119	805046	1127117	1689748	1046955	799958	1090289
156926	64926	136467	344616	541060	123939	107705	99023
431575	511109	389009	411818	714705	607128	292443	447584
316360	195084	279570	370683	433983	315888	399810	543682
158116	66828	138764	368000	546909	128066	108742	100484
383625	488562	336733	321164	490022	539899	229911	326746
47950	22547	52276	90654	224683	67229	62532	120838
67152	29229	65452	55259	65350	51142	84761	67412
59424	27358	61546	46947	111203	39110	52643	71466
17640	26572	24436	21463	12173	14549	63024	60926
16412	5866	17445	8792	31682	4843	10493	28697
17196	22921	13063	10904	33929	26390	6258	75892
36273	25448	24947	58531	88861	28919	33805	34952
1919	2892	2123	39073	439	17521	2462	16507
712	1422	1102	4917	835	2432	4414	17742
1007	3036	1308	1649	1033	4015	932	16930
51886	15601	13902	8901	5980	9851	13077	7328
15651	11405	13785	26369	34289	51462	47429	33384
7953	8062	10086	17924	9495	24881	18799	21482
7034	3848	6792	3940	4030	6232	15527	25391
14911	9522	21286	42630	28835	30414	45149	64112
20886	41114	22462	12524	12838	28743	23637	36624

1-9 地区生产

（按当年

	上饶市	信州区	上饶县	广丰县	玉山县
地区生产总值	14083200	1664739	1478910	2412010	1088193
#第一产业	2024863	59632	147454	190370	136022
第二产业	7177273	474159	1118595	1386815	555749
第三产业	4881064	1130948	212861	834825	396422
#农林牧渔业	2071462	63046	149180	193607	137976
工业	5951823	323514	1076186	1052024	490906
建筑业	1225450	150645	42409	334791	64843
批发和零售业	1061972	280754	57260	247940	105797
交通运输、仓储和邮政业	623287	99906	43180	85402	48577
住宿和餐饮业	368122	112484	11175	28977	56331
信息传输、软件和信息技术服务业	263291	119799	7343	31490	26170
金融业	315988	63161	26965	50835	27359
房地产业	686194	161090	13544	128322	49074
租赁和商务服务业	161385	24171	2306	7836	2698
科学研究和技术服务业	68099	4046	204	11433	1816
水利、环境和公共设施管理业	50984	2891	988	16776	1077
居民服务、修理和其他服务业	203760	29172	2726	36198	11686
教育	355608	71678	20546	32177	14779
卫生和社会工作	196149	36994	11282	34649	12015
文化、体育和娱乐业	104023	30006	291	47502	8575
公共管理、社会保障和社会组织	375603	91382	13325	72051	28514
人均地区生产总值(元)	21166	39467	20889	31691	18722

总值(2013 年)

价格计算)　　单位:万元

铅山县	横峰县	弋阳县	余干县	鄱阳县	万年县	婺源县	德兴市
844957	691577	704802	1023591	1538875	922608	733697	980378
144360	61994	128072	340102	513659	121840	97815	94939
416411	456780	345270	369794	629486	534379	278691	434639
284186	172803	231460	313695	395730	266389	357191	450800
145364	62818	130111	350391	519283	126009	98738	96340
371806	435307	298595	288715	421639	473813	220791	322022
44605	21473	46675	81079	207847	60566	57900	112617
61000	26614	59375	54813	60219	46101	86275	61547
56532	24939	48396	42261	100974	34928	46258	72548
15826	23995	22084	14341	11135	13162	57347	55547
15182	5421	14592	8133	29798	4480	8315	26547
15024	20568	11474	9116	29154	20447	4589	63125
33733	22626	21179	56848	89989	25440	24798	28368
1558	2587	2096	37403	441	16564	2209	14237
647	1128	1061	4849	832	1894	3963	12659
915	2410	1286	1594	1021	3457	823	12522
41493	13958	7676	4500	7204	8974	11588	4783
14228	9052	10817	24006	31180	40483	39458	21653
7505	6399	8069	14787	7471	18563	16271	22793
6219	3443	6736	968	4030	5683	14251	23821
13320	8839	14580	29787	16658	22044	40123	29249
19568	36996	19731	11420	11732	25416	21751	33043

1－10 地区生产

（按当年

	上饶市	信州区	上饶县	广丰县	玉山县
地区生产总值	100	100	100	100	100
#第一产业	13.8	3.6	9.2	7.5	11.3
第二产业	50.2	24.0	76.7	57.4	52.7
第三产业	36.0	72.4	14.1	35.1	36.0
#农林牧渔业	14.09	3.82	9.29	7.62	11.43
工业	41.72	14.83	73.85	44.27	47.14
建筑业	8.53	9.19	2.89	13.17	5.54
批发和零售业	7.62	17.30	3.78	10.22	9.68
交通运输、仓储和邮政业	4.20	5.98	2.48	3.25	3.88
住宿和餐饮业	3.07	6.96	0.75	1.19	4.75
信息传输、软件和信息技术服务业	1.84	7.35	0.48	1.26	2.41
金融业	2.45	4.58	1.94	2.31	2.64
房地产业	4.96	10.82	0.80	5.51	4.30
租赁和商务服务业	1.20	1.40	0.14	0.30	0.32
科学研究和技术服务业	0.51	0.29	0.01	0.50	0.18
水利、环境和公共设施管理业	0.36	0.33	0.04	0.73	0.11
居民服务、修理和其他服务业	1.53	1.69	0.17	1.39	1.37
教育	2.55	4.92	1.61	1.39	1.49
卫生和社会工作	1.43	2.69	0.72	1.50	1.22
文化、体育和娱乐业	0.77	1.73	0.02	1.83	1.01
公共管理、社会保障和社会组织	3.17	6.12	1.03	3.56	2.55

总值构成(2014 年)

价格计算)

铅山县	横峰县	弋阳县	余干县	鄱阳县	万年县	婺源县	德兴市
100	100	100	100	100	100	100	100
17.3	8.4	17.0	30.6	32.0	11.8	13.5	9.1
47.7	66.3	48.3	36.5	42.3	58.0	36.6	41.1
35.0	25.3	34.7	32.9	25.7	30.2	50.0	49.8
17.47	8.67	17.24	32.65	32.37	12.23	13.59	9.22
42.40	63.36	41.83	28.49	29.00	51.57	28.74	29.97
5.30	2.92	6.49	8.04	13.30	6.42	7.82	11.08
7.42	3.79	8.13	4.90	3.87	4.88	10.60	6.18
6.57	3.55	7.65	4.17	6.58	3.74	6.58	6.55
1.95	3.45	3.04	1.90	0.72	1.39	7.88	5.59
1.81	0.76	2.17	0.78	1.87	0.46	1.31	2.63
1.90	2.97	1.62	0.97	2.01	2.52	0.78	6.96
4.01	3.30	3.10	5.19	5.26	2.76	4.23	3.21
0.21	0.38	0.26	3.47	0.03	1.67	0.31	1.51
0.08	0.18	0.14	0.44	0.05	0.23	0.55	1.63
0.11	0.39	0.16	0.15	0.06	0.38	0.12	1.55
5.73	2.02	1.73	0.79	0.35	0.94	1.63	0.67
1.73	1.48	1.71	2.34	2.03	4.92	5.93	3.06
0.88	1.05	1.25	1.59	0.56	2.38	2.35	1.97
0.78	0.50	0.84	0.35	0.24	0.60	1.94	2.33
1.65	1.23	2.64	3.78	1.71	2.90	5.64	5.88

1－11 地区生产

（按当年

	上饶市	信州区	上饶县	广丰县	玉山县
地区生产总值	100	100	100	100	100
#第一产业	14.4	3.6	10.0	7.9	12.5
第二产业	51.0	28.5	75.6	57.5	51.1
第三产业	34.7	67.9	14.4	34.6	36.4
#农林牧渔业	14.71	3.79	10.09	8.03	12.68
工业	42.26	19.43	72.77	43.62	45.11
建筑业	8.70	9.05	2.87	13.88	5.96
批发和零售业	7.54	16.86	3.87	10.28	9.72
交通运输、仓储和邮政业	4.43	6.00	2.92	3.54	4.46
住宿和餐饮业	2.61	6.76	0.76	1.20	5.18
信息传输、软件和信息技术服务业	1.87	7.20	0.50	1.31	2.40
金融业	2.24	3.79	1.82	2.11	2.51
房地产业	4.87	9.68	0.92	5.32	4.51
租赁和商务服务业	1.15	1.45	0.16	0.32	0.25
科学研究和技术服务业	0.48	0.24	0.01	0.47	0.17
水利、环境和公共设施管理业	0.36	0.17	0.07	0.70	0.10
居民服务、修理和其他服务业	1.45	1.75	0.18	1.50	1.07
教育	2.53	4.31	1.39	1.33	1.36
卫生和社会工作	1.39	2.22	0.76	1.44	1.10
文化、体育和娱乐业	0.74	1.80	0.02	1.97	0.79
公共管理、社会保障和社会组织	2.67	5.49	0.90	2.99	2.62

总值构成(2013 年)

价格计算)

铅山县	横峰县	弋阳县	余干县	鄱阳县	万年县	婺源县	德兴市
100	100	100	100	100	100	100	100
17.1	9.0	18.2	33.2	33.4	13.2	13.3	9.7
49.3	66.0	49.0	36.1	40.9	57.9	38.0	44.3
33.6	25.0	32.8	30.7	25.7	28.9	48.7	46.0
17.20	9.08	18.46	34.23	33.74	13.66	13.46	9.83
44.00	62.94	42.37	28.21	27.40	51.36	30.09	32.85
5.28	3.10	6.62	7.92	13.51	6.56	7.89	11.49
7.22	3.85	8.42	5.35	3.91	5.00	11.76	6.28
6.69	3.61	6.87	4.13	6.56	3.79	6.30	7.40
1.87	3.47	3.13	1.40	0.72	1.43	7.82	5.67
1.80	0.78	2.07	0.79	1.94	0.49	1.13	2.71
1.78	2.97	1.63	0.89	1.89	2.22	0.63	6.44
3.99	3.27	3.00	5.55	5.85	2.76	3.38	2.89
0.18	0.37	0.30	3.65	0.03	1.80	0.30	1.45
0.08	0.16	0.15	0.47	0.05	0.21	0.54	1.29
0.11	0.35	0.18	0.16	0.07	0.37	0.11	1.28
4.91	2.02	1.09	0.44	0.47	0.97	1.58	0.49
1.68	1.31	1.53	2.35	2.03	4.39	5.38	2.21
0.89	0.93	1.14	1.44	0.49	2.01	2.22	2.32
0.74	0.50	0.96	0.09	0.26	0.62	1.94	2.43
1.58	1.28	2.07	2.91	1.08	2.39	5.47	2.98

1－12　地区生产

（可比价格，

	上饶市	信州区	上饶县	广丰县	玉山县
地区生产总值	109.9	108.8	110.2	110.5	110.8
#第一产业	104.5	103.4	102.1	105.3	103.8
第二产业	111.2	104.1	111.7	111.1	112.2
第三产业	110.0	112.4	107.0	110.8	111.5
#农林牧渔业	104.6	103.5	102.1	105.3	104.0
工业	111.8	103.1	111.7	112.7	112.7
建筑业	108.0	107.4	112.5	106.2	107.2
批发和零售业	108.1	107.2	107.8	109.9	114.9
交通运输、仓储和邮政业	103.9	104.9	94.5	102.1	99.7
住宿和餐饮业	105.9	104.6	105.3	106.0	106.7
信息传输、软件和信息技术服务业	108.5	108.1	108.1	108.1	108.1
金融业	118.8	126.1	117.3	121.2	119.5
房地产业	110.9	115.0	97.0	113.3	107.1
租赁和商务服务业	112.4	129.0	95.8	101.0	134.5
科学研究和技术服务业	114.0	110.4	115.7	114.2	117.2
水利、环境和公共设施管理业	107.7	121.3	71.9	114.2	117.3
居民服务、修理和其他服务业	113.0	130.5	100.4	101.0	134.5
教育	108.5	120.7	118.9	114.2	117.7
卫生和社会工作	110.3	127.6	102.2	114.2	116.6
文化、体育和娱乐业	112.0	125.3	109.1	101.0	134.5
公共管理、社会保障和社会组织	118.3	116.0	125.4	127.3	101.5
人均地区生产总值	109.5	108.4	109.8	110.1	110.5

总值指数(2014 年)

上年 = 100)

铅山县	横峰县	弋阳县	余干县	鄱阳县	万年县	婺源县	德兴市
109.8	109.3	109.8	109.2	108.6	110.9	109.2	110.7
106.5	105.8	105.3	102.6	104.4	106.1	102.2	103.4
111.4	110.1	111.3	110.9	111.7	111.4	109.3	109.4
109.4	108.4	109.8	113.7	108.0	112.1	111.0	114.8
106.5	105.7	105.4	102.5	104.4	106.1	102.2	103.4
112.0	110.3	111.2	110.7	114.0	111.4	109.6	109.7
107.5	105.0	111.9	111.8	108.1	111.0	108.0	107.3
108.9	109.0	107.9	114.4	107.2	109.5	110.6	108.2
104.6	99.9	106.1	110.6	109.6	111.5	104.1	107.3
106.0	105.5	105.4	119.7	104.9	106.0	109.2	105.4
108.1	108.1	108.1	108.1	105.8	108.1	108.1	115.2
113.1	112.0	112.6	118.2	115.0	119.1	115.0	118.8
105.2	109.0	101.6	104.9	102.6	108.0	116.0	119.3
118.2	99.7	107.7	103.3	99.1	107.1	113.2	114.0
124.2	122.8	105.5	103.6	100.2	112.4	113.2	115.5
148.8	122.8	104.7	104.7	100.7	112.2	115.1	118.4
122.9	99.7	188.5	191.3	81.2	102.9	114.6	127.1
104.3	122.9	113.4	114.8	109.7	122.0	117.7	121.7
103.5	122.9	108.2	104.7	125.2	110.2	110.4	123.1
105.6	99.7	78.5	132.5	99.1	105.0	110.6	124.7
107.0	119.4	129.3	139.9	132.0	116.2	112.0	126.2
109.4	108.9	109.4	108.8	108.2	110.5	108.8	110.3

1－13 地区生产

（可比价格，

	上饶市	信州区	上饶县	广丰县	玉山县
地区生产总值	110.0	109.1	111.1	109.7	110.6
# 第一产业	103.8	100.6	104.2	96.6	104.2
第二产业	112.3	108.8	113.1	96.2	113.0
第三产业	108.9	109.9	105.9	103.8	109.8
# 农林牧渔业	103.8	100.7	103.9	103.4	104.4
工业	113.0	108.7	114.3	112.1	116.8
建筑业	108.9	109.2	85.7	110.0	85.1
批发和零售业	110.8	114.5	107.0	83.7	107.7
交通运输、仓储和邮政业	106.2	112.8	101.0	111.7	107.5
住宿和餐饮业	107.5	109.4	83.9	110.3	109.4
信息传输、软件和信息技术服务业	103.5	110.3	103.4	110.6	119.2
金融业	117.4	124.2	112.2	142.0	109.3
房地产业	112.9	126.2	102.5	109.6	111.0
租赁和商务服务业	101.5	118.7	288.3	41.2	337.6
科学研究和技术服务业	95.0	104.0	9.5	1094.5	55.3
水利、环境和公共设施管理业	110.4	103.0	46.6	221.2	58.3
居民服务、修理和其他服务业	124.3	116.7	248.0	47.1	351.3
教育	107.2	93.2	130.8	71.3	54.2
卫生和社会工作	110.6	89.0	127.1	70.1	53.2
文化、体育和娱乐业	132.4	134.3	9.3	1447.5	367.2
公共管理、社会保障和社会组织	101.0	91.6	114.7	330.0	111.3
人均地区生产总值	109.7	108.8	110.8	109.4	110.1

总值指数(2013 年)

上年 = 100)

铅山县	横峰县	弋阳县	余干县	鄱阳县	万年县	婺源县	德兴市
110.4	110.0	110.3	110.5	109.6	111.2	109.3	109.0
103.9	104.0	103.8	103.6	104.2	104.5	104.1	103.6
113.9	111.3	113.7	116.2	114.4	114.6	111.0	110.0
109.6	108.8	108.9	109.6	108.4	107.5	109.5	108.4
103.9	104.1	103.8	103.6	104.4	104.6	104.1	103.6
114.0	111.4	114.1	116.6	116.7	114.2	110.3	110.4
113.1	107.9	111.2	114.3	110.8	107.2	114.2	107.5
115.0	107.3	110.5	107.5	110.6	110.5	111.2	113.8
106.3	111.6	111.2	104.4	106.1	107.0	110.2	106.9
105.9	109.5	109.1	115.5	115.7	106.6	104.8	108.4
100.9	108.6	110.5	117.3	112.6	105.6	105.2	105.3
110.0	112.4	109.3	107.0	112.2	116.5	113.2	106.4
110.4	114.8	105.2	105.9	109.7	105.1	110.1	106.9
121.4	101.8	216.4	110.7	128.5	109.9	112.6	106.7
112.4	103.7	100.4	111.8	102.9	196.8	113.8	107.6
113.1	103.6	105.2	125.7	101.3	112.0	114.4	108.8
116.8	101.8	204.8	110.7	113.4	104.2	114.1	109.9
103.8	103.6	66.5	120.7	100.3	119.1	109.3	106.8
118.2	103.6	102.3	121.1	103.4	107.6	109.5	108.3
102.1	101.8	130.6	119.0	105.2	119.1	110.6	108.5
102.2	109.6	107.3	116.0	104.0	104.3	110.2	108.9
110.1	109.7	109.9	110.2	109.3	110.9	109.0	108.7

1－14　各县(市、区)平均气温和极端值

(2014 年)

县　市	全年平均气温(度)	极端最高		极端最低	
		气温(度)	日期(日/月)	气温(度)	日期(日/月)
信州区	18.4	37.5	21/7	－3.6	22/1
上饶县	19.0	38.5	21/7	－2.0	22/1、22/12
广丰县	18.7	37.9	20/7、21/7	－4.3	22/1
玉山县	18.2	37.6	20/7	－4.7	23/1
铅山县	18.5	38.4	21/7	－3.4	18/12
横峰县	19.1	39.0	22/7	－2.5	22/1、22/12
弋阳县	19.0	38.8	21/7	－3.4	22/12
余干县	19.1	38.1	23/7	－2.3	11/2
鄱阳县	18.7	37.3	23/7	－3.2	11/2
万年县	18.6	37.8	21/7、23/7	－5.0	22/1
德兴市	18.2	37.7	23/7	－4.9	22/1
婺源县	18.0	39.1	23/7	－6.0	22/1

1－15　各县(市、区)全年日照、降水、蒸发、初终霜情况

(2014 年)

县　市	全年日照 (小时)	全年降水 (毫米)	全年降水日数 (天)	全年蒸发量 (毫米)	初霜(上年度) (日/月)	终霜 (日/月)	初终霜日数 (天)	无霜期 (天)
信州区	1897.2	1768.6	160	815.8	29/11	21/2	85	287
上饶县	1879.3	1841.6	155	/	29/11	15/2	79	293
广丰县	1820.4	1820.8	152	/	29/11	21/2	85	286
玉山县	1741.6	2235.3	160	946.2	19/11	22/3	124	257
铅山县	1707.6	2015.5	164	/	29/11	15/2	79	293
横峰县	1677.0	1776.0	163	/	29/11	24/1	57	315
弋阳县	1822.7	2181.9	159	/	29/11	15/2	79	300
余干县	1652.2	1605.9	128	/	29/11	20/2	84	295
鄱阳县	1867.9	1570.5	130	961.1	29/11	20/2	84	288
万年县	1829.4	1695.6	148	/	19/11	21/2	95	286
德兴市	1771.9	2090.6	166	缺测	29/11	21/2	85	287
婺源县	1883.8	2110.3	155	/	20/11	21/2	94	285

备注：根据 2014 年最新观测规定：上饶市(信州区)、玉山县、鄱阳县、德兴市四个基准(基本)站有蒸发观测，其他台站已取消蒸发观测，2014 年德兴蒸发缺测。

1-16 城市社会经济基本情况

（2014年）

项　目	计量单位	全　市	其中:市辖区
一、行政区划			
所辖行政区数	个	1	-
所辖行政县(旗)数	个	10	-
所辖行政县级市数	个	1	-
二、土地面积及水资源			
行政区域土地面积	平方公里	22791	370
其中:建成区面积	平方公里	231.99	49.5
城市建设用地面积	平方公里	217.66	48.5
其中:居住用地面积	平方公里	81.42	27.5
公共设施用地面积	平方公里	11.68	3.7
工业用地面积	平方公里	25.27	2.6
水资源总量	万平方米	2796300	-
三、人口与就业			
(一)人口			
年末总人口	万人	773.09	41.96
农业户籍人口	万人	623.92	-
年平均人口	万人	766.4	41.6
年出生人口	人	213326	10025
年死亡人口	人	40725	1771
年末总户数	万户	230.6	12.5
常住人口	万人	668.8	42
城镇人口	万人	306.71	-
(二)从业人员			
从业人员期末人数(城镇)	人	450307	83399
第一产业(农、林、牧、渔业)	人	6240	0
第二产业	人	204216	29110
(1)采矿业	人	5583	7
(2)制造业	人	111695	16220
(3)电力、热力、燃气及水生产和供应业	人	8138	805
(4)建筑业	人	78800	12078
第三产业	人	239851	54289
(1)批发和零售业	人	17840	6863
(2)交通运输、仓储和邮政业	人	8444	3815
(3)住宿、餐饮业	人	3866	1204
(4)信息传输、计算机服务和软件业	人	5270	3480
(5)金融业	人	12981	5927
(6)房地产业	人	5777	1702
(7)租赁和商务服务业	人	6474	1344
(8)科学研究、技术服务和地质勘查业	人	1263	469
(9)水利、环境和公共设施管理业	人	4433	770
(10)居民服务和其他服务业	人	546	172
(11)教育	人	75832	8137
(12)卫生、社会保障和社会福利业	人	24704	4842
(13)文化、体育和娱乐业	人	2258	821
(14)公共管理和社会组织	人	70163	14743
(15)国际组织	人	0	0
城镇私营和个体从业人员	人	449564	13467

1－16 续表

项　　目	计量单位	全　　市	其中:市辖区
城镇登记失业人数	人	14137	2409
四、综合经济			
(一)地区生产总值(当年价格)	万元	15502360	1760959
第一产业增加值	万元	2132554	63581
第二产业增加值	万元	7790101	423018
第三产业增加值	万元	5579705	1274360
地区生产总值(2010 年价格)	万元	13732480	1715879
人均地区生产总值	元	23221	41611
地区生产总值增长率	%	9.9	8.8
(二)财政			
公共财政收入	万元	1942099	140683
其中:税收收入	万元	1311647	121484
其中:企业所得税	万元	110282	9750
个人所得税	万元	23132	2562
公共财政支出	万元	3846056	190993
其中:一般性公共服务支出	万元	295412	15512
科学技术支出	万元	42041	2385
教育支出	万元	870814	34602
文化体育与传媒支出	万元	45739	1950
医疗卫生支出	万元	470701	29177
节能保护支出	万元	74878	1175
城乡社区事务支出	万元	260667	5986
交通运输支出	万元	87918	3114
社会保障和就业支出	万元	442241	38600
住房保障支出	万元	163936	134
(三)金融			
年末金融机构各项存款余额	万元	19063649	4848079
其中:居民储蓄存款余额	万元	12408688	2150777
年末金融机构各项贷款余额	万元	12340959	4433994
(四)保险			
保费收入	万元	366291	-
其中:财产险	万元	151223	-
人身险	万元	215068	-
赔款、给付	万元	113737.53	-
其中:财产险	万元	78545.53	-
人身险	万元	35192	-
五、工业			
规模以上工业法人企业:			
(一)工业企业数	个	827	60
(1)内资企业	个	785	54
其中:国有企业	个	11	1
私营企业	个	467	14
(2)港、澳、台商投资企业	个	28	5
(3)外商投资企业	个	14	1
(二)工业总产值(当年价)	万元	26117447	873663
(1)内资企业	万元	21279346	803083
其中:国有企业	万元	44006	3733

1－16续表

项　　目	计量单位	全　　市	其中:市辖区
私营企业	万元	12597262	163755
(2)港、澳、台商投资企业	万元	4469405	55158
(3)外商投资企业	万元	368696	15422
(三)企业财务			
从业人员年平均人数	万人	20.37	1.7
流动资产合计	万元	6225000	642700
固定资产合计	万元	4121500	234400
主营业务收入	万元	26337067	918997
主营业务成本	万元	22801878	864122
主营业务税金及附加	万元	198020	4244
本年应交增值税	万元	1263491	37171
利润总额	万元	2380343	8333
六、交通运输、通讯与能源			
(一)交通运输			
铁路旅客运量	万人	504.78	-
铁路货物运量	万吨	331.45	-
公路客运量(全社会)	万人	9663	-
公路货运量(全社会)	万吨	19816	-
水运客运量(全社会)	万人	49.7	-
水运货运量(全社会)	万吨	774.1	-
民用航空客运量	万人	0	-
民用航空货邮运量	吨	0	-
沿海港口货物吞吐量(规模以上)	万吨	0	-
内河港口货物吞吐量(规模以上)	万吨	1663.5	-
公路里程	公里	20164.815	-
境内高速公路里程	公里	617.543	-
民用汽车拥有量	辆	307469	-
其中:私人汽车拥有量	辆	253361	-
(二)邮电通信			
年末邮政局(所)数	处	229	14
邮政业务收入	万元	29165	-
电信业务收入	万元	393000	-
固定电话年末用户数	万户	72	-
移动电话年末用户数	万户	341	-
其中:3G移动电话用户	万户	139.6	-
互联网宽带接入用户数	万户	44	-
(三)能源电力			
综合能源消费量	万吨/标准煤	359.18	-
城镇可再生能源消费比重	%	0	0
全社会用电量	万千瓦时	1101067	81812
其中:工业用电	万千瓦时	729579	16358
城乡居民生活用电	万千瓦时	214813	28184
七、贸易、外经与旅游			
(一)贸易			
社会消费品零售总额	万元	5481999.9	1043131.7
限额以上批发零售贸易业商品销售总额	万元	2469637.5	1287131.9
限额以上批发零售企业数(法人数)	个	206	39

1－16 续表

项　　目	计量单位	全　　市	其中:市辖区
其中:零售业	个	173	24
限额以上批发零售贸易业企业财务		－	－
年末从业人数	万人	1.74	0.45
流动资产合计	万元	691111.6	235947.3
固定资产合计	万元	172663.4	44178
主营业务收入	万元	2425524.9	1115107.8
主营业务成本	万元	2116654.3	955728.6
主营业务税金及附加	万元	47872.5	30463.9
本年应交增值税	万元	38373	21972
利润总额	万元	118655	81411.1
(二)外经			
货物进口额(海关数)	万美元	42928	－
货物出口额(海关数)	万美元	360692	－
外商直接投资合同项目	个	70	7
当年实际使用外资金额	万美元	83912	6545
(三)旅游			
入境游客人数(含一日游游客)	人	453101	－
其中:外国人	人	0	－
港、澳、台同胞	人	0	－
国际旅游(外汇)收入	万美元	18311	－
八、固定资产投资			
(一)固定资产投资			
固定资产投资(不含农户)	万元	13433252	1234287
其中:房地产开发投资	万元	1254844	293233
其中:住宅	万元	965539	238169
全年新增固定资产	万元	6987541	725973
(二)房地产			
商品房屋销售面积	万平方米	258.1	53.1
其中:住宅	万平方米	238.4	51.4
其中:别墅、高档公寓	万平方米	5.2	1.9
商品房屋销售额	万元	1289463	330019
其中:住宅	万元	1166783	316647
其中:别墅、高档公寓	万元	25485	14164
待售面积	万平方米	148.8	22.8
(三)保障性住房建设			
保障性住房本年完成投资	万元	125459	66000
其中:廉租房	万元	0	0
保障性住房施工面积	万平方米	67.31	26.5
其中:廉租房	万平方米	0	0
保障性住房竣工面积	万平方米	33.41	10
其中:廉租房	万平方米	0	0
城镇常住人口保障性住房覆盖率	%	20	20
城镇绿色建筑占新建建筑比重	%		
九、教育、科技、体育、文化与卫生			
(一)教育			
学校数			
普通高等学校数	所	3	－

1－16 续表

项　目	计量单位	全　市	其中:市辖区
中等职业教育学校数	所	42	14
普通中学数	所	356	25
小学数	所	1444	72
专任教师数			
普通高等学校专任教师数	人	1655	1655
中等职业教育学校专任教师数	人	1337	721
普通中学专任教师数	人	21525	1908
小学专任教师数	人	27558	1697
在校学生数			
普通高等学校在校学生数	人	24444	24444
高中阶段在校学生数	人	132957	33910
中等职业教育学校在校学生数	人	42279	28724
普通中学在校学生数	万人	31.42	2.66
小学在校学生数	万人	55	3.84
初中毕业生升学率	%	88	100
成人高等学校在校学生数	人	12996	12996
(二)科技			
科技活动人员	人	32144	18083
R&D 人员数	人	45626	23691
R&D 内部经费支出	万元	28832	－
专利申请受理量	项	1563	－
专利申请授权量	项	733	－
其中:发明	项	18	－
(三)文化			
体育场馆数	个	25	3
剧场、影剧院数	个	20	2
公共图书馆图书总藏量	千册、件	1664.615	161
订销报刊杂志累计份数	千份	65002	8868
广播节目综合人口覆盖率	%	98.67	98.8
电视节目综合人口覆盖率	%	98.8	98.8
有线电视入户率	%	48.34	83.4
(四)卫生			
医院、卫生院数	个	352	35
医院、卫生院床位数	张	20955	4779
医生数(执业医师＋执业助理医师)	人	10634	2060
注册护士	人	10306	3050
十、人民生活			
在岗职工平均人数	万人	40.7489	7.7946
在岗职工工资总额	万元	1775080.3	356290.1
(一)居民收支			
家庭总收入	元	－	27815
工资性收入	元	－	13474
经营净收入	元	－	2763
财产性收入	元	－	2336
转移性收入	元	－	9242
城镇居民人均可支配收入	元	－	24656
城镇居民人均消费支出	元	－	13891

1－16续表

项　　目	计量单位	全　　市	其中:市辖区
其中:(1)食品烟酒	元	－	4881
(2)衣着	元	－	1073
(3)居住	元	－	3359
(4)生活用品及服务	元	－	763
(5)交通和通信	元	－	1159
(6)教育文化和娱乐	元	－	1392
(7)医疗保健	元	－	885
(8)其他用品及服务	元	－	380
(二)居民生活			
每百户居民家庭拥有量			
(1)家用汽车	辆	－	16
(2)消毒碗柜	台	－	30
(3)洗碗机	台	－	1
(4)固定电话	部	－	26
(5)移动电话	部	－	295
其中:接入互联网	部	－	205
(6)计算机	台	－	375
其中:接入互联网	台	－	260
(7)电冰箱(柜)	台	－	100
(8)彩色电视机	台	－	162
(9)中高档乐器	架	－	5
(10)照相机	架	－	36
(11)摄像机	架	－	5
(12)洗衣机	台	－	87
城镇人均住房建筑面积	平方米	－	41.21
居民消费价格指数(上年为100)	%	－	102.3
十一、社会保障			
城镇基本养老保险参保人数	人	804138	66231
城镇基本医疗保险参保人数	人	1516200	15000
城镇职工基本医疗保险参保人数	人	628466	37138
失业保险参保人数	人	292300	18800
工伤保险参保人数	人	390117	40720
生育保险参保人数	人	230424	19811
社会福利院数	个	266	11
社会福利院床位数	张	23280	1050
社区服务设施数	个	3910	806
城市社区综合服务设施覆盖率	%		
城镇居民最低生活保障人数	人	114562	8396
十二、公共管理			
(一)事故			
交通事故死亡人数	人	94	11
交通事故损失额	万元	105.76	1.12
火灾事故死亡人数	人	2	0
火灾事故损失额	万元	1307.9	173.94
(二)社会治安			
刑事案件立案数	起	3157	392
罪犯人数	人	2749	651

1－16续表

项　　目	计量单位	全　　市	其中:市辖区
其中:青少年人数(年龄14－25周岁)	人	660	51
十三、市政公用事业			
(一)基础设施			
城市维护建设资金支出	万元	－	7577.28
年末实有城市道路面积	万平方米	－	938.86
排水管道长度	公里	－	740.79
供水综合生产能力(包括自备水源)	万立方米/日	－	21.1
供水总量	万吨	－	4250.8
售水量	万吨	－	2243.8
其中:居民生活用水量	万吨	－	1433.43
用水人口	万人	－	40.38
用水普及率	%	99.7	99.73
供气总量(人工、天然气)	万立方米	－	1035.7
其中:家庭用量	万立方米	－	533.38
用气人口	人	－	165800
液化石油气供气总量	吨	－	14488
其中:家庭用量	吨	－	9581
用液化气人口	人	－	260000
(二)公共交通			
年末实有公共汽(电)车运营车辆数	辆	－	238
全年公共汽(电)车客运总量	万人次	－	5488
年末实有出租汽车数	辆	－	511
轨道交通线路长度	公里	－	
轨道交通客运总量	万人次	－	
(三)绿地			
绿地面积	公顷	－	2062
其中:公园绿地面积	公顷	－	632
建成区绿化覆盖面积	公顷	－	2323
十四、环境保护			
工业废水排放量	万吨	5047.92	－
工业废气排放量	万平方米	12129935.95	－
工业二氧化硫产生量	吨	112949.05	－
工业二氧化硫排放量	吨	35431.531	－
工业氮氧化物产生量	吨	38212.35	－
工业氮氧化物排放量	吨	30472.89	－
工业烟(粉)尘产生量	吨	3055114.12	－
工业烟(粉)尘排放量	吨	36088.055	－
工业重金属产生量	吨	947.18	－
工业重金属排放量	吨	103.66	－
一般工业固体废物综合利用率	%	18.97	－
污水处理率	%	90.32	－
污水处理厂集中处理率	%	90.32	－
生活垃圾无害化处理率	%	100	－
空气质量达到及好于二级的天数	天	360	－

主 要 统 计 指 标 解 释

国内(地区)生产总值 指按市场价格计算的一个国家(或地区)所有常住单位在一定时期内生产活动的最终成果。地区生产总值有三种表现形态,价值形态、收入形态和产品形态。从价值形态看,它是所有常住单位在一定时期内所生产的全部货物和服务价值超过同期投入的全部非固定资产货物和服务价值的差额,即所有常住单位的增加值之和;从产品形态看,它是最终使用的货物和服务减去进口货物和服务。在实际核算中,国内(或地区)生产总值的有三种计算方法,即生产法,收入法和支出法。三种方法分别从不同的方面反映国内(或地区)生产总值及其构成。

地区收入总值 即国民生产总值,指一个国家(或地区)所有常住单位在一定时期内收入初次分配的最终成果,它等于地区生产总值加上来自国外的劳动者报酬和财产收入减去支付给国外的劳动者报酬和财产收入,与地区生产总值不同,地区生产总值是一个生产概念,而地区收入总值是一个收入概念。

支出法地区生产总值 是从最终使用的角度反映一个国家(或地区)一定时期内生产活动最终成果的一种方法,包括最终消费支出、资本形成总额及货物和服务净出口三部分。计算公式为:

支出法地区生产总值 = 最终消费支出 + 资本形成总额 + 货物和服务净出口

最终消费支出 指常住单位为满足物质、文化和精神生活的需要,从本国经济领土和国外购买的货物和服务的支出。它不包括非常住单位在本国经济领土内的消费支出。最终消费支出分为居民消费支出和政府消费支出。

居民消费支出 指常住住户在一定时期内对于货物和服务的全部最终消费支出。居民消费支出除了直接以货币形式购买的货物和服务的消费支出外,还包括以其他方式获得的货物和服务的消费支出,即所谓的虚拟消费支出。居民虚拟消费支出包括如下几种类型:单位以实物报酬及实物转移的形式提供给劳动者的货物和服务;住户生产并由本住户消费了的货物和服务,其中的服务仅指住户的自有住房服务;金融机构提供的金融媒介服务;保险公司提供的保险服务。

政府消费支出 指政府部门为全社会提供的公共服务的消费支出和免费或以较低的价格向居民住户提供的货物和服务的净支出,前者等于政府服务的产出价值减去政府单位所获得的经营收入的价值;后者等于政府部门免费或以较低价格向居民住户提供的货物和服务的市场价值减去向居民住户收取的价值。

资本形成总额 指常住单位在一定时期内获得减去处置的固定资本和存货的净额,包括固定资本形成总额和存货增加两部分。

固定资本形成总额 指常住单位在一定时期内获得的固定资产减处置的固定资产的价值总额。固定资产是通过生产活动生产出来的,且其使用年限在一年以上,单位价值在规定标准以上的资产,不包括自然资产。可分为有形固定资本形成总额和无形固定资本形成总额。有形固定资本形成总额包括一定时期内完成的建筑工程、安装工程和设备器具购置(减处置)价值,以及土地改良、新增役、种、奶、毛、娱乐用牲畜和新增经济林木价值。无形固定资本形成总额包括矿藏的勘探、计算机软件等获得减处置。

存货增加 指常住单位在一定时期内存货实物量变动的市场价值，即期末价值减期初价值的差额，再扣除当期由于价格变动而产生的持有收益。存货增加可以是正值，也可以是负值，正值表示存货上升，负值表示存货下降。包括生产单位购进的原材料、燃料和储备物资等存货，以及生产单位生产的产成品、在制品和半产品等存货。

货物和服务净出口 指货物和服务出口减货物和服务进口的差额。出口包括常住单位向非常住单位出售或无偿转让的各种货物和服务的价值；进口包括常住单位从非常住单位购买或无偿得到的各种货物和服务的价值。由于服务活动的提供与使用同时发生，一般把常住单位从非常住单位得到的服务作为进口，非常住单位从常住单位得到的服务作为出口。货物的出口和进口都按离岸价格计算。

三次产业 三产业的划分是世界上较为常用的产业结构分类，但各国的划分不尽一致。我国的三次产业划分是：

第一产业是指农业、林业、畜牧业、渔业和农林牧渔服务业。

第二产业是指采矿业、制造业、电力、煤气及水的生产和供应业，建筑业。

第三产业是指除第一、二产业以外的其他行业。

固定资产折旧 指一定时期内为弥补固定资产损耗按照规定的固定资产折旧率提取的固定资产折旧，或按国民经济核算统一规定的折旧率虚拟计算的固定资产折旧。它反映了固定资产在当期生产中的转移价值。各类企业和企业化管理的事业单位的固定资产折旧是指实际计提的折旧费。不计提折旧的政府机关、非企业化管理的事业单位和居民住房是按照统一规定的折旧率和固定资产原值计算的虚拟折旧。原则上，固定资产折旧应按固定资产当期的重置价值计算，但是目前我国尚不具备对全社会固定资产进行重估价的基础，所以暂时只能采用上述办法。

劳动者报酬 指劳动者因从事生产活动而获得的全部报酬。包括劳动者获得的各种形式的工资、奖金和津贴，既包括货币形式的，也包括实物形式的，还包括劳动者所享受的公费医疗和医药卫生费、上下班交通补贴、单位支付的社会保险费、住房公积金等。对于个体经济来说，其所有者所获得的劳动报酬和经营利润不易区分，这两部分统一作为劳动者报酬处理。

生产税净额 指生产税减生产补贴后的余额，生产税是指政府对生产单位从事生产、销售和经营活动以及因从事生产活动使用某些生产要素（如固定资产、土地、劳动力）所征收的各种税、附加贯和规费。生产补贴与生产税相反，指政府对生产单位的单方面转移支出，因此视为负生产税，包括政策亏损补贴、价格补贴等。

营业盈余 指常住单位创造的增加值扣除固定资产折旧、劳动者报酬和生产税净额后的余额，它相当于企业的营业利润加上生产补贴，但要扣除利润中开支的工资、福利等。

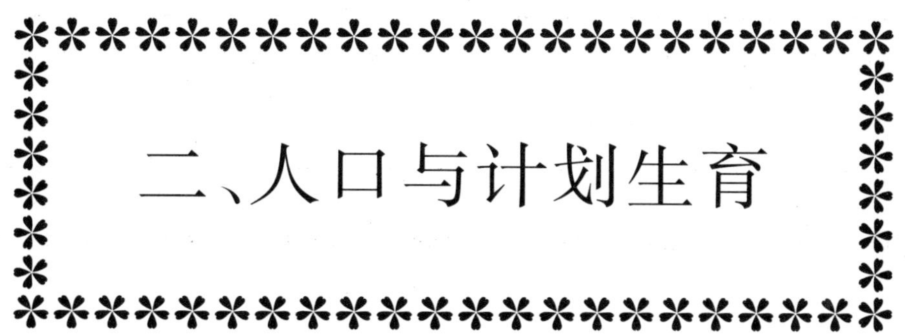

二、人口与计划生育

简要说明

●本篇资料反映我市人口和计划生育的基本情况。

●本篇有关人口方面的资料来源于统计局、公安局和计生委三个部门。

●目前人口统计数字有三种:1.统计部门提供的人口数字,调查方法有三类:①人口普查,每10年搞一次;②1%人口抽样调查,每5年搞一次;③人口变动抽样调查,每年搞一次。人口抽样调查数字以全市为总体,重点取得全市人口总数和人口出生率、死亡率及自然增长率情况。2.公安部门户籍统计人口数字,据此数据可以分析农业人口、非农业人口和男性人口、女性人口情况。3.2014年常住人口数是根据2014年人口变动抽样调查资料取得的。

内容提要

●2014年末,户籍总人口773.09万人,常住人口668.80万人。

●2014年末,人口出生率13.31‰,人口自然增长率7.02‰。

本篇资料整理、校对

韩　风

2-1 人口变动情况抽样调查主要数据

（2014年）

名　称	出生率（‰）	死亡率（‰）	自增率（‰）	净增人口（人）	出生人口（人）	死亡人口（人）	自增人口（人）	年　初总人口（人）	年　末总人口（人）	年平均人　口（人）
上饶市	13.31	6.29	7.02	23689	88859	41993	46867	6664279	6687968	6676123
信州区	12.46	5.56	6.90	1380	5272	2353	2920	422460	423840	423150
上饶县	13.39	6.29	7.10	2521	9512	4468	5044	709126	711646	710386
广丰县	13.35	6.30	7.05	2710	10196	4811	5384	762367	765076	763721
玉山县	13.31	6.25	7.06	2079	7760	3644	4116	581981	584059	583020
铅山县	13.18	6.21	6.97	1512	5710	2690	3020	432477	433989	433233
横峰县	13.14	6.33	6.81	656	2464	1187	1277	187227	187883	187555
弋阳县	13.18	6.29	6.89	1255	4724	2255	2470	357811	359066	358438
余干县	13.59	6.51	7.08	3286	12232	5859	6372	898403	901689	900046
鄱阳县	13.58	6.48	7.10	4798	17874	8529	9345	1313816	1318614	1316215
万年县	13.20	6.25	6.95	1278	4808	2277	2532	363613	364891	364252
婺源县	13.11	6.18	6.93	1178	4437	2092	2345	337844	339022	338433
德兴市	13.00	6.14	6.86	1035	3870	1828	2042	297155	298191	297673

2-2 各县(市、区)户籍统计户数及人口

（2014 年） 户数单位:户;人数单位:人

县　　市	总户数	总人口	按性别分		总人口中非农业人口
			男	女	
全　　市	2306248	7730866	4074768	3656098	1491634
信州区	124966	419627	211396	208231	217631
上饶县	246045	827758	433925	393833	117347
广丰县	244260	951512	499404	452108	188909
玉山县	181029	632100	333816	298284	103696
铅山县	143585	481086	254337	226749	84678
横峰县	67363	223816	119128	104688	40215
弋阳县	119981	416525	221470	195055	89905
余干县	330190	1060810	569171	491639	157980
鄱阳县	476734	1594318	843242	751076	227136
万年县	132781	421169	223058	198111	78478
婺源县	123757	368101	190859	177242	59425
德兴市	115557	334044	174962	159082	126234

注:本表为公安部门年报数。

2-3 户数及人口变动情况

项　　目	2000	2005	2008	2009	2010	2011	2012	2013	2014
年末总户数 （户）	1576532	1779669	1998850	2051092	2122551	2186502	2210824	2293466	2306248
年末总人数 （人）	6427158	6759960	7163509	7282670	7403325	7501859	7603319	7596829	7730866
男	3355966	3559699	3769068	3831403	3894367	3945312	3998976	3995771	4074768
女	3071192	3200261	3394441	3451267	3508958	3556547	3604343	3601058	3656098
非农业人口	1045406	1216571	1338272	1366117	1408330	1426072	1461340	1511727	1491634
市镇人口	3236844	4008780	4540391		4957754				
# 市人口	648587	675677	704743	712033	721622	730997	749484	743219	753671
乡村人口	3190314	2751180	2623118	5916553	2445571				
人口变动									
出生人口 （人）	98013	87431	88772	90476	90171	89372	89615	88160	88859
出生率 （‰）	16.10	13.81	13.73	13.89	13.74	13.53	13.51	13.25	13.31
死亡人口 （人）	38414	37163	38599	39018	39601	39831	40927	42017	41993
死亡率 （‰）	6.31	5.87	5.97	5.99	6.03	6.03	6.17	6.31	6.29
自然增长人口（人）	59599	50268	50173	51458	50570	49541	48688	46143	46867
自然增长率 （‰）	9.79	7.94	7.76	7.9	7.71	7.50	7.34	6.94	7.02
迁入人口 （人）	109221	94068	72875	85949	71051	73381	69873	57831	120385
迁出人口 （人）	98442	98864	65734	67145	65116	66564	66789	86119	132395
机械变动率 （‰）	1.7	0.71	1.01	2.89	0.9	0.91	0.46		
人口密度 （人/平方公里）	268	297	285	288	289	290	291		

注：本表出生人口、出生率、死亡人口、死亡率、自然增长率等指标为人口抽样数；2000年、2010年资料为人口普查数；其它均为公安部门年报数。

2－4　城镇化率情况表

（2014 年）

地　　名	总人口（人）	城镇人口（人）	乡村人口（人）	城镇化率（%）
上　饶　市	6687968	3067102	3620866	45.86
信　州　区	423840	302198	121642	71.30
上　饶　县	711646	313551	398095	44.06
广　丰　县	765076	401482	363594	52.48
玉　山　县	584059	277253	306806	47.47
铅　山　县	433989	195512	238477	45.05
横　峰　县	187883	86485	101398	46.03
弋　阳　县	359066	152388	206679	42.44
余　干　县	901689	360946	540743	40.03
鄱　阳　县	1318614	501062	817552	38.00
万　年　县	364891	167741	197151	45.97
婺　源　县	339022	145135	193887	42.81
德　兴　市	298191	163349	134842	54.78

主要统计指标解释

人口数　指一定时点，一定地区范围内的有生命的个人的总和。

市镇人口　指城市及县辖镇内的全部人口。包括市（镇）农业人口，但不包括市辖县人口。

市　是指经国家批准成立"市"建制的城市。

镇　1984年11月，国务院批转《民政部关于调整建镇标准的报告》，主要实行镇管村的体制。对设置镇建制调整如下：(1)行政标准。凡是县级地方国家机关所在地，均应设置镇的建制；(2)行政＋非农业人口标准。总人口2万以下的乡、乡政府驻地非农业人口超过2000人的可建制镇，总人口2万人以上的乡、乡政府驻地非农业人口占全乡人口的10%以上的也可建制镇；(3)特殊标准。少数民族地区、人口稀少的边远地区，山区、工矿区、小港口、风景旅游、边境口岸等地，非农业人口虽不足2000人，如有必要，也可建镇。因此凡具备建镇条件的乡，撤乡建镇后，都实行了镇管村的体制。

人口密度　指一定时点一定地区的人口数与该地区的面积数之比，即一定时点的单位土地面积上的人口数，通常以每平方公里的居住人数来表示：

人口密度＝该地区的人口数／一定地区的土地面积

出生率　（又称总出生率或粗出生率）指在一定时期内（通常为在一年内）出生人数与同期人口总数之比。它反映人口的出生水平，一般以千分率即平均每千人口所出生的人数来表示，计算公式为：

出生率＝年出生人数／年平均人口数×1000‰

死亡率　指在一定时期内（通常为在一年内）一定地区的死亡人数与同期平均人口数（或其中人口数）之比。一般以千分率表示。计算公式为：

死亡率＝年死亡人数／年平均人口数×1000‰

人口自然增长率　指在一定时期内（通常为在一年内）一定地区人口自然增加数（即出生人数减死亡人数）与平均人口数（或期中人口数）之比，一般以千分率表示。计算公式为：

人口自然增长率＝（本年出生人口数－本年死亡人口数）／年平均人口数×1000‰

也可直接用出生率减死亡率求得。

人口机械变动率＝（迁入人口－迁出人口）／年平均人口数×1000‰

三、从业人员和职工工资

本篇资料整理、校对

林　嵩

简要说明

●本篇资料反映我市劳动经济方面的基本情况。

●本篇资料除城镇个体、私营企业从业人员资料由市工商局提供外，均来源于统计局劳动综合统计年报和农村基层组织情况报表。

●调查范围：劳动综合统计报表的调查范围为全部独立核算单位，采用全面调查形式搜集资料。统计分类及标准：单位隶属关系采用 GB12404－90，国民经济行业划分采用 GBT4754－94，单位经济类型根据国家统计局、国家工商行政管理局《关于经济类型划分的暂行规定》划分。

●从 1998 年开始，职工人数为在岗人数，工资总额为在岗职工工资总额，并且不包括德兴铜矿、永平铜矿、银山铅锌矿。以前年度资料则为全社会口径。

内容提要

●2014 年末，社会劳动者人数 427.90 万人，其中：第一产业从业人员 127.39 万人，第二产业从业人员 145.59 万人，第三产业从业人员 154.92 万人。

●2014 年末，在岗职工人数 39.05 万人；在岗职工工资总额 167.93 亿元，职工年平均工资 43561 元（含劳务）。

3－1 城乡劳动力资源配置情况

（2014 年）　　　　单位：万人

指　　标	城乡合计	城镇	乡村
一、年末劳动力资源总数	461.40	110.01	351.39
其中：当年新增加的劳动力资源		3.87	6.32
1、年末 16 岁以上全部人数		100.92	
其中：不计入劳动力资源的人数			
2、机械变动差额跨地区调整数（＋、－）			
二、经济活动人口	429.31	106.18	323.13
（一）从业人口	427.90	104.77	323.13
1、按就业身份分组			
(1)非私营单位从业人员	45.03	45.03	
(2)私营业主	7.03	4.48	2.55
(3)个体户主	20.11	10.30	9.81
(4)私营企业和个体从业人员	82.65	44.96	37.70
(5)乡镇企业从业人员	62.64		62.64
(6)农业从业人员	210.44		210.44
(7)其他			
2、按经济类型分组			
(1)国有经济	22.00	22.00	
(2)集体经济	211.95	2.23	209.72
(3)股份合作	0.77	0.25	0.52
(4)联营	0.79	0.08	0.71
(5)有限责任公司	33.70	12.76	20.93
(6)股份有限公司	3.90	3.81	0.09
(7)私营	87.69	23.88	63.81
(8)个体	53.63	27.40	26.23
(9)港澳台投资	4.23	3.52	0.71
(10)外商投资	1.24	0.83	0.41
(11)其他	8.01	8.01	
3、按国民经济行业分组			
(1)农、林、牧、渔业	127.39	1.92	125.47
(2)采矿业	1.46	1.46	
(3)制造业	103.53	17.29	86.24
(4)电力、热力、燃气及水的生产和供应业	0.99	0.99	
(5)建筑业	39.62	9.86	29.75
(6)批发和零售业	65.99	33.79	32.20
(7)交通运输、仓储和邮政业	26.48	2.13	24.35
(8)住宿和餐饮业	22.94	4.94	18.00
(9)信息传输、软件和信息技术服务业	3.13	1.25	1.88
(10)金融业	1.43	1.43	
(11)房地产业	1.85	1.85	
(12)租赁和商务服务业	3.37	3.37	
(13)科学研究和技术服务业	0.54	0.54	
(14)水利、环境和公共设施管理业	0.57	0.57	
(15)居民服务、修理和其他服务业	6.14	4.90	1.25
(16)教育	7.68	7.68	
(17)卫生和社会工作	2.62	2.62	
(18)文化、体育和娱乐业	0.71	0.71	
(19)公共管理、社会保障和社会组织	7.10	7.10	
(20)其他	4.38	0.37	4.00
4、按三次产业分			
第一产业	127.39		
第二产业	145.59		
第三产业	154.92		
（二）失业人口	1.41	1.41	

3－2　城镇非私营单位分行业在岗职工人数

（2014 年）　　单位:人

行　　业	合　计	信州区	德兴市	上饶县	广丰县	玉山县	铅山县
总　　计	390471	75066	19735	24863	57221	22795	15254
农、林、牧、渔业	1772		609	35		10	198
采矿业	4354	7	1224	258	708	240	364
制造业	100893	15805	3168	3313	10722	3406	780
电力、热力、燃气及水的生产和供应业	6830	793	604	636	1174	744	642
建筑业	62689	10812	2472	2618	26372	3930	2655
批发和零售业	15539	5664	722	1258	361	274	220
交通运输、仓储和邮政业	6887	2923	500	462	236	97	234
住宿和餐饮业	3534	1179	366	547	70	228	137
信息传输、软件和信息技术服务业	3155	1943	125			177	137
金融业	10482	4423	606	431	739	621	459
房地产业	5547	1692	289	417	619	591	251
租赁和商务服务业	4026	1243	329		94	191	193
科学研究和技术服务业	1000	264	105	39		133	191
水利、环境和公共设施管理业	3396	713	121	172	451	281	234
居民服务、修理和其他服务业	540	172	221	19			
教育	69129	7923	2906	6876	7307	5422	3427
卫生和社会工作	22583	4536	1408	2390	1659	1827	1211
文化、体育和娱乐业	2193	814	159	13	280	207	69
公共管理、社会保障和社会组织	65922	14160	3801	5379	6429	4416	3852

3－2　续表

单位:人

行　　业	横峰县	弋阳县	余干县	鄱阳县	万年县	婺源县	经开区	三清山
总　　计	8959	16643	26621	45052	19740	17291	40099	1132
农、林、牧、渔业	31		789			100		
采矿业	722	660			171			
制造业	826	3347	2873	9385	4449	4979	37840	
电力、热力、燃气及水的生产和供应业	380	368	760	325		404		
建筑业	61	1572	436	9262	1843	656		
批发和零售业	149	140	2077	2106	1393	344	831	
交通运输、仓储和邮政业	284	435	194	291	471	587	26	147
住宿和餐饮业		68	141	366		186		246
信息传输、软件和信息技术服务业	66	58	115	92	210	232		
金融业	381	471	669	916	223	543		
房地产业	113	133	135	295	218	378	416	
租赁和商务服务业	75	90	166	823	281	390	151	
科学研究和技术服务业	36	66	9	11	8	138		
水利、环境和公共设施管理业	146	414	199	154	249	142	120	
居民服务、修理和其他服务业	21	15	11	18		63		
教育	1794	4249	9622	11054	5344	3095		110
卫生和社会工作	859	1095	2931	2225	1248	1184		10
文化、体育和娱乐业	105	55	205	100	80	106		
公共管理、社会保障和社会组织	2910	3407	5289	7629	3552	3764	715	619

3－3　城镇非私营单位在岗职工工资总额

（2014 年）　　单位：万元

行　　业	合　计	信州区	德兴市	上饶县	广丰县	玉山县	铅山县
总　　计	1679260	336352	99050	99191	247924	92426	57012
农、林、牧、渔业	5383		2352	95		35	497
采矿业	21189	32	8425	1064	3882	713	1235
制造业	451495	57258	17009	9969	43466	15261	2795
电力、热力、燃气及水的生产和供应业	42683	3921	3876	5077	6353	4668	3992
建筑业	235101	38193	8383	6807	109668	11095	8777
批发和零售业	59188	28789	2495	4227	1721	1489	1002
交通运输、仓储和邮政业	27748	11910	2216	1861	893	349	845
住宿和餐饮业	10245	3368	1084	1593	257	641	462
信息传输、软件和信息技术服务业	22714	17212	780			739	663
金融业	74857	32845	5635	4504	5957	5191	2168
房地产业	22493	6919	1348	2174	2801	1643	832
租赁和商务服务业	13732	4956	1223		510	720	535
科学研究和技术服务业	4007	1354	399	148		570	606
水利、环境和公共设施管理业	11828	3258	438	578	1114	901	919
居民服务、修理和其他服务业	2248	698	997	75			
教育	306857	39545	15459	29165	35789	21992	13836
卫生和社会工作	95421	21472	7263	9609	7578	7705	4034
文化、体育和娱乐业	8748	3476	623	45	1221	748	210
公共管理、社会保障和社会组织	263325	61148	19046	22199	26714	17967	13607

3－3　续表

单位：万元

行　　业	横峰县	弋阳县	余干县	鄱阳县	万年县	婺源县	经开区	三清山
总　　计	33523	65943	102069	170344	88187	78701	204267	4271
农、林、牧、渔业	48		2186			170		
采矿业	1598	3171			1069			
制造业	2786	13078	10526	34841	23717	24416	196374	
电力、热力、燃气及水的生产和供应业	1574	2188	6445	2122		2467		
建筑业	208	3583	881	39686	5972	1847		
批发和零售业	422	867	4735	3694	5276	1560	2912	
交通运输、仓储和邮政业	941	1879	855	866	1501	2979	74	579
住宿和餐饮业		107	361	1040		491		841
信息传输、软件和信息技术服务业	292	289	496	183	1170	891		
金融业	3014	2868	3461	3692	1452	4070		
房地产业	392	443	398	1202	996	1593	1753	
租赁和商务服务业	175	181	351	2567	1037	1136	341	
科学研究和技术服务业	93	156	34	32	33	583		
水利、环境和公共设施管理业	191	1072	734	362	1402	555	305	
居民服务、修理和其他服务业	60	57	40	52		268		
教育	8317	19897	39316	48163	21910	13064		405
卫生和社会工作	3514	3682	10877	6870	5989	6789		39
文化、体育和娱乐业	391	214	754	260	387	420		
公共管理、社会保障和社会组织	9506	12211	19621	24714	16276	15401	2510	2408

3－4 城镇非私营单位在岗职工年平均工资

单位：元

项目	2005	2009	2010	2011	2012	2013	2014
总计	11830	20759	23428	27625	32951	40921	43561
按经济类型分							
国有经济单位	12600	21407	24203	28634	33811	39861	42771
城镇集体单位	7140	15059	17418	22264	24728	40842	47782
其他单位	9682	19029	21735	25518	33439	41937	43795
按企业事业机关分							
企业	10334	19345	22761	27102	32555	42187	44196
事业	13468	22076	23818	27758	34473	41152	43074
机关	13397	21512	24307	28616	31719	35383	40523
民间非盈利组织		22047	22219	28299	30429		
其他					14097	30283	36582
按国民经济行业分							
农、林、牧、渔业	7390	14020	17595	22829	24859	26491	30061
采矿业	10954	21204	25674	39214	37317	51729	50036
制造业	9898	17927	21865	27833	35280	43929	44935
电力、热力、燃气及水的生产和供应业	13648	24746	31993	33334	44363	58294	61179
建筑业	7488	17104	18281	22360	28326	36812	38962
批发和零售业	8876	16446	24486	23997	20192	35833	38891
交通运输、仓储和邮政业	12107	18282	20675	26295	29863	40709	41728
住宿和餐饮业	9181	16236	17815	18039	43907	26010	29192
信息传输、软件和信息技术服务业	24810	30300	28878	34830	30576	57362	71528
金融业	16521	28822	34249	43988	52755	63273	70124
房地产业	10897	16407	23514	26698	34910	36213	40204
租赁和商务服务业	12248	18730	21236	24381	28700	34978	37421
科学研究和技术服务业	12571	20078	23576	27464	33550	33141	39888
水利、环境和公共设备管理业	10183	22151	17963	20719	31518	32038	34956
居民服务、修理和其他服务业	7396	15195	18951	22887	28218	36885	41392
教育	14552	23627	24169	28686	32491	42656	44427
卫生和社会工作	13905	24665	25463	27965	35676	40741	42383
文化、体育和娱乐业	13530	21228	22937	26243	31883	36849	39686
公共管理、社会保障和社会组织	14154	21805	24558	26421	32228	35254	39886
按县市区分							
信州区	13769	22365	27005	29945	39330	43228	45710
上饶县	12429	24201	28427	29837	35856	36575	40303
广丰县	14353	22379	23521	25863	32529	42064	44272
玉山县	11454	21550	25006	26598	29883	35845	40839
铅山县	13024	20270	20749	24745	29160	33731	37366
横峰县	9200	22277	22522	24417	30500	36708	37469
弋阳县	10362	19996	22997	26919	32989	37487	39730
余干县	10206	20304	21330	23702	27704	34171	38257
鄱阳县	9153	17227	19061	24786	25967	37896	38485
万年县	10458	20437	21450	27967	30291	41012	44485
婺源县	16042	20579	23985	31747	36737	40679	45812
开发区						50558	50524
三清山		20318	24153	28595	35726	36264	38446
德兴市	14439	25183	29205	35976	40691	45242	50008

注：1998至今职工年均工资为在岗职工年平均工资，其他年份为职工年平工资。

2012年开始，在岗年平均工资含劳务

3－5　城镇非私营国有单位分行业在岗职工人数

（2014 年）　　　　单位：人

行　　业	合　计	信州区	德兴市	上饶县	广丰县	玉山县	铅山县
总　　计	189129	42883	10989	15171	16075	12488	10194
农、林、牧、渔业	1772		609	35		10	198
采矿业	1169			28			240
制造业	10614	8859	671				0
电力、热力、燃气及水的生产和供应业	1880	366	227		238	123	50
建筑业	2158	2144					0
批发和零售业	3315	1133	64	160	57	162	134
交通运输、仓储和邮政业	2549	877	395	52	16	97	55
住宿和餐饮业	164	38	28				0
信息传输、软件和信息技术服务业	1433	223	125			177	135
金融业	4413	1356	294	133	397	340	240
房地产业	513	239		16		30	42
租赁和商务服务业	1516	353	280				193
科学研究和技术服务业	867	165	105	39		133	191
水利、环境和公共设施管理业	2542	632	49	172	451	281	234
居民服务、修理和其他服务业	277	141		19			0
教育	65693	7811	2804	6766	6923	5083	3350
卫生和社会工作	20393	3613	1408	2359	1367	1529	1211
文化、体育和娱乐业	1939	773	129	13	197	107	69
公共管理、社会保障和社会组织	65922	14160	3801	5379	6429	4416	3852

3－5　续表

单位：人

行　　业	横峰县	弋阳县	余干县	鄱阳县	万年县	婺源县	经开区	三清山
总　　计	7563	10120	19515	22404	10468	9769	741	749
农、林、牧、渔业	31		789			100		
采矿业	722	130			49			
制造业		4	6	1074				
电力、热力、燃气及水的生产和供应业	380	178		137		181		
建筑业						14		
批发和零售业	123	35	696	264	362	125		
交通运输、仓储和邮政业	150	265	194	58	144	220	26	
住宿和餐饮业			78					20
信息传输、软件和信息技术服务业	66	58	115	92	210	232		
金融业	220	239	349	394	184	267		
房地产业		1	5		88	92		
租赁和商务服务业	75	90	166		194	165		
科学研究和技术服务业	2	66	9	11	8	138		
水利、环境和公共设施管理业	146	233	199		122	23		
居民服务、修理和其他服务业	10	15	11	18		63		
教育	1764	4249	8720	10791	4227	3095		110
卫生和社会工作	859	1095	2684	1836	1248	1184		
文化、体育和娱乐业	105	55	205	100	80	106		
公共管理、社会保障和社会组织	2910	3407	5289	7629	3552	3764	715	619

3-6 城镇非私营国有单位在岗职工工资总额

（2014 年）　　　　单位:万元

行　　业	合　计	信州区	德兴市	上饶县	广丰县	玉山县	铅山县
总　　计	808439	198456	57251	64213	73607	53333	37913
农、林、牧、渔业	5383		2352	95		35	497
采矿业	3085			108			736
制造业	40401	32428	5298				
电力、热力、燃气及水的生产和供应业	6640	1637	809		641	313	166
建筑业	7894	7782					
批发和零售业	21618	11752	556	1081	189	1152	674
交通运输、仓储和邮政业	12361	4933	1811	326	62	349	257
住宿和餐饮业	628	122	157				
信息传输、软件和信息技术服务业	6826	1338	780			739	648
金融业	31856	10399	2177	1274	3604	3152	1407
房地产业	2066	989		68		159	123
租赁和商务服务业	4897	1588	815				535
科学研究和技术服务业	3455	889	399	148		570	606
水利、环境和公共设施管理业	8869	2992	245	578	1114	901	919
居民服务、修理和其他服务业	1113	592		75			
教育	293184	39089	15017	28763	33995	20865	13494
卫生和社会工作	87032	17452	7263	9455	6438	6708	4034
文化、体育和娱乐业	7806	3326	527	45	849	424	210
公共管理、社会保障和社会组织	263325	61148	19046	22199	26714	17967	13607

3-6 续表

单位:万元

行　　业	横峰县	弋阳县	余干县	鄱阳县	万年县	婺源县	经开区	三清山
总　　计	28026	41327	75590	83524	46748	42888	2584	2981
农、林、牧、渔业	48		2186			170		
采矿业	1598	389			255			
制造业		20	20	2636				
电力、热力、燃气及水的生产和供应业	1574	514		485		501		
建筑业						112		
批发和零售业	343	452	1854	707	1951	907		
交通运输、仓储和邮政业	708	1180	855	184	701	921	74	
住宿和餐饮业			180					169
信息传输、软件和信息技术服务业	292	289	496	183	1170	891		
金融业	1414	1570	2117	1518	1316	1909		
房地产业		4	28		412	283		
租赁和商务服务业	175	181	351		743	510		
科学研究和技术服务业	7	156	34	32	33	583		
水利、环境和公共设施管理业	191	510	734		526	158		
居民服务、修理和其他服务业	29	57	40	52		268		
教育	8236	19897	36254	47114	16990	13064		405
卫生和社会工作	3514	3682	10068	5640	5989	6789		
文化、体育和娱乐业	391	214	754	260	387	420		
公共管理、社会保障和社会组织	9506	12211	19621	24714	16276	15401	2510	2408

3－7 城镇非私营国有单位在岗职工年平均工资(含劳务)

(2014 年)　　　　单位:元

行业	合　计	信州区	德兴市	上饶县	广丰县	玉山县	铅山县
总　　计	42771	46627	51601	42393	45631	42542	36980
农、林、牧、渔业	30061		38683	27229		35000	25086
采矿业	26102			38393			29311
制造业	38076	36671	76457				
电力、热力、燃气及水的生产和供应业	34923	44245	36017		26504	24414	27422
建筑业	37137	36853					
批发和零售业	62686	103085	81638	67538	33123	56642	37251
交通运输、仓储和邮政业	49103	57708	43475	54178	38938	28964	51062
住宿和餐饮业	35716	32053	37035				
信息传输、软件和信息技术服务业	45913	60004	62269			40916	44690
金融业	70352	76256	73333	93950	85153	87756	59107
房地产业	40193	41385		42375		51419	29357
租赁和商务服务业	31494	44972	28079				28457
科学研究和技术服务业	39901	53879	38337	37872		42850	31723
水利、环境和公共设施管理业	34685	47348	50000	33446	24705	32053	36449
居民服务、修理和其他服务业	40181	41986		39526			0
教育	44707	49941	53671	42572	49104	41235	40353
卫生和社会工作	42936	49189	51727	40665	47130	43873	33313
文化、体育和娱乐业	40189	43027	40860	34846	42899	39607	30377
公共管理、社会保障和社会组织	39886	43237	49759	41023	41243	40685	35260

3－7 续表

单位:元

行业	横峰县	弋阳县	余干县	鄱阳县	万年县	婺源县	经开区	三清山
总　　计	37002	41018	38628	37225	44404	44099	35072	40725
农、林、牧、渔业	15323		27086			17010		
采矿业	22041	30178			52000			
制造业		49750	33000	24546				
电力、热力、燃气及水的生产和供应业	41530	28732		35073		27680		
建筑业						80143		
批发和零售业	28244	110293	26597	26773	53887	72576		
交通运输、仓储和邮政业	45265	42419	43123	31197	48688	40471	28538	
住宿和餐饮业			22835					84250
信息传输、软件和信息技术服务业	36383	43222	38495	22667	55719	40131		
金融业	63429	63178	59338	37575	71495	67862		
房地产业		36000	55000		46807	30793		
租赁和商务服务业	23333	20122	21384		32051	31116		
科学研究和技术服务业	33500	23606	37222	28727	41750	42261		
水利、环境和公共设施管理业	13068	22178	36874		43139	68826		
居民服务、修理和其他服务业	28600	38133	36000	29000		42587		
教育	46692	47385	41576	43661	40195	42596		38179
卫生和社会工作	41295	33987	37511	30609	47985	57825		
文化、体育和娱乐业	37229	38836	36771	26152	48388	39215		
公共管理、社会保障和社会组织	32674	35954	36934	32399	45750	40931	35307	39734

3－8　城镇非私营集体单位在岗职工年平均工资(含劳务)

(2014年)　　　　单位:元

行　　业	合　计	信州区	德兴市	上饶县	广丰县	玉山县	铅山县
总　　计	47782	50782	74120	52725	48590	31969	34052
农、林、牧、渔业							
采矿业	36500					36500	
制造业	65929	38113	43911		55556		
电力、热力、燃气及水的生产和供应业							
建筑业	39466	71589		20455	46458	30763	
批发和零售业	32032	33863	25143				
交通运输、仓储和邮政业	35531	35531					
住宿和餐饮业							
信息传输、软件和信息技术服务业	35967	35967					
金融业	67975		108951	112285	70035		34052
房地产业	40875				40865		
租赁和商务服务业	36599	39501	37886			38009	
科学研究和技术服务业							
水利、环境和公共设施管理业	35000						
居民服务、修理和其他服务业							
教育							
卫生和社会工作	41310	41754					
文化、体育和娱乐业							
公共管理、社会保障和社会组织							

3－8续表

单位:元

行　　业	横峰县	弋阳县	余干县	鄱阳县	万年县	婺源县	三清山
总　　计	93691	48727	29614	39763	34645	70116	38600
农、林、牧、渔业							
采矿业							
制造业					37000	137361	
电力、热力、燃气及水的生产和供应业							
建筑业	16000	28444	20160	36978	35383	26445	
批发和零售业						11375	
交通运输、仓储和邮政业							
住宿和餐饮业	12667	31263	42538		33260		
信息传输、软件和信息技术服务业							
金融业	97406	52248	42000	41954	35000	78625	
房地产业		41083					
租赁和商务服务业						25156	
科学研究和技术服务业							
水利、环境和公共设施管理业					35000		
居民服务、修理和其他服务业							
教育							
卫生和社会工作							38600
文化、体育和娱乐业							
公共管理、社会保障和社会组织							

3－9　城镇非私营其他单位在岗职工年平均工资(含劳务)

(2014 年)　　单位:元

行　　业	合　计	信州区	德兴市	上饶县	广丰县	玉山县	铅山县
总　　计	43795	44220	46503	35452	43465	39225	38325
农、林、牧、渔业							
采矿业	59066	45571	70385	42441	62115	30022	46750
制造业	45530	36100	48244	30523	40874	45522	36352
电力、热力、燃气及水的生产和供应业	70930	53624	79369	79211	60364	67947	61491
建筑业	38988	34941	35561	28720	43266	29175	33271
批发和零售业	32133	36803	30483	30799	51129	30089	38092
交通运输、仓储和邮政业	35409	32909	39745	38168	38454		33659
住宿和餐饮业	28653	29033	28778	28786	34329	28114	33708
信息传输、软件和信息技术服务业	87442	87713					34067
金融业	71461	71572			65343	71639	
房地产业	40130	39956	42377	54429	40412	26872	35377
租赁和商务服务业	40536	35219	78788		46647	38978	
科学研究和技术服务业	39815	44034					
水利、环境和公共设施管理业	35805	32840	30619				
居民服务、修理和其他服务业	42654	34097	44522				
教育	39201	40643	42510	36582	46466	34148	44338
卫生和社会工作	37318	41494		47061	37836	33727	
文化、体育和娱乐业	35950	36610	31933		44819	30000	
公共管理、社会保障和社会组织							

3－9续表

单位:元

行　　业	横峰县	弋阳县	余干县	鄱阳县	万年县	婺源县	经开区	三清山
总　　计	32136	37177	38156	39626	46415	45092	50812	33921
农、林、牧、渔业								
采矿业		52892			67273			
制造业	34524	39266	36864	39264	55988	44671	51412	
电力、热力、燃气及水的生产和供应业		87177	79617	87101		85483		
建筑业	37074	22849		42911	28875	26456		
批发和零售业	32609	39011	20598	21371	30835	31780	35463	
交通运输、仓储和邮政业	17130	41396		30168	27732	55407		40796
住宿和餐饮业		15706	28156	27505		26419		29621
信息传输、软件和信息技术服务业								
金融业								
房地产业	34699	31832	27842	42014	37690	45883	42541	
租赁和商务服务业				31385	40769	48651	22872	
科学研究和技术服务业	25294							
水利、环境和公共设施管理业		30717		23803	84000	33328	25958	
居民服务、修理和其他服务业	28727							
教育	27000		33314	39878	42582			
卫生和社会工作			33213	31620				
文化、体育和娱乐业								
公共管理、社会保障和社会组织								

主要统计指标解释

从业人员 指从事一定社会劳动并取得劳动报酬或经济收入的全部劳动力。括(1)全部职工;(2)城镇私营企业从业人员;(3)城镇个体劳动者;(4)农村社会劳动者;(5)其他社会劳动者。

单位从业人员 是指在各级国家机关、政党机关、社会团体及企业、事业单位中工作,并取得劳动报酬的全部人员。包括职工、再就业的离退休人员、民办教师以及在各单位中工作的外方人员和港、澳、台方人员。

职工 指在国有经济、城镇集体经济、联营经济、股份制经济、外商和港澳、台投资经济、其他经济单位及其附属机构工作,并由其支付工资的各类人员。

在岗职工 指在本单位工作并由单位支付工资的人员,以及有工作岗位,但由于学习、病伤、产假等原因暂未工作,仍由单位支付工资的人员。

离开本单位仍保留劳动关系的职工指由于各种原因,已离开本人的生产或工作岗位,并已不在本单位从事其他工作,仍与用人单位保留劳动关系的职工。

国有经济单位职工 指在各级党政机关、人民团体及其所属国有经济企业、事业单位工作,并由其支付工资的各种人员。具体包括:固定职工、合同制职工、临时职工。

固定职工 指经国家劳动部门或组织部门正式分配、安排和批准招收为固定职工的人员。包括出勤的,因故未出勤的,编制内的,编制外的,在国外工作的,试用期间的以及临时借到其他单位的人员。

合同制职工 指各单位根据国务院国发(1986)77号文件和国务院令第99号的规定,通过签订有固定期限劳动合同、无固定期限劳动合同和以完成一项工作为期限劳动合同所使用的职工。包括实行全员劳动合同制单位的全部职工。

长期职工 指用工期限在一年以上(含一年)的职工。包括原固定职工、合同制职工、长期临时工以及国有单位使用的城镇单位的人员和其他使用期限在一年以上的原计划外用工。

临时职工 指在用工期限不超过一年的职工。包括各单位根据国家有关规定招用的,签订一年以内的劳动合同或使用期不超过一年的临时性、季节性用工。

城镇集体经济单位职工 指在城镇集体所有制企业、事业及其管理部门中工作,并由其支付工资的各种人员。包括固定职工、临时职工、季节工、轮换工等。

其他各种经济单位职工 指在国有与集体合营、国有与私人合营、集体与私人合营、中外合资、中外合作、华侨或港澳台工商业者经营、外资经营企业事业单位中工作,并由其支付工资的人员。国有与集体合营单位包括与乡村集体所有制单位合营,在统计职工人数时,包括参加劳动的乡村劳动力。中外合资、中外合作、华侨或港澳台工商业者经营和外资经营单位职工人数中不包括外籍职工和港澳职工。

工资总额 指国家在一定时期内实际支付给全部职工的劳动报酬。凡是各单位根据职工劳动的数量和质量支付给职工个人的劳动报酬及其他根据国家法令、政策规定支付的工资,不论是由工资科目开支的,还是工资科目以外的其它各项经费科目(如搬运费、材料费、加工费、职工福利基金、企业基金、企业利润留成与附属机构的业务收入等)开支的。也不论是货币形式或实物形式支付的,均包括在工资总额内。

中层及以上管理人员 指在单位及其职能部门中担任领导并具有决策、管理权的人员。包括单位主要负责人或高级管理人员(包含同级别及副职)、单位内的一级部门或内设机构的负责人(包含同级别及副职),特大型单位可以包括一级部门内设的管理机构的负责人(包含副职)。

具体包括中国共产党中央委员会和地方各级组织负责人、国家机关及其工作机构负责人、民主党派和社会团体及其工作机构负责人、事业单位负责人、企业负责人。

专业技术人员 指专门从事各种科学研究和专业技术工作的人员。从事本类职业工作的人员,一般都要求接受过系统的专业教育,具体相应的专业理论知识,并且按规定的标准条件评聘专业技术职务,以及未聘任专业技术职务,但在专业技术岗位上工作的人员。

具体包括科学研究人员、工程技术人员、农业技术人员、飞机和船舶技术人员、卫生专业技术人员、经济业务人员、金融业务人员、法律专业人员、教学人员、文学艺术工作人员、体育工作人员、新闻出版、文化工作人员、宗教职业者、其他专业技术人员。

办事人员和有关人员 指在国家机关、党群组织、企业、事业单位中从事行政业务、行政事务工作的人员和从事安全保卫、消防、邮电等业务的人员。

具体包括行政办公人员、安全保卫和消防人员、邮政和电信业务人员、其他办事人员和有关人员。

商业、服务业人员 指从事商业、餐饮、旅游、娱乐、运输、医疗辅助服务及社会和居民生活等服务工作的人员。

具体包括购销人员、仓储人员、餐饮服务人员、饭店、旅游及健身娱乐场所服务人员、运输服务人员、医疗卫生辅助服务人员、社会服务和居民生活服务人员、其他商业、服务业人员。

生产、运输设备操作人员及有关人员 生产、运输设备操作人员及有关人员指从事矿产勘查、开采，产品的生产制造、工程施工和运输设备操作的人员及有关人员。

具体包括勘测及矿物开采人员，金属冶炼、轧制人员，化工产品生产人员，机构制造加工人员，机电产品装配人员，机械设备修理人员，电力设备安装、运行、检修及供电人员，电子元器件与设备制造、装配、调试及维修人员，橡胶和塑料制品生产人员，纺织、针织、印染人员，裁剪、缝纫和皮革、毛皮制品加工制作人员，粮油、食品、饮料生产加工及饲料生产加工人员，烟草及其制品加工人员，药品生产人员，木材加工、人造板生产、木制品制作及制浆、造纸和纸制品生产加工人员，建筑材料生产加工人员，玻璃、陶瓷、搪瓷及其制品生产加工人员，广播影视制品制作、播放及文物保护作业人员，印刷人员、工艺、美术品制作人员，文化教育、体育用品制作人员，工程施工人员，运输设备操作人员及有关人员，环境监测与废物处理人员，检验、计量人员，其他生产、运输设备操作人员及有关人员。

劳务外包人员 企业根据自身在生产过程的实际情况，把非核心的、辅助性的、季节性强的、不定期生产的生产环节或是生产线外包出来，由专业公司负责组织人员按计划和指标进行生产，这样的人员称为劳务外包人员。

劳务派遣人员 根据《中华人民共和国合同法》规定，指与劳务派遣单位签订劳动合同，并被劳务派遣单位遣到实际用工单位工作，且劳务派遣单位与实际用工单位签订《劳务派遣协议》的人员。

四、固定资产投资

本篇资料整理、校对

顾朝晖、孙小娟、徐珂

简要说明

●本篇资料反映我市固定资产投资情况。

●本篇资料除农村个人投资根据市农村经济抽样调查队资料推算外，其他统计资料均来自统计局固定资产投资全面统计报表。

●全社会固定资产投资统计范围为，凡是在报告期内进行固定资产投资活动的单位和城乡居民都应该纳入统计，镇集体投资，联营经济、股份制经济、外商投资经济、港澳台投资经济及其他经济类型的投资，农村集体投资，城镇工矿区私人建房投资，农村个人生产性固定资产和建房投资。

●固定资产投资统计范围为计划投资500万元及以上在建项目固定资产投资和房地产开发投资。

内容提要

●2014年，全社会固定资产投资13707556万元，比上年增长15.2%。

4-1 全社会固定资产投资及构成情况

单位:万元

指 标	2010年	2011年	2012年	2013年	2014年
全社会固定资产投资额	7604490	8351384	10007215	11899970	13707556
固定资产投资	7547962	8294856	9875066	11646829	13433252
农村农户投资(推算):	56528	56528	132149	253141	274304
农户新(建)购住房价值	44528	44528	75675	221498	229115
农户购置生产性固定资产支出	12000	12000	56474	31643	45189

4－2 固定资产投资完成情况

单位：万元、%

指标名称	2013 年	2014 年	增速
本年完成投资	11646829	13433252	15.3
其中：工业	6808766	7381674	8.4
其中：住宅	899950	1080216	20.0
1、按登记注册类型分			
内资企业	11540235	13395930	16.1
国有企业	2210549	2639268	19.4
集体企业	156782	228989	46.1
股份合作企业	60961	26768	－56.1
联营企业	20783	73471	253.5
有限责任公司	2885612	2339346	－18.9
股份有限公司	976278	884556	－9.4
私营企业	4539173	6206203	36.7
其他企业	690097	997329	44.5
港、澳、台商投资企业	33516	27047	－19.3
外商投资企业	36600	1275	－96.5
个体经营	36478	9000	－75.3
2、按建设性质分			
其中：新建	8480110	9466975	11.6
扩建	1310373	1502754	14.7
改建和技术改造	1828815	2078247	13.6
3、按投资构成分			
建筑工程	6037166	7343969	21.6
安装工程	1016124	1519633	49.6
设备工器具购置	2974971	2509030	－15.7
其他费用	1618568	2060620	27.3
5、按产业分			
第一产业	361404	423925	17.3
第二产业	7084180	7648154	8.0
第三产业	4201245	5361173	27.6
本年资金来源合计	13340837	14950568	12.1
1、上年末结余资金	1219133	1129335	－7.4
2、本年资金来源小计	12121704	13821233	14.0
(1)国家预算内资金	333570	231353	－30.6
(2)国内贷款	684078	1079450	57.8
(4)利用外资	30555	34994	14.5
(5)自筹资金	9217263	9997861	8.5
(6)其他资金来源	1856238	2476731	33.4
本年新增固定资产	6230483	6987541	12.2
本年施工房屋面积	21598371	20980306	－2.9
其中：住宅	8543814	8604757	0.7
本年竣工房屋面积	4219108	4202264	－0.4
其中：住宅	1786321	1651291	－7.6

4－3　按行业分固定资产投资完成情况

单位：万元、%

指标名称	2013 年	2014 年	增速
一、计划投资			
1、计划总投资	22577745	26643789	18.0
2、自开始建设至本年底累计完成投资	17230962	20018454	16.2
二、本年完成投资	11646829	13433252	15.3
其中：国有经济控股	2270807	2816521	24.0
其中：住宅	899950	1080216	20.0
其中：本月完成投资	130456	224093	71.8
1、按登记注册类型分			
内资企业	11540235	13395930	16.1
国有企业	2210549	2639268	19.4
集体企业	156782	228989	46.1
股份合作企业	60961	26768	－56.1
联营企业	20783	73471	253.5
国有联营企业	800	17365	2070.6
集体联营企业	3900	51006	1207.8
国有与集体联营企业		4200	100.0
其他联营企业	16083	900	－94.4
有限责任公司	2885612	2339346	－18.9
国有独资公司		14220	100.0
其他有限责任公司	2885612	2325126	－19.4
股份有限公司	976278	884556	－9.4
私营企业	4539173	6206203	36.7
其他企业	690097	997329	44.5
港、澳、台商投资企业	33516	27047	－19.3
外商投资企业	36600	1275	－96.5
个体经营	36478	9000	－75.3
2、按建设性质分			
其中：新建	8480110	9466975	11.6
扩建	1310373	1502754	14.7
改建和技术改造	1828815	2078247	13.6
3、按投资构成分			
建筑工程	6037166	7343969	21.6
安装工程	1016124	1519633	49.6
设备工器具购置	2974971	2509030	－15.7
其中：用于更新的设备	387038	547198	41.4
其他费用	1618568	2060620	27.3
4、按国民经济行业分			
（一）农、林、牧、渔业	376686	446942	18.7
农业	220528	256800	16.4
林业	76082	33348	－56.2
畜牧业	64594	74541	15.4
渔业	200	59236	29518.0

4－3 续表1

单位：万元、%

指标名称	2013年	2014年	增速(%)
农、林、牧、渔服务业	15282	23017	50.6
(二)采矿业	313322	362727	15.8
煤炭开采和洗选业	73898	89684	21.4
石油和天然气开采业			
黑色金属矿采选业	14650		-100.0
有色金属矿采选业	57661	128267	122.5
非金属矿采选业	113813	114794	0.9
开采辅助活动	11150	3900	-65.0
其他开采业	42150	26082	-38.1
(三)制造业	6343869	6781375	6.9
农副食品加工业	197936	283937	43.4
食品制造业	68960	50351	-27.0
酒、饮料和精制茶制造业	55853	89637	60.5
烟草制品业			
纺织业	297196	137247	-53.8
纺织服装、服饰业	433455	262248	-39.5
皮革、毛皮、羽毛及其制品和制鞋业	155477	86190	-44.6
木材加工及木、竹、藤、棕、草制品业	96626	139994	44.9
家具制造业	178040	311697	75.1
造纸和纸制品业	92831	188750	103.3
印刷业和记录媒介的复制	36051	25174	-30.2
文教、美工、体育和娱乐用品制造业	180942	154827	-14.4
石油加工、炼焦和核燃料加工业	79928	22000	-72.5
化学原料和化学制品制造业	442861	482355	8.9
医药制造业	194878	501375	157.3
化学纤维制造业	31680	42695	34.8
橡胶和塑料制品业	154586	253266	63.8
非金属矿制品业	371146	415361	11.9
黑色金属冶炼和压延加工业	253295	169695	-33.0
有色金属冶炼和压延加工业	941385	579642	-38.4
金属制品业	333905	277876	-16.8
通用设备制造业	367910	308934	-16.0
专用设备制造业	167953	216643	29.0
汽车制造业	147831	358165	142.3
铁路、船舶、航空航天和其他运输设备制造业	29398	114791	290.5
电气机械及器材制造业	578360	534550	-7.6
计算机、通信和其他电子设备制造业	213424	500926	134.7
仪器仪表制造业	107902	84800	-21.4
其他制造业	50664	127339	151.3
废弃资源综合利用业	54412	59943	10.2
金属制品、机械和设备修理业	28984	967	-96.7
(四)电力、热力、燃气及水生产和供应业	151575	237572	56.7

4－3 续表2

单位:万元、%

指标名称	2013 年	2014 年	增速(%)
电力、热力的生产和供应业	76817	118511	54.3
燃气生产和供应业	22996	17099	－25.6
水的生产和供应业	51762	101962	97.0
(五)建筑业	315548	271347	－14.0
房屋建筑业	283799	189363	－33.3
土木工程建筑业	5407	79232	1365.4
建筑安装业	13162	1685	－87.2
建筑装饰和其他建筑业	13180	1067	－91.9
(六)批发和零售业	238688	331738	39.0
批发业	66362	148877	124.3
零售业	172326	182861	6.1
(七)交通运输、仓储和邮政业	426095	414598	－2.7
铁路运输业	160		－100.0
道路运输业	385365	362997	－5.8
水上运输业			
管道运输业	1500		－100.0
装卸搬运和运输代理业	7950	7200	－9.4
仓储业	31120	18477	－40.6
(八)住宿和餐饮业	255171	201692	－21.0
住宿业	199548	169827	－14.9
餐饮业	55623	31865	－42.7
(九)信息传输、软件和信息技术服务业	33473	17853	－46.7
电信、广播电视和卫星传输服务		3550	100.0
互联网和相关服务	18773	2403	－87.2
软件和信息技术服务业	14700	11900	－19.0
(十)金融业	4860	1527	－68.6
货币金融服务	4860	227	－95.3
(十一)房地产业	1298580	1661471	27.9
房地产开发投资	1067500	1254844	17.5
房地产业	231080	406627	76.0
(十二)租赁和商务服务业	90240	179905	99.4
商务服务业	90240	163705	81.4
(十三)科学研究和技术服务业	810	6100	653.1
研究和试验发展			
专业技术服务业	810	5400	566.7
(十四)水利、环境和公共设施管理业	1311129	1842594	40.5
水利管理业	63317	50873	－19.7
生态保护和环境治理业	21291	43933	106.3
公共设施管理业	1226521	1747788	42.5
(十五)居民服务、修理和其他服务业	18340	10808	－41.1
居民服务业	15340	1408	－90.8
机动车、电子产品和日用产品修理业	3000	9100	203.3

4-3 续表3

单位：万元、%

指标名称	2013年	2014年	增速(%)
(十六)教育	121995	93247	-23.6
教育	121995	93247	-23.6
(十七)卫生和社会工作	124752	78115	-37.4
卫生	100792	64924	-35.6
社会工作	23960	13191	-44.9
(十八)文化、体育和娱乐业	94226	324612	244.5
广播、电视、电影和影视录音制作业			
文化艺术业	40876	9100	-77.7
体育	3401	195063	5635.5
娱乐业	49949	53007	6.1
(十九)公共管理、社会保障和社会组织	127470	169029	32.6
国家机构	112508	163079	44.9
社会保障	2078		-100.0
群众团体、社会团体和其他成员组织	7484	1450	-80.6
基层群众自治组织	5400	4500	-16.7
三、本年新增固定资产	6230483	6987541	12.2
四、项目个数			
(1)施工项目个数	1658	1704	2.8
其中：本年新开工	1174	1095	-6.7
(2)本年投产项目个数	1162	1168	0.5
五、房屋建筑面积			
(1)本年施工房屋面积	21598371	20980306	-2.9
其中：住宅	8543814	8604757	0.7
(2)本年竣工房屋面积	4219108	4202264	-0.4
其中：住宅	1786321	1651291	-7.6
六、用地面积			
规划用地面积	0	0	0.0
本年实际征用和购置土地面积	629810	611180	-3.0
本年实际征用和购置土地成交价款	107900	144689	34.1
七、本年资金来源及应付款			
(一)本年资金来源合计	13340837	14950568	12.1
1、上年末结余资金	1219133	1129335	-7.4
2、本年资金来源小计	12121704	13821233	14.0
(1)国家预算资金	333570	231353	-30.6
(2)国内贷款	684078	1079450	57.8
(4)利用外资	30555	844	-97.2
其中：外商直接投资	24455	34994	43.1
(5)自筹资金	9217263	6000	-99.9
其中：企、事业单位自有资金	767725	9997861	1202.3
(6)其他资金来源	1856238	2476731	33.4
(二)各项应付款	1070695	1034852	-3.3
其中：工程款	651967	429221	-34.2

4－4 按行业登记注册类型

指标名称	本年合计	内资企业	国有企业	集体企业
本年完成投资	13433252	13395930	2632810	228989
(一)农、林、牧、渔业	446942	445442	73205	1000
农业	256800	256800	43019	
林业	33348	33348	20572	
畜牧业	74541	74541		
渔业	59236	57736		
农、林、牧、渔服务业	23017	23017	9614	1000
(二)采矿业	362727	362727	63688	500
煤炭开采和洗选业	89684	89684		
黑色金属矿采选业				
有色金属矿采选业	128267	128267	57688	
非金属矿采选业	114794	114794	6000	500
开采辅助活动	3900	3900		
其他开采业	26082	26082		
(三)制造业	6781375	6759654	77932	1896
农副食品加工业	283937	283937	24000	
食品制造业	50351	50351		
酒、饮料和精制茶制造业	89637	89637		
纺织业	137247	137247		
纺织服装、服饰业	262248	262248		
皮革、毛皮、羽毛及其制品和制鞋业	86190	86190		
木材加工及木、竹、藤、棕、草制品业	139994	139994		
家具制造业	311697	311697		
造纸和纸制品业	188750	187774		
印刷业和记录媒介的复制	25174	20407		
文教、美工、体育和娱乐用品制造业	154827	149850		
石油加工、炼焦和核燃料加工业	22000	22000		
化学原料和化学制品制造业	482355	482355	5000	
医药制造业	501375	501375		
化学纤维制造业	42695	42395		
橡胶和塑料制品业	253266	253266		
非金属矿制品业	415361	415361	1562	400
黑色金属冶炼和压延加工业	169695	167991		
有色金属冶炼和压延加工业	579642	579642	12981	

固定资产投资完成情况

单位:万元

股份合作企业	联营企业	有限责任公司	股份有限公司	私营企业	其他企业	港、澳、台商投资企业	外商投资企业	个体经营
26768	73471	2339346	884556	6212661	997329	27047	1275	9000
4500		24750	31847	203609	106531			1500
		12510	21884	143461	35926			
				3800	8976			
4500		4100	9963	46300	9678			
		8140		10048	39548			1500
					12403			
2653	4987	21115	26960	217629	25195			
2653				84194	2837			
		7000	22000	34079	7500			
	4987	3970	960	88619	9758			
				3900				
		10145	4000	6837	5100			
7185	40119	1328018	278711	4451784	574009	20446	1275	
		95464	6723	157750				
20		2751	1460	46120				
		21197	725	66715	1000			
	4585		2500	130162				
	4394	25396	15730	212160	4568			
		29735		51502	4953			
		37271	4500	82603	15620			
		20701	874	290122				
2468	4928	18189		152689	9500	976		
4697	975			14735		4767		
		27635		105804	16411	4977		
		6000		16000				
	8001	100954	24631	294271	49498			
	4200	114093	11000	202330	169752			
		7780	12100	22515			300	
	4971	86014	35362	99336	27583			
		87344	30446	228277	67332			
		122443	8525	37023		1704		
		104057	13120	426481	23003			

4-4 续表1

指标名称	本年合计	内资企业		
			国有企业	集体企业
金属制品业	277876	277876		
通用设备制造业	308934	300912		
专用设备制造业	216643	216643		
汽车制造业	358165	358165		
铁路、船舶、航空航天和其他运输设备制造业	114791	114791		
电气机械及器材制造业	534550	534550	34089	
计算机、通信和其他电子设备制造业	500926	499951		
仪器仪表制造业	84800	84800	300	
其他制造业	127339	127339		
废弃资源综合利用业	59943	59943		1496
金属制品、机械和设备修理业	967	967		
(四)电力、热力、燃气及水生产和供应业	237572	230971	114247	10650
电力、热力的生产和供应业	118511	118511	36397	
燃气生产和供应业	17099	10498	4822	
水的生产和供应业	101962	101962	73028	10650
(五)建筑业	271347	271347		8260
房屋建筑业	189363	189363		4340
土木工程建筑业	79232	79232		3920
建筑安装业	1685	1685		
建筑装饰和其他建筑业	1067	1067		
(六)批发和零售业	331738	331738	22505	
批发业	148877	148877	12505	
零售业	182861	182861	10000	
(七)交通运输、仓储和邮政业	414598	414598	359420	9029
铁路运输业				
道路运输业	363597	363597	334096	9029
水上运输业				
管道运输业				
装卸搬运和运输代理业	7200	7200		
仓储业	18477	18477		
(八)住宿和餐饮业	201692	201692	10215	
住宿业	169827	169827	9800	
餐饮业	31865	31865	415	
(九)信息传输、软件和信息技术服务业	17853	17853	3550	520

单位:万元

股份合作企业	联营企业	有限责任公司	股份有限公司	私营企业	其他企业	港、澳、台商投资企业	外商投资企业	个体经营
		71365	8800	181711	16000			
		37227	33870	217815	12000	8022		
		24726	10500	178998	2419			
		13586	8000	336579				
				17631	97160			
	900	127599	17045	341417	13500			
	4452	117313	31000	329186	18000		975	
		13178		70722	600			
	2713		1800	110846	11980			
		16000		29317	13130			
				967				
		500		87913	17661	6601		
		500		81614				
					5676	6601		
				6299	11985			
	2000	88379	21434	142486	8788			
	2000	64207	21434	93233	4149			
		21420		49253	4639			
		1685						
		1067						
		36270	132400	126227	14336			
			42700	81503	12169			
		36270	89700	44724	2167			
		6815	10400	28534	400			
		6815		13257	400			
			2000	5200				
			8400	10077				
12400		83703	40792	30161	24421			
12400		59153	35892	30161	22421			
		24550	4900		2000			
			1883	11900				

4－4 续表2

指标名称	本年合计	内资企业		
			国有企业	集体企业
电信、广播电视和卫星传输服务	3550	3550	3550	
互联网和相关服务	2403	2403		520
软件和信息技术服务业	11900	11900		
(十)金融业	1527	1527		
货币金融服务	227	227		
(十一)房地产业	1661471	1653971	160123	75523
房地产开发投资	1254844	1254844	6386	2503
房地产业	406627	399127	153737	73020
(十二)租赁和商务服务业	179905	179905	19195	3000
商务服务业	163705	163705	19195	3000
(十三)科学研究和技术服务业	6100	6100		
研究和试验发展				
专业技术服务业	5400	5400		
(十四)水利、环境和公共设施管理业	1842594	1842594	1391288	95178
水利管理业	50873	50873	49373	600
生态保护和环境治理业	43933	43933	12025	
公共设施管理业	1747788	1747788	1329890	94578
(十五)居民服务、修理和其他服务业	10808	10808	1668	10
居民服务业	1408	1408	1368	10
机动车、电子产品和日用产品修理业	9100	9100		
(十六)教育	93247	93247	73156	
(十七)卫生和社会工作	78115	78115	50250	3113
卫生	64924	64924	42209	3113
社会工作	13191	13191	8041	
(十八)文化、体育和娱乐业	324612	324612	97387	
广播、电视、电影和影视录音制作业	9100	9100		
文化艺术业	195063	195063	44380	
体育	53007	53007	53007	
娱乐业	67442	67442		
(十九)公共管理、社会保障和社会组织	169029	169029	114981	20310
国家机构	163079	163079	113731	15610
社会保障				
群众团体、社会团体和其他成员组织	1450	1450	1250	200
基层群众自治组织	4500	4500		4500

单位:万元

股份合作企业	联营企业	有限责任公司	股份有限公司	私营企业	其他企业	港、澳、台商投资企业	外商投资企业	个体经营
			1883					
				11900				
			227	1300				
			227					
		590467	140354	600544	86960			7500
		580581	113412	551962				
		9886	26942	48582	86960			7500
	9000		12000	126844	9866			
	9000		12000	110644	9866			
			5400	700				
			5400					
	17365	8350	177148	115665	37600			
					900			
			31908					
	17365	8350	145240	115665	36700			
30				9100				
30								
				9100				
		10961	4500	1000	3630			
				3000	21752			
				3000	16602			
					5150			
		140018		54265	32942			
				9100				
		140018		10665				
				34500	32942			
			500		33238			
			500		33238			

4－5 分县500万以上固定资产投资完成情况

单位:万元、%

	2013年	2014年	增速
上饶市	11646829	13433252	15.3
市辖区	9000		－100.0
信州区	1044633	1234287	18.2
上饶县	1492275	1705059	14.3
广丰县	1519409	1750218	15.2
玉山县	1067582	1251393	17.2
铅山县	822205	999165	21.5
横峰县	541445	634224	17.1
弋阳县	613277	737146	20.2
余干县	870067	1036307	19.1
鄱阳县	1286737	1291898	0.4
万年县	768352	913955	19.0
婺源县	650355	779636	19.9
德兴市	961492	1099964	14.4

4-6 分县工业固定资产投资完成情况

单位:万元、%

指标名称	2013 年	2014 年	增速
上　饶　市	6808766	7381674	8.4
信　州　区	235056	115817	-50.7
上　饶　县	1124753	1295783	15.2
广　丰　县	793168	920133	16.0
玉　山　县	477460	608665	27.5
铅　山　县	515712	714638	38.6
横　峰　县	363817	408690	12.3
弋　阳　县	520220	585240	12.5
余　干　县	330600	376880	14.0
鄱　阳　县	1065854	823899	-22.7
万　年　县	615223	764831	24.3
婺　源　县	281613	270721	-3.9
德　兴　市	485290	496377	2.3

4－7 分县分行业登记注册

	本年合计	内资企业	国有企业	集体企业
上饶市	13433252	13395930	2632810	228989
信州区	1234287	1233987	632675	1450
上饶县	1705059	1705059	150317	
广丰县	1750218	1728797	237526	9756
玉山县	1251393	1251393	245449	63800
铅山县	999165	999165	185130	
横峰县	634224	634224	118725	
弋阳县	737146	737146	78720	2503
余干县	1036307	1036307	228186	
鄱阳县	1291898	1291898	189777	
万年县	913955	907354	31265	
婺源县	779636	770636	197984	13779
德兴市	1099964	1099964	337056	137701

类型固定资产投资完成情况

单位:万元

						港、澳、台商投资企业	外商投资企业	个体经营
股份合作企业	联营企业	有限责任公司	股份有限公司	私营企业	其他企业			
26768	73471	2339346	884556	6212661	997329	27047	1275	9000
20		155810	173909	231949	38174		300	
		147672	194935	1189335	22800			
9818	61571	191824	27144	1109384	81774	20446	975	
		196644	9040	736460				
4500		41372	8976	355234	403953			
		24065	6500	484934				
		162056	13705	429682	50480			
		13605	70169	462429	261918			
		929023		75938	97160			
		46355	6893	822841		6601		
12430	11900	278165	74970	155188	26220			9000
		152755	298315	159287	14850			

4－8 房 地 产 企

（2014

指标名称	总 计（按经济注册类型分）	内资企业	国有企业
计划总投资	5862416	5862416	33313
自开始建设累计完成投资	3860433	3860433	23376
本年完成投资	1254844	1254844	6386
其中:本月完成	224093	224093	1350
其中:配套工程投资			
按构成分:建筑工程	936473	936473	4118
按构成分:安装工程	94041	94041	1301
按构成分:设备工器具购置	28199	28199	
按构成分:其他费用	196131	196131	967
其中:旧建筑物购置费	8428	8428	
其中:土地购置费	141225	141225	
按工程用途分:商品住宅	965539	965539	5134
其中:9 平方米及以下	115677	115677	
其中:144 平方米及以上	90561	90561	900
其中:别墅、高档公寓	45761	45761	3094
按工程用途分:办公楼	4889	4889	
按工程用途分:商业营业用房	151867	151867	615
按工程用途分:其他	132549	132549	637
本年新增固定资产	476723	476723	5779
一、本年资金来源合计	1964206	1964206	13015
1.上年末结余资金	451528	451528	103
2.本年资金来源小计	1512678	1512678	41481
(1)国内贷款	207859	207859	9000
银行贷款	187158	187158	
非银行金融机构贷款	20701	20701	
(2)利用外资	4000	4000	
其中:外商直接投资			
(3)自筹资金	559848	559848	15517
其中:自有资金	253107	253107	
其中:股东投入资金	116126	116126	
其中:借入资金	81995	81995	2560
(4)其他资金来源	740971	740971	14532
其中:定金及预收款	378044	378044	2651
其中:个人按揭贷款	328209	328209	7701
二、本年各项应付款合计	321692	321692	7160
其中:工程款	212707	212707	135
待开发土地面积	653963	653963	
本年购置土地面积	611180	611180	
本年土地成交价款	144689	144689	
其中:拆迁补偿费	1768	1768	
土地使用权出让金	89529	89529	
契税	2310	2310	

业 财 务 状 况

年）　　　　单位:万元

集体企业	联营企业	有限责任公司	股份有限公司	私营企业	其他企业	港澳台商投资企业
10800		2796370	466546	2555387		
12873		1706375	373658	1744151		
2503		580581	113412	551962		
2503		122344	7061	90835		
2098		442626	87783	399848		
345		52261	3847	36287		
60		21831	449	5859		
		63863	21333	109968		
			6528	1900		
		33863	12931	94431		
1828		483690	64170	410717		
		39031	5379	71267		
		35418	11977	42266		
		25573	2931	14163		
		2655	539	1695		
675		53493	21464	75620		
		40743	27239	63930		
		185136	118974	166834		
2755		897289	192600	858547		
200		237822	84816	128587		
2100	61514	659467	159350	768240	146141	12645
	5000	107654	16250	66073	8000	
		97834	14761	74563		
		9820	1871	9010		
		4000				
		265591	74346	280221	29396	
		91209	11071	150827		
		50507	8283	57336		
		41636	12719	25080		
1530	31384	282222	38189	324878	59852	670
1098		139254	33092	201949		
1457		133793	17824	167434		
		163428	65185	85919		
		108676	40815	63081		
		383643	90632	179688		
		317095	67493	226592		
		55844	12961	75884		
		18	1403	347		
		28244	3832	57453		
		1136	485	689		

4－9 房地开发企业房屋

（2014

指标名称	合计	去年同期	增幅（%）	住宅
房屋施工面积	9281903	8575866	8.2	7711907
其中:本年新开工面积	3020435	3770056	－19.9	2470457
本年房屋竣工面积	1798683	1710912	5.1	1482396
其中:不可销售面积	11414	6540	74.5	
本年住宅竣工套数				11493
本年房屋竣工价值	398961	410866	－2.9	308279
房屋出租面积	9330	500	1766	9330
本年商品房销售面积	2581162	2387783	8.1	2383942
其中:本月销售面积	641705		* * *	566744
现房销售面积	750312	559545	34.1	657081
期房销售面积	1830850	1828238	0.1	1726861
本年商品房销售额	1289463	1006039	28.2	1166783
其中:本月销售额	258540		* * *	211645
现房销售额	442382	233483	89.5	383922
期房销售额	847081	772556	9.6	782861
本年商品住宅销售套数			* * *	19411
现房销售套数			* * *	5424
期房销售套数			* * *	13987
待售面积	1488060	1639204	－9.2	1188678
其中:待售 1－3 年面积	703621	923332	－23.8	545535
其中:待售 3 年以上面积	38560	41297	－6.6	27115

施工、销售和空置情况

年）

去年同期	增幅（%）	90平米及以下住房	去年同期	增幅（%）	144平米及以上住房	去年同期	增幅（%）
7090131	8.8	867887	637750	36.1	970491	1025935	-5.4
3066054	-19.4	330596	310708	6.4	143972	353888	-59.3
1326493	11.8	149614	112232	33.3	273179	242411	12.7
2403	-100			***			***
10504	9.4	1871	1663	12.5	1356	1341	1.1
297394	3.7	37828	25038	51.1	62970	57580	9.4
	***			***			***
2117661	12.6	183392	187690	-2.3	318318	261431	21.8
	***	21226		***	86485		***
469626	39.9	80183	57490	39.5	131233	87679	49.7
1648035	4.8	103209	130200	-20.7	187085	173752	7.7
866610	34.6	78068	75689	3.1	131006	105733	23.9
	***	7538		***	27752		***
186108	106.3	31140	21032	48.1	53133	36367	46.1
680502	15	46928	54657	-14.1	77873	69366	12.3
17841	8.8	2221	2423	-8.3	1671	1521	9.9
3952	37.2	974	805	21	842	533	58
13889	0.7	1247	1618	-22.9	829	988	-16.1
1358583	-12.5	102743	134333	-23.5	189192	152294	24.2
772012	-29.3	55030	109153	-49.6	109405	75818	44.3
28959	-6.4	4302	2024	112.5	9727	9943	-2.2

4-9 续表

指标名称	别墅、高档公寓	去年同期	增幅（%）	办公楼
房屋施工面积	398807	436901	-8.7	30948
其中:本年新开工面积	106094	55906	89.8	3512
本年房屋竣工面积	45213	49767	-9.2	3518
其中:不可销售面积			* * *	1278
本年住宅竣工套数	175	271	-35.4	
本年房屋竣工价值	11510	13640	-15.6	822
房屋出租面积			* * *	
本年商品房销售面积	52046	40673	28	5381
其中:本月销售面积	15513		* * *	803
现房销售面积	10440	21325	-51	541
期房销售面积	41606	19348	115	4840
本年商品房销售额	25485	22552	13	3905
其中:本月销售额	5532		* * *	305
现房销售额	2919	9007	-67.6	206
期房销售额	22566	13545	66.6	3699
本年商品住宅销售套数	215	224	-4	
现房销售套数	47	149	-68.5	
期房销售套数	168	75	124	
待售面积	95337	94319	1.1	643
其中:待售1-3年面积	28759	36164	-20.5	102
其中:待售3年以上面积	8561	8561		

去年同期	增幅（%）	商业营业用房	去年同期	增幅（%）	其他房屋	去年同期	增幅（%）
23861	29.7	946477	966565	-2.1	592571	495309	19.6
7099	-50.5	313748	462699	-32.2	232718	234204	-0.6
9817	-64.2	223591	238932	-6.4	89178	135670	-34.3
168	660.7	600	856	-29.9	9536	3113	206.3
	* * *			* * *			* * *
2709	-69.7	69661	69162	0.7	20199	41601	-51.4
	* * *		500	-100			* * *
10145	-47	150960	216873	-30.4	40879	43104	-5.2
	* * *	57289		* * *	16869		* * *
8542	-93.7	79344	68063	16.6	13346	13314	0.2
1603	201.9	71616	148810	-51.9	27533	29790	-7.6
3224	21.1	103507	122830	-15.7	15268	13375	14.2
	* * *	38636		* * *	7954		* * *
2562	-92	51648	40839	26.5	6606	3974	66.2
662	458.8	51859	81991	-36.8	8662	9401	-7.9
	* * *			* * *			* * *
	* * *			* * *			* * *
	* * *			* * *			* * *
3186	-79.8	248644	245019	1.5	50095	32416	54.5
3186	-96.8	145421	135105	7.6	12563	13029	-3.6
	* * *	9154	9935	-7.9	2291	2403	-4.7

4－10 房地产开发企业投资、资金和土地情况

(2014 年)　　单位:万元

指标名称	总计（按隶属关系分）	上年同期	增　幅（%）
计划总投资	5862416	5623790	4.2
自开始建设累计完成投资	3860433	3387111	14
本年完成投资	1254844	1067500	17.5
其中:本月完成	224093	130456	71.8
其中:配套工程投资		20386	－100
按构成分:建筑工程	936473	723711	29.4
按构成分:安装工程	94041	73624	27.7
按构成分:设备工器具购置	28199	7241	289.4
按构成分:其他费用	196131	262924	－25.4
其中:旧建筑物购置费	8428	14311	－41.1
其中:土地购置费	141225	174368	－19
按工程用途分:商品住宅	965539	767233	25.8
其中:9 平方米及以下	115677	98275	17.7
其中:144 平方米及以上	90561	97301	－6.9
其中:别墅、高档公寓	45761	37583	21.8
按工程用途分:办公楼	4889	5878	－16.8
按工程用途分:商业营业用房	151867	134228	13.1
按工程用途分:其他	132549	160161	－17.2
本年新增固定资产	476723	606229	－21.4
一、本年实际到位资金合计	1964206	1882230	4.4
1.上年末结余资金	451528	375307	20.3
2.本年实际到位资金小计	1512678	1506923	0.4
(1)国内贷款	207859	248166	－16.2
其中:银行贷款	187158	234728	－20.3
其中:非银行金融机构贷款	20701	13438	54
(2)利用外资	4000		* * *
其中:外商直接投资			* * *
(3)自筹资金	559848	620929	－9.8
其中:自有资金	253107	259774	－2.6
其中:股东投入资金	116126	182959	－36.5
其中:借入资金	81995	78313	4.7
(4)其他资金来源	740971	637828	16.2
其中:定金及预收款	378044	366207	3.2
其中:个人按揭贷款	328209	196569	67
二、本年各项应付款合计	321692	263389	22.1
其中:工程款	212707	176340	20.6
待开发土地面积	653963	694726	－5.9
本年土地购置面积	611180	629810	－3
本年土地成交价款	144689	107900	34.1
其中:拆迁补偿费	1768	4732	－62.6
其中:土地使用权出让金	89529	56067	59.7
契税	2310	1820	26.9

4－11 分县(市、区)房地产开发投资

(2014 年)　　单位:万元

指标名称	本年完成投资	去年同期完成投资	增长(%)
上饶市	1254844	1067500	17.5
信州区	293233	186108	57.6
上饶县	108456	135875	－20.2
广丰县	109331	78976	38.4
玉山县	124166	107256	15.8
铅山县	37497	62228	－39.7
横峰县	36271	31505	15.1
弋阳县	38886	38457	1.1
余干县	136678	118711	15.1
鄱阳县	171804	170985	0.5
万年县	46842	45768	2.3
婺源县	95418	38575	147.4
德兴市	56262	53056	6

主要统计指标解释

全社会固定资产投资 以货币表现的在一定时期内全社会建造和购置固定资产活动的工作量以及与此有关的费用的总称,包括建设项目固定资产投资、房地产开发投资、农村农户固定资产投资。该指标是反映固定资产投资规模、结构和发展速度的综合性指标。全社会固定资产投资按登记注册类型可分为国有、集体、个体、联营、股份制、外商、港澳台商、其他等。

农村投资 包括在农村区域范围内进行固定资产投资活动的企业、事业、行政单位及农村个人投资。农村个人固定资产投资为农村抽样调查总队根据抽样调查资料推算。

房地产开发投资 包括各种经济类型的房地产开发公司、商品房建设公司及其他房地产开发单位统一开发的包括统代建、拆迁还建的住宅、厂房、仓库、饭店、宾馆、度假村、写字楼、办公楼等房屋建筑物和配套的服务设施、土地开发工程,如道路、给水、排水、供电、供热、通讯、平整场地等基础设施工程的投资。包括非房地产企业实际从事房地产开发或经营活动,不包括单纯的土地交易活动。

建设总规模 是指在报告期内所有施工项目的计划总投资。这个指标和施工项目相对应。

在建总规模 是指在报告期末所有在建项目的计划总投资。

在建净规模 是指报告期末所有在建项目建成投产尚需的投资总量。

在建净规模 = 在建总规模 - 未投产项目(期末在建)累计完成投资。

固定资产投资资金来源 根据固定资产投资的资金来源不同,分为上年末结余资金、本年资金来源小计和各项应付款。其中本年资金来源小计又分为国家预算内资金、国内贷款、债券、利用外资、自筹资金和其他资金。

(1)国家预算内资金 分为财政拨款和财政安排的贷款两部分。包括中央财政的基本建设基金(分经营性基金和非经营性基金两部分)、专项支出(如煤代油专项等)、收回再贷、贴息资金,财政安排的挖潜改造和新产品试制支出、城建支出、商业部门简易建筑支出、不发达地区发展基金等资金中用于固定资产投资的资金;地方财政中由国家统筹安排的资金等。

(2)国内贷款 是指报告期固定资产投资单位向银行及非银行金融机构借入的用于固定资产投资的各种国内借款,包括银行利用自有资金及吸收的存款发放的贷款、上级主管部门拨入的国内贷款、国家专项贷款(包括煤代油贷款、劳改煤矿专项贷款等),地方财政专项资金安排的贷款、国内储备贷款、周转贷款等。

(3)债券 是指企业(公司)或金融机构通过发行各种债券,筹集的用于固定资产投资的资金。包括由银行代理国家专业投资公司发行的重点企业债券和基本建设债券。

(4)利用外资 是指报告期收到的用于固定资产建造和购置投资的境外资金(包括设备、材料、技术在内)。包括外商直接投资、对外借款(外国政府贷款、国际金融组织贷款、出口信贷、外国银行商业贷款、对外发行债券和股票)及外商其他投资(包括补偿贸易和加工装配由外商提供的设备价款、国际租赁)。不包括我国自有外汇资金(包括国家外汇、地方外汇、留成外汇、调济外汇和中国银行自有资金发行的外汇贷款等)。计算利用外资时,需要折算成人民币,折算中所使用的外汇汇率按现汇计算,即按使用外汇时的汇率计算。

(5)外商直接投资 是指外国投资商要与中国

企业(政府)合资、合作或独资中以外汇现金、设备(或实物)、技术、专利或其他方式投入的资金总量。

(6)自筹资金　指固定资产投资单位报告期收到的,由各地区、各部门及企业、事业单位筹集用于固定资产投资的预算外资金,包括中央各部门、各级地方和企业、事业单位的自有资金。

(7)其中资金来源　是指在报告期收到的除以上各种资金之外其他用于固定资产投资的资金。包括社会集资、个人资金、无偿捐赠的资金及其他单位拨入的资金等。

固定资产投资按国民经济行业分　国民经济行业分类按企、事业单位所从事的生产或其他经济活动的性质的同一性进行的分类。固定资产投资按国民经济行业分类,基本建设项目按建成投产后的主要产品的种类或主要用途及社会经济活动种类来划分。一般情况下,一个建设项目只能属于一种国民经济行业。为了更准确地反映国民经济各行业之间的比例关系,联合企业(总厂)所属分厂属于不同行业的,原则上按分厂划分行业。

固定资产投资按建设性质分　建设项目的性质一般分为新建、扩建、迁建、恢复。基本建设按建设项目划分建设性质,更新改造、国有经济单位其他固定资产投资及城镇集体投资按整个企业、事业单位的建设情况确定建设性质。目前基本建设和更新改造是根据我国现行的计划管理体制区分,所以基本建设和更新改造都可以分别按新建、扩建等划分。

(1)新建　一般是指从无到有、"平地起家"新开始建设的单位。有的单位原有的基础很小,经过建设后其新增加的固定资产价值超过原有固定资产价值(原值)三倍以上的也算新建。

(2)扩建　一般是指为扩大原有产品的生产能力,在厂内或其他地点增建主要生产车间(或主要工程)、独立的生产线或总厂之下的分厂的企业;事业单位和行政单位在原单位增建业务用房、行政机关增建办公楼等)也作为扩建。

(3)改建　一般是指现有企业、事业单位为了技术进步,提高产品质量,增加花色品种,促进产品升级换代、降低消耗和成本,加强资源综合利用和三废治理、劳保安全等,采用新技术、新工艺、新材料等对现有设施、工艺条件进行填平补齐而增建不增加本单位主要产品生产能力的车间等,也属于改建。

固定资产投资按用途分　固定资产投资按工程的经济用途分为用于第一产业、第二产业、第三产业和住宅四部分的建设。是研究不同用途的固定资产投资之间比例关系的重要指标。基本建设投资、国有经济单位其他固定资产投资及城镇集体投资的用途按单项工程确定,现有企业、事业单位更新改造的用途按更新改造项目确定。

固定资产投资按构成分　固定资产投资活动按其工作内容和实现方式分为建设安装工程,设备、工具、器具购置,其他费用三个部分。

(1)建筑安装工程(建筑工作量)　指各种房屋、建筑物的建造工程和各种设备、装置的安装工程。包括各种房屋建造工程,各种用途设备基础和各种工业窑炉的砌筑工程;为施工而进行的各种准备工作和临时工程以及完工后的清理工作等;铁路、道路的铺设,矿井的开凿及石油管道的架设等;水利工程;防空地下建筑等特殊工程;以及各种机械设备的安装工程;为测定安装工程质量,对设备进行的试行工作。在安装工程中,不包括被安装设备本身的价值。

(2)设备、工具、器具购置　指购置或自制达到固定资产标准的设备、工具、器具的价值,固定资产的标准按财务部门规定。新建单位、扩建单位的新建车间按照设计和计划要求购置或自制的全部设备、工具、器具,不论是否达到固定资产标准均计入"设备、工具、器具购置"中。

(3)其他费用　指除建筑安装工程和设备、工具、器具购置以外的投资完成额。它包括两种性质的费用,一种是属于增加固定资产的费用,主要有:建设单位管理费,土地、青苗等补偿费和安置费、各种经济林木的营造费、办公和生活家具、器具购置费、引进技术和进口设备项目的其他费用、联合试运转费;一种是属于不增加固定资产的费用,主要有:施工机械转移费、生产职工培训费、农业开荒费用及报废工程损失费等。

施工项目 指报告期内曾进行建筑或安装工程施工活动的建设项目。包括报告期内新开工项目、报告期以前开工跨入报告期继续施工的项目以及报告期施工过并在报告期内全部建设投产或停缓建的项目。

全部建成投产项目 工业项目指设计文件规定形成生产能力的主体工程及其相应配套的辅助设施全部建成,经负荷试运转,证明具备生产设计规定合格产品的条件,并经过验收鉴定合格或达到竣工验收标准,与生产性工程配套的生产配套工程全部建成,能够发挥设计规定的全部效益,经验收鉴定合格或达到竣工验收标准,正式移交使用的建设项目。

施工和竣工房屋建筑面积 房屋建筑面积是从房屋外墙线处起的各层平面面积的总和,包括房屋结构(如柱、墙)占用的面积和地下室面积。多层建筑按各自然面积总和计算,包括房屋内的楼隔层,突出墙面的眺望间、门斗、有柱雨罩的面积。不包括突出墙面结构的构件 、艺术装饰等所占的面积,如台阶等。凹阳台 、挑阳台按其水平投影面积一半计算建筑面积。

竣工面积 指在报告期内房屋建筑按照设计要求已全部完工,达到住人和使用条件,经验收鉴定合格,正式移交使用单位的建筑面积。

房屋建筑面积竣工率 指一定时期内房屋竣工面积占同期房屋施工面积的比率。它是从房屋建筑施工速度的角度反映投资效果和建筑业经济效益的指标。

新增固定资产 指通过投资活动所形成的新的固定资产价值。包括已经建成投入生产或交付使用的工程价值和达到固定资产标准的设备、工具、器具的价值及有关应摊入的费用。它是以价值形式表示的固定资产投资成果的综合性指标,可以综合反映不同时期、不同部门、不同地区的固定资产投资成果。

五、能源生产与消费

简要说明

●本篇资料反映我市工业企业能源生产与消费情况。

●本篇资料除全社会用电量、石油销售数据来源于市供电局、中石化上饶石油分公司以外，其余均由统计系统根据国家统计局制发的报表制度逐级汇总上报而来。

●能源数据统计范围：1997 年及以前年度统计范围为县及县以上工业、建筑业、运输邮电企业；1998 - 2000 年统计范围为乡及乡以上独立核算工业企业和年产品销售收入 500 万元及以上的村及村以下工业企业；2001 年 - 2010 年统计范围为规模以上工业企业（年主营业务收入 500 万元及以上的法人工业企业）。2011 年及以后统计范围为规模以上工业企业（年主营业务收入 2000 万元及以上的法人工业企业）

本篇资料整理、校对

丰何生

5－1 规模以上工业企业

（2014

指　　标	计量单位	年初库存	购进量 实物量	购进量 金额（万元）
原煤	吨	384218.58	5113662.31	332101.65
其中：1.无烟煤	吨	7242.29	186344.62	15063.08
2.炼焦烟煤	吨	1386	17735	1276
3.一般烟煤	吨	375590.29	4909582.69	315762.57
洗精煤	吨	851.21	17862.12	2411.5
煤制品	吨	898	4017.46	348.5
焦炭	吨	3039.21	122621.17	26450.62
其它焦化产品	吨	67	2258.24	474.1
天然气（气态）	万立方米		112.65	494.86
液化天然气（液态）	吨	5.26	217	65.34
汽油	吨	31.61	2238.67	1923.48
柴油	吨	359.68	22766.33	18885.61
燃料油	吨	456.85	28192.73	8561.56
液化石油气	吨		176.45	106.23
润滑油	吨	36.18	62.42	60.13
电力	万千瓦时		754044.89	383909.14
煤矸石用于燃料	吨		19251	500.5
生物质废料用于燃料	吨		101682.03	22888.24
余热余压	百万千焦			
其它工业废料用于燃料	吨		25634.86	3888.16
其他燃料	吨标准煤	14	614.45	67.64
能源合计	吨标准煤			

能源购进、消费与库存

年）

消费量					年末库存
消费合计	1.工业生产消费	用于原材料	2.非工业生产消费	合计中车辆用油	
5037737.12	5015114.88	65318.11	22622.24		460548.94
187211.6	187205.4	44509.6	6.2		7335.53
15636	15636				3485
4834889.52	4812273.48	20808.51	22616.04		449728.41
16977.12	16906.12	3183.12	71		1736
3303.36	3303.36	259			1612.1
122450.75	122450.75	27333.64			3193.93
2258.24	2258.24				
112.65	112.65				
219	216		3		3
2590.54	1557.19		1033.26	777.1	4.61
22953.57	19786.01		3167.56	9192.5	239.31
28074.94	28040.69		34.25		574.64
134.96	93.78		41.18		41.49
60.86	60.86				11.46
551732.28	545935.71		5796.55	9526.23	
19251	19251				
101560.65	101560.65				
4798270.84	4798270.84				
26136.81	26136.81				
585.25	585.25				43.2
4664629.6	4635045.44		29583.98		

5－2 规模以上工业企业主要

（2014

分行业	原煤（吨）	# 无烟煤（吨）	# 炼焦烟煤（吨）	# 一般烟煤（吨）
全部规模以上工业企业	5037737.12	187211.6	15636	4834889.52
煤炭开采和洗选业				
黑色金属矿采选业				
有色金属矿采选业	7.52	7.52		
非金属矿采选业	31607.94	3778		27829.94
农副食品加工业	7718.75	6.75		7712
食品制造业	69779			69779
酒、饮料和精制茶制造业	2157.5	765.5		1392
纺织业	4456	611		3845
纺织服装、服饰业	1276.90	86.90		1190.00
皮革、毛皮、羽毛及其制品和制鞋业				
木材加工和木、竹、藤、棕、草制品业				
家具制造业	443.80			443.80
造纸和纸制品业	10922.00		7835.00	3087.00
印刷和记录媒介复制业				
文教、工美、体育和娱乐用品制造业	6854.00			6854.00
化学原料和化学制品制造业	101268.76	23659.70		77609.06
医药制造业	17087.02	2170.00		14917.02
化学纤维制造业				
橡胶和塑料制品业	2244.60			2244.60
非金属矿物制品业	1912662.11	144761	7801	1760100.01
黑色金属冶炼和压延加工业	3			3
有色金属冶炼和压延加工业	51011.83	9791.03		41220.80
金属制品业	992.30	797.30		195.00
通用设备制造业	847			847
专用设备制造业	816			816
汽车制造业	16			16.00
铁路、船舶、航空航天和其他运输设备制造业				
电气机械和器材制造业	6474	777		5697
计算机、通信和其他电子设备制造业	6423			6423
仪器仪表制造业				
其他制造业	238.17			238.17
废弃资源综合利用业				
电力、热力生产和供应业	2802430.32			2802430.32
燃气生产和供应业				
水的生产和供应业				

能源按行业分组消费量(一)

年)

#褐煤（吨）	洗精煤（吨）	煤制品（吨）	焦炭（吨）	其它焦化产品（吨）	天然气（气态）（万立方米）	液化天然气（液态）（吨）	汽油（吨）
	16977.12	3303.36	122450.75	2258.24	112.65	219	2590.54
							20
							130.57
							22.02
							5.21
							22.07
							4
							44.91
							51.16
							234.00
							3.30
							16.20
	15029.12						85.42
							31.91
							3.60
							63.48
							60.75
	1948.00	3044.36	106825.75	2258.24	109.65		109.81
						201	101.05
							64.73
			15625.00		3.00		5.98
							1.56
						18.00	736.4
							32.41
		259.00					14.01
							5.29
							690.10
							20.9
							9.73

5－2 规模以上工业企业主要

（2014

分行业	柴油（吨）	燃料油（吨）	液化石油气（吨）	润滑油（吨）
全部规模以上工业企业	22953.57	28074.94	134.96	60.86
煤炭开采和洗选业	142.2			
黑色金属矿采选业				
有色金属矿采选业	6746.7			8.58
非金属矿采选业	3212.72			
农副食品加工业				
食品制造业	231			
酒、饮料和精制茶制造业	4			
纺织业				
纺织服装、服饰业				
皮革、毛皮、羽毛及其制品和制鞋业				
木材加工和木、竹、藤、棕、草制品业	32.70			
家具制造业				
造纸和纸制品业				
印刷和记录媒介复制业				
文教、工美、体育和娱乐用品制造业				
化学原料和化学制品制造业	498.86			44.49
医药制造业	10.43			
化学纤维制造业	13			
橡胶和塑料制品业				
非金属矿物制品业	9803.17			0.99
黑色金属冶炼和压延加工业	3.50			
有色金属冶炼和压延加工业	1260.94	28074.94	134.96	2.48
金属制品业	143.89			
通用设备制造业	111.73			4.32
专用设备制造业	42.56			
汽车制造业	4.0			
铁路、船舶、航空航天和其他运输设备制造业				
电气机械和器材制造业	214.10			
计算机、通信和其他电子设备制造业				
仪器仪表制造业				
其他制造业	1.96			
废弃资源综合利用业	10.33			
电力、热力生产和供应业	380.73			
燃气生产和供应业	79.2			
水的生产和供应业	5.90			

能源按行业分组消费量(二)

年）

电力（万千瓦时）	煤矸石用于燃料（吨）	城市垃圾用于燃料（吨）	生物质废料用于燃料（吨）	余热余压（百万千焦）	其它工业废料用于燃料（吨）	其他燃料（吨标准煤）	能源合计（吨标准煤）
551732.28	19251	1056	101560.65	4798270.84	26136.81	585.25	4664629.6
4420.95							5669.97
152.2							187.05
24426.22							40064.22
7112.05							35879.58
7767.96							15069.52
4857.59			1408				56886.18
730.51							2625.53
7263.26							12315.17
3370.50							5149.08
2172.96							2670.55
4802.90		1056.00			6665.00		9437.28
833.74							1341.68
12137.35	19251.00		10726.00				34705.11
1007.14							1237.78
3995.43							9753.72
30770.02			50147.70		19471.81	415.00	164005.09
10685.64			9178.45			112.00	30566.90
2917.99							3610.45
2882.70							5146.2
148469.35				4798270.84			1654749.84
41933.97							51633.49
65443.5						58.3	275824.1
9347.69							13090.86
9061.82							12005.98
2618.44							19089.78
4805.57							5925.61
27.94							34.34
71203.40							93737.82
6638.09							12793.86
233							286.73
1137.72							1728.76
188.4							254.32
56792.19			30100.50				2085111.32
30.32							183.33
1494							1858.48

5-3 规模以上工业企业分县(市、区)能源消费量(一)

(2014年)

能源名称	计量单位	合计	信州区	上饶县	广丰县	玉山县	铅山县
原煤	吨	5037737.12	10174.48	62603.05	74246.85	580047.12	12088.35
其中:1.无烟煤	吨	187211.6	86.9		434	132911.75	3726
2.炼焦烟煤	吨	15636	7801		7835		
3.一般烟煤	吨	4834889.52	2286.58	62603.05	65977.85	447135.37	8362.35
洗精煤	吨	16977.12				3183.12	11846
煤制品	吨	3303.36		2496		548.36	
焦炭	吨	122450.75	1703.72	28040.8	10781	10915.15	35319.42
其它焦化产品	吨	2258.24					820
天然气(气态)	万立方米	112.65					
液化天然气(液态)	吨	219			201		
汽油	吨	2590.54	155.61	1056.38	290.66	74.07	60.85
柴油	吨	22953.57	1297.17	1169.79	2766.8	3096.53	206.48
燃料油	吨	28074.94	1128.1	2623		1182.35	16088.5
液化石油气	吨	134.96				134.96	
润滑油	吨	60.86				10.32	
电力	万千瓦时	551732.28	16251.52	78493.63	88432.85	82828	21877.49
煤矸石用于燃料	吨	19251					
城市垃圾用于燃料	吨	1056					
生物质废料用于燃料	吨	101560.65					
余热余压	百万千焦	4798270.84		146040		1408226.97	
其它工业废料用于燃料	吨	26136.81					
其他燃料	吨标准煤	585.25				58.25	
能源合计	吨标准煤	4664629.6	34094.93	181730.3	177251.33	598068.49	105600.4

5-3 规模以上工业企业分县(市、区)能源消费量(二)

(2014年)

能源名称	计量单位	横峰县	弋阳县	余干县	鄱阳县	万年县	婺源县	德兴市
原煤	吨	3530	615298	2802430.32	1649.3	726627.93	3303.96	145737.76
其中:1.无烟煤	吨	746				2000	19.5	47287.45
2.炼焦烟煤	吨							
3.一般烟煤	吨	2784	615298	2802430.32	1649.3	724627.93	3284.46	98450.31
洗精煤	吨	1948						
煤制品	吨							259
焦炭	吨 3773				11497		20420.66	
其它焦化产品	吨	1438.24						
天然气(气态)	万立方米						3	109.65
液化天然气(液态)	吨			18				
汽油	吨	52.83	177.97	105.41	119.59		41.68	455.49
柴油	吨	61.77	2254.62	540.1	16.74	1839.02	27.72	9676.83
燃料油	吨	6014.03		45		585.6	408.36	
液化石油气	吨							
润滑油	吨							50.54
电力	万千瓦时	12478.49	67478.55	52848.49	17580.11	66915.65	3235.46	43312.04
煤矸石用于燃料	吨		19251					
城市垃圾用于燃料	吨							1056
生物质废料用于燃料	吨		66656.45		30100.5			4803.7
余热余压	百万千焦		1650955.92			1593047.95		
其它工业废料用于燃料	吨							26136.81
其他燃料	吨标准煤			112				415
能源合计	吨标准煤	34597.1	542849.9	2064794.12	38034.69	663019	7065.75	217523.59

5-4 规模以上工业企业水消费按行业分组消费量

（2014 年） 单位：万立方米

项目	工业取水总量						重复用水
	取水合计	地表水	地下水	自来水	雨水收集利用	其他水	
总计	15286.78	11910.21	560.94	2806.77	3.50	5.36	40985.26
煤炭开采和洗选业	36.42	0.12	35.89	0.41			
黑色金属矿采选业	0.12		0.12				
有色金属矿采选业	645.43	430.96	210.67	2.73	0.91	0.15	1308.68
非金属矿采选业	756.28	67.83	79.55	608.72		0.19	3.98
农副食品加工业	65.57	1.41	0.46	63.70			1.00
食品制造业	82.46	54.77	2.95	24.75			109.66
酒、饮料和精制茶制造业	29.69	0.66	0.09	28.94			
纺织业	128.49	1.94	26.92	99.64			19.76
纺织服装、鞋、帽制造业	96.78	0.22	2.84	93.73			1.11
皮革、毛皮、羽毛(绒)等	31.25	2.72		28.53			0.07
木材加工及木、竹、藤等	43.21	1.00	3.93	38.28			5.84
家具制造业	9.47			9.47			
造纸及纸制品业	248.88	161.44		87.43			188.13
印刷业和记录媒介的复制	22.05			22.05			
文教、工美、体育和娱乐用品制造业	27.72		0.96	26.77			1.47
化学原料及化学制品制造	189.26	60.28	7.89	118.24	0.02	2.83	86.03
医药制造业	157.27	45.45	22.68	89.15			102.78
化学纤维制造业	1.97			1.25		0.72	0.02
橡胶和塑料制品业	32.64	0.03		32.61			5.91
非金属矿物制品业	758.68	480.08	136.21	141.94	0.46		600.63
黑色金属冶炼及压延	34.16		0.92	33.22	0.01		2.20
有色金属冶炼及压延	831.65	558.89	19.12	251.50	2.10	0.06	1197.41
金属制品业	164.57	87.89	2.18	74.50			85.99
通用设备制造业	221.25	2.13	0.44	218.68			38.67
专用设备制造业	21.64		0.73	20.91			
汽车制造业	36.73	0.29	1.34	35.10			0.03
铁路、船舶、航空航天和其他运输设备制造业	0.15			0.15			
电气机械及器材制造业	560.07	2.50	4.76	551.39		1.42	48.83
通信设备、计算机及其他	43.69	0.98		42.71			
仪器仪表制造业	6.03			6.03			
其他制造业	20.90	0.05	0.08	20.77			
废弃资源综合利用业	3.76	3.05		0.71			16.12
电力、热力生产和供应业	1486.08	1454.37	0.22	31.49			37160.94
燃气生产和供应业	1.28			1.28			
水的生产和供应业	8491.17	8491.17					

5－5 规模以上工业企业平均每天主要能源消费量

品　　名	2008 年	2009 年	2010 年	2011 年	2012 年	2013 年	2014 年
原　煤（吨）	10984.52	12876.71	12332.14	14446.59	13497.81	13793.77	13802.02
焦　炭（吨）	93.31	109.99	183.57	151.69	229.01	288.23	335.48
汽　油（吨）	3.24	4.06	4.08	4.38	6.08	7.54	7.10
燃料油（吨）	23.66	26.37	35.72	49.81	68.43	70.14	76.92
柴　油（吨）	29.20	32.61	36.24	38.87	49.48	60.92	62.89
电力(万千瓦小时)	638.71	828.58	1005.99	1155.49	1328.68	1449.78	1511.60

注:能源消耗数据统计范围为年主营业务收入 2000 万元以上法人工业企业。

5－6 分县(市、区)石油商品销售量

单位:吨

县(市区)	汽　　油	柴　　油
全　　市	266435	297470
信 州 区	27921	14271
上 饶 县	33934	31616
广 丰 县	23249	17614
玉 山 县	22792	42018
铅 山 县	20936	36569
横 峰 县	7401	10349
弋 阳 县	13506	24140
余 干 县	30235	30668
鄱 阳 县	26775	35908
万 年 县	16905	25684
婺 源 县	23652	18499
德 兴 县	19128	10134

5-7 辖区内分县(市、区)用电量

(2014年)　　单位:万千瓦时、%

县(市、区)	总售电量(总用电量)		工业用电量	
	总计	增长(%)	总计	增长(%)
合计	1101067	6.2	729579	7.15
信州区	81812	1.96	16358	-15.25
上饶县	128645	10.1	93805	16.52
广丰县	111720	15.77	76655	20.66
玉山县	97836	-1.42	64624	-1.99
铅山县	66238	7.34	43632	11.42
横峰县	26852	-4.68	12535	-7.55
弋阳县	74895	-2.64	59258	-5.03
余干县	93227	11.07	56431	13.97
鄱阳县	84719	3.69	28229	1.97
万年县	84189	8.46	64361	8.39
婺源县	40433	35.1	20161	64.1
德兴市	210500	3.12	193531	3.14

5-8 “十二五”分县(市、区)单位

(2014

	单位 gdp 能耗下降率			
	2011 年	2012 年	2013 年	2014 年
上饶市	1.19	6.082	3.74	3.94
信州区	3.99	6.936	5.65	3.72
上饶县	0.99	7.135	4.46	4.68
广丰县	5.45	6.780	4.12	3.64
玉山县	4.04	5.518	4.73	4.92
铅山县	2.90	4.297	3.66	4.87
横峰县	9.56	4.504	3.44	4.99
弋阳县	-9.23	13.037	3.71	4.86
余干县	9.09	3.712	3.47	3.86
鄱阳县	4.85	4.715	4.70	3.41
万年县	-2.74	14.500	4.73	4.89
婺源县	10.80	3.329	4.70	2.51
德兴市	2.92	5.132	3.58	3.88

GDP 能耗等完成情况表

年）　　　　　　　　　　　　　　　　　　　　　　　　　　　　　单位：%

单位增加值能耗下降率				单位 gdp 电耗下降率			
2011 年	2012 年	2013 年	2014 年	2011 年	2012 年	2013 年	2014 年
1.81	12.59	4.85	8.68	4.09	9.62	0.48	3.38
27.69	21.92	5.39	6.53	1.27	5.71	-5.74	6.29
-4.07	10.13	6.21	13.32	5.72	16.95	1.90	0.10
16.27	5.21	12.19	4.12	4.31	6.07	6.61	-4.76
9.27	10.21	15.34	10.05	3.18	11.56	-1.87	11.03
-32.98	5.13	8.71	8.71	9.82	13.51	7.73	2.24
20.64	5.10	10.35	15.60	-8.92	8.01	1.71	12.79
-17.17	16.94	4.22	6.12	9.35	22.18	-7.22	11.33
16.03	21.98	4.64	8.54	5.12	8.37	-0.33	-1.71
5.98	4.97	10.78	10.72	-2.45	-2.01	-0.25	4.52
1.29	5.11	10.79	6.21	11.06	11.97	-2.37	2.20
23.99	2.35	8.07	10.95	3.20	13.77	7.18	-23.70
-4.63	5.21	8.16	8.95	1.26	6.11	3.88	6.84

主要统计指标解释

能源生产总量 指一定时期内地区一次能源生产量的总和，是观察地区能源生产水平、规模、构成和发展速度的总量指标。一次能源生产量包括原煤、原油、天然气、水电及其他动力能(如风能、地热能等)发电量。不包括低热值燃料生产量、生物质能、太阳能等的利用和由一次能源加工转换而成的二次能源产量。

能源消费总量 指一定时期内地区物质生产部门、非物质生产部门和生活消费的各种能源的总和。是观察能源消费水平、构成和增长速度的总量指标。能源消费总量包括原煤和原油及其制品、天然气、电力。不包括低热值燃料、生物质能和太阳能等的利用。能源消费总量分为三部分，即终端能源消费量、能源加工转换损失量和损失量。

(1)**终端能源消费量** 指一定时期内地区物质生产部门，非物质生产部门和生活消费的各种能源在扣除了用于加工转换二次能源消费量和损失量以后的数量。

(2)**能源加工转换损失量** 指能源在加工转换过程中的各种损失量，等于投入加工转换的各种能源数量之和与产出能源产品之和的差额。它是观察能源在加工转换过程中损失量变化的指标。

(3)**能源损失量** 指一定时期内能源在输送、分配、储存过程中发生的损失和由于客观原因造成的各种损失量。不包括各种气体能源放空、放散量。

能源生产弹性系数 是研究能源生产量的增长与国民经济增长之间关系的指标。计算公式为：

$$\text{能源生产弹性系数}=\frac{\text{能源生产总量年平均增长速度}}{\text{国民经济年平均增长速度}}$$

电力生产弹性系数 是研究电力生产量的增长与国民经济增长之间关系的指标。一般来说，电力的发展应快于国民经济的发展，也就是说电力应超前发展。其计算公式为：

$$\text{电力生产弹性系数}=\frac{\text{电力生产总量年平均增长速度}}{\text{国民经济年平均增长速度}}$$

能源消费弹性系数 是反映能源消费增长速度与国民经济增长速度之间比例关系的指标。其计算公式为：

$$\text{能源消费弹性系数}=\frac{\text{能源消费量年平均增长速度}}{\text{国民经济年平均增长速度}}$$

电力消费弹性系数 是反映电力消费增长速度与国民经济增长速度之间比例关系的指标。其计算公式为：

$$\text{电力消费弹性系数}=\frac{\text{电力消费量年平均增长速度}}{\text{国民经济年平均增长速度}}$$

六、物　　价

本篇资料整理、校对

罗来辉、郑丽萍

简要说明

●本篇价格指数资料，主要反映流通、消费等环节的价格变动趋势和变动幅度。

●价格指数统计由国家统计局上饶调查队组织实施。我市信州区和铅山县分别被省和国家抽选为调查县(区)，他们依照国家统计局统一制定的价格统计调查制度向基层采集原始数据汇总后上报。

●消费、零售价格指数都是采用分层抽样调查方法编制的，然后以样本推断总体。编制过程有五大要素：1.在市区或镇辖区内选定经营规模大、商品种类多的商场(集市)作为调查点；2.选定消费量大、价格变动有代表性的商品，再确定每个商品的代表规格品。其代表规格品的筛选原则是：与社会生产和人民生活关系密切、销售数量(金额)大、市场供应保持稳定、价格变动趋势有代表性、所选的代表规格品之间差异大；3.采用派员直到调查点登记调查，同时聘请辅助调查 员协助登记调查；4、每年确定一次权数；5.采用国际通行的“链式拉斯贝尔公式”编制指数。

内容提要

●2014 年上饶市市区居民消费价格总指数为 102.3%，铅山县为 102.1%。

●2014 年上饶市市区商品零售价格总指数为 101.1%，铅山县为 101.1%。

6－1 居民消费价格分类指数

（2014 年）（2013＝100）

项目	市区	铅山县	项目	市区	铅山县
居民消费价格总指数	102.3	102.1	3.鞋袜帽	102.9	102
一、食品	102.3	103.1	4.衣着加工服务费	109.6	112
1.粮食	101.6	103.1	四、家庭设备用品及维修服务	101.2	102.5
2.淀粉及制品	100	100	1.耐用消费品	100.4	100.1
3.干豆类及豆制品	101.5	103.4	2.室内装饰品	100	100.4
4.油脂	96.2	95.6	3.床上用品	100	100.1
5.肉禽及其制品	101.3	102.6	4.家庭日用杂品	100	105
6.蛋	108.2	105	5.家庭服务及加工维修服务	113.1	109.7
7.水产品	101.8	101.2	五、医疗保健和个人用品	100	100.6
8.菜	97.4	101.1	1.医疗保健	99.7	101.2
9.调味品	100.1	100	2.个人用品及服务	100.6	99.6
10.糖	100	95.6	六、交通和通信	99.4	99.9
11.茶及饮料	103.4	99.9	1.交通	98.8	99.6
12.干鲜瓜果	116.1	105	2.通信	99.8	100.2
13.糕点饼干面包	101	100	七、娱乐教育文化用品及服务	106.2	103.3
14.液体乳及乳制品	107.5	104	1.文娱用耐用消费品及服务	97.8	98.6
15.在外用膳食品	103.1	111.2	2.教育	105.9	105.2
16.其他食品	100	100	3.文化娱乐类	103.9	100
二、烟酒	100	100.1	4.旅游	112.2	101.6
1.烟草	100	100.2	八、居住	102.7	100.7
2.酒	100	100	1.建房及装修材料	106.7	101
三、衣着	102.8	103.6	2.住房租金	100	101.9
1.服装	102.4	104.1	3.自有住房	103.7	102.3
2.衣着材料	101.6	100	4.水、电、燃料	101.5	99.6

6－2　商品零售价格分类指数

（2014 年）　　（2013＝100）

项　目	市　区	铅山县	项　目	市　区	铅山县
商品零售价格总指数	101.1	101.1	3.专业音像器材	97.6	100
一、食品	102.3	103.3	六、文化办公用品	97.6	99.3
1.粮食	101.7	103	七、日用品	99.6	101.7
2.淀粉及制品	100	100	1.日用百货	99	99.1
3.干豆类及豆制品	101.3	103.4	2.日用杂品	100	104.5
4.油脂	96.3	95.7	3.洗涤用品	100	103.3
5.肉禽及其制品	101.9	102.6	4.其他日用品	100	101.3
6.蛋	108.6	105.1	八、体育娱乐用品	100	100.5
7.水产品	102.1	101.2	1.体育用品	100	100.6
8.菜	97.4	101.1	2.娱乐用品	100.1	100.4
9.调味品	100	100	九、交通、通信用品	100.6	99
10.糖	100	95.6	1.交通运输机械	101.8	100.1
11.干鲜瓜果	115.4	105.4	2.通信器材	99.2	97.7
12.糕点饼干面包	101	100	十、家具	101.2	100
13.液体乳及乳制品	108.5	104	十一、化妆品	101	100.4
14.在外用膳食品	103.3	111.2	十二、金银珠宝	93	90.8
15.其他食品	100	100	十三、中西药品及医疗保健用品	99.6	101.6
二、饮料、烟酒	100.6	100.1	1.医疗器具及用品	96.3	100
1.茶及饮料	103.1	99.9	2.中药材及中成药	100	101.1
2.烟草	100	100.2	3.西药	100.2	101.8
3.酒	100	100	4.保健器具及用品	96.7	102.7
三、服装、鞋帽	102.3	103.2	十四、书报杂志及电子出版物	103.9	100
1.服装	102.1	104.1	1.教材及参考书	100	100
2.鞋袜帽	103.1	102	2.书报杂志	110.3	100.1
3.其他	100	100	3.电子音像制品	100	100
四、纺织品	101.4	100.1	十五、燃料	98.8	97.6
1.衣着材料	102.8	100	1.煤炭及制品	100	96.2
2.床上用品	100	100.2	2.石油及制品	98.4	98.5
五、家用电器及音像器材	99.8	100.1	十六、建筑材料及五金电料	104.5	100
1.家庭设备	100	100.2	1.建筑装璜材料	105.2	99.9
2.文娱用耐用消费品	100	100	2.五金电料	100	101

主 要 统 计 指 标 解 释

居民消费价格指数 是反映一定时期内城乡居民支付所购买生活消费品和获得服务项目的价格变动趋势和程度的相对数。编制居民消费价格指数，可以观察居民生活消费品及服务项目价格的变动对城乡居民生活的影响，为各级党政领导掌握居民消费价格状况，研究和制定居民消费价格政策、工资政策等提供科学依据。居民消费价格指数还是反映通货膨胀的重要指标。

商品零售价格指数 是反映工业、商业、餐饮业和其他零售企业向城乡居民、机关团体出售生活消费品和办公用品的价格变动趋势和程度的相对数。通过它，可以观察市场商品零售价格总升降水平，说明货币购买力的强弱，分析市场供求关系。同时，还可在此基础上编制其它各种派生价格指数，为研究城乡市场流通和新国民经济核算提供科学依据。

七、人民生活

本篇资料整理、校对

邱　兰、王　威

简要说明

●本篇资料反映我市人民生活状况，包括就业、居民收支、消费、储蓄、住房及主要消费品拥有量。

●本篇中有关城镇居民和农村居民生活状况的数据来源于城乡居民住户收支与生活状况抽样调查资料，是城乡住户调查一体化改革后，统一城乡居民调查指标，按照统一抽样方法，统一调查过程，抽样调查了全市各县（市、区）1180户调查户，经统一数据处理汇总的结果。

内容提要

●2014年，全市城镇居民人均可支配收入分别为24656元，比2013年增长9.9%；全市农村居民人均可支配收入9102元，比2013年增长11.1%（城乡一体化调查指标新口径对比）。

●2014年，全市城镇居民人均住房建筑面积为40平方米；全市农村居民人均住房建筑面积53平方米。

7-1 城镇住户基本情况

指　　　　标	单位	2013年	2014年	增幅%
调查户数	户	440	440	—
城镇人均住房建筑面积	平方米/人	39	40	2.56
全年人均可支配收入	元	22445	24656	9.90
(一)工资性收入	元	11846	13313	12.38
(二)家庭经营净收入	元	5037	5416	7.52
(三)财产性净收入	元	1843	2133	15.74
(四)转移性净收入	元	3720	3795	2.02
全年人均生活消费支出	元	12709	13891	9.30
(一)食品消费支出	元	4756	4881	2.63
(二)衣着	元	904	1073	18.69
(三)居住	元	2822	3359	19.03
(四)家庭设备、用品及服务	元	685	763	11.39
(五)医疗保健	元	827	885	7.01
(六)交通和通讯	元	1065	1159	8.83
(七)文化教育、娱乐用品及服务	元	1335	1392	4.27
(八)其他商品和服务	元	315	380	20.63

7－2 城镇居民平均每人主要实物消费量

单位:公斤

品　　名	2013 年	2014 年
粮　　食	150	140
# 稻谷、小麦	142	131
蔬　　菜	98	110
食　　油	13	15
猪　　肉	12	16
家　　禽	25	7
蛋　　类	4	5
食　　糖	1	1
酒	2	6
水　　果	18	21

7-3 农村住户基本情况

指标	单位	2013年	2014年	增幅%
调查户数	户	740	740	—
农村居民人均住房建筑面积	平方米/人	50	53	6.00
全年人均可支配收入	元	8196	9102	11.05
(一)工资性收入	元	3815	4369	14.52
(二)经营净收入	元	2702	3037	12.40
1.第一产业净收入	元	1691	1994	17.92
2.第二产业净收入	元	465	266	-42.80
3.第三产业净收入	元	547	777	42.05
(三)财产性净收入	元	62	72	16.13
(四)转移性净收入	元	1617	1624	0.43
全年人均消费支出	元	5689	6304	10.81
(一)食品消费支出	元	2049	2197	7.22
(二)衣着	元	325	376	15.69
(三)居住	元	1592	1718	7.91
(四)家庭设备、用品及服务	元	370	435	17.57
(五)医疗保健	元	353	416	17.85
(六)交通和通讯	元	451	529	17.29
(七)文化教育、娱乐用品及服务	元	433	512	18.24
(八)其他商品和服务	元	116	120	3.45

7－4　农村居民人均可支配收入及构成

（2014年）

指　标	平均每人(元)	构成(%)
全年人均可支配收入	9102	100.00
(一)工资性收入	4369	48.00
(二)家庭经营净收入	3037	33.37
1.第一产业净收入	1994	21.91
(1)农业收入	1658	18.22
(2)林业收入	143	1.57
(3)牧业收入	168	1.85
(4)渔业收入	25	0.27
2.第二产业净收入	266	2.92
(1)工业收入	72	0.79
(2)建筑业收入	194	2.13
3.第三产业净收入	777	8.54
(1)交通.运输.邮电业收入	215	2.36
(2)批零贸易业.饮食业收入	300	3.30
(3)社会服务业收入	38	0.42
(4)文教卫生业收入		0.00
(5)其他行业收入	224	2.46
(三)财产性净收入	72	0.79
(四)转移性净收入	1624	17.84

7-5 农村住户总支出及构成

(2014 年)

指 标	平均每人(元)	构成(%)
全 年 总 支 出	8596	—
一、生产经营费用支出	984	11.45
1.第一产业经营费用支出	682	7.93
农业	515	5.99
林业	5	0.06
牧业	158	1.84
渔业	4	0.05
2.第二产业经营费用支出	41	0.48
工业	11	0.13
建筑业	30	0.35
3.第三产业经营费用支出	260	3.02
交通运输	104	1.21
批发和零售贸易、餐饮业	111	1.29
社会服务业	38	0.44
文教卫生业		0.00
其他行业生产费用	4	0.05
二、财产性支出	3	0.03
三、转移性支出	109	1.27
其中:社会保障支出	80	0.93
四、购置资产及非经常性转移支出	783	9.11
1、购置资产支出	221	2.57
2、非经常性转移支出	562	6.54
五、借贷性支出	413	4.80
六、生活消费支出	6304	73.34
1、食品烟酒	2197	25.56
2、衣着	376	4.37
3、居住	1718	19.99
4、家庭设备、用品及服务	435	5.06
5、交通和通讯	529	6.15
6、文化教育、娱乐用品及服务	512	5.96
7、医疗保健	416	4.84
8、其他商品和服务	120	1.40

7－6　农村居民平均每人主要实物消费量

单位:公斤

品　　名	2013 年	2014 年
粮　　食	147	123
# 稻谷、小麦	142	118
蔬　　菜	85	86
食　　油	9	14
猪　　肉	14	15
家　　禽	3	4
蛋　　类	3	4
食　　糖	1	1
酒	9	10
水　　果	6	11

7－7 各县(市、区)城乡居民人均可支配收入(新口径)

单位:元

地区	城镇居民	农村居民
上饶市	24656	9102
信州区	26876	12075
上饶县	20191	5806
广丰县	25947	11268
玉山县	21826	10305
铅山县	18857	8860
横峰县	17810	5825
弋阳县	22398	9371
余干县	17571	5865
鄱阳县	17297	6080
万年县	22463	9213
婺源县	18339	8833
德兴市	24386	10590

主要统计指标解释

城乡居民可支配收入 指居民家庭在调查期内获得的、可用于最终消费支出和储蓄的总和,即居民家庭可以用来自由支配的收入。可支配收入既包括现金,也包括实物收入。按照收入来源,包含四项,即:

可支配收入=工资性收入+经营净收入+财产净收入+转移净收入

其中:经营净收入=经营收入—经营费用—生产性固定资产折旧—生产税

财产净收入=财产性收入—财产性支出

转移净收入=转移性收入—转移性支出

城乡居民家庭总支出 指家庭全部实际支出。包括消费性支出、生产经营费用支出、转移性支出、财产性支出、购置资产及非经常性转移支出、商业保险支出、借贷性支出。

城乡居民消费支出 指调查户用于本家庭日常生活消费需要的全部支出,包括用于消费品的支出和用于服务性消费的支出。根据用途不同,消费支出可划分为食品烟酒、衣着、居住、生活用品及服务、医疗保健、交通和通讯、娱乐教育文化服务、其它用品和服务八大类。根据来源不同,消费支出可划分为现金消费支出、实物消费支出(含自产自用、来自单位、来自政府和其他社会组织)。

城乡居民年末住房面积 是指调查户家庭成员在年末调查时点实际居住的建筑面积,以房屋产权证或租赁证为准。

八、农　　　业

简要说明

●本篇资料反映我市农业生产基本情况。

●本篇资料来源:除林业、渔业、农业机械拥有情况、水利情况分别取自市林业局、市农业局、市水利局统计报表外,其余资料均来源于统计部门农林牧渔业综合统计报表。农林牧渔业统计报表是按照国家统计局统一要求逐级汇总上报的。

内容提要

●2014 年,农业总产值 3479409 万元,按可比价计算,比上年增长 4.51%。

●2014 年,粮食总产量 3503071 吨,棉花产量 7761 吨,肉类总产量 315427 吨,水产品产量 505174 吨。

本篇资料整理、校对

吴凯华、杨晓东、王欣

8－1 农村乡(镇)基本情况

项　　目	单　位	2013 年	2014 年
一、乡镇政府	个	190	188
镇政府	个	101	100
乡政府	个	89	88
二、村民委员会	个	2340	2306
三、村民小组	个	26384	25835
四、自来水受益村委会个数	个	1139	1228
占村委会总个数比重	%	48.7	53.3
五、通有线电视的村委会个数	个		2251
占村委会总个数比重	%		97.6
六、通宽带的村委会个数	个		2027
占村委会总个数比重	%		87.9

注:通广播的村委会 2013 年取消了本指标统计

8－2 各县(市、区)乡(镇)组织情况

(2014 年)

县　　市	乡(镇)政府个数(个)	#镇政府(个)	村民委员会(个)	村民小组(个)
全　　市	186	100	2306	25835
信州区	3	3	63	788
上饶县	21	11	223	3491
广丰县	20	16	167	2996
玉山县	14	9	191	1754
铅山县	17	7	165	2446
横峰县	8	2	67	896
弋阳县	14	9	129	1764
余干县	20	8	370	3117
鄱阳县	29	14	538	4256
万年县	12	6	130	1375
婺源县	16	10	172	1798
德兴市	11	5	76	1018
三清山	1		15	136

8－3 各县(市、区)农业总产值

(2014 年按当年价格计算,新口径)　　单位:万元

县　　市	农业总产值	农业	林业	牧业	渔业	服务业
全　　市	3479409	1391743	282969	948080	773362	83255
信州区	100778	44467	7515	24614	19392	4790
上饶县	229473	107146	38875	50616	28771	4065
广丰县	311288	101816	16791	151277	37711	3693
玉山县	221522	75312	30901	66123	44170	5016
铅山县	252025	110836	26365	54625	58374	1825
横峰县	121101	51864	6321	49836	10575	2505
弋阳县	225050	88962	22693	83160	27810	2425
余干县	538761	146645	12370	118538	234890	26318
鄱阳县	858551	443599	19683	135346	237602	22321
万年县	293868	102630	30480	123749	31597	5412
婺源县	153680	66149	25044	48476	12087	1924
德兴市	173312	52317	45931	41720	30383	2961

8－4 各县(市、区)农业商品产值

(2014 年按当年价格计算,新口径)　　单位:万元

县　市	农业商品产值	农业产值	林业产值	牧业产值	渔业产值	服务业产值
全　市	2480950	924019	178900	746838	559214	71979
信州区	74189	33177	6497	16104	14555	3856
上饶县	164297	71791	26000	43098	20075	3333
广丰县	236570	75051	11775	117122	29434	3188
玉山县	117734	20952	16619	43285	31862	5016
铅山县	181833	81302	16828	39746	42631	1326
横峰县	78655	24619	4367	42444	5872	1353
弋阳县	158687	54723	14198	64665	22780	2321
余干县	461031	127454	9488	113477	185937	24675
鄱阳县	563604	285010	5535	108173	146757	18129
万年县	211585	73894	21184	89099	22750	4658
婺源县	109827	39721	18116	38514	11552	1924
德兴市	122938	36325	28293	31111	25009	2200

8－5 各县(市、区)农业增加值

(2014 年按当年价格计算,新口径)　　单位:万元

县　市	农业增加值	农　业	林　业	牧　业	渔　业	服务业
全　市	2184674	886745	187266	536896	521647	52120
信州区	67345	27876	5523	16603	13579	3764
上饶县	153520	75608	29340	30569	16176	1827
广丰县	205612	61014	9610	105178	26325	3485
玉山县	143447	45279	25222	46621	24832	1493
铅山县	158116	70252	16486	34962	35226	1190
横峰县	66828	26953	3692	26508	7773	1902
弋阳县	138764	58580	15453	39310	23124	2297
余干县	368302	98252	7948	79268	159148	23686
鄱阳县	546909	288436	8671	77842	166111	5849
万年县	128066	47946	14589	38238	23166	4127
婺源县	108742	53718	23091	22463	8433	1037
德兴市	99023	32831	27641	19334	17754	1463

8－6 各县(市、区)农业中间消耗

(2014 年、按当年价格计算、新口径) 单位:万元

县　　市	农业中间消耗	农　　业	林　　业	牧　　业	渔　　业	服务业
全　　市	1294735	504998	95703	411184	251715	31135
信州区	33433	16591	1992	8011	5813	1026
上饶县	75953	31538	9535	20047	12595	2238
广丰县	105676	40802	7181	46099	11386	208
玉山县	78075	30033	5679	19502	19338	3523
铅山县	93909	40584	9879	19663	23148	635
横峰县	54273	24911	2629	23328	2802	603
弋阳县	86286	30382	7240	43850	4686	128
余干县	170459	48393	4422	39270	75742	2632
鄱阳县	311642	155163	11012	57504	71491	16472
万年县	165802	54684	15891	85511	8431	1285
婺源县	44938	12431	1953	26013	3654	887
德兴市	74289	19486	18290	22386	12629	1498

8－7 各县(市、区)农业总产值、中间消耗、增加值

(2014 年、按当年价格计算、新口径) 单位:万元

县　　市	农业总产值	农业中间消耗	农业增加值	占农业总产值比重(%)	
				中间消耗	增加值
全　　市	3479409	1294735	2184674	37.21%	62.79%
信州区	100778	33433	67345	33.17%	66.83%
上饶县	229473	75953	153520	33.10%	66.90%
广丰县	311288	105676	205612	33.95%	66.05%
玉山县	221522	78075	143447	35.24%	64.76%
铅山县	252025	93909	158116	37.26%	62.74%
横峰县	121101	54273	66828	44.82%	55.18%
弋阳县	225050	86286	138764	38.34%	61.66%
余干县	538761	170459	368302	31.64%	68.36%
鄱阳县	858551	311642	546909	36.30%	63.70%
万年县	293868	165802	128066	56.42%	43.58%
婺源县	153680	44938	108742	29.24%	70.76%
德兴市	173312	74289	99023	42.86%	57.14%

8－8　各县(市、区)主要农业机械年末拥有量

(2014 年)

县　市	农业机械总动力（千瓦）	大中型农用拖拉机		小型农用拖拉机	
		（混合台）	（千瓦）	（台）	（千瓦）
全　市	2462907	2384	97778.93	53208	596518.2
信州区	47476	49	2140	103	1136
上饶县	138000	45	1970	500	6000
广丰县	169000	74	2780	146	1220
玉山县	149545	75	3153	335	3404
铅山县	218905	229	7403	2450	25973
横峰县	50782	59	2641	416	2625
弋阳县	134932	137	3679	4710	54165
余干县	463290	311	14389	24310	262650
鄱阳县	637061	1173	47791.53	13870	175361
万年县	100058	129	7274.4	3167	34916.2
婺源县	210000	3	120	1300	11000
德兴市	143858	100	4438	1901	18068

8－8　续表

县　市	联合收割机		机动水稻插秧机	
	台数	千瓦	台数	千瓦
全　市	1346	6462.5	9637	296794
信州区	10	208	58	2234
上饶县	9	92	100	4000
广丰县	20	70	100	3120
玉山县	12	72	65	2049
铅山县	77	462	652	23839
横峰县			167	5033
弋阳县	31	88	616	17134
余干县	179	1204	3975	112318
鄱阳县	894	3942.5	2567	79412
万年县	82	160	682	25352
婺源县	14	56	295	10800
德兴市	18	108	360	11503

8－9　各县(市、区)农业化肥施用及水利情况

(2014年)

县　　市	农用化肥施用量(吨)		农村用电量(万千瓦小时)	有效灌溉面积(千公顷)
	实物量	折纯量		
全　　市	563184	148387	196986	308.14
信州区	7663	1562	11737	4.66
上饶县	25764	9800	45559	29.44
广丰县	33721	7276	15797	24.15
玉山县	28223	7826	12683	20.65
铅山县	30469	12226	15002	18.73
横峰县	7938	2219	4481	7.78
弋阳县	32688	12260	9603	23.09
余干县	171737	37915	12715	48.28
鄱阳县	164324	40013	36870	78.44
万年县	24846	7273	8936	22.03
婺源县	18184	4426	7316	20.67
德兴市	17285	5474	14887	10.22
三管委	342	117	1400	注(1)

注(1):三管委的数据包含在玉山县里面

8-10 农作物播种面积和产量

项目	播种面积（公顷）			总产量（吨）		
	2013 年	2014 年	增减（%）	2013 年	2014 年	增减（%）
农作物总面积	793524	801086	0.95	5664131	5720202	0.99
粮食作物	596747	597378	0.11	3454828	3503071	1.40
谷物	562393	563542	0.20	3338127	3384185	1.38
稻谷	555841	557479	0.29	3318907	3364482	1.37
早稻	232488	232073	-0.18	1285771	1279669	-0.47
中稻及一季晚稻	69105	71177	3.00	462463	480768	3.96
二季晚稻	254248	254229	-0.01	1570672	1604045	2.12
小麦	2549	2200	-13.69	5127	4609	-10.10
杂粮	4002	3863	-3.47	14093	15094	7.10
豆类合计	19859	19996	0.69	38205	41029	7.39
# 大豆	12481	12523	0.34	24990	27326	9.35
薯类(折粮计算)	14496	13840	-4.53	78496	77857	-0.81
油料合计	114448	114438	-0.01	190632	193180	1.34
花生	15411	14274	-7.38	49043	49329	0.58
油菜籽	91212	92535	1.45	131317	134111	2.13
芝麻	7816	7621	-2.49	10232	9702	-5.18
棉花	3553	4104	15.51	6379	7761	21.66
麻类合计	120	103	-14.17	358	331	-7.54
黄红麻	38	19	-50.00	95	66	-30.53
苎麻	82	84	2.44	263	265	0.76
甘蔗	3368	3220	-4.39	124569	120978	-2.88
烟叶	146	196	34.25	370	398	7.57
中药材	834	891	6.83	914	1127	23.30
蔬菜、瓜类	54947	55250	0.55	1329754	1368802	2.94
其他农作物	19361	19472	0.57	430715	452779	5.12

8－11 各县(市、区)粮食作物播种面积和产量

县 市	播种面积(公顷)		总产量(吨)	
	2013 年	2014 年	2013 年	2014 年
合 计	596747	597378	3454827	3503071
信州区	8651	8655	48461	49028
上饶县	31428	29881	171581	166645
广丰县	41406	40389	186093	189070
玉山县	37179	36648	207750	205996
铅山县	29005	29321	171695	176200
横峰县	13481	13500	78370	78477
弋阳县	37342	37470	220744	223088
余干县	137194	140013	820673	847000
鄱阳县	179586	179984	1088437	1102335
万年县	42437	43230	245262	247864
婺源县	19178	18487	103413	103892
德兴市	19374	19310	109432	110526
三管委	486	490	2916	2950

8－12　各县(市、区)茶叶、水果生产情况

(2014 年)　　产量单位:吨;面积单位:公顷

县　　市	茶叶总产量	园林水果总产量		年末茶园面积	年末果园面积	
		总　计	# 柑桔类		总　计	# 柑桔园
全　市	15575	58553	25319	19143	26224	15444
信州区	2	636	417	3	125	74
上饶县	316	1849	841	735	2089	483
广丰县	125	9040	5931	1025	9502	8614
玉山县	635	8338	3669	2453	4198	2005
铅山县	109	1799	784	852	345	125
横峰县	48	6334	1137	165	502	197
弋阳县	252	12887	8097	114	874	410
余干县	5	3779	1873	549	2759	1344
鄱阳县	289	10343	796	441	1602	172
万年县	85	1475	574	688	2970	1543
婺源县	13506	1195	526	11733	970	383
德兴市	196	872	672	373	285	93
三管委	8	6	2	12	3	1

8－13　各县(市、区)造林面积和主要林产品产量

(2014 年)　　面积单位:公顷;产量单位:株

县　　市	人工造林面积	年末实有封山(沙)育林面积	幼林抚育实际面积	成林抚育面积	当年苗木产量	育苗面积
上饶市	17,961	20,076	12,004	13,246	1,591,652,962	17,040
信州区	80	333	266	66	1,020,000	90
上饶县	1,667	667	1,667	1,533	655,370,043	5,695
广丰县	1,333	1,700	1,334	2,133	31,549,471	654
玉山县	1,200	1,200	53	800	45,000,000	785
铅山县	891	2,883	467	2,966	222,446,158	3,556
横峰县	854	1,067	867	400	11,971,633	739
弋阳县	644	2,057	2,667	667	1,053,712	244
余干县	3,033	1,313	400		17,300,000	717
鄱阳县	3,000	200	1,070		10,500,000	220
万年县	1,359	1,513	213	1,200	478,520,000	2,950
婺源县	1,167	5,210	1,200	1,147	4,870,495	441
德兴市	733	1,333	1,400	1,667	112,051,450	949
三管委	2,000	600	400	667		

8－14 各县(市、区)主要畜产品和蜂蜜产量

(2014 年) 单位:吨

县市	肉类总产量	#猪肉	#牛肉	#羊肉	禽蛋	牛奶	蜂蜜
全市	315427	242084	13579	1888	60822	115	3265
信州区	5221	4058	211	10	658	24	3
上饶县	11140	9381	330	66	1335	27	967
广丰县	52820	29164	1586	1262	20584	30	165
玉山县	18781	16820	248	55	3096		601
铅山县	15229	12028	1268	147	2858		76
横峰县	17405	16342	272	20	844		18
弋阳县	23020	18355	1706	45	7311		199
余干县	38303	23858	3444	18	3124		30
鄱阳县	41009	25716	3538	82	12456	34	173
万年县	66555	64899	697	101	5291		126
婺源县	14925	12183	223	40	2450		732
德兴市	10886	9169	52	27	810		149
三管委	133	111	4	15	5		26

8－15 牧业生产情况

指标	2013 年	2014 年
当年出栏肉猪数 (头)	2897505	2968009
猪年末存栏 (头)	2119137	2087168
当年出售和自宰肉用牛 (头)	83906	105058
牛年末存栏 (头)	277621	281534
当年出售和自宰肉用羊 (只)	115075	119518
年末羊只数 (只)	59771	62273
当年肉类总产量 (吨)	307144	315427
猪肉产量	236133	242084
牛肉产量	13251	13579
羊肉产量	1816	1888
兔肉产量	103	108
禽肉产量	55480	57246
牛奶产量 (吨)	184	115
年末家禽只数 (万只)	207386	214226
当年家禽产蛋量 (吨)	60108	60822
当年蜂蜜产量 (吨)	3204	3265

8－16　各县(市、区)畜禽年末数

(2014年)

县　市	猪 (头)	牛 (头)	奶牛 (头)	其中: 能繁母猪 (头)	羊 (头)	兔 (只)	活家禽 (百只)
全　市	2087168	281534	34	167803	62273	72573	214226
信州区	29578	3065	7	2502	625		2384
上饶县	90187	10814	8	9986	3627	135	7218
广丰县	207314	34821	9	14315	29504	31786	51540
玉山县	126215	13464		12011	1902	20819	10512
铅山县	121576	30430		7594	5332	800	7216
横峰县	189248	8708		8581	1156	5960	8260
弋阳县	168057	30620		11265	1999	4609	14210
余干县	228100	26300		18300	2264	850	38040
鄱阳县	265262	99472	10	18542	4683	2700	54206
万年县	482943	13146		52234	4533		5198
婺源县	92750	6685		6455	4050	3200	8530
德兴市	83956	3864		5981	1738	1374	6912
三管委	1982	145		37	860	340	

8－17　各县(市、区)畜禽出栏(笼)数和自宰数

(2014年)

县　市	猪 (头)	牛 (头)	羊 (头)	兔 (只)	活家禽 (百只)
全　市	2968009	115519	119518	50420	372509
信州区	49755	1798	616		4953
上饶县	114805	2807	4252	220	8773
广丰县	357563	13489	79867	13334	134786
玉山县	206215	2115	3524	18507	10512
铅山县	147460	10784	9275	1100	11570
横峰县	200356	2311	1357	1260	4925
弋阳县	225030	14514	2845	3264	18854
余干县	292500	29300	1121	1327	71225
鄱阳县	315280	30094	5282	6575	75630
万年县	795679	5931	6375	1300	5549
婺源县	149370	1896	2514	2610	15100
德兴市	112416	443	1712	722	10613
三管委	1580	37	778	201	19

8－18 渔业生产情况

指标	2013	2014
渔业村 （个）	85	85
渔业户数 （户）	95891	95714
渔业人口 （人）	408960	407544
渔业劳动力 （人）	186082	182498
# 专业劳动力 （人）	99513	98181
养殖面积(亩)	1255341	1256970
池塘(亩)	308766	309922
水库(亩)	322068	320683
水产品总产量(吨)	482958	505174
# 养殖产量(吨)	426727	449392
鱼 类(吨)	392523	414752
甲壳类(吨)	15553	18253
贝 类(吨)	8142	8125
全年珍珠产量 （公斤）	111000	111000
全年鱼苗产量 （亿尾）	40.65	43.09

8－19 各县(市、区)水产品产量及养殖面积

(2014年) 产量单位:吨;面积单位:亩

县市	水产品总产量	#养殖产量	鱼类	甲壳类	贝类	养殖面积
全市	505174	449392	414752	18253	8125	1256970
信州区	10603	10001	9128	202	99	13800
上饶县	21620	19910	19558	212	128	48600
广丰县	30181	26582	25265	445	610	41143
玉山县	30590	29819	24750	1382	2377	54900
铅山县	25332	21292	20002	1079		40233
横峰县	5560	4900	4102	338	161	13371
弋阳县	25423	22688	19213	30	250	44280
余干县	144687	128880	122987	5037	390	412620
鄱阳县	167394	145082	131103	8775	3958	471530
万年县	25271	24356	23515	530		66809
婺源县	8844	6585	6416	103		24600
德兴市	9669	9297	8713	120	152	25084

主 要 统 计 指 标 解 释

农林牧渔业总产值包括：

(1)农业产值，包括谷物及其他作物产值(如谷物、豆类、薯类、油料、棉花、麻类、糖料、烟草及其他作物)、蔬菜园艺作物(如蔬菜、花卉及其他园艺作物)、水果、坚果、饮料和香料作物以及中药材产值。

(2)林业产值，包括林木培育和种植产值、竹木采运产值以及林产品产值。

(3)牧业产值，包括大牧畜饲养、猪的饲养、畜禽饲养、狩猎和捕捉动物以及其他畜牧业产值。

(4)渔业产值，包括海水产品和内陆水域水产品养殖、捕捞产值，如鱼类、虾蟹类、贝类等产值。

(5)服务业产值，包括农林牧渔服务业营业收入。

从2004年开始农业总产值采用新口径计算方法

农林牧渔业中间消耗 指各种经济类型的农业生产单位和农户，在农业生产经营过程中投入(或消耗)的各种物质产品和劳务价值的总和。包括中间物质消耗和中间劳务消耗两个部分。计入中间消耗必须具备以下两个条件：一是与总产出相对应的生产过程中消耗的物质产品和劳务活动；二是本期投入并一次性消耗的不属于固定资产的非耐用品。

农林牧渔业增加值 指各种经济类型的农业生产和农户从事农业生产经营活动所提供的社会最终产品的货币表现。增加值的计算方法有两种，一是生产法：农林牧渔业增加值 = 农村牧渔业 - 中间消耗；二是分配法：农林牧渔业增加值 = 固定资产折旧 + 劳动者报酬 + 生产税净额(生产税 - 生产补贴) + 营业盈余。

粮食产量 指全社会的产量，包括国营农场等全民所有制经济的，集体统一和农民家庭经营的产量，还包括工矿企业家属办的农场和其他生产单位的产量，粮食除包括稻谷、小麦、玉米、高粱、谷子及其他杂粮外，还包括薯类和大豆。其产量计算方法，豆类按去豆荚后的干豆计算；薯类(包括甘薯和马铃薯，不包括芋头和木薯)，1963年以前按每4公斤鲜薯折1公斤粮食计算，从1964年以后按5公斤鲜薯折1公斤粮食计算，其他粮食一律按脱粒后的原粮计算。

谷物 指稻谷、小麦、玉米、谷子、高粱和其他谷物，不包括薯类和大豆。早稻是指从播种到成熟约120天以内，中稻为120 - 150天，晚稻为150 - 180天。其他谷物指除稻谷、小麦、玉米、谷子、高粱以外的一些子实主要用作粮食的作物，包括大麦、元麦(青稞)、莜麦、荞麦、糜子、黍子等。

造林面积 是指本年度内在荒山、荒地、沙丘等一切可以造林的土地上，采用人工播种、植苗、飞机播种等方法新植的集中连片的乔木林和灌木林，经过检查验收，符合“造林技术规程”要求的株数，成活率达85%以上的年末实测面积。

工程造林 是指(1)有资金保证；(2)按工程项目进行管理；(3)经过严格的检查验收并记入技术档案。这三个条件要同时具备才属工程造林。

水产品产量 指人工养殖的水产品和天然生长水产品的捕捞产量。包括海水的鱼类、虾蟹类、贝类和藻类以及淡水的鱼类、虾蟹类和贝类，不包括淡水水生植物。

猪、牛、羊肉产量 指当年出栏并已屠宰的猪、牛、羊的肉产量。即屠宰后除去头蹄下水后带骨肉(即胴体重)的重量。

灌溉面积 指有效灌溉面积即具有一定的水源,地块比较平整,灌溉中设备已经配套,在一般年景下当年能够进行正常灌溉的面积。

农业机械总动力 指主要用于农、林、牧、渔业的各种动力机械的动力总和,包括耕作机械,排灌机械、收获机械、农产品加工机械、运输机械、植物保护机械、牧业机械、林业机械、渔业机械和其他农业机械(内燃机按引擎功率折成瓦(特)计算,电动机按功率折成瓦(特)计算)。不包括专门用于乡办工业、基本建设、非农业运输、科学试验和教学等非农业生产方面用的动力与作业机械。

九、工　　　业

简要说明

一、本篇资料的主要内容

本篇资料反映全市规模以上工业经济方面的基本情况，包括12个县（市、区）和上饶经济技术开发区的主要工业经济统计数据：

1.规模以上工业企业单位数和总产值，以及按企业登记注册类型、轻重工业、企业规模、工业行业大类和按地区分组的主要经济指标；

2.规模以上国有及国有控股、外商投资、港澳台商投资和私营工业企业主要经济指标和经济效益指标；

3.规模以上主要工业产品产量。

4.工业园区主要经济指标。

二、本篇资料的统计范围

本篇资料中的统计范围为年主营业务收入2000万元及以上工业法人企业。

本篇资料中工业行业分类按2011年《国民经济行业分类》（GB/T4754－2011）划分；企业大中小微型划分按2011年《统计上大中小微型企业划分办法》（国统字〔2011〕75号）标准执行。

三、本篇的资料来源和统计调查方法

本篇工业企业统计数据主要是根据工业统计月度及年度报表中有关资料整理汇总的。

内容提要

●2014年，全市规模以上工业企业827个，工业总产值2612亿元，主营业务收入2634亿元，实现利税385亿元。

●2014年，全市规模以上工业原煤产量98.98万吨，发电量74.89亿千瓦小时，改装汽车664辆，水泥1564.89万吨，太阳能电池2003213千瓦。

本篇资料整理、校对：

童　慧、黄龙龙

9－1　规模以上工业企业

（2014

指 标 名 称	企业单位数（个）	亏损企业	工业总产值（当年价格）
总　　计	827	65	26117446
一、按登记注册类型分组：			
内资企业	785	61	21279346
国有企业	11	3	44006
地方企业	11	3	44006
集体企业	3		88688
股份合作企业	3		15509
有限责任公司	266	28	7632644
国有独资公司	12	1	1116420
其他有限责任公司	254	27	6516224
股份有限公司	27	2	777695
私营企业	467	28	12597262
私营独资企业	21	2	245213
私营合伙企业	5	1	22131
私营有限责任公司	414	24	11892350
私营股份有限公司	27	1	437568
其他企业	8		123542
港、澳、台商投资企业	28	3	4469405
合资经营企业（港或澳、台资）	4		178613
合作经营企业（港或澳、台资）	1	1	19482
港澳台商独资经营企业	20	2	3949297
港澳台商投资股份有限公司	3		322014
外商投资企业	14	1	368696
中外合资经营企业	8	1	249152
外资企业	5		58202
其他外商投资企业	1		61342
二、按经济组织类型分组			
独资企业	60	7	4385406
国有企业	11	3	44006
集体企业	3		88688
私营独资企业	21	2	245213
港澳台商独资经营企业	20	2	3949297
外资企业	5		58202
合作、合伙企业	18	2	242006
股份合作企业	3		15509
私营合伙企业	5	1	22131
合作经营企业（港或澳、台资）	1	1	19482
其他企业（内资）	8		123542
其他外商投资企业	1		61342
股份有限公司	57	3	1537277
股份有限公司（内资）	27	2	777695
私营股份有限公司	27	1	437568
港澳台商投资股份有限公司	3		322014
有限责任公司	692	53	19952758
国有独资公司	12	1	1116420
私营有限责任公司	414	24	11892350
合资经营企业（港或澳、台资）	4		178613
中外合资经营企业	8	1	249152
其他有限责任公司	254	27	6516224
三、在总计中：亏损企业	65	65	1126752
在总计中：国有控股企业	49	6	2407585
在总计中：农村工业	7	2	46187
在总计中：轻工业	321	20	6365662
重工业	506	45	19751784
在总计中：大型企业	12	2	4522631

主要经济指标(一)

年)

单位:万元

工业销售产值(当年价格)	出口交货值	资产总计	流动资产合计	产成品	固定资产合计	固定资产原价	累计折旧
25844753	1791813	11975311	6224973	824239	4121525	5301899	1497489
21147454	685581	9948008	5105936	578395	3459414	4546653	1358212
42166		96450	44520	1279	21033	33386	13922
42166		96450	44520	1279	21033	33386	13922
88672		24349	4210	1520	13720	19614	5935
15509		7333	4513	168	2894	3048	366
7557847	101976	4457742	2208272	236220	1642680	2270053	759327
1113976	33636	1060979	353496	30991	575352	834744	305431
6443871	68339	3396763	1854777	205229	1067328	1435309	453896
784231	22906	815569	465370	35854	224285	329376	109011
12534501	560699	4501580	2359084	301690	1533835	1867920	465761
246656		109633	49996	5733	46697	62130	21321
22133		18461	9736	399	6394	7960	2080
11836087	519338	4210793	2225178	284609	1413202	1728636	427866
429625	41361	162693	74173	10950	67543	69194	14493
124528		44984	19967	1664	20967	23255	3889
4393020	1071102	1758501	1031132	237815	528582	580829	96776
177316	75343	92832	52660	562	37958	47777	13871
19615	7995	40320	17721	3533	18604	21554	2950
3874076	987764	1516585	883187	227412	442200	475416	73623
322014		108764	77565	6308	29820	36082	6332
304279	35131	268803	87904	8029	133530	174418	42501
185193	25396	93312	46538	4045	46050	66260	21126
58288	9735	44369	17780	3383	14816	20201	6081
60798		131122	23586	600	72663	87957	15293
4309857	997498	1791387	999693	239327	538466	610747	120883
42166		96450	44520	1279	21033	33386	13922
88672		24349	4210	1520	13720	19614	5935
246656		109633	49996	5733	46697	62130	21321
3874076	987764	1516585	883187	227412	442200	475416	73623
58288	9735	44369	17780	3383	14816	20201	6081
242583	7995	242220	75523	6364	121522	143775	24580
15509		7333	4513	168	2894	3048	366
22133		18461	9736	399	6394	7960	2080
19615	7995	40320	17721	3533	18604	21554	2950
124528		44984	19967	1664	20967	23255	3889
60798		131122	23586	600	72663	87957	15293
1535870	64267	1087026	617109	53113	321647	434652	129836
784231	22906	815569	465370	35854	224285	329376	109011
429625	41361	162693	74173	10950	67543	69194	14493
322014		108764	77565	6308	29820	36082	6332
19756443	722052	8854678	4532648	525436	3139890	4112725	1222190
1113976	33636	1060979	353496	30991	575352	834744	305431
11836087	519338	4210793	2225178	284609	1413202	1728636	427866
177316	75343	92832	52660	562	37958	47777	13871
185193	25396	93312	46538	4045	46050	66260	21126
6443871	68339	3396763	1854777	205229	1067328	1435309	453896
1050137	94944	896975	505336	64855	278093	379104	142904
2405792	33724	2341189	845994	45828	1116290	1680612	631270
45699		19296	8825	393	7040	9587	2547
6290754	842358	2777107	1318504	159396	1112069	1257045	289545
19554000	949455	9198204	4906469	664843	3009456	4044854	1207943
4462563	869296	2292827	1271094	237625	840534	1029368	250490

9－1 续表1

指标名称	企业单位数（个）	亏损企业	工业总产值（当年价格）
中型企业	159	8	11160097
小型企业	635	54	10248982
微型企业	21	1	185737
四、按行业分			
煤炭开采和洗选业	14	3	52053
黑色金属矿采选业	2		84136
有色金属矿采选业	24	3	312734
非金属矿采选业	34	3	473452
农副食品加工业	35	1	1064623
食品制造业	10	1	424324
酒、饮料和精制茶制造业	11	2	101672
纺织业	46	2	721871
纺织服装、服饰业	51	2	705653
皮革、毛皮、羽毛及其制品和制鞋业	25	2	261894
木材加工和木、竹、藤、棕、草制品业	22	1	374131
家具制造业	8		95590
造纸和纸制品业	17	2	180228
印刷和记录媒介复制业	7		124450
文教、工美、体育和娱乐用品制造业	20		611804
化学原料和化学制品制造业	94	12	1045897
医药制造业	25	3	420087
化学纤维制造业	2		87766
橡胶和塑料制品业	15	3	153324
非金属矿物制品业	65	5	970041
黑色金属冶炼和压延加工业	12		706876
有色金属冶炼和压延加工业	102	11	9266312
金属制品业	25	1	512811
通用设备制造业	43	1	703591
专用设备制造业	14	1	261955
汽车制造业	15		240273
铁路、船舶、航空航天和其他运输设备制造业	1		4045
电气机械和器材制造业	38	3	4776090
计算机、通信和其他电子设备制造业	10		435727
仪器仪表制造业	5	1	106010
其他制造业	9		93054
废弃资源综合利用业	3		18765
电力、热力生产和供应业	19	1	713089
燃气生产和供应业	1		3695
水的生产和供应业	3	1	9428
五、按地区分			
信州区	60	11	873663
上饶县	69	13	5201333
广丰县	149	5	5196908
玉山县	110	4	2459362
铅山县	43	11	1558489
横峰县	35	3	2138660
弋阳县	69	3	1387468
余干县	36	4	1430943
鄱阳县	73	1	2147175
万年县	83	5	2136026
婺源县	29	2	510724
德兴市	71	3	1076697
其中:上饶经济技术开发区	96	19	5784444
综合园	74	12	4921169
茶亭园	8	3	640185
朝阳园	14	4	223090

单位:万元

工业销售产值(当年价格)	出口交货值	资产总计	流动资产合计	产成品	固定资产合计	固定资产原价	累计折旧
11074808	575198	4765319	2308279	273644	1893010	2579631	793154
10125205	346637	4776976	2585288	300644	1376071	1673613	446433
182177	682	140190	60312	12326	11909	19288	7411
53748		51923	25357	3425	15565	26551	13813
84062		23868	12416	229	6348	10094	3746
310888		465993	129482	12893	138999	185520	56902
471803		407715	189144	5943	77614	95089	19645
1059405	45898	347686	186781	28552	108318	118048	22027
421979	29413	127208	53590	3858	56897	76217	19320
98170	13305	149700	93890	12222	34611	36254	4777
705759	115676	251493	131831	14544	70020	74891	15180
696781	150236	187096	102322	10122	73468	74203	8270
270589	44969	131313	49128	4712	46685	43863	7281
349862	93598	186942	75491	6966	72990	86982	15465
95798		49519	32594	2813	14471	15844	1464
179929		151666	54129	7497	80023	65532	11906
124186		97761	38387	1892	42122	51991	9404
609426	100015	171345	60024	18457	96939	102059	28458
1045776	11904	609628	253911	23584	274632	343595	82265
412358	127973	214970	108966	19616	70596	95005	29721
87992		31409	24039	201	4825	6711	1885
150587	42098	86393	57771	4106	22264	29164	7452
964329		979665	469835	22345	395099	612232	244298
684873		132478	47770	5813	78812	99113	21008
9250359		2857684	1885732	273024	663951	840518	232895
512494	161610	243895	153375	20847	65437	81831	17329
704962	33724	443959	213075	23121	193384	238644	74844
260560		112706	63496	6166	26781	40130	14666
240321	247	160923	89949	8109	41493	54705	14298
4045		505	218		185	255	69
4682130	790654	2282441	1316083	271644	692852	764139	125508
435655	9937	153224	95137	5997	47064	57324	13447
43027	10456	25557	14400	2585	10538	17719	8789
92714	10103	27854	12286	2737	10474	11977	1952
15740		9829	2233	212	4330	5698	1723
712914		717326	142978	10	558843	902434	354289
3405		26031	6818		15679	22077	6399
8130		57608	32336		9218	15490	6995
846970	101451	946622	642725	76996	234440	315477	112315
5069873	837353	2798214	1751830	321550	687943	820677	206117
5189258	15156	2009399	754312	75854	880195	1062589	268742
2438871	43470	996060	586121	66561	316352	430688	160820
1555234	3909	719725	496633	86271	99910	137676	52109
2137545	18480	512278	332507	67726	111203	152588	53016
1385119	134049	599108	340464	11244	186691	257444	83428
1427532	116806	659219	165716	13258	440216	637264	205376
2131599	161151	632329	177147	7763	453138	506801	57952
2088895	301615	930471	489486	33854	309174	423858	125802
498443	35745	287493	133098	18185	109304	147494	43077
1075415	22629	884394	354934	44977	292962	409344	128736
5613948	926693	3383026	2169591	373279	818671	983116	263403
4773736	871148	2898295	1856280	341293	702914	843931	224528
616474		368614	225401	23764	95861	116029	35517
223738	55545	116117	87910	8222	19896	23156	3358

9－1 规模以上工业企业

（2014

指标名称	负债合计	流动负债合计	非流动负债合计	所有者权益合计
总计	6545989	5000817	690420	5299531
一、按登记注册类型分组:				
内资企业	5344886	4099321	493733	4493980
国有企业	65478	44309	14572	30973
地方企业	65478	44309	14572	30973
集体企业	4930	2334	2246	19389
股份合作企业	4154	2725	60	3179
有限责任公司	2697615	2206331	314250	1721782
国有独资公司	593022	349861	153951	464968
其他有限责任公司	2104592	1856471	160299	1256814
股份有限公司	360192	298927	39530	454332
私营企业	2189812	1526669	122549	2244089
私营独资企业	47332	42281	16	62235
私营合伙企业	9228	7117	384	9549
私营有限责任公司	2068886	1434574	113777	2078572
私营股份有限公司	64367	42698	8372	93734
其他企业	22707	18026	525	20236
港、澳、台商投资企业	1078759	811909	167199	659245
合资经营企业(港或澳、台资)	21003	6970		71014
合作经营企业(港或澳、台资)	38785	38785		1535
港澳台商独资经营企业	989694	754890	167199	507209
港澳台商投资股份有限公司	29277	11265		79487
外商投资企业	122344	89586	29488	146306
中外合资经营企业	41982	20695	18154	51177
外资企业	25417	25281		18952
其他外商投资企业	54945	43610	11335	76177
二、按经济组织类型分组				
独资企业	1132850	869095	184033	638757
国有企业	65478	44309	14572	30973
集体企业	4930	2334	2246	19389
私营独资企业	47332	42281	16	62235
港澳台商独资经营企业	989694	754890	167199	507209
外资企业	25417	25281		18952
合作、合伙企业	129818	110263	12304	110676
股份合作企业	4154	2725	60	3179
私营合伙企业	9228	7117	384	9549
合作经营企业(港或澳、台资)	38785	38785		1535
其他企业(内资)	22707	18026	525	20236
其他外商投资企业	54945	43610	11335	76177
股份有限公司	453835	352889	47903	627553
股份有限公司(内资)	360192	298927	39530	454332
私营股份有限公司	64367	42698	8372	93734
港澳台商投资股份有限公司	29277	11265		79487
有限责任公司	4829485	3668570	446180	3922544
国有独资公司	593022	349861	153951	464968
私营有限责任公司	2068886	1434574	113777	2078572
合资经营企业(港或澳、台资)	21003	6970		71014
中外合资经营企业	41982	20695	18154	51177
其他有限责任公司	2104592	1856471	160299	1256814
三、在总计中:亏损企业	667608	598844	41854	227182
在总计中:国有控股企业	1158149	786951	250014	1182638
在总计中:农村工业	13398	9913	3484	5815
在总计中:轻工业	1290280	943996	109985	1444202
重工业	5255709	4056821	580435	3855329
在总计中:大型企业	1225611	995495	190971	1067216

主要经济指标(二)

年)

单位:万元

主营业务收入	主营业务成本	主营业务税金及附加	利润总额	亏损企业亏损总额	利税总额	本年应付职工薪酬	本年应交增值税	全部从业人员年平均人数(人)
26337067	22801878	198020	2380343	38598	3845893	840962	1263491	203667
21553553	18816087	174679	1793807	34918	3103582	713440	1131057	161538
41905	36413	455	1279	1211	3785	7747	2005	2057
41905	36413	455	1279	1211	3785	7747	2005	2057
87165	81335	1004	3203		8030	4212	3822	711
35410	30506	293	2348		3785	3571	1144	524
7811031	6806120	60008	620209	19696	1103797	278649	420664	60858
1140945	930978	14519	117493	11483	222466	57292	90450	10811
6670086	5875142	45489	502716	8212	881332	221357	330214	50047
805452	678340	7698	76422	2134	109423	38208	25278	7649
12639858	11072747	103883	1079721	11878	1857756	372860	673105	87686
247182	215711	2508	16625	57	33335	16229	14201	4309
22350	18998	561	516	1035	2880	1796	1803	488
11933638	10471441	94006	1019751	10601	1759465	338251	645140	78950
436688	366596	6809	42829	184	62077	16584	11961	3939
132732	110625	1338	10626		17006	8194	5039	2053
4474218	3723044	20249	571487	1927	714287	98727	122551	35147
176166	141018	1535	18265		27689	5250	7890	1393
19605	17476	603	-820	820	330	784	547	217
3953592	3294595	16278	509437	1107	620252	75922	94537	28806
324855	269954	1833	44606		66016	16771	19578	4731
309295	262748	3092	15049	1753	28024	28795	9883	6982
189380	160427	1095	8249	1753	13465	13324	4121	4235
59118	50723	291	5953		8437	4002	2193	1566
60798	51598	1707	847		6123	11470	3569	1181
4388962	3678778	20536	536497	2375	673837	108112	116758	37449
41905	36413	455	1279	1211	3785	7747	2005	2057
87165	81335	1004	3203		8030	4212	3822	711
247182	215711	2508	16625	57	33335	16229	14201	4309
3953592	3294595	16278	509437	1107	620252	75922	94537	28806
59118	50723	291	5953		8437	4002	2193	1566
270895	229203	4501	13517	1855	30123	25814	12103	4463
35410	30506	293	2348		3785	3571	1144	524
22350	18998	561	516	1035	2880	1796	1803	488
19605	17476	603	-820	820	330	784	547	217
132732	110625	1338	10626		17006	8194	5039	2053
60798	51598	1707	847		6123	11470	3569	1181
1566995	1314890	16340	163856	2319	237516	71563	56817	16319
805452	678340	7698	76422	2134	109423	38208	25278	7649
436688	366596	6809	42829	184	62077	16584	11961	3939
324855	269954	1833	44606		66016	16771	19578	4731
20110215	17579007	156644	1666473	32049	2904417	635473	1077814	145436
1140945	930978	14519	117493	11483	222466	57292	90450	10811
11933638	10471441	94006	1019751	10601	1759465	338251	645140	78950
176166	141018	1535	18265		27689	5250	7890	1393
189380	160427	1095	8249	1753	13465	13324	4121	4235
6670086	5875142	45489	502716	8212	881332	221357	330214	50047
1068924	1054802	6534	-38598	38598	5569	76548	37632	17906
2421863	2004925	23526	246695	16199	422736	140516	152455	24945
45860	28610	122	3969	21	5268	2483	1177	745
6485980	5483398	70710	558043	15639	924007	329330	291273	79627
19851086	17318479	127310	1822300	22959	2921886	511633	972218	124040
4572839	3818679	19463	546122	13593	685884	151263	120299	44743

9－1 续表2

指标名称	负债合计	流动负债合计	非流动负债合计	所有者权益合计
中型企业	2526203	1945595	274007	2219048
小型企业	2699215	2042933	219637	2005835
微型企业	94960	16794	5805	7432
四、按行业分				
煤炭开采和洗选业	22264	21964	832	26592
黑色金属矿采选业	5155	187		18712
有色金属矿采选业	211242	152137	37804	253169
非金属矿采选业	142518	54678	13919	263094
农副食品加工业	153672	123246	18805	189118
食品制造业	53596	47155	3	71641
酒、饮料和精制茶制造业	71334	33400	6731	78366
纺织业	122970	82777	2320	128118
纺织服装、服饰业	87732	68491	3869	89496
皮革、毛皮、羽毛及其制品和制鞋业	73211	43964	16167	51943
木材加工和木、竹、藤、棕、草制品业	88617	80382	2312	86167
家具制造业	19733	12582	4232	29787
造纸和纸制品业	75340	56664	1744	75688
印刷和记录媒介复制业	19571	6550	1312	73302
文教、工美、体育和娱乐用品制造业	74746	20961	3207	95068
化学原料和化学制品制造业	301227	240742	17915	300990
医药制造业	125385	104848	12456	88260
化学纤维制造业	5264	5164	100	26146
橡胶和塑料制品业	41816	36838	2022	44363
非金属矿物制品业	343502	313695	18142	634649
黑色金属冶炼和压延加工业	39949	28859	3415	92035
有色金属冶炼和压延加工业	1877543	1508851	51452	940753
金属制品业	124865	97508	792	116043
通用设备制造业	262464	219946	34974	177090
专用设备制造业	75012	61023	6672	36368
汽车制造业	96686	92608	2491	61372
铁路、船舶、航空航天和其他运输设备制造业	198	132	65	307
电气机械和器材制造业	1393099	1093381	222962	872260
计算机、通信和其他电子设备制造业	49312	24687		103760
仪器仪表制造业	11513	8096		14044
其他制造业	17474	14530	2911	10245
废弃资源综合利用业	1490	912		7114
电力、热力生产和供应业	509053	305571	190641	208273
燃气生产和供应业	8713	8713		17318
水的生产和供应业	39725	29575	10150	17883
五、按地区分				
信州区	744117	665845	66744	200600
上饶县	1922058	1591920	242445	852766
广丰县	650364	247216	34919	1313735
玉山县	547685	457097	29488	433629
铅山县	434210	252999	13738	284343
横峰县	339771	252822	4331	172508
弋阳县	158637	112798	28359	439856
余干县	468174	295336	171414	187700
鄱阳县	297468	289110	4794	332996
万年县	369987	307157	38040	530685
婺源县	136154	105756	13639	149281
德兴市	477364	422763	42511	401434
其中：上饶经济技术开发区	2408165	2045204	279328	955649
综合园	2069153	1725013	261263	809951
茶亭园	252617	240733	11175	115997
朝阳园	86395	79458	6890	29700

单位:万元

主营业务收入	主营业务成本	主营业务税金及附加	利润总额	亏损企业亏损总额	利税总额	本年应付职工薪酬	本年应交增值税	全部从业人员年平均人数(人)
11271205	9669830	96671	1135040	4316	1943230	361881	711369	79068
10294357	9127072	81391	690230	20608	1199334	326603	423823	79583
198666	186296	495	8951	81	17447	1215	8000	273
54800	45530	1385	2028	1019	7442	8768	4029	2514
83062	69700	231	6158		10811	2028	4423	428
310176	245375	4332	15261	2485	30969	31235	11377	5281
469554	373440	14875	45798	213	98415	14279	37743	4211
1068722	922719	8757	86696	227	126016	22544	30534	5406
422089	340004	10270	48460	162	78130	11327	19400	2619
97614	73960	383	6691	81	11561	5004	4487	1414
731381	630622	7120	71493	257	102930	45711	24312	10133
721944	607766	8660	57664	217	96505	60005	26775	13927
279783	231194	2354	19369	5	34737	28617	13014	8190
384575	341174	2410	22845	1028	36587	31253	11172	7889
96728	78820	1182	8503		13254	6303	3569	1201
183131	155813	3477	12693	1577	23948	10910	7755	2453
123292	99033	1617	14719		23448	4692	7080	1327
630775	517059	4824	70898		129847	21364	54125	4782
1055659	919869	9518	74297	3473	122570	42007	38542	11478
410380	348406	1242	26974	669	49178	14975	20962	3725
87992	77971	414	8906		14893	2079	5574	428
164370	144436	1668	9793	107	19266	11238	7805	2408
970361	775708	6084	137902	467	200679	53609	56684	10515
703093	602759	3034	90446		143133	8925	49653	2645
9356059	8492902	56292	699947	9890	1319122	113671	562883	24103
546318	451365	4776	53692	200	83912	24453	25388	6099
738448	637381	7901	44060	11483	73979	59076	22018	13888
264088	222013	4292	24023	180	40777	12154	12459	2576
245003	211930	1783	17744		28843	10201	9316	2950
4045	3905	13	47		189	204	129	78
4813600	4050837	21995	575973	1443	733695	89311	135683	31513
439972	366582	3515	54983		82149	27942	23652	7478
43149	41259	240	-1455	1753	198	5874	1414	2317
92784	82538	145	4934		8367	4097	3288	1458
17879	14099	118	2868		3163	907	175	269
710885	616411	2931	63494	1396	94210	52490	27768	7309
7292	3601	118	1621		1740	917		164
8064	5698	66	819	268	1233	2791	308	491
918997	864122	4244	8333	13655	49748	68346	37171	16976
5186789	4440400	18724	548359	5386	742001	98866	174862	34406
5226529	4432818	71933	558465	7878	958843	137345	328126	31525
2502102	2215815	18148	192592	975	353104	81734	142290	16894
1556371	1404530	7833	119061	2857	226239	27614	99342	7021
2134368	1878028	6984	224299	1037	379632	40059	148348	10558
1377987	1208671	4500	104359	183	167550	43792	58692	11004
1422429	1233702	3556	150231	1811	216630	35260	62843	7098
2311395	1959622	32452	208080	184	317010	114914	76477	28638
2138242	1775117	21176	208803	1327	319907	86354	86433	16999
499450	446207	1958	23788	144	50914	40410	25159	8873
1062409	942845	6514	33974	3161	64315	66269	23750	13675
5799767	5029004	21550	544527	17316	770817	150369	204684	46156
4924690	4203101	12294	515580	16518	657999	131528	130069	41819
646114	596609	7148	24536	307	81850	9762	50166	1932
228963	229294	2107	4412	491	30969	9080	24449	2405

9－2 规模以上地方(市县属)

(2014

指标名称	企业单位数(个)	亏损企业	工业总产值(当年价格)
总计	810	62	24979158
一、按登记注册类型分组:			
内资企业	768	58	20141058
国有企业	11	3	44006
地方企业	11	3	44006
集体企业	3		88688
股份合作企业	3		15509
有限责任公司	251	26	6811527
国有独资公司	8		670022
其他有限责任公司	243	26	6141505
股份有限公司	25	1	460524
私营企业	467	28	12597262
私营独资企业	21	2	245213
私营合伙企业	5	1	22131
私营有限责任公司	414	24	11892350
私营股份有限公司	27	1	437568
其他企业	8		123542
港、澳、台商投资企业	28	3	4469405
合资经营企业(港或澳、台资)	4		178613
合作经营企业(港或澳、台资)	1	1	19482
港澳台商独资经营企业	20	2	3949297
港澳台商投资股份有限公司	3		322014
外商投资企业	14	1	368696
中外合资经营企业	8	1	249152
外资企业	5		58202
其他外商投资企业	1		61342
二、按经济组织类型分组			
独资企业	60	7	4385406
国有企业	11	3	44006
集体企业	3		88688
私营独资企业	21	2	245213
港澳台商独资经营企业	20	2	3949297
外资企业	5		58202
合作、合伙企业	18	2	242006
股份合作企业	3		15509
私营合伙企业	5	1	22131
合作经营企业(港或澳、台资)	1	1	19482
其他企业(内资)	8		123542
其他外商投资企业	1		61342
股份有限公司	55	2	1220105
股份有限公司(内资)	25	1	460524
私营股份有限公司	27	1	437568
港澳台商投资股份有限公司	3		322014
有限责任公司	677	51	19131641
国有独资公司	8		670022
私营有限责任公司	414	24	11892350
合资经营企业(港或澳、台资)	4		178613
中外合资经营企业	8	1	249152
其他有限责任公司	243	26	6141505
三、在总计中:亏损企业	62	62	804400
在总计中:国有控股企业	32	3	1269297
在总计中:农村工业	7	2	46187
在总计中:轻工业	320	19	6273307
重工业	490	43	18705851
在总计中:大型企业	9		4113105

工业企业主要经济指标(一)

年）　　　　　　　　　　　　　　　　　　　　　　　　单位:万元

工业销售产值（当年价格）	出口交货值	资产总计	流动资产合计	产成品	固定资产合计	固定资产原价	累计折旧
24709316	1758089	10724905	5726728	801748	3420655	4177974	1041337
20012018	651857	8697601	4607692	555904	2758544	3422728	902061
42166		96450	44520	1279	21033	33386	13922
42166		96450	44520	1279	21033	33386	13922
88672		24349	4210	1520	13720	19614	5935
15509		7333	4513	168	2894	3048	366
6741519	68252	3623740	1947509	222663	1080412	1370704	389149
672568		440099	168812	18791	149953	191393	59701
6068950	68252	3183641	1778697	203872	930459	1179311	329449
465123	22906	399165	227889	26921	85682	104800	23037
12534501	560699	4501580	2359084	301690	1533835	1867920	465761
246656		109633	49996	5733	46697	62130	21321
22133		18461	9736	399	6394	7960	2080
11836087	519338	4210793	2225178	284609	1413202	1728636	427866
429625	41361	162693	74173	10950	67543	69194	14493
124528		44984	19967	1664	20967	23255	3889
4393020	1071102	1758501	1031132	237815	528582	580829	96776
177316	75343	92832	52660	562	37958	47777	13871
19615	7995	40320	17721	3533	18604	21554	2950
3874076	987764	1516585	883187	227412	442200	475416	73623
322014		108764	77565	6308	29820	36082	6332
304279	35131	268803	87904	8029	133530	174418	42501
185193	25396	93312	46538	4045	46050	66260	21126
58288	9735	44369	17780	3383	14816	20201	6081
60798		131122	23586	600	72663	87957	15293
4309857	997498	1791387	999693	239327	538466	610747	120883
42166		96450	44520	1279	21033	33386	13922
88672		24349	4210	1520	13720	19614	5935
246656		109633	49996	5733	46697	62130	21321
3874076	987764	1516585	883187	227412	442200	475416	73623
58288	9735	44369	17780	3383	14816	20201	6081
242583	7995	242220	75523	6364	121522	143775	24580
15509		7333	4513	168	2894	3048	366
22133		18461	9736	399	6394	7960	2080
19615	7995	40320	17721	3533	18604	21554	2950
124528		44984	19967	1664	20967	23255	3889
60798		131122	23586	600	72663	87957	15293
1216762	64267	670622	379628	44179	183044	210076	43863
465123	22906	399165	227889	26921	85682	104800	23037
429625	41361	162693	74173	10950	67543	69194	14493
322014		108764	77565	6308	29820	36082	6332
18940115	688329	8020676	4271884	511878	2577622	3213376	852012
672568		440099	168812	18791	149953	191393	59701
11836087	519338	4210793	2225178	284609	1413202	1728636	427866
177316	75343	92832	52660	562	37958	47777	13871
185193	25396	93312	46538	4045	46050	66260	21126
6068950	68252	3183641	1778697	203872	930459	1179311	329449
731019	61308	573478	317804	45216	146185	182113	51163
1270355		1090783	347749	23337	415420	556687	175119
45699		19296	8825	393	7040	9587	2547
6203389	808722	2599460	1215610	147195	1037315	1157066	237661
18505927	949368	8125445	4511118	654553	2383339	3020908	803676
4056090	835660	1698775	930719	216491	627178	704813	112633

9－2 续表1

（2014

指标名称	企业单位数（个）	亏损企业	工业总产值（当年价格）
中型企业	150	7	10624889
小型企业	630	54	10055427
微型企业	21	1	185737
四、按行业分			
煤炭开采和洗选业	14	3	52053
黑色金属矿采选业	2		84136
有色金属矿采选业	24	3	312734
非金属矿采选业	34	3	473452
农副食品加工业	35	1	1064623
食品制造业	10	1	424324
酒、饮料和精制茶制造业	11	2	101672
纺织业	46	2	721871
纺织服装、服饰业	51	2	705653
皮革、毛皮、羽毛及其制品和制鞋业	25	2	261894
木材加工和木、竹、藤、棕、草制品业	22	1	374131
家具制造业	8		95590
造纸和纸制品业	17	2	180228
印刷和记录媒介复制业	7		124450
文教、工美、体育和娱乐用品制造业	20		611804
化学原料和化学制品制造业	94	12	1045897
医药制造业	25	3	420087
化学纤维制造业	2		87766
橡胶和塑料制品业	15	3	153324
非金属矿物制品业	64	5	823657
黑色金属冶炼和压延加工业	12		706876
有色金属冶炼和压延加工业	100	10	8997900
金属制品业	25	1	512811
通用设备制造业	41		598103
专用设备制造业	14	1	261955
汽车制造业	15		240273
铁路、船舶、航空航天和其他运输设备制造业	1		4045
电气机械和器材制造业	38	3	4776090
计算机、通信和其他电子设备制造业	10		435727
仪器仪表制造业	5	1	106010
其他制造业	9		93054
废弃资源综合利用业	3		18765
电力、热力生产和供应业	7		95084
燃气生产和供应业	1		3695
水的生产和供应业	3	1	9428
五、按地区分			
信州区	57	10	743411
上饶县	68	13	5126615
广丰县	147	4	5134898
玉山县	110	4	2459362
铅山县	42	11	1528349
横峰县	35	3	2138660
弋阳县	67	3	1265441
余干县	34	4	1143724
鄱阳县	72	1	2113545
万年县	81	5	1968009
婺源县	28	2	485125
德兴市	69	2	872020
其中：上饶经济技术开发区	93	18	5604238
综合园	72	11	4815681
茶亭园	7	3	565467
朝阳园	14	4	223090

单位：万元

工业销售产值（当年价格）	出口交货值	资产总计	流动资产合计	产成品	固定资产合计	固定资产原价	累计折旧
10539599	575198	4219547	2192347	273644	1463626	1879997	521014
9931449	346550	4666393	2543350	299287	1317941	1573877	400279
182177	682	140190	60312	12326	11909	19288	7411
53748		51923	25357	3425	15565	26551	13813
84062		23868	12416	229	6348	10094	3746
310888		465993	129482	12893	138999	185520	56902
471803		407715	189144	5943	77614	95089	19645
1059405	45898	347686	186781	28552	108318	118048	22027
421979	29413	127208	53590	3858	56897	76217	19320
98170	13305	149700	93890	12222	34611	36254	4777
705759	115676	251493	131831	14544	70020	74891	15180
696781	150236	187096	102322	10122	73468	74203	8270
270589	44969	131313	49128	4712	46685	43863	7281
349862	93598	186942	75491	6966	72990	86982	15465
95798		49519	32594	2813	14471	15844	1464
179929		151666	54129	7497	80023	65532	11906
124186		97761	38387	1892	42122	51991	9404
609426	100015	171345	60024	18457	96939	102059	28458
1045776	11904	609628	253911	23584	274632	343595	82265
412358	127973	214970	108966	19616	70596	95005	29721
87992		31409	24039	201	4825	6711	1885
150587	42098	86393	57771	4106	22264	29164	7452
817764		678759	295729	20851	288814	434706	173057
684873		132478	47770	5813	78812	99113	21008
8980234		2724493	1808222	265585	629894	790745	217179
512494	161610	243895	153375	20847	65437	81831	17329
604220		228333	91323	9563	107557	125172	20541
260560		112706	63496	6166	26781	40130	14666
240321	247	160923	89949	8109	41493	54705	14298
4045		505	218		185	255	69
4682130	790654	2282441	1316083	271644	692852	764139	125508
435655	9937	153224	95137	5997	47064	57324	13447
43027	10456	25557	14400	2585	10538	17719	8789
92714	10103	27854	12286	2737	10474	11977	1952
15740		9829	2233	212	4330	5698	1723
94909		116643	18101	10	84142	119280	39397
3405		26031	6818		15679	22077	6399
8130		57608	32336		9218	15490	6995
721463	67728	716972	515187	63438	140377	186814	51058
4995155	837353	2738678	1720429	321550	659808	767169	180744
5127248	15156	1974121	730342	75854	853137	1004545	237756
2438871	43470	996060	586121	66561	316352	430688	160820
1525093	3909	699862	495939	86271	81158	103394	35060
2137545	18480	512278	332507	67726	111203	152588	53016
1263135	134049	564191	324534	11244	169835	226926	68646
1140313	116806	277725	110601	13258	126887	166855	48296
2097970	161151	608666	175782	7763	431173	466267	35954
1920697	301615	615984	315227	32359	189741	221053	42145
472844	35745	268033	129119	18185	96242	119838	28483
868981	22629	752335	290939	37539	244742	331837	99361
5438488	892969	3107864	2016438	359722	704710	816136	183727
4672993	837424	2682669	1734529	327736	617087	730459	170225
541756		309079	194000	23764	67726	62522	10143
223738	55545	116117	87910	8222	19896	23156	3358

9－2 规模以上地方(市县属)

(2014

指标名称	负债合计	流动负债合计	非流动负债合计	所有者权益合计
总计	5783613	4449531	491876	4811500
一、按登记注册类型分组:				
内资企业	4582511	3548035	295189	4005949
国有企业	65478	44309	14572	30973
地方企业	65478	44309	14572	30973
集体企业	4930	2334	2246	19389
股份合作企业	4154	2725	60	3179
有限责任公司	2093817	1813544	115785	1491577
国有独资公司	152844	58897	4737	284266
其他有限责任公司	1940973	1754647	111048	1207311
股份有限公司	201614	140428	39451	196506
私营企业	2189812	1526669	122549	2244089
私营独资企业	47332	42281	16	62235
私营合伙企业	9228	7117	384	9549
私营有限责任公司	2068886	1434574	113777	2078572
私营股份有限公司	64367	42698	8372	93734
其他企业	22707	18026	525	20236
港、澳、台商投资企业	1078759	811909	167199	659245
合资经营企业(港或澳、台资)	21003	6970		71014
合作经营企业(港或澳、台资)	38785	38785		1535
港澳台商独资经营企业	989694	754890	167199	507209
港澳台商投资股份有限公司	29277	11265		79487
外商投资企业	122344	89586	29488	146306
中外合资经营企业	41982	20695	18154	51177
外资企业	25417	25281		18952
其他外商投资企业	54945	43610	11335	76177
二、按经济组织类型分组				
独资企业	1132850	869095	184033	638757
国有企业	65478	44309	14572	30973
集体企业	4930	2334	2246	19389
私营独资企业	47332	42281	16	62235
港澳台商独资经营企业	989694	754890	167199	507209
外资企业	25417	25281		18952
合作、合伙企业	129818	110263	12304	110676
股份合作企业	4154	2725	60	3179
私营合伙企业	9228	7117	384	9549
合作经营企业(港或澳、台资)	38785	38785		1535
其他企业(内资)	22707	18026	525	20236
其他外商投资企业	54945	43610	11335	76177
股份有限公司	295257	194390	47824	369727
股份有限公司(内资)	201614	140428	39451	196506
私营股份有限公司	64367	42698	8372	93734
港澳台商投资股份有限公司	29277	11265		79487
有限责任公司	4225688	3275782	247715	3692340
国有独资公司	152844	58897	4737	284266
私营有限责任公司	2068886	1434574	113777	2078572
合资经营企业(港或澳、台资)	21003	6970		71014
中外合资经营企业	41982	20695	18154	51177
其他有限责任公司	1940973	1754647	111048	1207311
三、在总计中:亏损企业	409213	352892	29410	162080
在总计中:国有控股企业	395774	235665	51470	694607
在总计中:农村工业	13398	9913	3484	5815
在总计中:轻工业	1154289	816175	101815	1402545
重工业	4629325	3633356	390061	3408954
在总计中:大型企业	931042	709176	182722	767733

工业企业主要经济指标(二)

年)　　　　　　　　单位:万元

主营业务收入	主营业务成本	主营业务税金及附加	利润总额	亏损企业亏损总额	利税总额	本年应付职工薪酬	本年应交增值税	全部从业人员年平均人数(人)
25179493	21783412	193574	2298040	23610	3719104	755530	1223462	189360
20395979	17797621	170233	1711503	19930	2976792	628008	1091028	147231
41905	36413	455	1279	1211	3785	7747	2005	2057
41905	36413	455	1279	1211	3785	7747	2005	2057
87165	81335	1004	3203		8030	4212	3822	711
35410	30506	293	2348		3785	3571	1144	524
6968064	6058193	56809	564317	6817	1015306	208431	391274	48922
670558	541898	12297	75975		160115	18569	71840	3823
6297506	5516295	44512	488343	6817	855191	189862	319434	45099
490845	407801	6451	50010	25	71125	22995	14639	5278
12639858	11072747	103883	1079721	11878	1857756	372860	673105	87686
247182	215711	2508	16625	57	33335	16229	14201	4309
22350	18998	561	516	1035	2880	1796	1803	488
11933638	10471441	94006	1019751	10601	1759465	338251	645140	78950
436688	366596	6809	42829	184	62077	16584	11961	3939
132732	110625	1338	10626		17006	8194	5039	2053
4474218	3723044	20249	571487	1927	714287	98727	122551	35147
176166	141018	1535	18265		27689	5250	7890	1393
19605	17476	603	- 820	820	330	784	547	217
3953592	3294595	16278	509437	1107	620252	75922	94537	28806
324855	269954	1833	44606		66016	16771	19578	4731
309295	262748	3092	15049	1753	28024	28795	9883	6982
189380	160427	1095	8249	1753	13465	13324	4121	4235
59118	50723	291	5953		8437	4002	2193	1566
60798	51598	1707	847		6123	11470	3569	1181
4388962	3678778	20536	536497	2375	673837	108112	116758	37449
41905	36413	455	1279	1211	3785	7747	2005	2057
87165	81335	1004	3203		8030	4212	3822	711
247182	215711	2508	16625	57	33335	16229	14201	4309
3953592	3294595	16278	509437	1107	620252	75922	94537	28806
59118	50723	291	5953		8437	4002	2193	1566
270895	229203	4501	13517	1855	30123	25814	12103	4463
35410	30506	293	2348		3785	3571	1144	524
22350	18998	561	516	1035	2880	1796	1803	488
19605	17476	603	- 820	820	330	784	547	217
132732	110625	1338	10626		17006	8194	5039	2053
60798	51598	1707	847		6123	11470	3569	1181
1252388	1044351	15092	137444	209	199218	56350	46178	13948
490845	407801	6451	50010	25	71125	22995	14639	5278
436688	366596	6809	42829	184	62077	16584	11961	3939
324855	269954	1833	44606		66016	16771	19578	4731
19267248	16831079	153444	1610582	19171	2815925	565255	1048424	133500
670558	541898	12297	75975		160115	18569	71840	3823
11933638	10471441	94006	1019751	10601	1759465	338251	645140	78950
176166	141018	1535	18265		27689	5250	7890	1393
189380	160427	1095	8249	1753	13465	13324	4121	4235
6297506	5516295	44512	488343	6817	855191	189862	319434	45099
725329	718588	5574	- 23610	23610	15213	38331	33249	10143
1264289	986459	19079	164392	1211	295946	55085	112426	10638
45860	28610	122	3969	21	5268	2483	1177	745
6369637	5372033	70289	569526	4156	934424	304440	290627	73789
18809856	16411379	123285	1728514	19454	2784680	451090	932835	115571
4141889	3436775	17794	531193		658002	111160	109014	36534

9－2 续表 2

指标名称	负债合计	流动负债合计	非流动负债合计	所有者权益合计
中型企业	2138327	1726704	117567	2061153
小型企业	2619285	1996858	185782	1975182
微型企业	94960	16794	5805	7432
四、按行业分				
煤炭开采和洗选业	22264	21964	832	26592
黑色金属矿采选业	5155	187		18712
有色金属矿采选业	211242	152137	37804	253169
非金属矿采选业	142518	54678	13919	263094
农副食品加工业	153672	123246	18805	189118
食品制造业	53596	47155	3	71641
酒、饮料和精制茶制造业	71334	33400	6731	78366
纺织业	122970	82777	2320	128118
纺织服装、服饰业	87732	68491	3869	89496
皮革、毛皮、羽毛及其制品和制鞋业	73211	43964	16167	51943
木材加工和木、竹、藤、棕、草制品业	88617	80382	2312	86167
家具制造业	19733	12582	4232	29787
造纸和纸制品业	75340	56664	1744	75688
印刷和记录媒介复制业	19571	6550	1312	73302
文教、工美、体育和娱乐用品制造业	74746	20961	3207	95068
化学原料和化学制品制造业	301227	240742	17915	300990
医药制造业	125385	104848	12456	88260
化学纤维制造业	5264	5164	100	26146
橡胶和塑料制品业	41816	36838	2022	44363
非金属矿物制品业	281792	252063	18063	395453
黑色金属冶炼和压延加工业	39949	28859	3415	92035
有色金属冶炼和压延加工业	1778016	1409818	50959	907088
金属制品业	124865	97508	792	116043
通用设备制造业	96016	86221	2252	127911
专用设备制造业	75012	61023	6672	36368
汽车制造业	96686	92608	2491	61372
铁路、船舶、航空航天和其他运输设备制造业	198	132	65	307
电气机械和器材制造业	1393099	1093381	222962	872260
计算机、通信和其他电子设备制造业	49312	24687		103760
仪器仪表制造业	11513	8096		14044
其他制造业	17474	14530	2911	10245
废弃资源综合利用业	1490	912		7114
电力、热力生产和供应业	74363	48675	25392	42280
燃气生产和供应业	8713	8713		17318
水的生产和供应业	39725	29575	10150	17883
五、按地区分				
信州区	567859	522309	34021	147209
上饶县	1901136	1577191	236253	814153
广丰县	622453	225182	29042	1306368
玉山县	547685	457097	29488	433629
铅山县	415125	239455	8196	283566
横峰县	339771	252822	4331	172508
弋阳县	142407	101349	23578	421169
余干县	185559	145077	39058	88820
鄱阳县	274036	270199	273	332765
万年县	295732	245525	37960	290454
婺源县	123555	95354	11442	142419
德兴市	368297	317972	38235	378442
其中:上饶经济技术开发区	2220796	1896750	240413	867856
综合园	1902705	1591288	228541	760773
茶亭园	231695	226003	4982	77383
朝阳园	86395	79458	6890	29700

单位:万元

主营业务收入	主营业务成本	主营业务税金及附加	利润总额	亏损企业亏损总额	利税总额	本年应付职工薪酬	本年应交增值税	全部从业人员年平均人数(人)
10736087	9215466	94186	1074924	2921	1856177	323621	686925	74067
10102851	8944874	81098	682971	20608	1187478	319534	419522	78486
198666	186296	495	8951	81	17447	1215	8000	273
54800	45530	1385	2028	1019	7442	8768	4029	2514
83062	69700	231	6158		10811	2028	4423	428
310176	245375	4332	15261	2485	30969	31235	11377	5281
469554	373440	14875	45798	213	98415	14279	37743	4211
1068722	922719	8757	86696	227	126016	22544	30534	5406
422089	340004	10270	48460	162	78130	11327	19400	2619
97614	73960	383	6691	81	11561	5004	4487	1414
731381	630622	7120	71493	257	102930	45711	24312	10133
721944	607766	8660	57664	217	96505	60005	26775	13927
279783	231194	2354	19369	5	34737	28617	13014	8190
384575	341174	2410	22845	1028	36587	31253	11172	7889
96728	78820	1182	8503		13254	6303	3569	1201
183131	155813	3477	12693	1577	23948	10910	7755	2453
123292	99033	1617	14719		23448	4692	7080	1327
630775	517059	4824	70898		129847	21364	54125	4782
1055659	919869	9518	74297	3473	122570	42007	38542	11478
410380	348406	1242	26974	669	49178	14975	20962	3725
87992	77971	414	8906		14893	2079	5574	428
164370	144436	1668	9793	107	19266	11238	7805	2408
823797	669544	5185	109381	467	162449	44102	47875	9240
703093	602759	3034	90446		143133	8925	49653	2645
9090436	8236882	55747	696814	7781	1310341	107275	557780	22811
546318	451365	4776	53692	200	83912	24453	25388	6099
608865	515659	7444	53850		82405	32197	21111	7791
264088	222013	4292	24023	180	40777	12154	12459	2576
245003	211930	1783	17744		28843	10201	9316	2950
4045	3905	13	47		189	204	129	78
4813600	4050837	21995	575973	1443	733695	89311	135683	31513
439972	366582	3515	54983		82149	27942	23652	7478
43149	41259	240	-1455	1753	198	5874	1414	2317
92784	82538	145	4934		8367	4097	3288	1458
17879	14099	118	2868		3163	907	175	269
95081	81850	385	3055		6004	9841	2558	1666
7292	3601	118	1621		1740	917		164
8064	5698	66	819	268	1233	2791	308	491
766761	720046	3766	17861	2172	57534	39944	35907	10617
5112071	4376412	18474	542663	5386	733602	94196	172409	33841
5164610	4370843	71733	559305	6483	957464	128874	326107	30313
2502102	2215815	18148	192592	975	353104	81734	142290	16894
1526231	1374638	7691	119025	2857	224647	23214	97927	6381
2134368	1878028	6984	224299	1037	379632	40059	148348	10558
1256003	1092759	4264	99075	183	158364	40428	55025	10616
1135210	1015364	1966	99708	1811	148904	24625	47230	5994
2277765	1926048	32452	208059	184	316972	114721	76461	28450
1970045	1647004	20258	176783	1327	277789	73971	77253	15333
473851	421351	1831	22964	144	48701	37294	23901	8398
860478	745105	6008	35705	1051	62390	56470	20604	11965
5595466	4843294	20843	548622	5833	770845	118821	201324	39494
4795108	4081379	11837	525370	5035	666425	104649	129162	35722
571396	532621	6899	18840	307	73451	5092	47713	1367
228963	229294	2107	4412	491	30969	9080	24449	2405

9－3 规模以上工业增加值

（快报数） 单位：万元

指标名称	2014 年	2014 年比 2013 年增长（%）
总　　计	6530000	12.10
一、按登记注册类型分组：		
国有企业	94879	1.62
集体企业	21976	－26.72
股份合作企业	11933	7.80
股份制企业	2019658	16.81
外商和港澳台商投资企业	1292932	5.93
其他经济类型企业	34352	18.11
私营企业	3054270	13.40
二、按轻、重工业分		
轻工业	1579297	15.51
重工业	4950703	11.13
三、在总计中：国有控股企业	667475	11.37
非公有工业	5798282	12.75
在总计中：大型企业	1225398	8.93
中型企业	2418640	9.10
小型企业	2864511	18.60
微型企业	21451	－37.58
四、按工业行业分		
煤炭开采和洗选业	19199	2.52
黑色金属矿采选业	28841	42.39
有色金属矿采选业	90205	－17.70
非金属矿采选业	172639	26.39
农副食品加工业	250864	11.78
食品制造业	111966	25.50
酒、饮料和精制茶制造业	28412	8.12
纺织业	169791	17.05
纺织服装、服饰业	227408	6.01
皮革、毛皮、羽毛及其制品和制鞋业	106264	6.74
木材加工和木、竹、藤、棕、草制品业	61462	65.05
家具制造业	78571	－0.81
造纸和纸制品业	43920	21.03
印刷和记录媒介复制业	61313	18.27
文教、工美、体育和娱乐用品制造业	149657	31.02
化学原料和化学制品制造业	493455	33.46

9-3 续表

指标名称	2014 年	2014 年比 2013 年增长(%)
医药制造业	101412	12.75
化学纤维制造业	15573	16.97
橡胶和塑料制品业	39255	8.93
非金属矿物制品业	319543	4.30
黑色金属冶炼和压延加工业	213363	37.36
有色金属冶炼和压延加工业	2113666	12.59
金属制品业	102276	-4.06
通用设备制造业	129189	14.05
专用设备制造业	63449	17.46
汽车制造业	36709	18.35
铁路、船舶、航空航天和其他运输设备制造业	998	64.32
电气机械和器材制造业	869507	0.32
计算机、通信和其他电子设备制造业	215701	23.88
仪器仪表制造业	10866	6.01
其他制造业	21570	8.69
废弃资源综合利用业	1541	20.79
电力、热力生产和供应业	176771	-1.14
燃气生产和供应业	1197	-2.19
水的生产和供应业	3446	0.89
五、按地区分		
信州区	209859	11.50
上饶县	1298972	11.80
广丰县	1259500	12.80
玉山县	682196	12.90
铅山县	356901	12.20
横峰县	498888	11.00
弋阳县	348274	11.60
余干县	327764	12.40
鄱阳县	535166	12.00
万年县	579797	12.60
婺源县	130434	12.70
德兴市	274957	11.70
其中:上饶经济技术开发区	1323496	12.10
综合园	1165918	12.20
茶亭园	106507	11.90
朝阳园	51071	11.70

9－4 规模以上国有控股

（2014

指标名称	企业单位数（个）	亏损企业	工业总产值（当年价格）
总计	49	6	2407585
一、按登记注册类型分组：			
内资企业	46	6	2277462
国有企业	11	3	44006
地方企业	11	3	44006
有限责任公司	33	2	1916284
国有独资公司	12	1	1116420
其他有限责任公司	21	1	799865
股份有限公司	2	1	317171
港、澳、台商投资企业	1		40572
合资经营企业(港或澳、台资)	1		40572
外商投资企业	2		89551
中外合资经营企业	1		28209
其他外商投资企业	1		61342
二、按经济组织类型分组			
独资企业	11	3	44006
国有企业	11	3	44006
合作、合伙企业	1		61342
其他外商投资企业	1		61342
股份有限公司	2	1	317171
股份有限公司(内资)	2	1	317171
有限责任公司	35	2	1985066
国有独资公司	12	1	1116420
合资经营企业(港或澳、台资)	1		40572
中外合资经营企业	1		28209
其他有限责任公司	21	1	799865
三、在总计中：亏损企业	6	6	330772
在总计中：国有控股企业	49	6	2407585
在总计中：农村工业	1		2400
在总计中：轻工业	9	2	485434
重工业	40	4	1922151
在总计中：大型企业	4	2	470868
中型企业	19	2	1581518
小型企业	25	2	352356
微型企业	1		2844

工业企业主要经济指标(一)

年)　　　　　　　　　　　　　　　　　　　　　　　　　　　　单位:万元

工业销售产值(当年价格)	出口交货值	资产总计	流动资产合计	产成品	固定资产合计	固定资产原价	累计折旧
2405792	33724	2341189	845994	45828	1116290	1680612	631270
2276212	33724	2133098	781373	44992	1007692	1548098	607353
42166		96450	44520	1279	21033	33386	13922
42166		96450	44520	1279	21033	33386	13922
1914938	33724	1620243	499372	34780	848057	1290135	507458
1113976	33636	1060979	353496	30991	575352	834744	305431
800962	88	559264	145877	3789	272705	455391	202027
319108		416405	237481	8934	138603	224576	85974
40572		56403	28279	8	28125	34874	6750
40572		56403	28279	8	28125	34874	6750
89007		151688	36343	827	80473	97640	17168
28209		20566	12756	227	7810	9684	1874
60798		131122	23586	600	72663	87957	15293
42166		96450	44520	1279	21033	33386	13922
42166		96450	44520	1279	21033	33386	13922
60798		131122	23586	600	72663	87957	15293
60798		131122	23586	600	72663	87957	15293
319108		416405	237481	8934	138603	224576	85974
319108		416405	237481	8934	138603	224576	85974
1983719	33724	1697212	540407	35015	883991	1334694	516081
1113976	33636	1060979	353496	30991	575352	834744	305431
40572		56403	28279	8	28125	34874	6750
28209		20566	12756	227	7810	9684	1874
800962	88	559264	145877	3789	272705	455391	202027
326708	33636	367955	213890	20680	146040	219089	100993
2405792	33724	2341189	845994	45828	1116290	1680612	631270
2200		1753	956	105	756	1542	786
479129	33636	375628	192563	19190	163652	204976	83105
1926663	88	1965561	653431	26638	952638	1475637	548166
467271	33636	725174	363961	21734	286019	412512	153151
1586102		1257175	333911	18787	663191	1032538	396662
349576	88	357070	146969	5307	166989	235494	81456
2844		1771	1153		91	68	2

9－4 续表1

指标名称	企业单位数（个）	亏损企业	工业总产值（当年价格）
四、按行业分			
煤炭开采和洗选业	3	1	7739
有色金属矿采选业	2		141494
非金属矿采选业	4	1	236622
食品制造业	1		7122
造纸和纸制品业	1		28209
印刷和记录媒介复制业	1		40572
文教、工美、体育和娱乐用品制造业	1		305522
化学原料和化学制品制造业	2		29273
橡胶和塑料制品业	1		7317
非金属矿物制品业	5		233490
有色金属冶炼和压延加工业	3	1	504358
金属制品业	2		36704
通用设备制造业	2	1	105488
汽车制造业	1		2424
电气机械和器材制造业	1		22668
废弃资源综合利用业	1		4936
电力、热力生产和供应业	15	1	684220
水的生产和供应业	3	1	9428
五、按地区分			
信州区	5	2	136410
上饶县	2	1	76766
广丰县	7	1	892872
玉山县	4		111280
铅山县	4		37247
横峰县	2	1	16501
弋阳县	4		136041
余干县	4		316465
鄱阳县	1		33630
万年县	5		186271
婺源县	1		25599
德兴市	10	1	438505
其中：上饶经济技术开发区	3	1	180206
综合园	2	1	105488
茶亭园	1		74718

单位:万元

工业销售产值(当年价格)	出口交货值	资产总计	流动资产合计	产成品	固定资产合计	固定资产原价	累计折旧
7226		11675	3789	1203	6565	8921	3202
141144		261885	33940	1015	94929	117368	28757
236579		265073	107866	36	40252	48861	10309
7091		2945	1810	985	1135	1317	182
28209		20566	12756	227	7810	9684	1874
40572		56403	28279	8	28125	34874	6750
305522		57886	11987	5729	42558	43522	15362
28616		76133	28028	367	47239	58206	10967
7309		1239	1051		53	73	20
234588		393051	216734	2462	150951	262032	118429
506071		223116	80475	7866	85372	112224	26853
42107		28947	19713	9455	8792	14833	6042
100742	33724	215627	121752	13557	85827	113472	54303
2414		3788	1732	462	608	1315	708
20514		16030	13036	2296	2995	5897	3009
4739		5838	1509	161	4330	5698	1723
684220		643378	129202		499534	826826	335785
8130		57608	32336		9218	15490	6995
130837	33724	264244	151998	14020	100164	140098	67032
76766		66126	33102	36	32924	60967	28043
892872		493581	174609	6391	179359	232932	69672
112389		107509	46926	603	55567	118555	65351
36747		25188	3224	198	21506	38985	18996
16487		21839	3497	1005	3850	4520	1515
135947		38672	18937		17277	31696	15539
316228		403974	62084	1513	328577	482425	160868
33630		23663	1365		21965	40534	21998
186421		344111	187156	2480	135874	222814	87529
25599		19460	3979		13061	27656	14594
441869		532820	159120	19583	206166	279431	80132
175460	33724	275162	153153	13557	113961	166980	79676
100742	33724	215627	121752	13557	85827	113472	54303
74718		59535	31401		28134	53508	25373

9－4 规模以上国有控股

（2014

指标名称	负债合计	流动负债合计	非流动负债合计	所有者权益合计
总计	1158149	786951	250014	1182638
一、按登记注册类型分组：				
内资企业	1090372	743341	238680	1042393
国有企业	65478	44309	14572	30973
地方企业	65478	44309	14572	30973
有限责任公司	866316	540533	224028	753594
国有独资公司	593022	349861	153951	464968
其他有限责任公司	273294	190672	70077	288626
股份有限公司	158578	158499	79	257827
港、澳、台商投资企业	9731			46672
合资经营企业(港或澳、台资)	9731			46672
外商投资企业	58046	43610	11335	93572
中外合资经营企业	3101			17395
其他外商投资企业	54945	43610	11335	76177
二、按经济组织类型分组				
独资企业	65478	44309	14572	30973
国有企业	65478	44309	14572	30973
合作、合伙企业	54945	43610	11335	76177
其他外商投资企业	54945	43610	11335	76177
股份有限公司	158578	158499	79	257827
股份有限公司(内资)	158578	158499	79	257827
有限责任公司	879149	540533	224028	817661
国有独资公司	593022	349861	153951	464968
合资经营企业(港或澳、台资)	9731			46672
中外合资经营企业	3101			17395
其他有限责任公司	273294	190672	70077	288626
三、在总计中：亏损企业	289525	264503	18426	78430
在总计中：国有控股企业	1158149	786951	250014	1182638
在总计中：农村工业	170	170		1583
在总计中：轻工业	222108	159430	18320	153450
重工业	936041	627521	231694	1029188
在总计中：大型企业	349514	329930	19584	375660
中型企业	596652	302856	182309	660523
小型企业	211479	153660	48122	145188
微型企业	504	504		1266

工业企业主要经济指标(二)

年)　　　　　　　　　　　　　　　　　　　　　　　　　　　　　　　　单位:万元

主营业务收入	主营业务成本	主营业务税金及附加	利润总额	亏损企业亏损总额	利税总额	本年应付职工薪酬	本年应交增值税	全部从业人员年平均人数(人)
2421863	2004925	23526	246695	16199	422736	140516	152455	24945
2292150	1899641	20880	237972	16199	404497	126433	145585	23040
41905	36413	455	1279	1211	3785	7747	2005	2057
41905	36413	455	1279	1211	3785	7747	2005	2057
1935639	1592689	19178	210281	12879	362414	103472	132941	18612
1140945	930978	14519	117493	11483	222466	57292	90450	10811
794693	661711	4658	92788	1396	139949	46181	42491	7801
314607	270539	1247	26412	2109	38298	15214	10639	2371
39422	29066	390	5400		7759	1638	1969	453
39422	29066	390	5400		7759	1638	1969	453
90290	76218	2256	3324		10480	12445	4900	1452
29493	24620	550	2476		4357	976	1331	271
60798	51598	1707	847		6123	11470	3569	1181
41905	36413	455	1279	1211	3785	7747	2005	2057
41905	36413	455	1279	1211	3785	7747	2005	2057
60798	51598	1707	847		6123	11470	3569	1181
60798	51598	1707	847		6123	11470	3569	1181
314607	270539	1247	26412	2109	38298	15214	10639	2371
314607	270539	1247	26412	2109	38298	15214	10639	2371
2004553	1646375	20117	218157	12879	374530	106086	136242	19336
1140945	930978	14519	117493	11483	222466	57292	90450	10811
39422	29066	390	5400		7759	1638	1969	453
29493	24620	550	2476		4357	976	1331	271
794693	661711	4658	92788	1396	139949	46181	42491	7801
350801	342816	1202	－16199	16199	－9952	40999	5045	8767
2421863	2004925	23526	246695	16199	422736	140516	152455	24945
2199	1654	40	423		641	350	178	121
508392	429520	3475	36749	11751	84037	32488	43773	7589
1913471	1575405	20051	209947	4447	338700	108029	108682	17356
491748	433501	3375	15776	13593	34005	51573	14854	9390
1581526	1256728	18678	212644	2314	357931	70769	126597	11893
345745	312615	1462	18208	292	30631	18135	10912	3643
2844	2081	11	67		169	40	92	19

9－4　续表2

指标名称	负债合计	流动负债合计	非流动负债合计	所有者权益合计
四、按行业分				
煤炭开采和洗选业	4632	3799	832	7043
有色金属矿采选业	97981	66223	31758	163905
非金属矿采选业	82780	18156	343	182293
食品制造业	1391	1391		1554
造纸和纸制品业	3101			17395
印刷和记录媒介复制业	9731			46672
文教、工美、体育和娱乐用品制造业	31526			26361
化学原料和化学制品制造业	27497	27329	168	45647
橡胶和塑料制品业	404	337	67	835
非金属矿物制品业	98959	98542	416	297015
有色金属冶炼和压延加工业	107382	106888	494	115734
金属制品业	11294	11294		17653
通用设备制造业	166448	133725	32723	49179
汽车制造业	2812	2812		710
电气机械和器材制造业	7240	7185	55	8790
废弃资源综合利用业	912	912		4926
电力、热力生产和供应业	464335	278781	173009	179043
水的生产和供应业	39725	29575	10150	17883
五、按地区分				
信州区	199297	161424	37873	64681
上饶县	27518	14729	6193	38609
广丰县	137809	29889	5877	355702
玉山县	44039	34480	9559	63470
铅山县	19961	14419	5542	5228
横峰县	16550	12471	4079	5290
弋阳县	17724	12533	5191	20947
余干县	297187	164810	132377	106787
鄱阳县	23432	18911	4521	231
万年县	95979	83085	350	251055
婺源县	12599	10402	2197	6862
德兴市	266056	229799	36257	263776
其中：上饶经济技术开发区	187370	148454	38915	87792
综合园	166448	133725	32723	49179
茶亭园	20922	14729	6193	38614

单位:万元

主营业务收入	主营业务成本	主营业务税金及附加	利润总额	亏损企业亏损总额	利税总额	本年应付职工薪酬	本年应交增值税	全部从业人员年平均人数（人）
6846	5811	159	-116	919	640	2447	597	989
140890	97255	2708	8224		14505	17245	3574	1950
235203	179734	9924	32619	24	69929	4576	27386	865
7122	7008	1	10		17	358	7	80
29493	24620	550	2476		4357	976	1331	271
39422	29066	390	5400		7759	1638	1969	453
305522	249700	2020	39324		80757	1624	39413	401
27809	22422	27	2984		4621	1049	1610	265
7309	6546	13	259		494	504	222	176
232967	171223	1357	40283		65592	14902	23952	2355
501569	432361	2669	60071	2109	83636	8449	20897	1862
38810	33925	250	1311		3743	3082	2181	1124
129582	121722	457	-9790	11483	-8427	26879	907	6097
2424	2188	10	85		129	210	34	96
22761	19055	182	860		2098	4497	1053	805
4051	2259	24	1124		1152	159	3	41
682018	594333	2720	60753	1396	90504	49132	27013	6624
8064	5698	66	819	268	1233	2791	308	491
157576	148810	533	-9711	11751	-7753	29749	1425	6662
76767	65730	397	5672	24	8829	4699	2760	624
892915	709300	14999	134752	1396	236681	18326	86930	3463
110925	85402	504	12327		28329	9516	15498	1706
36751	35051	251	887		3001	5419	1858	965
16103	16169	95	-888	919	-107	3306	684	998
135947	128042	259	5860		10170	4258	4051	693
316413	243789	1688	51226		69575	11763	16662	1283
33630	33574		20		39	192	16	188
184920	143008	986	33344		44195	13503	9865	1920
25599	24856	128	824		2213	3116	1258	475
434319	371195	3685	12383	2109	27565	36669	11449	5968
204301	185710	707	-4095	11483	-28	31548	3360	6662
129582	121722	457	-9790	11483	-8427	26879	907	6097
74719	63988	250	5695		8398	4669	2453	565

9－5 规模以上集体控股

（2014

指标名称	企业单位数（个）	亏损企业	工业总产值（当年价格）
总计	11	1	252468
一、按登记注册类型分组：			
内资企业	10		232986
集体企业	3		88688
有限责任公司	6		130032
其他有限责任公司	6		130032
股份有限公司	1		14267
港、澳、台商投资企业	1	1	19482
合作经营企业(港或澳、台资)	1	1	19482
二、按经济组织类型分组			
独资企业	3		88688
集体企业	3		88688
合作、合伙企业	1	1	19482
合作经营企业(港或澳、台资)	1	1	19482
股份有限公司	1		14267
股份有限公司(内资)	1		14267
有限责任公司	6		130032
其他有限责任公司	6		130032
三、在总计中：亏损企业	1	1	19482
在总计中：轻工业	2		27252
重工业	9	1	225216
在总计中：中型企业	5		180025
小型企业	6	1	72443
四、按行业分			
有色金属矿采选业	1		6542
非金属矿采选业	1		14267
化学原料和化学制品制造业	2	1	25590
医药制造业	1		21144
非金属矿物制品业	1		8104
黑色金属冶炼和压延加工业	1		4574
有色金属冶炼和压延加工业	2		127744
通用设备制造业	2		44503
五、按地区分			
广丰县	3		41519
弋阳县	3		63149
余干县	1		8104
鄱阳县	1		37635
万年县	1	1	19482
婺源县	1		78005
德兴市	1		4574

工业企业主要经济指标(一)

年）　　　　　　　　　　　　　　　　　　　　　　　　　　单位:万元

工业销售产值（当年价格）	出口交货值	资产总计	流动资产合计	产成品	固定资产合计	固定资产原价	累计折旧
249550	7995	163603	72659	10122	69788	94184	25479
229936		123283	54938	6589	51184	72630	22529
88672		24349	4210	1520	13720	19614	5935
129176		62878	25019	4428	30570	43161	13562
129176		62878	25019	4428	30570	43161	13562
12089		36056	25710	642	6894	9855	3032
19615	7995	40320	17721	3533	18604	21554	2950
19615	7995	40320	17721	3533	18604	21554	2950
88672		24349	4210	1520	13720	19614	5935
88672		24349	4210	1520	13720	19614	5935
19615	7995	40320	17721	3533	18604	21554	2950
19615	7995	40320	17721	3533	18604	21554	2950
12089		36056	25710	642	6894	9855	3032
12089		36056	25710	642	6894	9855	3032
129176		62878	25019	4428	30570	43161	13562
129176		62878	25019	4428	30570	43161	13562
19615	7995	40320	17721	3533	18604	21554	2950
27225		13531	9832	1861	3296	7297	4029
222325	7995	150072	62827	8262	66492	86887	21450
179198		70615	17471	3840	40128	53816	14658
70352	7995	92988	55188	6282	29660	40368	10821
6805		8718	1530	741	7085	10054	3772
12089		36056	25710	642	6894	9855	3032
25722	7995	42437	19569	3572	18872	21846	3001
21117		11415	7984	1822	3027	7005	3978
8104		13109	2865	381	6903	10360	3457
4558		535	465	66	69	56	
126917		41163	12082	2623	19509	26449	7107
44238		10172	2455	276	7428	8560	1132
39314		49587	35542	2502	10190	17151	7061
62582		30730	13175	2129	14009	18843	5805
8104		13109	2865	381	6903	10360	3457
37373		7625	994	95	6631	6953	322
19615	7995	40320	17721	3533	18604	21554	2950
78005		21698	1897	1415	13383	19267	5884
4558		535	465	66	69	56	

9－5 规模以上集体控股

（2014

指 标 名 称	负债合计	流动负债合 计	非流动负债合计	所有者权益合计
总 计	88968	76266	12352	74605
一、按登记注册类型分组：				
内资企业	50183	37481	12352	73070
集体企业	4930	2334	2246	19389
有限责任公司	28977	26470	2506	33902
其他有限责任公司	28977	26470	2506	33902
股份有限公司	16276	8676	7600	19779
港、澳、台商投资企业	38785	38785		1535
合作经营企业(港或澳、台资)	38785	38785		1535
二、按经济组织类型分组				
独资企业	4930	2334	2246	19389
集体企业	4930	2334	2246	19389
合作、合伙企业	38785	38785		1535
合作经营企业(港或澳、台资)	38785	38785		1535
股份有限公司	16276	8676	7600	19779
股份有限公司(内资)	16276	8676	7600	19779
有限责任公司	28977	26470	2506	33902
其他有限责任公司	28977	26470	2506	33902
三、在总计中：亏损企业	38785	38785		1535
在总计中：轻工业	4676	4566	110	8825
重工业	84292	71700	12242	65780
在总计中：中型企业	27049	23078	3971	43566
小型企业	61919	53188	8381	31039
四、按行业分				
有色金属矿采选业	2901	2263	637	5818
非金属矿采选业	16276	8676	7600	19779
化学原料和化学制品制造业	39372	39262	110	3034
医药制造业	4089	4089		7326
非金属矿物制品业	6170	5009	1161	6939
黑色金属冶炼和压延加工业	415	66		119
有色金属冶炼和压延加工业	15662	13489	2173	25501
通用设备制造业	4083	3412	671	6088
五、按地区分				
广丰县	20952	13242	7710	28605
弋阳县	16402	15057	1345	14328
余干县	6170	5009	1161	6939
鄱阳县	2316	2316		5309
万年县	38785	38785		1535
婺源县	3928	1792	2136	17771
德兴市	415	66		119

工业企业主要经济指标(二)

年)　　单位:万元

主营业务收入	主营业务成本	主营业务税金及附加	利润总额	亏损企业亏损总额	利税总额	本年应付职工薪酬	本年应交增值税	全部从业人员年平均人数(人)
249354	215199	5022	14485	820	29181	16328	9674	3203
229748	197723	4419	15305		28851	15544	9127	2986
87165	81335	1004	3203		8030	4212	3822	711
130495	114074	954	7450		11757	11016	3353	2206
130495	114074	954	7450		11757	11016	3353	2206
12089	2315	2461	4652		9065	317	1952	69
19605	17476	603	-820	820	330	784	547	217
19605	17476	603	-820	820	330	784	547	217
87165	81335	1004	3203		8030	4212	3822	711
87165	81335	1004	3203		8030	4212	3822	711
19605	17476	603	-820	820	330	784	547	217
19605	17476	603	-820	820	330	784	547	217
12089	2315	2461	4652		9065	317	1952	69
12089	2315	2461	4652		9065	317	1952	69
130495	114074	954	7450		11757	11016	3353	2206
130495	114074	954	7450		11757	11016	3353	2206
19605	17476	603	-820	820	330	784	547	217
27225	22385	633	2881		4721	1337	1207	277
222129	192815	4389	11603	820	24460	14992	8467	2926
178957	163362	889	7519		14116	12912	5709	2342
70397	51838	4133	6966	820	15064	3416	3966	861
6910	4600	121	472		1506	3469	912	532
12089	2315	2461	4652		9065	317	1952	69
25713	22563	1156	-428	820	1685	984	957	307
21117	17298	80	2489		3366	1137	797	187
8104	7087	12	818		1197	1887	368	425
4612	3690	413	181		615	210	21	45
126330	119665	40	2720		6168	6099	3407	1038
44478	37981	739	3580		5580	2226	1260	600
39314	24699	3093	7533		13785	1654	3159	346
63661	57680	146	634		1948	6535	1168	1247
8104	7087	12	818		1197	1887	368	425
37612	32009	716	3509		5246	1457	1021	347
19605	17476	603	-820	820	330	784	547	217
76445	72559	39	2630		6060	3802	3391	576
4612	3690	413	181		615	210	21	45

9－6 规模以上私人控股

（2014

指标名称	企业单位数（个）	亏损企业	工业总产值（当年价格）
总　　计	700	48	17814114
一、按登记注册类型分组：			
内资企业	696	48	17712596
股份合作企业	3		15509
有限责任公司	196	19	4563343
其他有限责任公司	196	19	4563343
股份有限公司	23	1	424928
私营企业	467	28	12597262
私营独资企业	21	2	245213
私营合伙企业	5	1	22131
私营有限责任公司	414	24	11892350
私营股份有限公司	27	1	437568
其他企业	7		111554
港、澳、台商投资企业	2		95150
合资经营企业(港或澳、台资)	2		95150
外商投资企业	2		6369
中外合资经营企业	2		6369
二、按经济组织类型分组			
独资企业	21	2	245213
私营独资企业	21	2	245213
合作、合伙企业	15	1	149194
股份合作企业	3		15509
私营合伙企业	5	1	22131
其他企业(内资)	7		111554
股份有限公司	50	2	862496
股份有限公司(内资)	23	1	424928
私营股份有限公司	27	1	437568
有限责任公司	614	43	16557212
私营有限责任公司	414	24	11892350
合资经营企业(港或澳、台资)	2		95150
中外合资经营企业	2		6369
其他有限责任公司	196	19	4563343
三、在总计中：亏损企业	48	48	653112
在总计中：农村工业	6	2	43787
在总计中：轻工业	273	13	5020403
重工业	427	35	12793712
在总计中：大型企业	2		307042
中型企业	124	3	8518321
小型企业	558	44	8874872
微型企业	16	1	113879
四、按行业分			
煤炭开采和洗选业	11	2	44313
黑色金属矿采选业	2		84136
有色金属矿采选业	21	3	164698
非金属矿采选业	26	2	215297
农副食品加工业	34	1	1023007

工业企业主要经济指标(一)

年)　　　　单位:万元

工业销售产值(当年价格)	出口交货值	资产总计	流动资产合计	产成品	固定资产合计	固定资产原价	累计折旧
17692824	724433	7076276	3773167	476200	2326653	2854632	715140
17592602	649090	7029101	3754974	475629	2299639	2815948	699230
15509		7333	4513	168	2894	3048	366
4500379	65485	2127961	1179109	146239	667686	833115	211621
4500379	65485	2127961	1179109	146239	667686	833115	211621
431706	22906	360222	201767	25867	76313	92165	19698
12534501	560699	4501580	2359084	301690	1533835	1867920	465761
246656		109633	49996	5733	46697	62130	21321
22133		18461	9736	399	6394	7960	2080
11836087	519338	4210793	2225178	284609	1413202	1728636	427866
429625	41361	162693	74173	10950	67543	69194	14493
110507		32006	10501	1664	18912	19700	1784
93853	75343	20955	11028	167	7965	9162	5217
93853	75343	20955	11028	167	7965	9162	5217
6369		26220	7165	404	19049	29522	10692
6369		26220	7165	404	19049	29522	10692
246656		109633	49996	5733	46697	62130	21321
246656		109633	49996	5733	46697	62130	21321
148149		57799	24750	2231	28200	30709	4231
15509		7333	4513	168	2894	3048	366
22133		18461	9736	399	6394	7960	2080
110507		32006	10501	1664	18912	19700	1784
861331	64267	522915	275941	36817	143855	161359	34191
431706	22906	360222	201767	25867	76313	92165	19698
429625	41361	162693	74173	10950	67543	69194	14493
16436688	660166	6385928	3422481	431419	2107902	2600434	655396
11836087	519338	4210793	2225178	284609	1413202	1728636	427866
93853	75343	20955	11028	167	7965	9162	5217
6369		26220	7165	404	19049	29522	10692
4500379	65485	2127961	1179109	146239	667686	833115	211621
644539	30525	410738	231416	34301	81976	97660	29932
43499		17543	7869	288	6283	8045	1762
4956833	548549	2087370	985155	125461	810474	885750	173470
12735991	175884	4988906	2788012	350739	1516179	1968882	541670
306699		227661	53695	1672	173966	214304	40338
8485300	430073	2936858	1562753	225135	1118732	1406873	350619
8790213	293679	3853645	2129459	246703	1022145	1214248	316778
110612	682	58113	27260	2690	11810	19208	7405
46522		40248	21569	2222	9000	17630	10611
84062		23868	12416	229	6348	10094	3746
162940		195390	94012	11138	36985	58099	24373
216350		103103	55004	5178	29272	34934	6036
1018284	45898	341281	182113	28248	107038	115961	21220

9－6 续表1

指标名称	企业单位数（个）	亏损企业	工业总产值（当年价格）
食品制造业	8	1	249324
酒、饮料和精制茶制造业	10	1	98564
纺织业	41	2	648406
纺织服装、服饰业	44	1	566749
皮革、毛皮、羽毛及其制品和制鞋业	19	1	159084
木材加工和木、竹、藤、棕、草制品业	18		237805
家具制造业	7		84930
造纸和纸制品业	14	1	141319
印刷和记录媒介复制业	6		83878
文教、工美、体育和娱乐用品制造业	18		304139
化学原料和化学制品制造业	84	9	928898
医药制造业	17	2	234006
化学纤维制造业	2		87766
橡胶和塑料制品业	11	3	133246
非金属矿物制品业	59	5	728447
黑色金属冶炼和压延加工业	10		682258
有色金属冶炼和压延加工业	89	9	7759007
金属制品业	23	1	476107
通用设备制造业	38		508707
专用设备制造业	13	1	250635
汽车制造业	14		237849
铁路、船舶、航空航天和其他运输设备制造业	1		4045
电气机械和器材制造业	33	3	1405331
计算机、通信和其他电子设备制造业	9		133757
仪器仪表制造业	4		25317
其他制造业	7		66698
废弃资源综合利用业	2		13829
电力、热力生产和供应业	4		28869
燃气生产和供应业	1		3695
五、按地区分			
信州区	48	7	664908
上饶县	55	11	998400
广丰县	130	4	3711761
玉山县	98	4	2137739
铅山县	36	8	1507766
横峰县	33	2	2122159
弋阳县	59	3	1118778
余干县	25	2	966250
鄱阳县	69	1	1921992
万年县	67	3	1778308
婺源县	24	1	315850
德兴市	56	2	570204
其中：上饶经济技术开发区	78	15	1559378
综合园	62	8	1224256
茶亭园	5	3	131362
朝阳园	11	4	203760

单位:万元

工业销售产值(当年价格)	出口交货值	资产总计	流动资产合计	产成品	固定资产合计	固定资产原价	累计折旧
247010	29413	96327	46015	2665	33590	47407	13817
95063	13255	146839	91542	12222	34138	35721	4718
632900	100736	226965	118243	10890	63919	68476	14198
558206	117645	159378	87458	9329	62025	61158	6545
168017	32770	78368	29316	2417	21012	15030	2836
211874	10253	108199	36594	4932	37205	44599	7855
85138		45882	29123	2813	14304	15675	1461
141020		104533	34205	6436	53478	35088	8007
83614		41358	10108	1884	13998	17117	2654
302224	98335	110458	46652	12675	54381	58537	13096
930175	1192	455787	183328	16997	197435	248498	63693
228236	12604	132817	74666	15505	39598	52270	15578
87992		31409	24039	201	4825	6711	1885
130810	42098	69986	43325	4106	20447	27622	7305
721637		573505	250236	19503	237244	339840	122412
660271		117583	41893	3577	71173	90565	20016
7746997		2083417	1360134	218136	510986	652342	181361
470387	161610	214948	133663	11392	56646	66998	11287
505089		198327	78071	7365	97545	113509	18890
249887		94763	49486	6166	23169	33782	11927
237907	247	157135	88216	7646	40885	53390	13590
4045		505	218		185	255	69
1397429	38338	930615	496217	49185	334502	389352	69330
133685	9937	58821	22983	1859	24814	29733	8107
25317		12285	4719	740	6993	7581	2785
66638	10103	18210	6284	485	8525	8972	832
11001		3991	724	51			
28694		73948	13776	10	59309	75609	18503
3405		26031	6818		15679	22077	6399
645024	41542	618117	447809	60193	117437	154998	41336
1008419	64847	900305	498796	58257	246277	332598	104504
3696316	15156	1291924	443795	58384	626722	734494	177830
2125191	41006	828929	492214	59946	251019	289847	82519
1505848	1192	677746	487571	84116	68434	87659	31760
2121058	18480	490439	329011	66722	107353	148069	51501
1117811	111024	483625	287062	7458	142147	193459	59520
963354	1437	202201	91506	10087	80375	116183	36694
1907344	77806	560162	158728	7338	399723	431812	32949
1732084	293619	492806	254772	23560	139363	161932	32424
304216	35695	203773	102891	16395	64990	79461	18070
566159	22629	326248	179013	23745	82813	124120	46034
1535518	104012	1296924	815426	114205	293110	388056	111741
1199771	65087	1130984	701901	101031	255152	353946	106063
130103		68799	42171	5894	18652	11566	2340
205645	38925	97141	71354	7280	19306	22544	3337

9－6 规模以上私人控股

（2014

指 标 名 称	负债合计	流动负债合 计	非流动负债合计	所有者权益合计
总 计	3685592	2801196	242317	3281290
一、按登记注册类型分组：				
内资企业	3661625	2793717	230163	3258981
股份合作企业	4154	2725	60	3179
有限责任公司	1270075	1122585	75178	820156
其他有限责任公司	1270075	1122585	75178	820156
股份有限公司	183187	131752	31851	175990
私营企业	2189812	1526669	122549	2244089
私营独资企业	47332	42281	16	62235
私营合伙企业	9228	7117	384	9549
私营有限责任公司	2068886	1434574	113777	2078572
私营股份有限公司	64367	42698	8372	93734
其他企业	14397	9986	525	15567
港、澳、台商投资企业	9723	5421		10416
合资经营企业(港或澳、台资)	9723	5421		10416
外商投资企业	14244	2058	12154	11892
中外合资经营企业	14244	2058	12154	11892
二、按经济组织类型分组				
独资企业	47332	42281	16	62235
私营独资企业	47332	42281	16	62235
合作、合伙企业	27779	19828	969	28295
股份合作企业	4154	2725	60	3179
私营合伙企业	9228	7117	384	9549
其他企业(内资)	14397	9986	525	15567
股份有限公司	247553	174449	40224	269724
股份有限公司(内资)	183187	131752	31851	175990
私营股份有限公司	64367	42698	8372	93734
有限责任公司	3362929	2564638	201108	2921037
私营有限责任公司	2068886	1434574	113777	2078572
合资经营企业(港或澳、台资)	9723	5421		10416
中外合资经营企业	14244	2058	12154	11892
其他有限责任公司	1270075	1122585	75178	820156
三、在总计中：亏损企业	280389	240946	19128	128165
在总计中：农村工业	13228	9744	3484	4232
在总计中：轻工业	897056	643756	76398	1148789
重工业	2788536	2157440	165919	2132501
在总计中：大型企业	33634	12500		194027
中型企业	1498318	1220217	85408	1418472
小型企业	2123494	1562806	151104	1662893
微型企业	30147	5673	5805	5898
四、按行业分				
煤炭开采和洗选业	17633	18165		19549
黑色金属矿采选业	5155	187		18712
有色金属矿采选业	110361	83651	5409	83447
非金属矿采选业	40950	27166	5976	60050
农副食品加工业	148402	117976	18805	187983

工业企业主要经济指标(二)

年）　　　　　　　　　　　　　　　　　　　　　　　　　　　　　　单位:万元

主营业务收入	主营业务成本	主营业务税金及附加	利润总额	亏损企业亏损总额	利税总额	本年应付职工薪酬	本年应交增值税	全部从业人员年平均人数(人)
18073061	15828903	138046	1522020	16184	2563693	548723	899674	130242
17973059	15751483	137091	1511370	16184	2547431	545012	895017	129233
35410	30506	293	2348		3785	3571	1144	524
4718937	4161072	27631	376159	4282	611748	141820	205056	34779
4718937	4161072	27631	376159	4282	611748	141820	205056	34779
457428	386541	3990	43033	25	58248	21038	11224	4883
12639858	11072747	103883	1079721	11878	1857756	372860	673105	87686
247182	215711	2508	16625	57	33335	16229	14201	4309
22350	18998	561	516	1035	2880	1796	1803	488
11933638	10471441	94006	1019751	10601	1759465	338251	645140	78950
436688	366596	6809	42829	184	62077	16584	11961	3939
121426	100617	1294	10110		15895	5723	4488	1361
93853	72905	932	10509		15893	3044	4452	771
93853	72905	932	10509		15893	3044	4452	771
6149	4516	23	141		369	667	205	238
6149	4516	23	141		369	667	205	238
247182	215711	2508	16625	57	33335	16229	14201	4309
247182	215711	2508	16625	57	33335	16229	14201	4309
179187	150121	2147	12973	1035	22559	11090	7435	2373
35410	30506	293	2348		3785	3571	1144	524
22350	18998	561	516	1035	2880	1796	1803	488
121426	100617	1294	10110		15895	5723	4488	1361
894116	753137	10799	85862	209	120325	37622	23185	8822
457428	386541	3990	43033	25	58248	21038	11224	4883
436688	366596	6809	42829	184	62077	16584	11961	3939
16752577	14709934	122592	1406559	14883	2387475	483782	854852	114738
11933638	10471441	94006	1019751	10601	1759465	338251	645140	78950
93853	72905	932	10509		15893	3044	4452	771
6149	4516	23	141		369	667	205	238
4718937	4161072	27631	376159	4282	611748	141820	205056	34779
635989	633609	4347	－16184	16184	19142	27190	30979	5910
43662	26956	82	3546	21	4627	2133	999	624
5091490	4312046	53989	444089	2026	712770	242537	210776	57494
12981572	11516858	84057	1077931	14158	1850923	306185	688898	72748
325025	265350	7556	35616		57363	10376	14191	2741
8695997	7510795	66146	880412	166	1452852	257025	506182	57999
8939831	7945788	64191	603893	15938	1047273	280245	375348	69275
112209	106971	153	2100	81	6206	1077	3952	227
47954	39719	1227	2144	100	6802	6322	3432	1525
83062	69700	231	6158		10811	2028	4423	428
162375	143520	1502	6565	2485	14958	10521	6890	2799
215495	186509	2307	7357	189	17858	8833	8194	3119
1027318	883321	8757	85598	227	124916	22025	30532	5334

9-6 续表2

指标名称	负债合计	流动负债合计	非流动负债合计	所有者权益合计
食品制造业	45766	45763	3	48590
酒、饮料和精制茶制造业	68984	31050	6731	77855
纺织业	111126	70933	2320	115434
纺织服装、服饰业	72687	57412	3869	77107
皮革、毛皮、羽毛及其制品和制鞋业	44147	20966	10167	28779
木材加工和木、竹、藤、棕、草制品业	37751	29786	2312	58289
家具制造业	18993	11842	4232	26889
造纸和纸制品业	55551	44408	1744	48414
印刷和记录媒介复制业	9840	6550	1312	26630
文教、工美、体育和娱乐用品制造业	41239	18980	3207	67688
化学原料和化学制品制造业	217100	163254	13214	234294
医药制造业	80395	66810	5641	51096
化学纤维制造业	5264	5164	100	26146
橡胶和塑料制品业	27343	22432	1955	42429
非金属矿物制品业	238374	210143	16565	330694
黑色金属冶炼和压延加工业	28269	17528	3415	88820
有色金属冶炼和压延加工业	1316094	950769	48086	727935
金属制品业	113570	86213	792	98390
通用设备制造业	80411	71838	1388	116744
专用设备制造业	63676	49686	6672	29761
汽车制造业	93874	89796	2491	60662
铁路、船舶、航空航天和其他运输设备制造业	198	132	65	307
电气机械和器材制造业	490228	409643	57521	439036
计算机、通信和其他电子设备制造业	31300	24687		27368
仪器仪表制造业	7263	3846		5022
其他制造业	9643	8917	693	8432
废弃资源综合利用业	578			2188
电力、热力生产和供应业	44718	26790	17632	29230
燃气生产和供应业	8713	8713		17318
五、按地区分				
信州区	495049	454649	28871	121431
上饶县	573895	480228	70166	318751
广丰县	438957	181062	21016	811719
玉山县	475358	394329	19929	338824
铅山县	396639	225269	3896	279936
横峰县	323221	240351	252	167218
弋阳县	100287	66862	16626	382723
余干县	138086	100405	36256	60770
鄱阳县	251259	247422	273	307038
万年县	204383	158938	35472	255702
婺源县	94686	74621	3306	107029
德兴市	193774	177060	6254	130150
其中:上饶经济技术开发区	922009	819679	74326	371432
综合园	806271	715870	63154	321253
茶亭园	45803	40811	4282	22996
朝阳园	69936	62999	6890	27183

单位：万元

主营业务收　　入	主营业务成　　本	主营业务税金及附加	利润总额	亏损企业亏损总额	利税总额	本年应付职工薪酬	本年应交增值税	全部从业人员年平均人数（人）
247089	201363	2393	24589	162	37215	9948	10233	2298
94712	71488	378	6697	75	11509	4894	4433	1354
657517	564168	6866	65213	257	93554	41940	21470	9297
583214	484744	7085	48368	138	79860	48323	21027	10980
174376	149112	1625	11882	1	23396	15484	9889	3859
237053	211710	1535	14223		25181	12765	9264	2802
86068	69555	1148	7265		11253	5139	2840	1017
142841	121151	2655	10961	51	19683	8845	6044	1949
83870	69967	1227	9319		15689	3054	5111	874
323973	266254	2804	31508		49024	19404	14712	4292
941477	821296	7879	68815	2274	110481	38154	33574	10386
228767	205789	524	7438	423	19093	9330	11132	2594
87992	77971	414	8906		14893	2079	5574	428
133003	113749	1461	9182	107	15754	10384	5111	2103
729290	597398	4715	96801	467	133890	36820	32365	7735
678438	578416	2457	90265		140482	8008	47760	2330
7854279	7124961	42525	616996	7407	1127180	87665	467660	18554
507507	417440	4526	52380	200	80169	21371	23207	4975
518123	443924	6011	43359		66650	29380	17279	7083
253415	212605	4235	23525	180	39658	11152	11896	2389
242579	209742	1773	17659		28714	9991	9283	2854
4045	3905	13	47		189	204	129	78
1450031	1251381	17298	127890	1443	210108	39154	64877	10079
135161	117282	1846	10377		18170	11878	5947	3017
25439	24129	126	298		1837	5051	1413	1405
66611	59114	82	4129		7260	3553	3048	1228
13829	11840	94	1744		2012	748	172	228
28867	22078	211	2741		3706	3359	754	685
7292	3601	118	1621		1740	917		164
683900	640927	3379	16776	797	52202	32811	32048	8537
1056499	927100	5009	86110	3610	133240	40907	42066	9651
3739331	3251736	42782	338483	6483	586490	97934	204906	22248
2177782	1939169	14738	165605	975	295732	65539	115316	13987
1506981	1358146	7561	118927	2105	223928	21298	97441	5827
2118265	1861860	6889	225187	118	379740	36753	147665	9560
1115701	981835	3721	94328	183	147733	28206	49684	8122
958987	860064	1585	85529	280	126661	17513	39547	4197
2069286	1747860	29544	191417	184	292686	93679	71725	22868
1777977	1472323	19211	165594	261	259504	64661	71230	13383
304147	276689	1348	13670	138	32710	23326	17687	5125
564206	511194	2281	20396	1051	33067	26095	10360	6737
1617243	1469445	7408	92755	2973	167873	62650	67654	15121
1289126	1141201	5102	88262	2175	133151	53523	39731	12655
129456	129973	386	292	307	6781	1765	6103	469
198662	198272	1920	4201	491	27941	7362	21820	1997

9-7 规模以上港澳台商投资

(2014

指标名称	企业单位数（个）	亏损企业	工业总产值（当年价格）
总计	24	3	4273344
一、按登记注册类型分组：			
内资企业	1	1	2033
有限责任公司	1	1	2033
其他有限责任公司	1	1	2033
港、澳、台商投资企业	23	2	4271311
港澳台商独资经营企业	20	2	3949297
港澳台商投资股份有限公司	3		322014
二、按经济组织类型分组			
独资企业	20	2	3949297
港澳台商独资经营企业	20	2	3949297
股份有限公司	3		322014
港澳台商投资股份有限公司	3		322014
有限责任公司	1	1	2033
其他有限责任公司	1	1	2033
三、在总计中：亏损企业	3	3	19891
在总计中：轻工业	13	2	511360
重工业	11	1	3761984
在总计中：大型企业	5		3667879
中型企业	3	2	126968
小型企业	14	1	411249
微型企业	2		67248
四、按行业分			
食品制造业	1		167878
纺织服装、服饰业	3	1	102743
皮革、毛皮、羽毛及其制品和制鞋业	4	1	15316
木材加工和木、竹、藤、棕、草制品业	3	1	124337
造纸和纸制品业	1		5172
文教、工美、体育和娱乐用品制造业	1		2143
化学原料和化学制品制造业	2		6365
医药制造业	1		115369
黑色金属冶炼和压延加工业	1		20044
通用设备制造业	1		44892
电气机械和器材制造业	4		3348091
计算机、通信和其他电子设备制造业	1		301970
其他制造业	1		19023
五、按地区分			
信州区	5	2	55158
上饶县	5		3351628
广丰县	7		546240
玉山县	2		26022
弋阳县	1		22975
余干县	2	1	117402
鄱阳县	2		153918
其中：上饶经济技术开发区	10	2	3406787
综合园	8	2	3335791
茶亭园	1		68853
朝阳园	1		2143

工业企业主要经济指标(一)

年)

单位:万元

工业销售产值(当年价格)	出口交货值	资产总计	流动资产合计	产成品	固定资产合计	固定资产原价	累计折旧
4198123	987764	1628704	961494	233720	474085	514019	80410
2033		3355	742		2066	2521	455
2033		3355	742		2066	2521	455
2033		3355	742		2066	2521	455
4196089	987764	1625349	960752	233720	472020	511498	79955
3874076	987764	1516585	883187	227412	442200	475416	73623
322014		108764	77565	6308	29820	36082	6332
3874076	987764	1516585	883187	227412	442200	475416	73623
3874076	987764	1516585	883187	227412	442200	475416	73623
322014		108764	77565	6308	29820	36082	6332
322014		108764	77565	6308	29820	36082	6332
2033		3355	742		2066	2521	455
2033		3355	742		2066	2521	455
19891	9566	16715	13567	1832	2600	3739	1139
510044	235448	122969	45220	2482	68736	84093	15422
3688079	752315	1505735	916274	231238	405350	429926	64988
3611751	835660	1318235	845465	213844	366765	388323	55271
126968	124935	26480	10413	221	11506	15797	4291
392155	27169	214567	84594	10019	95814	109899	20848
67248		69422	21022	9636			
167878		27936	5764	208	22172	27493	5321
102498	32590	20755	12711	127	7687	8978	1291
15078	2464	8687	3127	89	3170	3887	717
123967	83345	65765	29430	2034	33730	38828	5505
5172		12600	4316	129	8284	10242	1958
1680	1680	3000	1385	53			
6365		7582	5676	1014	1840	3261	1722
115369	115369	14081	1127	221	8941	12096	3155
20044		14361	5412	2170	7570	8492	992
54892		19835	10798	1922	2585	3104	518
3264187	752315	1335795	806830	220163	355355	368891	53170
301970		94404	72153	4138	22250	27590	5340
19023		3904	2765	1452	502	1158	721
54695	11246	48284	27748	1894	16249	19769	3926
3267724	752315	1340897	810091	221167	357195	372152	54892
556240		172599	99700	8577	63226	77310	14154
25784	2464	5771	3893	1531	1242	2135	958
23025	23025	2838	2133		348	535	188
117402	115369	17436	1869	221	11007	14617	3610
153253	83345	40879	16059	330	24820	27502	2682
3322419	763561	1389180	837840	223061	373445	391921	58818
3280330	761881	1302759	807899	221858	337785	356261	52897
40410		83421	28556	1151	35660	35660	5922
1680	1680	3000	1385	53			

9－7 规模以上港澳台商投资

（2014

指标名称	负债合计	流动负债合计	非流动负债合计	所有者权益合计
总计	1019169	766353	167199	589853
一、按登记注册类型分组：				
内资企业	198	198		3156
有限责任公司	198	198		3156
其他有限责任公司	198	198		3156
港、澳、台商投资企业	1018971	766155	167199	586696
港澳台商独资经营企业	989694	754890	167199	507209
港澳台商投资股份有限公司	29277	11265		79487
二、按经济组织类型分组				
独资企业	989694	754890	167199	507209
港澳台商独资经营企业	989694	754890	167199	507209
股份有限公司	29277	11265		79487
港澳台商投资股份有限公司	29277	11265		79487
有限责任公司	198	198		3156
其他有限责任公司	198	198		3156
三、在总计中：亏损企业	12841	12841		3874
在总计中：轻工业	52940	39703	1619	69312
重工业	966229	726650	165580	520541
在总计中：大型企业	831209	647811	165387	487026
中型企业	14869	13250	1619	11611
小型企业	119399	105293	193	91216
微型企业	53692			
四、按行业分				
食品制造业	6439			21497
纺织服装、服饰业	10188	9506		10567
皮革、毛皮、羽毛及其制品和制鞋业	854	788		7116
木材加工和木、竹、藤、棕、草制品业	42557	42557		23208
造纸和纸制品业	4432			8167
文教、工美、体育和娱乐用品制造业	1981	1981		1019
化学原料和化学制品制造业	4503	2566		3079
医药制造业	8365	6746	1619	5716
黑色金属冶炼和压延加工业	11265	11265		3096
通用设备制造业	11521	10970	193	5079
电气机械和器材制造业	895631	676553	165387	424434
计算机、通信和其他电子设备制造业	18012			76392
其他制造业	3422	3422		483
五、按地区分				
信州区	35293	35293		12990
上饶县	898425	677409	165387	426742
广丰县	52237	22737	193	116411
玉山县	3509	3509		2262
弋阳县	681			2157
余干县	8564	6944	1619	8873
鄱阳县	20461	20461		20418
其中：上饶经济技术开发区	933718	712702	165387	439732
综合园	882534	661518	165387	404495
茶亭园	49203	49203		34218
朝阳园	1981	1981		1019

工业企业主要经济指标(二)

年)　　　　　　　　　　　　　　　　　　　　　　　　　　　　单位:万元

主营业务收入	主营业务成本	主营业务税金及附加	利润总额	亏损企业亏损总额	利税总额	本年应付职工薪酬	本年应交增值税	全部从业人员年平均人数(人)
4280480	3566146	18138	554038	1112	686355	94108	114179	34087
2033	1597	26	－5	5	87	1415	65	550
2033	1597	26	－5	5	87	1415	65	550
2033	1597	26	－5	5	87	1415	65	550
4278447	3564549	18111	554043	1107	686268	92693	114114	33537
3953592	3294595	16278	509437	1107	620252	75922	94537	28806
324855	269954	1833	44606		66016	16771	19578	4731
3953592	3294595	16278	509437	1107	620252	75922	94537	28806
3953592	3294595	16278	509437	1107	620252	75922	94537	28806
324855	269954	1833	44606		66016	16771	19578	4731
324855	269954	1833	44606		66016	16771	19578	4731
2033	1597	26	－5	5	87	1415	65	550
2033	1597	26	－5	5	87	1415	65	550
19658	18882	131	－1112	1112	－55	4709	925	1611
527260	444236	11043	54110	84	87095	29364	21942	8090
3753220	3121910	7094	499928	1028	599260	64744	92238	25997
3676384	3059605	8150	488558		585756	80260	89049	30162
126971	111479	313	13721	84	20819	5579	6785	1751
407594	333194	9505	45004	1028	71150	8269	16642	2174
69532	61868	170	6756		8629		1704	
167878	131633	7877	23861		40898	1021	9161	241
102776	89913	1563	6764	79	12461	9083	4135	2406
15078	12596	271	1122	5	2312	2027	919	771
136216	119456	831	8107	1028	10294	16017	1357	4395
5172	3527	269	781		1389	563	339	133
1280	1104		67		67	336		89
5762	5275	44	88		426	375	294	129
115369	101089	186	13805		19893	1469	5903	305
20044	20653	165			2037	708	1872	270
46264	33754	694	6910		10176	592	2572	108
3340807	2780402	4515	447223		521489	45660	69752	20629
304811	249301	1668	44605		63979	16063	17705	4461
19023	17443	57	707		934	194	171	150
48500	44468	145	1124	1107	2337	4404	1068	1458
3344450	2783631	4523	447276		521637	46008	69838	20685
550453	444157	10876	76835		120205	19109	32494	5390
25784	23154	97	1156		1433	643	180	194
23025	21871	92	714		1723	1475	917	270
117402	102686	212	13800	5	19980	2884	5968	855
170866	146180	2192	13134		19041	19585	3715	5235
3392950	2828100	4668	448400	1107	523974	50412	70906	22143
3321101	2772585	4613	438685	1107	513784	49028	70486	21891
70569	54410	55	9648		10123	1049	420	163
1280	1104		67		67	336		89

9－8　规模以上外商控股

（2014

指 标 名 称	企业单位数（个）	工业总产值（当年价格）	工业销售产值（当年价格）	出口交货值
总　　计	6	58202	58288	9735
一、按登记注册类型分组：				
外商投资企业	6	58202	58288	9735
中外合资经营企业	1			
外资企业	5	58202	58288	9735
二、按经济组织类型分组				
独资企业	5	58202	58288	9735
外资企业	5	58202	58288	9735
有限责任公司	1			
中外合资经营企业	1			
三、在总计中：轻工业	6	58202	58288	9735
在总计中：中型企业	1	10652	10652	9735
小型企业	4	47550	47636	
微型企业	1			
四、按行业分				
纺织业	3	45000	45000	
纺织服装、服饰业	1			
皮革、毛皮、羽毛及其制品和制鞋业	1	10652	10652	9735
医药制造业	1	2551	2637	
五、按地区分				
上饶县	2	13203	13289	9735
广丰县	1			
万年县	3	45000	45000	

工业企业主要经济指标(一)

年）　　　　　　　　　　　　　　　　　　　　　　　　　　　　　　单位:万元

工业销售产值（当年价格）	出口交货值	资产总计	流动资产合计	产成品	固定资产合计	固定资产原价	累计折旧
44369		17780	3383		14816	20201	6081
44369		17780	3383		14816	20201	6081
44369		17780	3383		14816	20201	6081
44369		17780	3383		14816	20201	6081
44369		17780	3383		14816	20201	6081
44369		17780	3383		14816	20201	6081
22502		8712	1832		8719	10716	1997
21868		9068	1552		6098	9485	4084
10804		4335	1057		2003	2003	669
22502		8712	1832		8719	10716	1997
11064		4733	495		4094	7482	3416
33565		13445	2327		12813	18198	5413
10804		4335	1057		2003	2003	669

9－8　规模以上外商控股

（2014

指标名称	负债合计	流动负债合　　计	所有者权益合计	主营业务收　　入
总　　计	25417	25281	18952	59118
一、按登记注册类型分组：				
外商投资企业	25417	25281	18952	59118
中外合资经营企业				
外资企业	25417	25281	18952	59118
二、按经济组织类型分组				
独资企业	25417	25281	18952	59118
外资企业	25417	25281	18952	59118
有限责任公司				
中外合资经营企业				
三、在总计中：轻工业	25417	25281	18952	59118
在总计中：中型企业	16955	16955	5546	10646
小型企业	8462	8326	13406	48472
微型企业				
四、按行业分				
纺织业	2274	2274	8530	45835
纺织服装、服饰业				
皮革、毛皮、羽毛及其制品和制鞋业	16955	16955	5546	10646
医药制造业	6188	6052	4876	2637
五、按地区分				
上饶县	23143	23007	10422	13283
广丰县				
万年县	2274	2274	8530	45835

工业企业主要经济指标(二)

年)　　单位:万元

主营业务成　本	主营业务税金及附加	利润总额	利税总额	本年应付职工薪酬	本年应交增值税	全部从业人员年平均人数(人)
50723	291	5953	8437	4002	2193	1566
50723	291	5953	8437	4002	2193	1566
50723	291	5953	8437	4002	2193	1566
50723	291	5953	8437	4002	2193	1566
50723	291	5953	8437	4002	2193	1566
50723	291	5953	8437	4002	2193	1566
9263	76	193	269	2051		1110
41460	215	5760	8168	1951	2193	456
39727	200	5698	8091	1755	2193	346
9263	76	193	269	2051		1110
1733	14	62	76	196		110
10996	90	255	346	2247		1220
39727	200	5698	8091	1755	2193	346

9－9 规模以上其他控股

（2014

指标名称	企业单位数（个）	亏损企业	工业总产值（当年价格）
总计	37	7	1311733
一、按登记注册类型分组：			
内资企业	32	6	1054269
有限责任公司	30	6	1020952
其他有限责任公司	30	6	1020952
股份有限公司	1		21329
其他企业	1		11988
港、澳、台商投资企业	1		42891
合资经营企业(港或澳、台资)	1		42891
外商投资企业	4	1	214573
中外合资经营企业	4	1	214573
二、按经济组织类型分组			
合作、合伙企业	1		11988
其他企业(内资)	1		11988
股份有限公司	1		21329
股份有限公司(内资)	1		21329
有限责任公司	35	7	1278417
合资经营企业(港或澳、台资)	1		42891
中外合资经营企业	4	1	214573
其他有限责任公司	30	6	1020952
三、在总计中：亏损企业	7	7	103495
在总计中：轻工业	18	3	263011
重工业	19	4	1048722
在总计中：大型企业	1		76842
中型企业	7	1	742614
小型企业	28	6	490512
微型企业	1		1766
四、按行业分			
非金属矿采选业	3		7265
农副食品加工业	1		41616
酒、饮料和精制茶制造业	1	1	3108
纺织业	2		28466
纺织服装、服饰业	3		36160
皮革、毛皮、羽毛及其制品和制鞋业	1		76842
木材加工和木、竹、藤、棕、草制品业	1		11988
家具制造业	1		10660
造纸和纸制品业	1	1	5528
化学原料和化学制品制造业	4	2	55771
医药制造业	5	1	47018
橡胶和塑料制品业	3		12762
有色金属冶炼和压延加工业	8	1	875203
专用设备制造业	1		11320
仪器仪表制造业	1	1	80694
其他制造业	1		7333
五、按地区分			
信州区	2		17187
上饶县	5	1	761336
广丰县	1		4516
玉山县	6		184321
铅山县	3	3	13477
弋阳县	2		46525
余干县	4	1	22722
万年县	7	1	106966
婺源县	3	1	91270
德兴市	4		63414
其中：上饶经济技术开发区	5	1	638073
综合园	2	1	255633
茶亭园	1		365253
朝阳园	2		17187

工业企业主要经济指标(一)

年)　　　　单位:万元

工业销售产值(当年价格)	出口交货值	资产总计	流动资产合计	产成品	固定资产合计	固定资产原价	累计折旧
1240176	28163	721171	553878	54986	119893	138252	39108
1046671	2767	659171	513909	51185	98833	107457	28644
1011321	2767	643305	504030	50773	94302	101121	26232
1011321	2767	643305	504030	50773	94302	101121	26232
21329		2888	412	412	2476	2781	307
14021		12979	9467		2055	3555	2105
42891		15474	13353	387	1869	3740	1904
42891		15474	13353	387	1869	3740	1904
150614	25396	46526	26616	3414	19192	27055	8560
150614	25396	46526	26616	3414	19192	27055	8560
14021		12979	9467		2055	3555	2105
14021		12979	9467		2055	3555	2105
21329		2888	412	412	2476	2781	307
21329		2888	412	412	2476	2781	307
1204826	28163	705305	543999	54574	115362	131916	36696
42891		15474	13353	387	1869	3740	1904
150614	25396	46526	26616	3414	19192	27055	8560
1011321	2767	643305	504030	50773	94302	101121	26232
39384	13222	61246	28743	4509	28873	37062	7890
259235	14990	133240	67952	7020	51097	54729	7438
980941	13172	587931	485926	47966	68796	83523	31670
76842		21757	7973	375	13784	14230	1731
686588	10456	451690	375018	23829	50735	59892	24928
475273	17707	236839	160010	30782	55367	64119	12445
1473		10885	10877		8	12	4
6785		3484	565	87	1196	1439	268
41122		6405	4668	304	1280	2087	807
3108	50	2861	2348		474	533	59
27860	14940	13724	9253	2598	4098	4412	314
36077		6964	2153	666	3755	4067	434
76842		21757	7973	375	13784	14230	1731
14021		12979	9467		2055	3555	2105
10660		3638	3471		167	169	3
5528		13967	2853	705	10452	10518	66
54898	2717	27690	17309	1635	9245	11784	2882
44998		45593	20456	1572	14935	16152	3594
12469		15168	13394		1764	1470	127
870374		509988	433041	44399	48084	49503	17575
10673		17943	14011		3612	6348	2738
17711	10456	13272	9681	1846	3545	10138	6004
7053		5740	3236	800	1446	1846	400
16414	14940	15976	15171	889	590	612	22
703676	10456	457321	396396	39762	38734	36762	13264
4516		1708	665		698	703	26
175507		53851	43089	4481	8524	20151	11992
12639	2717	16790	5838	1958	9969	11032	1353
45755		43243	19158	1657	12911	12911	2377
22443		22499	7392	1056	13354	13679	747
105776		42430	25502	3224	13330	15555	2231
90623	50	42561	24331	375	17870	21111	4529
62828		24791	16336	1584	3913	5737	2569
580550	25396	421761	363173	22456	38155	36159	13168
192893	10456	248925	224729	4848	24150	20251	11265
371244		156859	123273	16719	13415	15296	1882
16414	14940	15976	15171	889	590	612	22

9－9 规模以上其他控股

（2014

指 标 名 称	负债合计	流动负债合 计	非流动负债合计	所有者权益合计
总 计	568693	544770	18537	152194
一、按登记注册类型分组：				
内资企业	542508	524585	12537	116379
有限责任公司	532048	516546	12537	110974
其他有限责任公司	532048	516546	12537	110974
股份有限公司	2151			736
其他企业	8309	8039		4669
港、澳、台商投资企业	1549	1549		13925
合资经营企业(港或澳、台资)	1549	1549		13925
外商投资企业	24636	18636	6000	21890
中外合资经营企业	24636	18636	6000	21890
二、按经济组织类型分组				
合作、合伙企业	8309	8039		4669
其他企业(内资)	8309	8039		4669
股份有限公司	2151			736
股份有限公司(内资)	2151			736
有限责任公司	558233	536731	18537	146788
合资经营企业(港或澳、台资)	1549	1549		13925
中外合资经营企业	24636	18636	6000	21890
其他有限责任公司	532048	516546	12537	110974
三、在总计中：亏损企业	46068	41768	4300	15178
在总计中：轻工业	88083	71261	13537	44874
重工业	480611	473509	5000	107320
在总计中：大型企业	11255	5255	6000	10502
中型企业	372361	369239	700	79330
小型企业	174461	159659	11837	62094
微型企业	10617	10617		268
四、按行业分				
非金属矿采选业	2512	681		972
农副食品加工业	5271	5271		1135
酒、饮料和精制茶制造业	2351	2351		511
纺织业	9570	9570		4154
纺织服装、服饰业	4858	1573		1822
皮革、毛皮、羽毛及其制品和制鞋业	11255	5255	6000	10502
木材加工和木、竹、藤、棕、草制品业	8309	8039		4669
家具制造业	740	740		2898
造纸和纸制品业	12256	12256		1711
化学原料和化学制品制造业	12754	8331	4423	14936
医药制造业	26348	21152	5196	19245
橡胶和塑料制品业	14070	14070		1099
有色金属冶炼和压延加工业	438406	437706	700	71582
专用设备制造业	11337	11337		6606
仪器仪表制造业	4250	4250		9022
其他制造业	4409	2191	2218	1330
五、按地区分				
信州区	14478	14478		1498
上饶县	399078	396547	700	58243
广丰县	410	287	123	1299
玉山县	24779	24779		29072
铅山县	17611	13311	4300	－821
弋阳县	23543	18346	5196	19700
余干县	18167	18167		4332
万年县	28567	24075	2218	13863
婺源县	24942	18942	6000	17619
德兴市	17119	15839		7388
其中：上饶经济技术开发区	365069	364369	700	56692
综合园	213901	213901		35025
茶亭园	136690	135990	700	20169
朝阳园	14478	14478		1498

工业企业主要经济指标(二)

年）　　　　单位:万元

主营业务收入	主营业务成本	主营业务税金及附加	利润总额	亏损企业亏损总额	利税总额	本年应付职工薪酬	本年应交增值税	全部从业人员年平均人数（人）
1253191	1135981	12998	37152	4284	135492	37285	85316	9624
1056562	965643	12264	29164	2531	122716	25036	81262	5729
1023928	936689	12220	26323	2531	117792	20926	79249	4711
1023928	936689	12220	26323	2531	117792	20926	79249	4711
21329	18946		2325		3813	1640	1463	326
11306	10008	44	516		1111	2470	551	692
42891	39047	213	2356		4038	568	1469	169
42891	39047	213	2356		4038	568	1469	169
153738	131291	522	5632	1753	8739	11681	2585	3726
153738	131291	522	5632	1753	8739	11681	2585	3726
11306	10008	44	516		1111	2470	551	692
11306	10008	44	516		1111	2470	551	692
21329	18946		2325		3813	1640	1463	326
21329	18946		2325		3813	1640	1463	326
1220557	1107027	12954	34311	4284	130568	33175	83303	8606
42891	39047	213	2356		4038	568	1469	169
153738	131291	522	5632	1753	8739	11681	2585	3726
1023928	936689	12220	26323	2531	117792	20926	79249	4711
42870	42020	251	- 4284	4284	- 3896	2865	137	1401
272496	224489	1280	14261	1778	26949	19602	11383	4611
980695	911493	11719	22892	2506	108544	17683	73934	5013
79683	60223	382	6172		8760	9055	2206	2450
677109	618203	10569	20551	1753	97242	13545	66096	3973
482318	442178	1886	10400	2531	27048	14588	14762	3174
14081	15377	161	29		2443	98	2253	27
6767	4882	183	1169		1564	553	211	158
41404	39397		1098		1100	519	2	72
2903	2473	5	- 6	6	52	110	54	60
28029	26727	53	583		1286	2016	649	490
35955	33109	13	2533		4184	2598	1613	541
79683	60223	382	6172		8760	9055	2206	2450
11306	10008	44	516		1111	2470	551	692
10660	9264	35	1238		2001	1164	729	184
5626	6515	4	- 1526	1526	- 1482	527	41	100
54898	48313	412	2839	379	5357	1445	2107	391
42490	22496	438	3181	246	6750	2844	3131	529
24058	24141	194	353		3018	350	2472	129
873880	815914	11058	20160	374	102138	11459	70919	2649
10673	9408	57	498		1119	1002	564	187
17711	17130	114	- 1753	1753	- 1639	823		912
7150	5981	6	98		173	350	69	80
29021	29918	187	144		2961	1381	2630	319
695791	652943	8704	9047	1753	77949	5005	60198	2226
4516	2926	183	862		1682	323	638	78
187611	168090	2808	13505		27610	6036	11297	1007
12639	11333	21	- 753	753	- 690	896	42	229
39654	19244	282	2823		5978	3319	2872	672
21523	20076	60	- 1142	1526	- 784	1214	299	338
109904	102582	176	4988	246	7787	5651	2598	1133
93259	72104	444	6664	6	9931	10167	2823	2697
59272	56766	134	1015		3069	3294	1920	925
585273	545750	8767	7467	1753	78999	5759	62765	2230
184881	167593	2122	- 1577	1753	19491	2099	18945	1176
371371	348239	6457	8900		56547	2279	41190	735
29021	29918	187	144		2961	1381	2630	319

9－10 大中型工业企业

（2014

指 标 名 称	企业单位数（个）	亏损企业	工业总产值（当年价格）
总 计	171	10	15682727
一、按登记注册类型分组：			
内资企业	157	8	11524663
国有企业	1	1	2639
地方企业	1	1	2639
集体企业	1		78005
有限责任公司	62	4	4491544
国有独资公司	8	1	1053192
其他有限责任公司	54	3	3438352
股份有限公司	9	1	579568
私营企业	83	2	6360919
私营独资企业	4		135447
私营有限责任公司	76	2	6125741
私营股份有限公司	3		99730
其他企业	1		11988
港、澳、台商投资企业	10	1	3928535
合资经营企业(港或澳、台资)	3		135722
港澳台商独资经营企业	6	1	3490844
港澳台商投资股份有限公司	1		301970
外商投资企业	4	1	229530
中外合资经营企业	2	1	157536
外资企业	1		10652
其他外商投资企业	1		61342
二、按经济组织类型分组			
独资企业	13	2	3717588
国有企业	1	1	2639
集体企业	1		78005
私营独资企业	4		135447
港澳台商独资经营企业	6	1	3490844
外资企业	1		10652
合作、合伙企业	2		73330
其他企业(内资)	1		11988
其他外商投资企业	1		61342
股份有限公司	13	1	981267
股份有限公司(内资)	9	1	579568
私营股份有限公司	3		99730
港澳台商投资股份有限公司	1		301970
有限责任公司	143	7	10910543
国有独资公司	8	1	1053192
私营有限责任公司	76	2	6125741
合资经营企业(港或澳、台资)	3		135722
中外合资经营企业	2	1	157536
其他有限责任公司	54	3	3438352
三、在总计中:亏损企业	10	10	445074
在总计中:国有控股企业	23	4	2052386
在总计中:轻工业	72	4	3410250
重工业	99	6	12272477
在总计中:大型企业	12	2	4522631
中型企业	159	8	11160097

年)

单位:万元

工业销售产值(当年价格)	出口交货值	资产总计	流动资产合计	产成品	固定资产合计	固定资产原价	累计折旧
15537371	1444494	7058146	3579373	511269	2733545	3608999	1043644
11500257	388366	5450775	2634977	292376	2222539	3040324	947545
2626		7061	1930	1005	3850	4520	1515
2626		7061	1930	1005	3850	4520	1515
78005		21698	1897	1415	13383	19267	5884
4474083	84270	2576178	1159764	106594	1063663	1515970	536606
1051496	33636	962984	322543	28531	509574	744918	280262
3422587	50634	1613194	837221	78063	554088	771052	256344
591071	11576	697560	396841	29778	196598	293910	100124
6340451	292520	2135299	1065078	153585	942991	1203103	301311
134732		48360	13998	352	25427	31032	8106
6106322	292520	2061705	1039674	151943	905260	1155235	288641
99398		25234	11406	1290	12304	16836	4564
14021		12979	9467		2055	3555	2105
3871111	1035938	1418718	894443	214240	412295	445635	71073
134425	75343	77358	39306	175	36089	44036	11967
3434716	960595	1246957	782983	209927	353956	374009	53766
301970		94404	72153	4138	22250	27590	5340
166003	20190	188653	49953	4652	98711	123040	25026
94553	10456	35029	17654	2221	17329	24368	7736
10652	9735	22502	8712	1832	8719	10716	1997
60798		131122	23586	600	72663	87957	15293
3660731	970330	1346577	809520	214531	405333	439542	71269
2626		7061	1930	1005	3850	4520	1515
78005		21698	1897	1415	13383	19267	5884
134732		48360	13998	352	25427	31032	8106
3434716	960595	1246957	782983	209927	353956	374009	53766
10652	9735	22502	8712	1832	8719	10716	1997
74819		144101	33053	600	74719	91512	17398
14021		12979	9467		2055	3555	2105
60798		131122	23586	600	72663	87957	15293
992438	11576	817198	480401	35206	231152	338335	110028
591071	11576	697560	396841	29778	196598	293910	100124
99398		25234	11406	1290	12304	16836	4564
301970		94404	72153	4138	22250	27590	5340
10809382	462588	4750270	2256399	260932	2022341	2739610	844949
1051496	33636	962984	322543	28531	509574	744918	280262
6106322	292520	2061705	1039674	151943	905260	1155235	288641
134425	75343	77358	39306	175	36089	44036	11967
94553	10456	35029	17654	2221	17329	24368	7736
3422587	50634	1613194	837221	78063	554088	771052	256344
377964	59465	385227	223122	24554	152774	233983	108155
2053372	33636	1982349	697872	40521	949210	1445050	549812
3387767	597688	1351031	587046	71959	676485	795958	192725
12149604	846807	5707115	2992327	439310	2057060	2813041	850919
4462563	869296	2292827	1271094	237625	840534	1029368	250490
11074808	575198	4765319	2308279	273644	1893010	2579631	793154

9－10 续表1

指标名称	企业单位数（个）	亏损企业	工业总产值（当年价格）
四、按行业分			
煤炭开采和洗选业	2	1	6095
有色金属矿采选业	4		173060
非金属矿采选业	3		253851
农副食品加工业	5		522982
食品制造业	3		111220
酒、饮料和精制茶制造业	1		41362
纺织业	12		384499
纺织服装、服饰业	15	1	436226
皮革、毛皮、羽毛及其制品和制鞋业	8	2	156160
木材加工和木、竹、藤、棕、草制品业	4		127453
家具制造业	1		12140
造纸和纸制品业	1		10478
印刷和记录媒介复制业	1		40572
文教、工美、体育和娱乐用品制造业	7		498676
化学原料和化学制品制造业	3		90054
医药制造业	1		115369
橡胶和塑料制品业	3		97891
非金属矿物制品业	10	1	531748
黑色金属冶炼和压延加工业	3		633001
有色金属冶炼和压延加工业	26	1	5229423
金属制品业	5		175115
通用设备制造业	10	1	454111
专用设备制造业	1		102817
汽车制造业	4		161253
电气机械和器材制造业	17	1	4191046
计算机、通信和其他电子设备制造业	5		385790
仪器仪表制造业	4	1	98770
其他制造业	1		36771
电力、热力生产和供应业	11	1	604797
五、按地区分			
信州区	11	3	268474
上饶县	14	2	4222958
广丰县	24	1	2936624
玉山县	15		1339347
铅山县	4		834445
横峰县	14	1	1715482
弋阳县	6		283377
余干县	8	1	643106
鄱阳县	37		1570890
万年县	20	1	1100984
婺源县	8		290313
德兴市	10	1	476728
其中:上饶经济技术开发区	22	5	4475690
综合园	17	4	3996100
茶亭园	2		439971
朝阳园	3	1	39619

单位:万元

工业销售产值(当年价格)	出口交货值	资产总计	流动资产合计	产成品	固定资产合计	固定资产原价	累计折旧
6081		12736	2776	1025	5989	9339	4195
172972		273917	35527	1755	102973	128486	32635
253851		248752	109739	1708	22637	24814	3877
519997		97646	50807	8196	35767	44937	9798
110985	9074	48405	24638	1901	19043	29676	10633
41362		68183	47852	4571	5472	2685	336
371122	98516	114906	51568	4976	47280	55050	11817
433883	77932	102829	44633	3396	56664	61875	5699
165436	15542	82574	28154	2524	36754	37955	5200
129571	83345	70212	34630	1991	33585	41804	9056
12140		4864	2257	699	2607	2932	325
9182		9367	5168	1802	3665	7015	3350
40572		56403	28279	8	28125	34874	6750
497431	90189	135247	42652	17314	83366	86346	25634
89735		40400	5683	225	26001	35103	9102
115369	115369	14081	1127	221	8941	12096	3155
96494	42098	54969	33340	3530	16658	23068	6411
526983		669340	330206	11033	293924	469084	188079
632733		89076	19400	754	67054	82371	15330
5230128		1807795	1179882	165941	500556	655646	184918
174981	74540	86350	55171	11653	30503	39459	8956
446986	33636	275319	131922	13075	131583	166338	61583
102817		17299	3799	25	1802	3947	2146
162076		114132	72437	5125	25787	35311	9523
4131735	783862	1792880	1016893	239595	606532	672398	110285
385549	9937	131454	81106	5641	43665	53194	12717
35787	10456	24479	13426	2585	10488	17667	8786
36771		7297	2897		3078	3256	179
604642		607235	123405		483049	772275	293171
263800	82127	335305	217740	42790	103842	136143	60927
4109438	818087	2004964	1349494	258429	449909	515251	114420
2935624		1228918	423031	28211	650213	828004	208040
1329173		540094	318155	25251	196021	294516	122488
834501		251160	204191	37534	35725	56959	24399
1715469	18480	351004	253384	64479	69022	111187	47333
281464		247638	108627	9715	114727	149719	44170
640583	115369	470149	80807	4818	351727	529103	177376
1560766	161151	436114	125700	4260	310415	338625	28211
1094415	227337	542529	288355	9873	198315	289550	98153
288222	12870	137509	40067	3567	72691	102611	34604
483916	9074	512763	169821	22343	180939	257332	83524
4357496	890479	2314014	1556562	299275	543239	638395	172664
3872609	851554	2081871	1392738	280652	496691	564426	145241
445962		216394	154674	16719	41549	68804	27255
38925	38925	15749	9150	1904	4998	5166	169

9－10 大中型工业企业

（2014

指标名称	负债合计	流动负债合计	非流动负债合计	所有者权益合计
总　计	3751814	2941091	464977	3286264
一、按登记注册类型分组：				
内资企业	2799076	2204738	280636	2632447
国有企业	4307	3475	832	2754
地方企业	4307	3475	832	2754
集体企业	3928	1792	2136	17771
有限责任公司	1468511	1141233	203103	1107633
国有独资公司	550211	311504	149496	412773
其他有限责任公司	918300	829729	53607	694860
股份有限公司	304910	266144	30404	392651
私营企业	1009112	784055	44162	1106970
私营独资企业	18760	17250		29599
私营有限责任公司	985333	763086	44162	1057155
私营股份有限公司	5018	3719		20216
其他企业	8309	8039		4669
港、澳、台商投资企业	865334	666283	167006	552569
合资经营企业(港或澳、台资)	19454	5421		57089
港澳台商独资经营企业	827868	660862	167006	419089
港澳台商投资股份有限公司	18012			76392
外商投资企业	87405	70070	17335	101248
中外合资经营企业	15504	9504	6000	19525
外资企业	16955	16955		5546
其他外商投资企业	54945	43610	11335	76177
二、按经济组织类型分组				
独资企业	871819	700334	169974	474758
国有企业	4307	3475	832	2754
集体企业	3928	1792	2136	17771
私营独资企业	18760	17250		29599
港澳台商独资经营企业	827868	660862	167006	419089
外资企业	16955	16955		5546
合作、合伙企业	63254	51650	11335	80846
其他企业(内资)	8309	8039		4669
其他外商投资企业	54945	43610	11335	76177
股份有限公司	327940	269863	30404	489258
股份有限公司(内资)	304910	266144	30404	392651
私营股份有限公司	5018	3719		20216
港澳台商投资股份有限公司	18012			76392
有限责任公司	2488802	1919244	253265	2241401
国有独资公司	550211	311504	149496	412773
私营有限责任公司	985333	763086	44162	1057155
合资经营企业(港或澳、台资)	19454	5421		57089
中外合资经营企业	15504	9504	6000	19525
其他有限责任公司	918300	829729	53607	694860
三、在总计中：亏损企业	298718	283874	14844	86486
在总计中：国有控股企业	946165	632786	201892	1036183
在总计中：轻工业	643280	448975	44053	707715
重工业	3108534	2492116	420924	2578549
在总计中：大型企业	1225611	995495	190971	1067216
中型企业	2526203	1945595	274007	2219048

主要经济指标(二)

年)　　　　　　　　　　　　　　　　　　　　　　　　单位:万元

主营业务收入	主营业务成本	主营业务税金及附加	利润总额	亏损企业亏损总额	利税总额	本年应付职工薪酬	本年应交增值税	全部从业人员年平均人数(人)
15844045	13488509	116134	1681161	17909	2629113	513144	831668	123811
11740611	10078838	104097	1157510	16077	1985460	400639	723703	85571
2242	2315	49	-919	919	-643	1615	227	738
2242	2315	49	-919	919	-643	1615	227	738
76445	72559	39	2630		6060	3802	3391	576
4649037	3949689	43725	462142	12986	807245	182703	301366	36804
1079242	875536	14453	114157	11483	216912	53016	88299	10243
3569795	3074154	29272	347985	1503	590333	129687	213068	26561
613357	524482	3335	54434	2109	75028	30903	17234	5459
6388225	5519786	56906	638706	63	1096658	179147	400934	41302
135382	117529	1877	10609		17014	8622	4528	2103
6152729	5314990	53773	619246	63	1066064	164307	392933	38070
100114	87267	1255	8851		13579	6219	3473	1129
11306	10008	44	516		1111	2470	551	692
3934596	3271458	9759	518192	79	630140	89106	102190	32587
133275	101971	1322	15909		23652	4682	6421	1224
3496510	2920187	6768	457678	79	542510	68361	78064	26902
304811	249301	1668	44605		63979	16063	17705	4461
168837	138213	2278	5460	1753	13513	23399	5775	5653
97393	77353	496	4419	1753	7121	9878	2206	3362
10646	9263	76	193		269	2051		1110
60798	51598	1707	847		6123	11470	3569	1181
3721225	3121852	8809	470192	998	565210	84450	86209	31429
2242	2315	49	-919	919	-643	1615	227	738
76445	72559	39	2630		6060	3802	3391	576
135382	117529	1877	10609		17014	8622	4528	2103
3496510	2920187	6768	457678	79	542510	68361	78064	26902
10646	9263	76	193		269	2051		1110
72103	61606	1751	1364		7235	13940	4120	1873
11306	10008	44	516		1111	2470	551	692
60798	51598	1707	847		6123	11470	3569	1181
1018283	861049	6258	107890	2109	152586	53185	38412	11049
613357	524482	3335	54434	2109	75028	30903	17234	5459
100114	87267	1255	8851		13579	6219	3473	1129
304811	249301	1668	44605		63979	16063	17705	4461
11032434	9444003	99316	1101716	14801	1904082	361569	702926	79460
1079242	875536	14453	114157	11483	216912	53016	88299	10243
6152729	5314990	53773	619246	63	1066064	164307	392933	38070
133275	101971	1322	15909		23652	4682	6421	1224
97393	77353	496	4419	1753	7121	9878	2206	3362
3569795	3074154	29272	347985	1503	590333	129687	213068	26561
400599	389917	1297	-17909	17909	-10829	48373	5783	11869
2073274	1690229	22053	228420	15907	391936	122342	141451	21283
3503124	2951936	41377	308125	11567	524138	200703	174505	48162
12340921	10536574	74757	1373037	6341	2104975	312441	657163	75649
4572839	3818679	19463	546122	13593	685884	151263	120299	44743
11271205	9669830	96671	1135040	4316	1943230	361881	711369	79068

9－10 续表2

指标名称	负债合计	流动负债合计	长期负债合计	所有者权益合计
四、按行业分				
煤炭开采和洗选业	6538	5706	832	6198
有色金属矿采选业	101317	68922	32395	172600
非金属矿采选业	65785	8100		182966
农副食品加工业	55271	54520	751	42375
食品制造业	27348	27348		20713
酒、饮料和精制茶制造业	34163	4063	34	34020
纺织业	55465	32408	1921	64133
纺织服装、服饰业	45342	40100	972	53942
皮革、毛皮、羽毛及其制品和制鞋业	53464	33206	14047	29088
木材加工和木、竹、藤、棕、草制品业	36842	36572		33370
家具制造业	1300			3564
造纸和纸制品业	7114	5487	1627	2254
印刷和记录媒介复制业	9731			46672
文教、工美、体育和娱乐用品制造业	62115	9416	2665	72316
化学原料和化学制品制造业	5841	5016		34559
医药制造业	8365	6746	1619	5716
橡胶和塑料制品业	20291	16864	471	34678
非金属矿物制品业	179048	170090	8957	490293
黑色金属冶炼和压延加工业	17211	9140	3249	71865
有色金属冶炼和压延加工业	1139757	1021205	18771	649618
金属制品业	48466	48466		36426
通用设备制造业	176622	168452	8170	98697
专用设备制造业	14684	14684		2615
汽车制造业	71646	71601		42487
电气机械和器材制造业	1026300	797625	207542	766580
计算机、通信和其他电子设备制造业	36386	16864		94915
仪器仪表制造业	10877	7460		13602
其他制造业	5198	5198		2099
电力、热力生产和供应业	429330	255832	160954	177905
五、按地区分				
信州区	272844	264627	8170	62439
上饶县	1389036	1183563	204172	615928
广丰县	299243	57729	5877	910429
玉山县	332294	303741	13577	214290
铅山县	133822	128280	5542	117338
横峰县	239503	172214	866	111501
弋阳县	42679	40333	2301	204959
余干县	331825	179776	151902	138323
鄱阳县	207738	207738		228376
万年县	172753	135087	22901	362523
婺源县	57692	35223	10333	79783
德兴市	272387	232780	39338	240376
其中:上饶经济技术开发区	1642290	1429901	212342	671701
综合园	1471736	1266286	205449	610135
茶亭园	157612	150719	6893	58783
朝阳园	12943	12896		2784

单位:万元

主营业务成本	主营业务税金及附加	利润总额	亏损企业亏损总额	利税总额	本年应付工资总额	本年应付福利费总额	本年应交增值税	全部从业人员年平均人数(人)
5697	4666	465	-754	919	386	3065	675	1037
172825	124337	2840	11123		19976	21792	6013	2792
253851	195891	9921	31782		70363	5525	28661	1518
523299	465582	5818	33219		58959	8672	19923	1869
110998	90263	1784	9485		16663	6269	5395	1447
41362	24184	194	5137		7116	2836	1785	552
393617	329880	4546	43701		61427	29008	13180	6061
454525	380556	7092	40970	79	67662	38902	19526	9384
173854	139156	1509	11490	5	19220	21656	6222	6400
143702	125612	906	9566		13395	22174	2923	5707
12140	9533	349	699		1646	2433	598	350
9182	8455	38	568		1221	780	615	330
39422	29066	390	5400		7759	1638	1969	453
497461	401376	3567	60413		111482	13903	47502	2745
89917	79299	643	6698		10616	5916	3275	1499
115369	101089	186	13805		19893	1469	5903	305
98748	80801	1253	8907		12918	8132	2757	1236
521472	402914	2173	99707	103	141031	32766	39151	5713
632967	536092	2260	89390		138658	6220	47007	1588
5316139	4711592	36032	488466	2109	905288	62007	380790	13481
191363	156345	1728	18158		26851	12067	6910	3061
485215	427175	6112	20858	11483	39455	40928	12485	9692
102817	83541	464	15627		20731	4065	4640	795
164535	139553	756	13695		21168	6574	6718	1723
4227362	3536277	19595	530181	63	666840	78330	117054	28708
388594	322368	2556	49851		73144	25197	20737	6746
36154	34656	220	-1556	1753	-585	5519	751	2119
36771	33503	23	2504		4956	941	2430	516
604690	514749	2717	62075	1396	90877	44363	26077	5984
315060	291786	951	-6431	11563	-157	42854	5323	10679
4179839	3537971	14224	478711	1855	630182	75727	137191	28093
2944839	2447831	30640	374130	1396	617875	71037	213055	16961
1339067	1185677	13441	112110		228978	43313	103426	7692
834501	762460	4080	62605		125501	9377	58817	1904
1715085	1477888	6470	209855	919	344856	25976	128531	6884
282216	226072	842	46919		61673	13132	13912	2702
640583	531184	2248	87980	5	121175	21445	30947	3642
1715521	1455468	24326	155260		233491	85102	53905	21226
1111443	909843	13692	133777	63	209373	50763	61872	9562
290947	254348	1020	15763		27391	30126	10605	6597
474946	407981	4201	10483	2109	28776	44293	14084	7869
4478796	3817192	14973	470649	13418	627785	115261	142107	37044
3993781	3370790	8116	453102	13417	558443	102759	97170	34366
446090	412227	6707	14596		64945	6948	43643	1300
38925	34175	150	2952	1	4396	5554	1294	1378

9－11 大中型工业

（2014

指 标 名 称	所在地	企业规模	注册类型
凤凰光学集团有限公司	信州区	大型	国有独资公司
江西博能上饶客车有限公司	信州区	中型	其他有限责任公司
江西省创鑫光电有限公司	信州区	中型	其他有限责任公司
江西宏福服装有限公司	信州区	中型	港澳台商独资
江西晶科光伏材料有限公司	信州区	中型	其他有限责任公司
上饶市亚星光电仪器有限公司	信州区	中型	其他有限责任公司
上饶海潮纺织有限公司	信州区	中型	其他有限责任公司
上饶市佳富光电科技有限公司	信州区	中型	其他有限责任公司
上饶市隆润麻纺织品有限公司	信州区	中型	私营有限责任公司
上饶市德瑞达户外旅游用品有限公司	信州区	中型	其他有限责任公司
江西利丰鞋业有限公司	信州区	中型	私营有限责任公司
晶科能源有限公司	上饶县	大型	港澳台商独资
上饶光电高科技有限公司	上饶县	大型	港澳台商独资
国网江西上饶县供电有限责任公司	上饶县	中型	国有独资公司
江西欧美意鞋业有限公司	上饶县	中型	外资企业
江西锦裕机械制造有限公司	上饶县	中型	其他有限责任公司
江西信江实业有限公司	上饶县	中型	股份有限公司
江西艾芬达卫浴有限公司	上饶县	中型	私营有限责任公司
江西一舟电子有限公司	上饶县	中型	私营有限责任公司
江西耐普矿机新材料股份有限公司	上饶县	中型	股份有限公司
江西天峰建材有限公司	上饶县	中型	其他有限责任公司
上饶市华丰铜业有限公司	上饶县	中型	其他有限责任公司
江西凤凰富士胶片光学有限公司	上饶县	中型	中外合资经营
江西新金叶实业有限公司	上饶县	中型	其他有限责任公司
上饶县嘉成服饰有限公司	上饶县	中型	其他有限责任公司
江西中投新能源有限公司	广丰县	大型	私营有限责任公司
江西精元电脑有限公司	广丰县	大型	港澳台商投资股份有限公司
国网江西广丰县供电有限责任公司	广丰县	中型	其他有限责任公司
广丰县华强矿产实业有限公司	广丰县	中型	国有独资公司
广丰县中艺服饰有限公司	广丰县	中型	私营有限责任公司
广丰县月兔红木工贸有限公司	广丰县	中型	国有独资公司
广丰月兔橱柜有限公司	广丰县	中型	私营有限股份公司
江西金宏铜业有限公司	广丰县	中型	私营有限责任公司
广丰县海韵电子玩具有限公司	广丰县	中型	其他有限责任公司
江西同欣机械制造有限公司	广丰县	中型	私营有限责任公司
江西月兔丰华彩印有限公司	广丰县	中型	与港澳台商合资经营
广丰县金鹏电子有限公司	广丰县	中型	私营独资
江西省斯尔摩红木家俱有限公司	广丰县	中型	私营有限责任公司
江西明华铜业有限公司	广丰县	中型	私营有限责任公司
江西九洲铜业有限公司	广丰县	中型	其他有限责任公司
江西省广丰丰溪水电有限责任公司	广丰县	中型	其他有限责任公司
江西中兴文体用品有限公司	广丰县	中型	与港澳台商合资经营

企业一览表

年)

控股情况	隶属关系	主要产品	轻重工业
国有控股	省属	数码相机制造	轻工业
私人控股	县属	客车制造	重工业
私人控股	其他	镜头制造	重工业
港澳台控股	其他	儿童休闲服装加工	轻工业
私人控股	县属	制造业 铝压延加	重工业
私人控股	县属	光学玻璃镜片制造	重工业
私人控股	县属	纺织品、针织品、印染、服饰用品生产、加工	轻工业
私人控股	县属	光学仪器制造	重工业
私人控股	其他	苎麻布	轻工业
私人控股	其他	箱包	轻工业
私人控股	其他	鞋子制造	轻工业
港澳台控股	其他	太阳能组件制造	重工业
港澳台控股	其他	硅、太阳能组件制造	重工业
国有控股	省属	电力供应	重工业
外商控股	其他	皮鞋制造	轻工业
私人控股	县属	制造业缝纫机械制造	重工业
私人控股	其他	客车制造 发动机 电器等各类铜线材制造	重工业
私人控股	其他	卫浴、水暖管材制造	轻工业
私人控股	其他	电子连接线制造	重工业
私人控股	其他	橡胶耐磨制品制造	重工业
私人控股	县属	水泥制造	重工业
其他控股	其他	粗铜加工	重工业
其他控股	其他	开发、制造手机镜片	重工业
其他控股	其他	粗铜	重工业
私人控股	县属	服装制造	轻工业
私人控股	其他	锂电池制造	轻工业
港澳台控股	其他	计算机外围设备制造	重工业
国有控股	中央	电力供应	重工业
国有控股	其他	滑石采选	重工业
私人控股	其他	服装制造	轻工业
国有控股	其他	雕塑工艺品制造	轻工业
私人控股	其他	木质家具制造	轻工业
私人控股	其他	铜压延加工	重工业
私人控股	县属	电子玩具	轻工业
私人控股	其他	凸轮轴	重工业
国有控股	县属	印刷品	轻工业
私人控股	其他	电子配件	重工业
私人控股	其他	木雕工艺品	轻工业
私人控股	其他	铜压延加工	重工业
国有控股	市属	铜压延加工	重工业
国有控股	省属	发电	重工业
私人控股	市属	足球	轻工业

9－11 续表 1

指标名称	所在地	企业规模	注册类型
广丰县闽丰光学眼镜有限公司	广丰县	中型	其他有限责任公司
江西正田铜业有限公司	广丰县	中型	私营有限责任公司
广丰县瑞丰型材有限公司	广丰县	中型	其他有限责任公司
江西烽银金属有限公司	广丰县	中型	私营有限责任公司
广丰县霞峰花炮制造有限公司	广丰县	中型	私营有限责任公司
上饶市天熠实业发展有限公司	广丰县	中型	私营有限责任公司
广丰县福翔滑石工业有限公司	广丰县	中型	其他有限责任公司
国网江西玉山县供电有限责任公司	玉山县	中型	国有独资公司
玉山县富旺铜业有限公司	玉山县	中型	私营有限责任公司
江西众光照明科技有限公司	玉山县	中型	私营有限责任公司
上饶市岩瑞铜业有限公司	玉山县	中型	私营有限责任公司
玉山县景泰制衣有限公司	玉山县	中型	私营有限责任公司
江西天马钢管有限公司	玉山县	中型	其他有限责任公司
江西晶仪轴承有限公司	玉山县	中型	其他有限责任公司
江西嘉鸣科技电子有限公司	玉山县	中型	私营有限责任公司
玉山县飞跃包装实业有限公司	玉山县	中型	其他有限责任公司
江西西龙食品有限公司	玉山县	中型	私营有限责任公司
玉山县博跃实业有限公司	玉山县	中型	其他有限责任公司
江西玉山南方水泥有限公司	玉山县	中型	其他有限责任公司
江西三清水泥有限公司	玉山县	中型	私营有限责任公司
江西岩鹰水泥有限公司	玉山县	中型	私营有限股份公司
江西玉山万年青水泥有限公司	玉山县	中型	其他有限责任公司
国网江西铅山县供电有限责任公司	铅山县	中型	其他有限责任公司
江西金汇铜业有限公司	铅山县	中型	私营有限责任公司
江西省屹立铜业有限公司	铅山县	中型	其他有限责任公司
铅山县祥龙煤矿	铅山县	中型	私营独资
横峰县富饶资源综合再利用有限公司	横峰县	中型	私营有限责任公司
江西大业实业有限公司	横峰县	中型	私营有限责任公司
江西中旺铜业有限公司	横峰县	中型	私营有限责任公司
上饶和丰铜业有限公司	横峰县	中型	私营有限责任公司
江西诚大拉链有限公司	横峰县	中型	私营有限责任公司
江西龙祥铝业有限公司	横峰县	中型	私营有限责任公司
江西亚迈实业有限公司	横峰县	中型	私营有限责任公司
江西横峰葛佬葛产业开发有限公司	横峰县	中型	私营有限责任公司
横峰县盛泰纺织有限公司	横峰县	中型	其他有限责任公司
横峰县永兴铜业有限公司	横峰县	中型	私营有限责任公司
横峰县南方有色金属有限公司	横峰县	中型	私营有限责任公司
江西宏旺服装有限公司	横峰县	中型	私营有限责任公司
江西钻宝仪表有限公司	横峰县	中型	私营有限责任公司
江西省横峰铺前煤矿	横峰县	中型	国有
江西鸥迪铜业有限公司	弋阳县	中型	其他有限责任公司
弋阳县旭日铜矿业有限责任公司	弋阳县	中型	其他有限责任公司
江西省顺达纸业有限责任公司	弋阳县	中型	私营有限责任公司

控股情况	隶属关系	主要产品	轻重工业
私人控股	县属	眼镜制造	轻工业
私人控股	其他	铜棒加工	重工业
私人控股	县属	材料制造	重工业
私人控股	其他	钢压延加工	重工业
私人控股	其他	鞭炮产品制造	轻工业
私人控股	其他	矿产品制造	重工业
私人控股	县属	滑石加工	重工业
国有控股	县属	供电	重工业
私人控股	其他	有色金属制造	重工业
私人控股	其他	照明灯具制造	轻工业
私人控股	其他	电解铜生产	重工业
私人控股	其他	针织品	轻工业
私人控股	其他	轴承钢管	重工业
私人控股	乡属	轴承	重工业
私人控股	其他	电子产品	重工业
私人控股	其他	包装物	轻工业
私人控股	其他	烤鳗	轻工业
其他控股	其他	有色金属制造	重工业
私人控股	其他	水泥熟料	重工业
私人控股	其他	水泥熟料	重工业
私人控股	其他	水泥	重工业
国有控股	其他	水泥	重工业
国有控股	中央	供电	重工业
私人控股	其他	电解铜	重工业
私人控股	其他	铜块	重工业
私人控股	其他	原煤开采	重工业
私人控股	其他	铜矿采选	重工业
私人控股	其他	有色金属合金制造	重工业
私人控股	其他	粗铜	重工业
私人控股	其他	铜材	重工业
私人控股	其他	其他日用杂品制造	轻工业
私人控股	其他	铝材	重工业
私人控股	其他	箱包	轻工业
私人控股	其他	葛系列产品	轻工业
私人控股	其他	棉纺纱加工	轻工业
私人控股	其他	铜材	重工业
私人控股	其他	铜材	重工业
私人控股	其他	纺织业服装制造	轻工业
私人控股	其他	有色金属压延加工	重工业
国有控股	县属	煤煤和无煤烟的采选	重工业
集体控股	县属	铜材	重工业
集体控股	县属	铜金属	重工业
私人控股	其他	布白板纸、铜板纸、文化用纸及纸板制作	轻工业

9－11　续表 2

指标名称	所在地	企业规模	注册类型
江西兴唐实业有限公司	弋阳县	中型	其他有限责任公司
江西弋铜实业有限公司	弋阳县	中型	其他有限责任公司
弋阳海螺水泥有限责任公司	弋阳县	中型	私营有限责任公司
江西铭日企业集团有限公司	余干县	中型	私营有限责任公司
余干县供电有限责任公司	余干县	中型	其他有限责任公司
江西省黄金玻纤有限公司	余干县	中型	其他有限责任公司
江西远普新能源科技有限公司	余干县	中型	私营有限责任公司
余干县盛和铜业有限公司	余干县	中型	私营有限责任公司
江西东方善生物科技有限公司	余干县	中型	港澳台商独资
国电黄金埠发电有限公司	余干县	中型	国有独资公司
余干县笏立鞋业有限公司	余干县	中型	其他有限责任公司
江西省裕泰鞋业有限公司	鄱阳县	大型	港澳台商独资
亮志(江西)服装有限公司	鄱阳县	大型	港澳台商独资
江西省金苑服饰织造有限公司	鄱阳县	大型	私营有限责任公司
鄱阳县华凯电子科技有限公司	鄱阳县	中型	私营有限责任公司
江西鄱阳荣林达纺织有限责任公司	鄱阳县	中型	其他有限责任公司
宝鸿化纤(江西)有限公司	鄱阳县	中型	私营有限责任公司
鄱阳县清亮米业有限公司	鄱阳县	中型	私营有限股份公司
江西东方豹紧固件有限公司	鄱阳县	中型	私营独资
江西正盛特钢制造有限公司	鄱阳县	中型	其他有限责任公司
江西奔达搪业有限公司	鄱阳县	中型	其他有限责任公司
鄱阳县恒茂针织有限公司	鄱阳县	中型	股份有限公司
鄱阳县广禾粮油贸易有限公司	鄱阳县	中型	私营有限责任公司
江西乾坤机床有限公司	鄱阳县	中型	私营有限责任公司
鄱阳县加西亚电子电器有限公司	鄱阳县	中型	股份有限公司
上饶市世昌服饰有限公司	鄱阳县	中型	私营有限责任公司
江西波星机械泵阀制造有限公司	鄱阳县	中型	私营独资
江西文博粮业有限公司	鄱阳县	中型	其他有限责任公司
江西佳华电冰箱制造有限公司	鄱阳县	中型	其他有限责任公司
江西蒙恩乐光电科技有限公司	鄱阳县	中型	私营有限责任公司
江西百达新材料科技有限公司	鄱阳县	中型	私营有限责任公司
江西鑫顺新能源科技有限公司	鄱阳县	中型	私营有限责任公司
江西都邦实业有限公司	鄱阳县	中型	其他有限责任公司
江西申华工贸有限公司	鄱阳县	中型	其他有限责任公司
江西彤康实业有限公司	鄱阳县	中型	其他有限责任公司
江西盛态粮食实业有限公司	鄱阳县	中型	其他有限责任公司
江西稻草金服饰有限公司	鄱阳县	中型	私营有限责任公司
上饶市草根家纺有限公司	鄱阳县	中型	其他有限责任公司
江西斯沃德教育文化发展有限公司	鄱阳县	中型	私营有限责任公司
鄱阳县凯迪绿色能源开发有限公司	鄱阳县	中型	私营有限责任公司
江西鄱阳国泰化工有限责任公司	鄱阳县	中型	私营有限责任公司
江西丰华纺织有限公司	鄱阳县	中型	私营有限责任公司
江西嘉亿五金制造有限公司	鄱阳县	中型	股份有限公司

控股情况	隶属关系	主要产品	轻重工业
私人控股	其他	汽车、农机配件	重工业
其他控股	其他	铜材	重工业
私人控股	其他	水泥	重工业
私人控股	其他	白厂丝	轻工业
国有控股	省属	火力发电	重工业
集体控股	县属	玻璃纤维网格布	重工业
私人控股	其他	电池、极板生产、销售	轻工业
私人控股	其他	铜带	重工业
港澳台控股	其他	保健品	轻工业
国有控股	中央	火力发电	重工业
港澳台控股	县属	皮鞋制造	轻工业
港澳台控股	其他	运动鞋制造	轻工业
港澳台控股	其他	机织服装制造	轻工业
私人控股	其他	服装	轻工业
私人控股	其他	电子元件	重工业
私人控股	其他	棉纺纱加工	轻工业
私人控股	其他	皮鞋制造	轻工业
私人控股	其他	粮食加工	轻工业
私人控股	其他	紧固件制造	重工业
集体控股	县属	紧固件	重工业
私人控股	县属	搪瓷日用品	轻工业
私人控股	县属	针织手套	轻工业
私人控股	其他	食品加工	轻工业
私人控股	其他	紧固件制造	重工业
私人控股	县属	电线	重工业
私人控股	其他	机织服装制造	轻工业
私人控股	其他	阀门和旋塞制造	重工业
私人控股	其他	谷物磨制	轻工业
私人控股	县属	家用制冷电器具制造	轻工业
私人控股	其他	照明灯具制造	轻工业
私人控股	其他	炼钢	重工业
私人控股	其他	光伏设备、太阳能拉棒制造	重工业
私人控股	县属	铜压延加工	重工业
私人控股	县属	建筑、家具用金属配件制造	重工业
私人控股	县属	皮鞋制造	轻工业
私人控股	县属	谷物磨制	轻工业
私人控股	其他	机织服装制造	轻工业
私人控股	县属	床上用品制造	轻工业
私人控股	其他	机织服装制造	轻工业
私人控股	其他	其他电力生产和供应业	重工业
私人控股	其他	炸药及火工产品制造	重工业
私人控股	其他	毛毯制造	轻工业
私人控股	县属	紧固件制造	重工业

9－11 续表3

指标名称	所在地	企业规模	注册类型
江西联合标准件制造有限公司	鄱阳县	中型	其他有限责任公司
江西光安标准件有限公司	鄱阳县	中型	私营有限责任公司
江西省世华实业有限公司	鄱阳县	中型	私营有限责任公司
江西凯辉服饰有限公司	鄱阳县	中型	私营有限责任公司
江西云鸽橡塑有限公司	鄱阳县	中型	私营有限责任公司
江西万年青水泥股份有限公司	万年县	大型	股份有限公司
万年县亚利饰品制造有限公司	万年县	中型	私营有限责任公司
万年县育星实业有限公司	万年县	中型	股份有限公司
江西联创(万年)电子有限公司	万年县	中型	私营有限责任公司
江西佳维诚电子科技有限公司	万年县	中型	私营有限责任公司
万年县吉丰皮具有限公司	万年县	中型	私营有限责任公司
江西开锦科技有限公司	万年县	中型	私营有限责任公司
江西海能电源有限公司	万年县	中型	私营有限责任公司
万年县供电有限责任公司	万年县	中型	其他有限责任公司
江西大地走红伞业有限公司	万年县	中型	其他有限责任公司
江西索普信实业有限公司	万年县	中型	私营有限责任公司
江西万年祥家纺服饰有限公司	万年县	中型	私营有限责任公司
万年皇阳贡米实业有限公司	万年县	中型	其他有限责任公司
万年县康伟铸造有限公司	万年县	中型	私营有限责任公司
江西省欧曼服饰有限公司	万年县	中型	私营有限责任公司
江西伊尔枫服饰有限公司	万年县	中型	私营有限责任公司
江西景宏工艺品有限公司	万年县	中型	与港澳台商合资经营
江西省真牛食品有限公司	万年县	中型	私营有限责任公司
万年县亿顺发服装织造有限公司	万年县	中型	私营有限责任公司
万年县云龙电源有限公司	万年县	中型	私营有限责任公司
江西正博实业有限公司	婺源县	大型	中外合资经营
国网江西婺源县供电有限责任公司	婺源县	中型	其他有限责任公司
婺源县创盛电子科技有限公司	婺源县	中型	私营有限责任公司
江西益邦实业有限公司	婺源县	中型	股份有限公司
江西沃尔顿陶瓷有限公司	婺源县	中型	私营有限责任公司
江西半球家用品实业有限公司	婺源县	中型	其他有限责任公司
江西省百源木业有限公司	婺源县	中型	私营有限责任公司
婺源县赋春福利厂	婺源县	中型	集体
江西铜业集团银山矿业有限责任公司	德兴市	大型	其他外商投资
江西金德铅业股份有限公司	德兴市	大型	股份有限公司
国网江西德兴市供电有限责任公司	德兴市	中型	其他有限责任公司
德兴市兔宝宝装饰材料有限公司	德兴市	中型	私营有限责任公司
江西省德畅集团	德兴市	中型	其他内资
中国黄金集团江西金山矿业有限公司	德兴市	中型	其他有限责任公司
江西省德兴市百勤异VC钠有限公司	德兴市	中型	私营有限责任公司
江西铜业集团(德兴)实业有限公司	德兴市	中型	国有独资公司
江西天海集团有限公司	德兴市	中型	其他有限责任公司
江西铜业集团(德兴)铸造有限公司	德兴市	中型	国有独资公司

控股情况	隶属关系	主要产品	轻重工业
私人控股	县属	紧固件制造	重工业
私人控股	其他	紧固件制造	重工业
私人控股	其他	汽车零部件及配件制造	重工业
私人控股	其他	机织服装制造	轻工业
私人控股	其他	橡胶制品	重工业
国有控股	省属	水泥	重工业
私人控股	其他	雕塑工艺品制造	轻工业
其他控股	县属	成衣加工	轻工业
私人控股	其他	电容式触摸屏制造	重工业
私人控股	其他	电子电容器	重工业
私人控股	其他	皮具、箱包制造	轻工业
私人控股	其他	专用设备制造	轻工业
私人控股	其他	铁镍蓄电池	轻工业
国有控股	中央	电力供应	重工业
私人控股	其他	户外休闲用品、工艺伞制造、塑料制品等	轻工业
私人控股	其他	彩灯、照明灯制造	轻工业
私人控股	其他	寝室饰用品	轻工业
私人控股	其他	大米加工	轻工业
私人控股	其他	钢铁结构体部件及加工钢材	重工业
私人控股	其他	棉、化纤针织钩编物	轻工业
私人控股	其他	针织服饰	轻工业
私人控股	其他	木制工艺品制造	轻工业
私人控股	其他	糖果	轻工业
私人控股	其他	服装制造	轻工业
私人控股	其他	铅蓄电池	轻工业
其他控股	其他	鞋帽	轻工业
国有控股	省属	电力供应	重工业
私人控股	其他	碳化硅粉	重工业
私人控股	县属	皮鞋制造	轻工业
私人控股	其他	内墙瓷砖	重工业
私人控股	县属	休闲用品、箱包、旅游产品	轻工业
私人控股	其他	细木板	重工业
集体控股	其他	铜加工	重工业
国有控股	其他	铜精矿含铜	重工业
国有控股	省属	电铅	重工业
国有控股	省属	电力供应业	重工业
私人控股	其他	人造板	重工业
其他控股	其他	竹胶板	重工业
国有控股	县属	含量金	重工业
私人控股	其他	异 vc 钠	轻工业
国有控股	县属	配电开关控制设备制造	重工业
私人控股	其他	钢球	重工业
国有控股	县属	金属结构制造	重工业

（2014

企业名称	所在地	企业规模	注册类型
晶科能源有限公司	上饶县	大型	港澳台商独资
上饶光电高科技有限公司	上饶县	大型	港澳台商独资
上饶和丰铜业有限公司	横峰县	中型	私营有限责任公司
广丰县瑞丰型材有限公司	广丰县	中型	其他有限责任公司
江西金汇铜业有限公司	铅山县	中型	私营有限责任公司
玉山县富旺铜业有限公司	玉山县	中型	私营有限责任公司
江西金宏铜业有限公司	广丰县	中型	私营有限责任公司
江西康鑫铜业有限公司	广丰县	小型	私营有限责任公司
江西新金叶实业有限公司	上饶县	中型	其他有限责任公司
广丰县月兔红木工贸有限公司	广丰县	中型	国有独资公司
江西精元电脑有限公司	广丰县	大型	港澳台商投资股份有限公司
江西省屹立铜业有限公司	铅山县	中型	其他有限责任公司
横峰县南方有色金属有限公司	横峰县	中型	私营有限责任公司
江西中旺铜业有限公司	横峰县	中型	私营有限责任公司
国电黄金埠发电有限公司	余干县	中型	国有独资公司
横峰县永兴铜业有限公司	横峰县	中型	私营有限责任公司
江西九洲铜业有限公司	广丰县	中型	其他有限责任公司
江西中投新能源有限公司	广丰县	大型	私营有限责任公司
广丰县华强矿产实业有限公司	广丰县	中型	国有独资公司
江西明华铜业有限公司	广丰县	中型	私营有限责任公司
江西省金瑞铜业有限公司	铅山县	小型	私营有限责任公司
江西西龙食品有限公司	玉山县	中型	私营有限责任公司
余干县鑫源铜业有限公司	余干县	小型	私营有限责任公司
江西都邦实业有限公司	鄱阳县	中型	其他有限责任公司
江西金德铅业股份有限公司	德兴市	大型	股份有限公司
江西东海食品有限公司	广丰县	小型	港澳台商独资
上饶市华丰铜业有限公司	上饶县	中型	其他有限责任公司
余干精业金属制造有限公司	余干县	小型	私营有限责任公司
上饶市先锋铸造有限公司	广丰县	小型	私营有限责任公司
江西省和源实业有限公司	铅山县	小型	私营有限责任公司
江西信江实业有限公司	上饶县	中型	股份有限公司
余干县浦发金属制造有限公司	余干县	小型	私营有限责任公司
江西万年青水泥股份有限公司	万年县	大型	股份有限公司
余干县盛和铜业有限公司	余干县	中型	私营有限责任公司
上饶市岩瑞铜业有限公司	玉山县	中型	私营有限责任公司
万年皇阳贡米实业有限公司	万年县	中型	其他有限责任公司
上饶市金钱湾铜业有限公司	上饶县	小型	其他有限责任公司
上饶市博恩实业有限公司	上饶县	小型	其他有限责任公司
万年县云龙电源有限公司	万年县	中型	私营有限责任公司
江西海能电源有限公司	万年县	中型	私营有限责任公司
凤凰光学集团有限公司	信州区	大型	国有独资公司
江西东方善生物科技有限公司	余干县	中型	港澳台商独资
上饶市得利金属材料有限公司	上饶县	小型	其他有限责任公司
江西晶科光伏材料有限公司	信州区	中型	其他有限责任公司
江西真创实业发展有限公司	玉山县	小型	私营有限责任公司
余干县金泰有色金属有限公司	余干县	小型	其他有限责任公司
弋阳海螺水泥有限责任公司	弋阳县	中型	私营有限责任公司

工业企业一览表

年）

控股情况	隶属关系	主要产品	轻重工业
港澳台控股	其他	太阳能组件制造	重工业
港澳台控股	其他	硅、太阳能组件制造	重工业
私人控股	其他	铜材	重工业
私人控股	县属	材料制造	重工业
私人控股	其他	电解铜	重工业
私人控股	其他	有色金属制造	重工业
私人控股	其他	铜压延加工	重工业
私人控股	其他	铜压延加工	重工业
其他控股	其他	粗铜	重工业
国有控股	其他	雕塑工艺品制造	轻工业
港澳台控股	其他	计算机外围设备制造	重工业
私人控股	其他	铜块	重工业
私人控股	其他	铜材	重工业
私人控股	其他	粗铜	重工业
国有控股	中央	火力发电	重工业
私人控股	其他	铜材	重工业
国有控股	市属	铜压延加工	重工业
私人控股	其他	锂电池制造	轻工业
国有控股	其他	滑石采选	重工业
私人控股	其他	铜压延加工	重工业
私人控股	其他	铜冶炼	重工业
私人控股	其他	烤鳗	轻工业
私人控股	其他	铜锭	重工业
私人控股	县属	铜压延加工	重工业
国有控股	省属	电铅	重工业
港澳台控股	其他	速冻食品	轻工业
其他控股	其他	粗铜加工	重工业
私人控股	其他	再生铝	重工业
私人控股	其他	铜加工	重工业
私人控股	其他	粗铜加工	重工业
私人控股	其他	客车制造 发动机 电器等各类铜线材制造	重工业
私人控股	其他	铜冶炼	重工业
国有控股	省属	水泥	重工业
私人控股	其他	铜带	重工业
私人控股	其他	电解铜生产	重工业
私人控股	其他	大米加工	轻工业
其他控股	其他	铜矿采选	重工业
私人控股	县属	硅材料加工销售	重工业
私人控股	其他	铅蓄电池	轻工业
私人控股	其他	铁镍蓄电池	轻工业
国有控股	省属	数码相机制造	轻工业
港澳台控股	其他	保健品	轻工业
私人控股	县属	钯、铑贵金属加工	重工业
私人控股	县属	制造业 铝压延加	重工业
私人控股	其他	有色金属制造	重工业
私人控股	县属	铜加工	重工业
私人控股	其他	水泥	重工业

9-12 续表1

企业名称	所在地	企业规模	注册类型
江西锦裕机械制造有限公司	上饶县	中型	其他有限责任公司
江西盛态粮食实业有限公司	鄱阳县	中型	其他有限责任公司
江西上铜电力科技有限公司	广丰县	小型	私营有限责任公司
江西省裕泰鞋业有限公司	鄱阳县	大型	港澳台商独资
江西烽银金属有限公司	广丰县	中型	私营有限责任公司
江西省金苑服饰织造有限公司	鄱阳县	大型	私营有限责任公司
江西兴唐实业有限公司	弋阳县	中型	其他有限责任公司
江西万年香米业有限公司	万年县	小型	私营有限责任公司
江西伟克铜材制造有限公司	弋阳县	小型	其他有限责任公司
江西永固金属电力制品有限公司	弋阳县	小型	私营有限责任公司
江西博能上饶线材有限公司	信州区	小型	其他有限责任公司
江西正田铜业有限公司	广丰县	中型	私营有限责任公司
江西春源绿色食品有限公司	玉山县	小型	私营有限股份公司
江西三和金业有限公司	德兴市	小型	其他有限责任公司
江西开锦科技有限公司	万年县	中型	私营有限责任公司
弋阳县江南涤化有限公司	弋阳县	小型	私营有限责任公司
弋阳县姚家铁矿有限公司	弋阳县	小型	私营有限责任公司
江西景宏工艺品有限公司	万年县	中型	与港澳台商合资经营
江西弋阳富达铜材有限公司	弋阳县	小型	私营有限责任公司
中国黄金集团江西金山矿业有限公司	德兴市	中型	其他有限责任公司
江西正博实业有限公司	婺源县	大型	中外合资经营
江西三清水泥有限公司	玉山县	中型	私营有限责任公司
婺源县赋春福利厂	婺源县	中型	集体
弋阳县华宇实业有限公司	弋阳县	小型	私营有限责任公司
玉山县博跃实业有限公司	玉山县	中型	其他有限责任公司
江西兴发铜材发展有限公司	横峰县	小型	私营有限责任公司
国网江西上饶县供电有限责任公司	上饶县	中型	国有独资公司
上饶市鑫汇铜业有限公司	铅山县	小型	私营有限责任公司
江西银泰乐科技有限公司	广丰县	小型	私营有限责任公司
玉山县景泰制衣有限公司	玉山县	中型	私营有限责任公司
江西德源欣茂铜业有限公司	上饶县	小型	港澳台商独资
亮志(江西)服装有限公司	鄱阳县	大型	港澳台商独资
江西巍华化学有限公司	弋阳县	小型	私营有限责任公司
江西索拉特太阳能电力有限公司	上饶县	微型	港澳台商独资
江西玉山南方水泥有限公司	玉山县	中型	其他有限责任公司
弋阳县华弘志成金属加工有限公司	弋阳县	小型	其他有限责任公司
江西红海新型脚手架有限公司	广丰县	小型	其他有限责任公司
江西耀腾资源利用有限公司	广丰县	小型	其他有限责任公司
上饶市华瑞铜业有限公司	玉山县	微型	其他有限责任公司
玉山县飞龙金属有限公司	玉山县	小型	其他有限责任公司
上饶市康盛实业有限公司	铅山县	小型	私营有限责任公司
江西铜业集团银山矿业有限责任公司	德兴市	大型	其他外商投资
江西波星机械泵阀制造有限公司	鄱阳县	中型	私营独资
上饶市博泽铜业有限公司	信州区	小型	其他有限责任公司
国网江西广丰县供电有限责任公司	广丰县	中型	其他有限责任公司
江西瀚飞生物科技有限公司	万年县	小型	私营有限责任公司
上饶市宏丰铜业有限公司	信州区	小型	私营有限责任公司

控股情况	隶属关系	主要产品	轻重工业
私人控股	县属	制造业缝纫机械制造	重工业
私人控股	县属	谷物磨制	轻工业
私人控股	其他	铜排、铜棒、铜杆	重工业
港澳台控股	其他	运动鞋制造	轻工业
私人控股	其他	钢压延加工	重工业
私人控股	其他	服装	轻工业
私人控股	其他	汽车、农机配件	重工业
私人控股	其他	粮食收购加工	轻工业
国有控股	省属	铜材	重工业
私人控股	其他	铜管	重工业
私人控股	县属	铜线材、管材制造	重工业
私人控股	其他	铜棒加工	重工业
私人控股	其他	精制油	轻工业
私人控股	其他	成品金	重工业
私人控股	其他	专用设备制造	轻工业
私人控股	其他	DTY 低弹丝	轻工业
私人控股	其他	铁矿采选	重工业
私人控股	其他	木制工艺品制造	轻工业
私人控股	其他	铜制水龙头	重工业
国有控股	县属	含量金	重工业
其他控股	其他	鞋帽	轻工业
私人控股	其他	水泥熟料	重工业
集体控股	其他	铜加工	重工业
私人控股	其他	铜材 铜压延加工	重工业
其他控股	其他	有色金属制造	重工业
私人控股	其他	铜排	重工业
国有控股	省属	电力供应	重工业
私人控股	其他	制造业 铜冶炼	重工业
私人控股	其他	其他贵金属冶炼	重工业
私人控股	其他	针织品	轻工业
港澳台控股	其他	漆包线、线圈盘制造销售	重工业
港澳台控股	其他	机织服装制造	轻工业
私人控股	其他	三氟甲苯	重工业
港澳台控股	其他	太阳能电池组件	重工业
私人控股	其他	水泥熟料	重工业
私人控股	县属	铜材 铜压延加工	重工业
私人控股	其他	建筑模板生产	重工业
私人控股	其他	粗铜	重工业
私人控股	其他	有色金属制造	重工业
其他控股	县属	有色金属制造	重工业
私人控股	其他	铝锭	重工业
国有控股	其他	铜精矿含铜	重工业
私人控股	其他	阀门和旋塞制造	重工业
私人控股	县属	铜加工	重工业
国有控股	中央	电力供应	重工业
私人控股	其他	蛋白及植脂等食品辅料生产	轻工业
私人控股	其他	铜压延加工	重工业

9－12 续表2

企业名称	所在地	企业规模	注册类型
江西玉山万年青水泥有限公司	玉山县	中型	其他有限责任公司
江西光安标准件有限公司	鄱阳县	中型	私营有限责任公司
江西稻草金服饰有限公司	鄱阳县	中型	私营有限责任公司
德兴市平峰磷业有限公司	德兴市	小型	其他有限责任公司
江西云鸽橡塑有限公司	鄱阳县	中型	私营有限责任公司
江西文博粮业有限公司	鄱阳县	中型	其他有限责任公司
江西伊尔枫服饰有限公司	万年县	中型	私营有限责任公司
江西骏马食品有限公司	玉山县	小型	私营有限责任公司
江西华欣机械制造有限公司	广丰县	小型	私营有限责任公司
江西索普信实业有限公司	万年县	中型	私营有限责任公司
上饶县远翔实业有限公司	上饶县	小型	其他有限责任公司
国网江西玉山县供电有限责任公司	玉山县	中型	国有独资公司
鄱阳县清亮米业有限公司	鄱阳县	中型	私营有限股份公司
江西鸥迪铜业有限公司	弋阳县	中型	其他有限责任公司
江西鄱阳国泰化工有限责任公司	鄱阳县	中型	私营有限责任公司
江西蒙恩乐光电科技有限公司	鄱阳县	中型	私营有限责任公司
上饶市华鑫实业有限公司	上饶县	小型	其他有限责任公司
婺源县力智实业有限公司	婺源县	小型	私营有限责任公司
横峰县永盛铝业有限公司	横峰县	小型	私营有限责任公司
江西联合标准件制造有限公司	鄱阳县	中型	其他有限责任公司
江西顺康药业集团有限公司	玉山县	小型	私营独资
江西远普新能源科技有限公司	余干县	中型	私营有限责任公司
江西省斯尔摩红木家俱有限公司	广丰县	中型	私营有限责任公司
江西彩旗实业有限公司	上饶县	小型	其他有限责任公司
江西东方豹紧固件有限公司	鄱阳县	中型	私营独资
江西龙祥铝业有限公司	横峰县	中型	私营有限责任公司
江西寸金实业有限公司	广丰县	小型	港澳台商独资
江西福丰化工有限公司	广丰县	小型	私营有限责任公司
鄱阳县鑫依米业有限公司	鄱阳县	小型	私营有限股份公司
万年县康伟铸造有限公司	万年县	中型	私营有限责任公司
江西大业实业有限公司	横峰县	中型	私营有限责任公司
江西奔达搪业有限公司	鄱阳县	中型	其他有限责任公司
上饶市安信成长实业有限公司	万年县	小型	私营有限责任公司
江西鑫瑞有色金属有限公司	铅山县	小型	私营有限责任公司
上饶市永利建材有限公司	上饶县	小型	其他有限责任公司
德兴市盛大金属有限公司	德兴市	小型	其他有限责任公司
江西跃达新型建材有限公司	玉山县	小型	私营有限责任公司
江西飞翔实业有限公司	玉山县	小型	其他有限责任公司
德兴市益丰再生有色金属有限责任公司	德兴市	小型	其他有限责任公司
江西中氟化工有限公司	玉山县	小型	与港澳台商合资经营
江西汉氏铂业有限公司	万年县	小型	私营有限责任公司
万年县亿顺发服装织造有限公司	万年县	中型	私营有限责任公司
江西省德兴市百勤异VC钠有限公司	德兴市	中型	私营有限责任公司
江西裕丰纸业有限公司	广丰县	小型	私营有限责任公司
万年县万年红食品有限公司	万年县	小型	私营有限责任公司
江西双胞胎牧业有限公司	万年县	小型	中外合资经营
江西横峰葛佬葛产业开发有限公司	横峰县	中型	私营有限责任公司
江西宏飞电源科技有限公司	余干县	小型	私营有限责任公司

控股情况	隶属关系	主要产品	轻重工业
国有控股	其他	水泥	重工业
私人控股	其他	紧固件制造	重工业
私人控股	其他	机织服装制造	轻工业
私人控股	其他	磷酸	重工业
私人控股	其他	橡胶制品	重工业
私人控股	其他	谷物磨制	轻工业
私人控股	其他	针织服饰	轻工业
私人控股	其他	烤鳗、其他水产品加工	轻工业
私人控股	其他	铸铁、铸钢	重工业
私人控股	其他	彩灯、照明灯制造	轻工业
私人控股	其他	白银	重工业
国有控股	县属	供电	重工业
私人控股	其他	粮食加工	轻工业
集体控股	县属	铜材	重工业
私人控股	其他	炸药及火工产品制造	重工业
私人控股	其他	照明灯具制造	轻工业
私人控股	县属	粗铜制造、加工	重工业
私人控股	其他	木门地板家俱加工	重工业
私人控股	其他	有色金属压延加工	重工业
私人控股	县属	紧固件制造	重工业
私人控股	其他	中成药	轻工业
私人控股	其他	电池、极板生产、销售	轻工业
私人控股	其他	木雕工艺品	轻工业
私人控股	县属	制造铜杆铜丝加工销售	重工业
私人控股	其他	紧固件制造	重工业
私人控股	其他	铝材	重工业
港澳台控股	其他	电子五金	重工业
私人控股	其他	硫磺	重工业
私人控股	其他	粮食加工	轻工业
私人控股	其他	钢铁结构体部件及加工钢材	重工业
私人控股	其他	有色金属合金制造	重工业
私人控股	县属	搪瓷日用品	轻工业
私人控股	其他	贵金属压延加工	重工业
私人控股	-其他	制造业 其他未列明的金属制品制造	重工业
私人控股	其他	商品混凝土加工销售	重工业
私人控股	其他	金属加工	重工业
私人控股	其他	建材	重工业
私人控股	其他	铝材	重工业
其他控股	其他	铅加工	重工业
其他控股	其他	氢氟酸	重工业
私人控股	其他	贵金属加工	重工业
私人控股	其他	服装制造	轻工业
私人控股	其他	异 vc 钠	轻工业
私人控股	其他	纸制品制造	轻工业
私人控股	其他	食品添加剂	轻工业
其他控股	县属	饲料	轻工业
私人控股	其他	葛系列产品	轻工业
私人控股	其他	蓄电池、极板、五金电器生产销售	轻工业

9－12 续表3

企业名称	所在地	企业规模	注册类型
江西省真牛食品有限公司	万年县	中型	私营有限责任公司
江西众利超硬材料工具有限公司	鄱阳县	小型	私营有限责任公司
万年县竹楠木环保科技有限公司	万年县	小型	其他有限责任公司
江西铭日企业集团有限公司	余干县	中型	私营有限责任公司
江西月兔丰华彩印有限公司	广丰县	中型	与港澳台商合资经营
江西佳华电冰箱制造有限公司	鄱阳县	中型	其他有限责任公司
江西佳维诚电子科技有限公司	万年县	中型	私营有限责任公司
上饶市草根家纺有限公司	鄱阳县	中型	其他有限责任公司
江西省东沿药业有限公司	铅山县	小型	私营有限责任公司
江西岩鹰水泥有限公司	玉山县	中型	私营有限股份公司
江西省欧曼服饰有限公司	万年县	中型	私营有限责任公司
横峰县振宇实业有限公司	横峰县	小型	私营有限责任公司
江西正盛特钢制造有限公司	鄱阳县	中型	其他有限责任公司
江西彤康实业有限公司	鄱阳县	中型	其他有限责任公司
江西乾坤机床有限公司	鄱阳县	中型	私营有限责任公司
江西金钢能源科技有限公司	铅山县	小型	私营有限责任公司
婺源县创盛电子科技有限公司	婺源县	中型	私营有限责任公司
江西诚大拉链有限公司	横峰县	中型	私营有限责任公司
江西恒祥医药科技有限公司	万年县	小型	私营有限责任公司
江西丰华纺织有限公司	鄱阳县	中型	私营有限责任公司
江西鑫镁金属粉末有限公司	鄱阳县	小型	其他内资
江西久顺科技有限公司	广丰县	小型	私营有限责任公司
弋阳县祥瑞有色金属加工有限公司	弋阳县	小型	私营有限责任公司
江西省世华实业有限公司	鄱阳县	中型	私营有限责任公司
横峰县繁荣铜业有限公司	横峰县	小型	私营有限责任公司
江西天马钢管有限公司	玉山县	中型	其他有限责任公司
江西铜业集团(德兴)铸造有限公司	德兴市	中型	国有独资公司
江西申华工贸有限公司	鄱阳县	中型	其他有限责任公司
国网江西德兴市供电有限责任公司	德兴市	中型	其他有限责任公司
鄱阳县供电有限责任公司	鄱阳县	小型	其他有限责任公司
江西嘉亿五金制造有限公司	鄱阳县	中型	股份有限公司
江西人民线缆科技集团有限公司	横峰县	小型	其他有限责任公司
江西艾芬达卫浴有限公司	上饶县	中型	私营有限责任公司
江西锐力体育用品有限公司	广丰县	小型	私营有限责任公司
余干县供电有限责任公司	余干县	中型	其他有限责任公司
江西省兴泰机电集团有限公司	横峰县	小型	私营有限责任公司
横峰县源华电器有限公司	横峰县	小型	私营有限责任公司
万年县金戈服装有限公司	万年县	小型	私营有限股份公司
江西鲁班木艺产业有限公司	鄱阳县	小型	股份有限公司
江西傲农饲料科技有限公司	鄱阳县	小型	其他有限责任公司
江西百达新材料科技有限公司	鄱阳县	中型	私营有限责任公司
上饶市永达电器有限公司	德兴市	小型	其他有限责任公司
江西世纪长河新电源有限公司	横峰县	小型	私营有限责任公司
江西省玉山县怀玉莹石选矿有限公司	玉山县	小型	其他有限责任公司
江西鄱星特种精密铸造有限公司	鄱阳县	小型	其他有限责任公司
弋阳宏业有色金属有限公司	弋阳县	小型	私营有限责任公司
国网江西铅山县供电有限责任公司	铅山县	中型	其他有限责任公司
江西广厦包装印刷有限公司	广丰县	小型	中外合资经营

控股情况	隶属关系	主要产品	轻重工业
私人控股	其他	糖果	轻工业
私人控股	其他	切削工具制造	重工业
私人控股	其他	竹制工业、建筑用品	轻工业
私人控股	其他	白厂丝	轻工业
国有控股	县属	印刷品	轻工业
私人控股	县属	家用制冷电器具制造	轻工业
私人控股	其他	电子电容器	重工业
私人控股	县属	床上用品制造	轻工业
私人控股	其他	无水氟化氢	重工业
私人控股	其他	水泥	重工业
私人控股	其他	棉、化纤针织钩编物	轻工业
私人控股	其他	铜材	重工业
集体控股	县属	紧固件	重工业
私人控股	县属	皮鞋制造	轻工业
私人控股	其他	紧固件制造	重工业
私人控股	其他	锂离子电池制造	轻工业
私人控股	其他	碳化硅粉	重工业
私人控股	其他	其他日用杂品制造	轻工业
私人控股	其他	制造业 化学药品制剂制造	轻工业
私人控股	其他	毛毯制造	轻工业
私人控股	镇属	铜压延加工	重工业
私人控股	其他	单晶硅开发、制造、加工及销售单晶硅片拉棒	重工业
私人控股	其他	铜材	重工业
私人控股	其他	汽车零部件及配件制造	重工业
私人控股	其他	铜材	重工业
私人控股	其他	轴承钢管	重工业
国有控股	县属	金属结构制造	重工业
私人控股	县属	建筑、家具用金属配件制造	重工业
国有控股	省属	电力供应业	重工业
国有控股	中央	电力供应业	重工业
私人控股	县属	紧固件制造	重工业
私人控股	县属	电线电缆制造	重工业
私人控股	其他	卫浴、水暖管材制造	轻工业
私人控股	其他	运动鞋材	轻工业
国有控股	省属	趸售电量	重工业
私人控股	其他	铜材	重工业
私人控股	其他	铜丝加工	重工业
私人控股	其他	服装制造	轻工业
私人控股	县属	木质家具制造	轻工业
私人控股	县属	饲料加工	轻工业
私人控股	其他	炼钢	重工业
私人控股	镇属	生产蓄电池	轻工业
私人控股	其他	锂离子电池制造	轻工业
私人控股	其他	莹石粉	重工业
私人控股	县属	锻件及粉末冶金制品制造	重工业
私人控股	其他	铜材	重工业
国有控股	中央	供电	重工业
国有控股	县属	纸板	轻工业

9－12 续表 4

企业名称	所在地	企业规模	注册类型
鄱阳县飞尚林产有限责任公司	鄱阳县	小型	私营有限责任公司
横峰县伟宏铝业有限公司	横峰县	小型	私营有限责任公司
鄱阳县鄱湖教育彩印有限公司	鄱阳县	小型	股份有限公司
上饶市隆润麻纺织品有限公司	信州区	中型	私营有限责任公司
江西华邦药业有限公司	万年县	小型	私营有限责任公司
江西省渔翔科技饲料有限公司	鄱阳县	小型	私营有限责任公司
鄱阳县广禾粮油贸易有限公司	鄱阳县	中型	私营有限责任公司
广丰国铝实业有限公司	广丰县	小型	私营有限责任公司
江西鄱阳荣林达纺织有限责任公司	鄱阳县	中型	其他有限责任公司
江西欧菲顿实业有限公司	德兴市	小型	其他有限责任公司
鄱阳县加西亚电子电器有限公司	鄱阳县	中型	股份有限公司
上饶市佳雄实业有限公司	上饶县	小型	其他有限责任公司
江西瑜饶实业有限公司	上饶县	小型	其他有限责任公司
江西众光照明科技有限公司	玉山县	中型	私营有限责任公司
江西松达医药化工有限公司	万年县	小型	私营有限责任公司
江西盈然地板有限公司	信州区	小型	港澳台商独资
江西万年祥家纺服饰有限公司	万年县	中型	私营有限责任公司
江西钻宝仪表有限公司	横峰县	中型	私营有限责任公司
广丰县莱仕衬衫有限公司	广丰县	小型	私营有限责任公司
江西申山能源科技有限公司	鄱阳县	小型	其他有限责任公司
广丰县吉盛纺织有限公司	广丰县	小型	私营有限责任公司
江西玖龙铜业有限公司	婺源县	小型	私营有限责任公司
江西省逸源机电有限公司	玉山县	小型	私营有限责任公司
鄱阳县恒茂针织有限公司	鄱阳县	中型	股份有限公司
江西天施康弋阳制药有限公司	弋阳县	小型	其他有限责任公司
横峰县盛泰纺织有限公司	横峰县	中型	其他有限责任公司
广丰县盛源纺织有限公司	广丰县	小型	股份有限公司
江西半球家用品实业有限公司	婺源县	中型	其他有限责任公司
江西凯辉服饰有限公司	鄱阳县	中型	私营有限责任公司
万年县兴旺金属有限公司	万年县	小型	其他有限责任公司
江西省玉山东港中药饮片有限公司	玉山县	小型	私营有限责任公司
国网江西婺源县供电有限责任公司	婺源县	中型	其他有限责任公司
江西天正带钢有限公司	信州区	小型	其他有限责任公司
鄱阳县华凯电子科技有限公司	鄱阳县	中型	私营有限责任公司
江西省玉山县江南台球厂	玉山县	小型	股份合作
江西铜业(德兴)化工有限公司	德兴市	小型	国有独资公司
江西经纬益力紧固件有限公司	鄱阳县	小型	私营有限责任公司
广丰县金鹏电子有限公司	广丰县	中型	私营独资
横峰县富饶资源综合再利用有限公司	横峰县	中型	私营有限责任公司
万年县鑫泰铜业有限公司	万年县	小型	其他有限责任公司
玉山县鑫海萤石矿业有限公司	玉山县	小型	私营有限责任公司
江西富力超硬科技有限公司	鄱阳县	小型	其他有限责任公司
万年县金兔实业有限公司	万年县	小型	私营有限责任公司
江西科鼎金属有限公司	广丰县	小型	私营有限责任公司
弋阳县供电有限责任公司	弋阳县	小型	国有独资公司
江西禾丰电子机械有限公司	余干县	小型	其他有限责任公司
江西黄金埠万年青水泥有限责任公司	余干县	小型	其他有限责任公司
玉山县飞跃包装实业有限公司	玉山县	中型	其他有限责任公司
广丰县海韵电子玩具有限公司	广丰县	中型	其他有限责任公司

控股情况	隶属关系	主要产品	轻重工业
私人控股	其他	林业加工	重工业
私人控股	其他	铝压延加工	重工业
私人控股	县属	彩印包装	轻工业
私人控股	其他	苎麻布	轻工业
私人控股	其他	医药中间体	轻工业
私人控股	其他	水产饲料制造	轻工业
私人控股	其他	食品加工	轻工业
私人控股	其他	铝型材生产及销售	重工业
私人控股	其他	棉纺纱加工	轻工业
私人控股	其他	餐具制造业	轻工业
私人控股	县属	电线	重工业
私人控股	县属	缝制机械制造	重工业
私人控股	市属	铜杆加工	重工业
私人控股	其他	照明灯具制造	轻工业
私人控股	其他	盐酸环丙沙星	轻工业
港澳台控股	其他	强化木地板生产销售	重工业
私人控股	其他	寝室饰用品	轻工业
私人控股	其他	有色金属压延加工	重工业
私人控股	其他	服装、衬衫制造	轻工业
私人控股	县属	太阳能电池	重工业
私人控股	其他	棉纱加工	轻工业
私人控股	其他	铜加工	重工业
私人控股	其他	节能热水器	轻工业
私人控股	县属	针织手套	轻工业
其他控股	县属	中成药制药	轻工业
私人控股	其他	棉纺纱加工	轻工业
私人控股	县属	夏布加工	轻工业
私人控股	县属	休闲用品、箱包、旅游产品	轻工业
私人控股	其他	机织服装制造	轻工业
私人控股	乡属	铝生产	重工业
私人控股	其他	中药、饮片	轻工业
国有控股	省属	电力供应	重工业
私人控股	县属	带钢加工销售	重工业
私人控股	其他	电子元件	重工业
私人控股	其他	青石板台球桌面制造	轻工业
国有控股	县属	硫酸	重工业
私人控股	其他	紧固件制造	重工业
私人控股	其他	电子配件	重工业
私人控股	其他	铜矿采选	重工业
私人控股	县属	铜业加工	重工业
私人控股	其他	萤石	重工业
私人控股	县属	其他非金属矿物制品制造	重工业
私人控股	其他	再生塑料颗粒	轻工业
私人控股	其他	银、锡、铜、铝生产	重工业
国有控股	中央	电力生产(供应)	重工业
私人控股	县属	电脑绣花机	重工业
国有控股	其他	水泥生产	重工业
私人控股	其他	包装物	轻工业
私人控股	县属	电子玩具	轻工业

9－12 续表5

企业名称	所在地	企业规模	注册类型
宝鸿化纤(江西)有限公司	鄱阳县	中型	私营有限责任公司
江西银达塑业有限公司	广丰县	小型	其他有限责任公司
江西浩元实业有限公司	弋阳县	小型	港澳台商独资
弋阳县金盛矿业有限公司	弋阳县	小型	私营有限责任公司
江西美视达电子设备有限公司	玉山县	小型	私营有限责任公司
江西铜业集团(德兴)实业有限公司	德兴市	中型	国有独资公司
上饶市信州区供电有限责任公司	信州区	小型	其他有限责任公司
上饶市海纳金属材料有限公司	信州区	小型	其他有限责任公司
江西省君鑫贵金属科技材料有限公司	万年县	小型	私营有限责任公司
江西省龙马实业有限公司	上饶县	小型	其他有限责任公司
万年县供电有限责任公司	万年县	中型	其他有限责任公司
广丰县九华实业有限公司	广丰县	小型	私营有限责任公司
万年县育星实业有限公司	万年县	中型	股份有限公司
万年县祈福矿业有限公司	万年县	小型	私营有限责任公司
广丰县京新药业有限公司	广丰县	小型	其他有限责任公司
江西鑫顺新能源科技有限公司	鄱阳县	中型	私营有限责任公司
江西三清山绿色食品有限责任公司	玉山县	小型	私营有限责任公司
江西省百源木业有限公司	婺源县	中型	私营有限责任公司
广丰县永利建材有限公司	广丰县	小型	其他有限责任公司
鄱阳县长明渔具有限公司	鄱阳县	小型	其他有限责任公司
江西耐普矿机新材料股份有限公司	上饶县	中型	股份有限公司
昌盛能源科技有限公司	玉山县	小型	私营有限责任公司
广丰县福翔滑石工业有限公司	广丰县	中型	其他有限责任公司
江西省万年兴纺织服装有限公司	万年县	小型	外资企业
江西鑫亿包装有限公司	鄱阳县	小型	其他内资
玉山县科轮轴承有限责任公司	玉山县	小型	其他有限责任公司
江西柏林实业有限公司	弋阳县	小型	私营有限责任公司
广丰县常欣铸造材料有限公司	广丰县	小型	私营有限责任公司
德兴市源森红花茶油有限公司	德兴市	小型	其他有限责任公司
江西台鑫钢铁有限公司	广丰县	小型	港澳台商投资股份有限公司
江西益邦实业有限公司	婺源县	中型	股份有限公司
上饶市如意包装有限公司	广丰县	小型	私营有限责任公司
江西博能上饶客车有限公司	信州区	中型	其他有限责任公司
江西莹光化工有限公司	万年县	小型	与港澳台商合作经营
鄱阳县勇业工艺品有限公司	鄱阳县	小型	其他内资
鄱阳县凯迪绿色能源开发有限公司	鄱阳县	中型	私营有限责任公司
广丰县凯达汽车部件有限公司	广丰县	小型	私营有限责任公司
江西宏博防雨制品有限公司	玉山县	小型	港澳台商独资
江西省万年县康欣机械有限公司	万年县	小型	私营有限责任公司
江西宏利达纺织有限公司	广丰县	小型	私营有限责任公司
德兴市中科精细化学有限公司	德兴市	小型	私营有限责任公司
万年县豪森家居有限公司	万年县	小型	私营有限责任公司
江西德发纺织有限公司	德兴市	小型	私营有限责任公司
婺源县上新木制品有限公司	婺源县	小型	私营有限责任公司
江西宏旺服装有限公司	横峰县	中型	私营有限责任公司
江西省玉山县膨润土实业有限公司	玉山县	小型	股份有限公司
江西华科电器有限公司	广丰县	小型	私营有限股份公司
上饶市天佳新型材料有限公司	上饶县	小型	私营有限股份公司
江西万年华农恒青农牧有限公司	万年县	小型	私营有限责任公司

控股情况	隶属关系	主要产品	轻重工业
私人控股	其他	皮鞋制造	轻工业
私人控股	其他	塑料制造	重工业
港澳台控股	其他	纺织服装制造	轻工业
私人控股	其他	铜材	重工业
私人控股	其他	电子产品	重工业
国有控股	县属	配电开关控制设备制造	重工业
国有控股	省属	电力购销	重工业
私人控股	县属	铜棒、铝锭、锌锭加工销售	重工业
私人控股	其他	贵金属压延加工	重工业
私人控股	县属	铜杆加工	重工业
国有控股	中央	电力供应	重工业
私人控股	其他	铜锭生产	重工业
其他控股	县属	成衣加工	轻工业
私人控股	其他	银精矿	重工业
集体控股	县属	蒽诺沙星类	轻工业
私人控股	其他	光伏设备、太阳能拉棒制造	重工业
私人控股	其他	山茶油生产	轻工业
私人控股	其他	细木板	重工业
私人控股	县属	商品混凝土生产	重工业
私人控股	县属	其他金属工具制造	重工业
私人控股	其他	橡胶耐磨制品制造	重工业
私人控股	其他	单晶硅	重工业
私人控股	县属	滑石加工	重工业
外商控股	其他	棉、化纤针织钩编物	轻工业
私人控股	县属	纸和纸板容器制造	轻工业
私人控股	其他	轴承	重工业
私人控股	其他	蔬菜罐头	轻工业
私人控股	其他	覆磨砂加工	重工业
私人控股	其他	植物油	轻工业
港澳台控股	其他	螺纹钢	重工业
私人控股	县属	皮鞋制造	轻工业
私人控股	其他	包装装潢印刷	轻工业
私人控股	县属	客车制造	重工业
集体控股	县属	无水氢氟酸、中间体	重工业
私人控股	县属	其他工艺美术品制造	轻工业
私人控股	其他	其他电力生产和供应业	重工业
私人控股	其他	车辆零部件制造	重工业
港澳台控股	其他	防雨制品	轻工业
私人控股	其他	机械制造	重工业
私人控股	其他	棉纱生产	轻工业
私人控股	其他	甲基系列产品	重工业
私人控股	其他	木竹加工	轻工业
私人控股	其他	棉纱	轻工业
私人控股	其他	软木制品及其他木制品制造	轻工业
私人控股	其他	纺织业服装制造	轻工业
私人控股	其他	活性白土	重工业
私人控股	其他	其他专用设备制造	重工业
私人控股	其他	减水剂制造	重工业
私人控股	其他	配合饲料加工	轻工业

9－12 续表6

企业名称	所在地	企业规模	注册类型
江西凤凰富士胶片光学有限公司	上饶县	中型	中外合资经营
江西一舟电子有限公司	上饶县	中型	私营有限责任公司
江西乾海实业有限公司	上饶县	小型	其他有限责任公司
江西省斯尔摩实业有限公司	广丰县	小型	其他有限责任公司
江西东日灯具有限公司	鄱阳县	小型	其他内资
江西晟源化工有限公司	玉山县	小型	私营有限责任公司
万年县祥云纤维纺织有限公司	万年县	小型	外资企业
广丰县芦林纸业有限公司	广丰县	小型	私营有限责任公司
江西恒隆实业有限公司	弋阳县	小型	其他有限责任公司
江西嘉鸣科技电子有限公司	玉山县	中型	私营有限责任公司
江西晶仪轴承有限公司	玉山县	中型	其他有限责任公司
江西省广丰县龙马钢结构有限责任公司	广丰县	小型	私营有限责任公司
江西亮达饰品有限公司	广丰县	小型	私营有限责任公司
广丰县荣昌彩印包装有限公司	广丰县	小型	私营有限责任公司
江西博众汽车零部件制造有限公司	广丰县	小型	私营有限责任公司
玉山县振业轴承有限公司	玉山县	小型	私营有限责任公司
江西恩泉油脂有限公司	上饶县	小型	私营有限责任公司
江西双龙环保化工矿产工业集团有限公司	广丰县	小型	私营有限责任公司
上饶市宏鑫实业有限公司	信州区	小型	中外合资经营
广丰县东豪实业有限公司	广丰县	小型	私营有限责任公司
万年县亚利饰品制造有限公司	万年县	中型	私营有限责任公司
万年县鑫发合金金属有限公司	万年县	小型	私营有限责任公司
江西隆欣机械制造有限公司	广丰县	小型	私营有限股份公司
广丰县天成纺织有限公司	广丰县	小型	私营有限责任公司
上饶市天炬塑料有限公司	信州区	微型	其他有限责任公司
江西和合家庭用品有限公司	弋阳县	小型	私营有限责任公司
德兴市蛤蟆石金矿	德兴市	小型	私营有限股份公司
上饶市德鑫实业有限公司	广丰县	小型	私营有限责任公司
上饶长江水动力设备制造有限公司	信州区	小型	其他有限责任公司
广丰县华龙实业有限公司	广丰县	小型	其他有限责任公司
横峰县供电有限责任公司	横峰县	小型	国有
婺源县益和茶业有限公司	婺源县	微型	其他有限责任公司
万年县永昌科技有限公司	万年县	小型	私营有限责任公司
江西华昌木业有限公司	广丰县	小型	私营有限股份公司
上饶市鑫盛胶黏剂有限公司	广丰县	小型	私营有限责任公司
广丰县华兴夏布有限公司	广丰县	小型	私营有限责任公司
江西天峰建材有限公司	上饶县	中型	其他有限责任公司
江西沃兰科技有限公司	鄱阳县	小型	其他有限责任公司
江西庞鑫实业有限公司	上饶县	小型	其他有限责任公司
万年县吉丰皮具有限公司	万年县	中型	私营有限责任公司
上饶中材机械有限公司	信州区	小型	其他有限责任公司
江西中兴文体用品有限公司	广丰县	中型	与港澳台商合资经营
江西弋铜实业有限公司	弋阳县	中型	其他有限责任公司
江西昌硕户外休闲用品有限公司	万年县	小型	其他有限责任公司
江西聚美高分子材料制造有限公司	玉山县	小型	私营有限责任公司
江西孺子牛实业有限公司	上饶县	小型	其他有限责任公司
江西环球生物化学有限公司	弋阳县	小型	私营有限责任公司
上饶柳桥羽绒制品有限公司	信州区	小型	其他有限责任公司
上饶波诗明化工有限公司	信州区	小型	私营有限股份公司

控股情况	隶属关系	主要产品	轻重工业
其他控股	其他	开发、制造手机镜片	重工业
私人控股	其他	电子连接线制造	重工业
私人控股	县属	有色金属加工销售	重工业
私人控股	其他	木质家俱制造	轻工业
私人控股	县属	照明灯具制造	轻工业
私人控股	其他	化工	重工业
外商控股	其他	棉、化纤针织钩编物	轻工业
私人控股	其他	纸制	轻工业
私人控股	其他	活性炭生产	重工业
私人控股	其他	电子产品	重工业
私人控股	镇属	轴承	重工业
私人控股	其他	金属结构制造	重工业
私人控股	其他	玻璃珠胚首饰制造	轻工业
私人控股	其他	包装印刷加工	轻工业
私人控股	其他	汽车零部件生产	重工业
私人控股	其他	轴承	重工业
私人控股	其他	精制茶油	轻工业
私人控股	其他	其他煤炭采选	重工业
其他控股	镇属	苎麻布	轻工业
私人控股	其他	箱包生产	轻工业
私人控股	其他	雕塑工艺品制造	轻工业
私人控股	其他	钙铝合金制造	重工业
私人控股	其他	机械制造	重工业
私人控股	其他	棉纱加工	轻工业
其他控股	其他	制造业其他塑料制品制造	轻工业
私人控股	其他	竹筷	轻工业
私人控股	其他	金精矿	重工业
私人控股	其他	铜冶炼	重工业
私人控股	其他	水轮机调速器水轮泵制造	重工业
私人控股	其他	制造业 加工纸制造	轻工业
国有控股	市属	电力供应	重工业
私人控股	县属	精制茶加工	轻工业
私人控股	其他	有接头电导体制造	重工业
私人控股	其他	锯材加工	重工业
私人控股	其他	胶黏剂生产	重工业
私人控股	其他	麻织造加工	轻工业
私人控股	县属	水泥制造	重工业
私人控股	县属	有机化学原料制造	重工业
私人控股	县属	有色金属加工	重工业
私人控股	其他	皮具、箱包制造	轻工业
国有控股	中央	建筑材料制造	重工业
私人控股	市属	足球	轻工业
其他控股	其他	铜材	重工业
其他控股	县属	棉印染精加工	轻工业
私人控股	其他	压克力板材生产	重工业
私人控股	县属	塑料添加剂	重工业
私人控股	其他	五硫化二磷	重工业
私人控股	县属	羽绒制品制造加工	轻工业
私人控股	其他	油漆	轻工业

9－12 续表 7

企业名称	所在地	企业规模	注册类型
上饶市天熠实业发展有限公司	广丰县	中型	私营有限责任公司
铅山县翔宇实业有限公司	铅山县	小型	私营有限责任公司
广丰县华飞模塑厂	广丰县	小型	其他内资
广丰县卓达耐磨材料有限公司	广丰县	小型	私营有限责任公司
江西南煌耐火耐磨材料有限公司	万年县	小型	私营有限责任公司
婺源县欧莱堡工贸有限公司	婺源县	小型	私营有限责任公司
万年县苏派服饰织造有限公司	万年县	小型	其他有限责任公司
上饶市江心锅炉有限公司	信州区	小型	私营有限责任公司
广丰月兔橱柜有限公司	广丰县	中型	私营有限股份公司
广丰县方正非矿开发有限公司	广丰县	小型	股份有限公司
上饶市广通工程材料有限责任公司	信州区	小型	其他有限责任公司
江西海宏铜业有限公司	万年县	小型	私营有限责任公司
广丰县湖山夏布纺织有限公司	广丰县	小型	私营有限责任公司
万年县千手箱包有限公司	万年县	小型	私营有限责任公司
江西大地走红伞业有限公司	万年县	中型	其他有限责任公司
上饶市莱芙蒂家纺有限公司	上饶县	小型	私营有限责任公司
江西鸡山水泥有限公司	玉山县	小型	私营有限责任公司
万年县金森服饰有限公司	万年县	小型	私营有限责任公司
广丰县闽丰光学眼镜有限公司	广丰县	中型	其他有限责任公司
广丰县丰溪花炮制造有限公司	广丰县	小型	私营有限责任公司
江西省德畅集团	德兴市	中型	其他内资
鄱阳县金田米业有限公司	鄱阳县	小型	其他有限责任公司
江西天海集团有限公司	德兴市	中型	其他有限责任公司
江西茂华纺纱有限公司	广丰县	小型	私营有限责任公司
江西翔麟矿业有限责任公司	铅山县	小型	其他有限责任公司
万年县芳源箱包服饰有限公司	万年县	小型	私营有限责任公司
万年鹏程服装产业园有限公司	万年县	小型	其他内资
上饶县天利商品混凝土有限公司	上饶县	小型	私营有限责任公司
婺源县聚芳永茶业有限公司	婺源县	小型	私营有限责任公司
广丰月兔卫生用品有限公司	广丰县	小型	股份有限公司
上饶市深辉夏布纺织有限公司	信州区	小型	私营有限责任公司
上饶市金诺化学工业有限公司	上饶县	小型	其他有限责任公司
玉山县国林五金电器有限公司	玉山县	小型	其他有限责任公司
玉山县滚动轴承厂	玉山县	小型	私营独资
德兴市兔宝宝装饰材料有限公司	德兴市	中型	私营有限责任公司
万年县大源公路建筑材料有限公司	万年县	小型	私营有限责任公司
江西超盛再生能源有限公司	广丰县	小型	私营有限责任公司
江西洁华环保设备有限公司	婺源县	小型	其他有限责任公司
万年县雅艺实业有限公司	万年县	小型	其他有限责任公司
江西欧美意鞋业有限公司	上饶县	中型	外资企业
江西同欣机械制造有限公司	广丰县	中型	私营有限责任公司
万年县永盛服饰织造有限公司	万年县	小型	其他有限责任公司
万年鹏程服饰有限公司	万年县	小型	私营有限责任公司
江西金丰光电有限公司	广丰县	小型	私营有限责任公司
江西黄氏钻业有限公司	广丰县	小型	私营有限责任公司
广丰县中艺服饰有限公司	广丰县	中型	私营有限责任公司
江西华兴保鲜剂有限公司	鄱阳县	小型	私营有限责任公司
弋阳县华成矿业有限公司	弋阳县	小型	其他有限责任公司
上饶市海盛羽绒有限公司	信州区	小型	其他有限责任公司

控股情况	隶属关系	主要产品	轻重工业
私人控股	其他	矿产品制造	重工业
私人控股	其他	铅锌矿开采	重工业
私人控股	其他	模具制造	重工业
私人控股	其他	镍铁	重工业
私人控股	其他	镁质砖	重工业
私人控股	其他	服装加工	轻工业
其他控股	其他	服装加工	轻工业
私人控股	其他	制造业.锅炉及辅助设备制造	重工业
私人控股	其他	木质家具制造	轻工业
集体控股	县属	黑滑石	重工业
私人控股	县属	排水管、排污管制造	重工业
私人控股	其他	有色金属加工	重工业
私人控股	其他	棉布、涤棉布生产	轻工业
私人控股	其他	箱包制造	轻工业
私人控股	其他	户外休闲用品、工艺伞制造、塑料制品等	轻工业
私人控股	其他	羽绒制品加工	轻工业
私人控股	其他	水泥	重工业
私人控股	其他	服装制造、加工	轻工业
私人控股	县属	眼镜制造	轻工业
私人控股	其他	炸药及火工产品制造	轻工业
其他控股	其他	竹胶板	重工业
私人控股	其他	谷物磨制	轻工业
私人控股	其他	钢球	重工业
私人控股	其他	纺织品生产	轻工业
私人控股	县属	采矿业 铁矿采选	重工业
私人控股	其他	箱包制造	轻工业
私人控股	县属	服装	轻工业
私人控股	其他	商品混凝土	重工业
私人控股	其他	茶叶	轻工业
私人控股	县属	卫生巾	轻工业
私人控股	其他	苎麻布	轻工业
私人控股	其他	镍、钴的生产及销售	轻工业
私人控股	其他	制造业	重工业
私人控股	其他	轴承	重工业
私人控股	其他	人造板	重工业
私人控股	其他	矿业加工	重工业
私人控股	其他	废机油加工	重工业
其他控股	县属	袋式除尘器	重工业
其他控股	其他	木制家具、木制工艺品	轻工业
外商控股	其他	皮鞋制造	轻工业
私人控股	其他	凸轮轴	重工业
私人控股	其他	服装加工	轻工业
私人控股	其他	纺织服装	轻工业
私人控股	其他	光学镜片	重工业
私人控股	其他	玻璃饰品生产	重工业
私人控股	其他	服装制造	轻工业
私人控股	其他	食品及饲料添加剂制造	轻工业
私人控股	其他	萤石矿加工	重工业
私人控股	县属	制造加工羽毛、水洗羽绒、羽绒服	轻工业

9－13　规模以上工业企业

（2014

产品名称	计量单位	上饶市	信州区	上饶县	广丰县	玉山县	铅山县
原煤	吨	989854		99100			702639
1、无烟煤	吨	891039		99100			702639
2、烟煤	吨	98815					
一般烟煤	吨	98815					
铜金属含量	吨	33063		19610			
铅金属含量	吨	14970					9274
锌金属含量	吨	22066					7602
稀有稀土金属矿	吨	288				288	
石灰石	吨	5532985					
萤石	吨	113577		67500		46077	
大米	吨	715411	12000				
饲料	吨	200718					
配合饲料	吨	44960					
混合饲料	吨	155758					
精制食用植物油	吨	11719		1221		6003	
糖果	吨	15931					
罐头	吨	25430					
食品添加剂	吨	18186					
饮料酒	千升	9030	9030				
啤酒	千升	9030	9030				
软饮料	吨	2649					
包装饮用水	吨	1200					
精制茶	吨	23301					
纱	吨	25888	1197		17441		
棉纱	吨	24691			17441		
棉混纺纱	吨	1197	1197				
布	万米	1117	956		161		
其中：棉布	万米	1117	956		161		
毛机织物（呢绒）	万米	3273	133				
苎麻布（含苎麻≥55%）	万米	2820	2136		684		
蚕丝	吨	403					
服装	万件	7152	565		139		
梭织服装	万件	4479			139		
羽绒服装	万件	36					
针织服装	万件	2673	565				
鞋	万双	8749	98	226		214	
纺织面鞋	万双	7846					
皮革鞋靴	万双	689	98	226			
胶鞋	万双	214				214	
人造板	立方米	165150	46637				
胶合板	立方米	66391					
复合木地板	立方米	6457665	6457665				
家具	件	1372468				20579	
木质家具	件	1333773				20579	
机制纸及纸板（外购原纸加工除外）	吨	103308			58710		
涂布类印刷用纸	吨	44598					
纸制品	吨	6739				1700	
卫生用纸制品	吨	5039					
多色印刷品	对开色令	19760			19760		
硫酸（折 100%）	吨	473331					
碳化钙（电石，折 300 升/千克）	吨	48558					
化学农药原药（折有效成分 100%）	吨	13370					
杀虫剂（杀螨剂）原药	吨	13370					
涂料	吨	17024	9561			7463	
初级形态塑料	吨	17726	17726				
化学试剂	吨	702			702		

主要产品产量

年）

横峰县	弋阳县	余干县	鄱阳县	万年县	婺源县	德兴市	其中：上饶经济开发区	综合园	茶亭园	朝阳园
188115										
89300										
98815										
98815										
	6115					7338	19610		19610	
	3628					2068				
	11291					3173				
				5532985						
	5778	71353	321932	304348			12000			12000
	1870		27319	171529						
				44960						
	1870		27319	126569						
						4495	1221		1221	
				15931						
	25430									
						18186				
							9030	9030		
							9030	9030		
		1200				1449				
		1200								
					23301					
						7250	1197			1197
						7250				
							1197			1197
		3140					133			133
							1739			1739
		403								
300	292	130	3287	2294	147		458	458		
	292	130	3287	541	91					
					36					
300				1753	56		458	458		
					8211		98			98
					7846					
					364		98			98
			915		52122	65476	46637	46637		
			915			65476				
							6457665	6457665		
				1223344	128545					
				1223344	89850					
	44598									
	44598									
		5039								
		5039								
						473331				
						48558				
	13370									
	13370									
							9561			9561
							17726			17726

9－13 续表 1

产品名称	计量单位	上饶市	信州区	上饶县	广丰县	玉山县	铅山县
单晶硅	千克	776949		716689		60260	
多晶硅	千克	3474237		3474237			
化学药品原药	吨	4913		234		452	
中成药	吨	1717					
兽用药品	吨	1644			1644		
化学纤维	吨	57506					
合成纤维	吨	57506					
涤纶纤维	吨	57506					
塑料制品	吨	2970		2970			
硅酸盐水泥熟料	吨	12001227		354025		3359481	
窑外分解窑水泥熟料	吨	12001227		354025		3359481	
水泥	吨	15648901		515000	190563	5578698	
强度等级 42.5 水泥(含 R 型)	吨	8340622				3106079	
强度等级 52.5 水泥(含 R 型)	吨	145734					
商品混凝土	立方米	1187791	209587	490962		265621	
水泥混凝土电杆	根	97535	49930				
瓷质砖	平方米	2691060					
玻璃纤维纱	吨	5192					
耐火材料制品	吨	55620					
铸铁件	吨	31389					
铸钢件	吨	4880					
钢材	吨	261377			251614		
钢筋	吨	251614			251614		
线材(盘条)	吨	9763					
铁合金	吨	1099			1099		
十种有色金属	吨	233019		29102	12878	31301	50773
精炼铜(电解铜)	吨	123722		28770	12878	31301	50773
铅	吨	77405					
锌	吨	31560					
镍	吨	332		332			
黄金	千克	4554		1058			
白银(银锭)	千克	279388		156750			
铜材	吨	375558	13590	4054	239337	109	
铝材	吨	54521					
钢结构	吨	37096			30809		
输送机械(输送机和提升机)	吨	12849	12849				
液压元件	件	22984		22984			
滚动轴承	万套	13956				13956	
环境污染防治专用设备	台(套)	63					
大气污染防治设备	台(套)	63					
改装汽车	辆	664		664			
通信及电子网络用电缆	对千米	246003		246003			
电力电缆	千米	21427		21427			
蓄电池	千伏安时	1228449					
铅酸蓄电池	千伏安时	1228449					
太阳能电池(光伏电池)	千瓦	2003213		2003213			
家用冷柜(家用冷冻箱)	台	401356					
光电子器件	万只(片)	151					
电子元件	万只	223798			1883		
光学仪器	台(个)	64964	64964				
眼镜成镜	万副	1995			1271		
发电量	万千瓦小时	748899		16973	15027	11735	
其中:火力发电量	万千瓦小时	716900				11735	
水力发电量	万千瓦小时	32000		16973	15027		
自来水生产量	万立方米	8025	4888				

横峰县	弋阳县	余干县	鄱阳县	万年县	婺源县	德兴市	其中：上饶经济开发区	综合园	茶亭园	朝阳园
							716689	716689		
							3474237	3474237		
		48		4017		162				
	562				517	638				
	53059	4447								
	53059	4447								
	53059	4447								
							2970	2970		
	3864020			4423701			354025	354025		
	3864020			4423701			354025	354025		
	3348654	1113429		4686700		215857	515000	515000		
	1507417			3669823		57303				
	16939			128795						
						221621				
	47605									
					2691060					
		5192								
				55620						
						31389				
	4880									
	9763									
	9763									
	31560					77405	29102		29102	
							28770		28770	
						77405				
	31560									
							332		332	
						3496	1058		1058	
				122638			156750		156750	
29161	73397				15911		17644	4054		13590
33908	20613									
						6287				
							12849	12849		
							22984	22984		
					63					
					63					
							664	664		
							246003	246003		
							21427	21427		
		881596		346853						
		881596		346853						
							2003213	2003213		
			401356							
				151						
				221915						
							64964	64964		
					724					
	13758	672962	2812	13275						
	13758	672962	2812	13275						
						3137				

9－14 工业园区工业

（2014

指标名称	计量单位	上饶市	上饶经济技术开发区	江西广丰经济开发区	江西玉山经济开发区
园区实际开发面积	平方公里	91.27	14.80	10.00	7.80
完成基础设施投入	万元	397634	70210	72800	42000
招商实际到位资金	万元	4428006	1062624	745832	385436
投产工业企业数	个	967	194	134	129
工业总产值	万元	24574130	5882766	5076636	2485475
工业销售产值	万元	24398153	5821098	5074491	2466723
其中:出口交货值	万元	2387698	896916	524781	223592
工业固定资产投资额	万元	5715345	1148416	870800	535880
资产总计	万元	11366819	3470582	2012219	1016871
主营业务收入	万元	24909973	5995326	5129809	2508500
利润总额	万元	2266960	510132	557142	200605
税金总额	万元	1428352	232810	397262	228624
工业增加值	万元	5827006	1359065	1316524	613374
从业人员	人	205742	53567	30138	19820
每平方公里招商实际到位资金	万元/平方公里	48515	71799	74583	49415
每平方公里主营业务收入	万元/平方公里	272926	405090	512981	321603
每平方公里利税总额	万元/平方公里	40488	50199	95440	47337
每平方公里从业人员	人/平方公里	2254	3619	3014	2541

主要经济指标

年）

江西铅山工业园区	江西横峰经济开发区	江西弋阳工业园区	江西余干工业园区	江西鄱阳工业园区	江西万年工业园区	江西婺源工业园区	江西德兴大茅山经济开发区
6.30	5.10	5.00	8.85	10.50	8.70	5.72	8.50
20379	32155	6800	26800	4750	13600	20640	87500
123200	99237	362060	219868	477939	501873	214281	235656
49	52	63	33	66	82	60	105
1376061	2055192	1173315	1340183	1838369	1922430	428804	994899
1373328	2054669	1172982	1337359	1823987	1866413	423311	983792
5977	24057	134049	0	161151	353427	40141	23609
186945	400774	366060	298971	811411	496530	224282	375276
635331	565690	538619	604951	524710	816088	259989	921768
1368987	2048287	1163856	1372162	2007481	1895115	417508	1002942
108681	225627	102160	145667	188248	188564	16279	23856
93813	154892	55640	65473	97571	142230	29324	30713
279270	442987	260281	306679	449073	474247	109481	216024
5714	12861	9612	5595	25946	17817	8218	16454
19556	19458	72412	24844	45518	57687	37462	27724
217300	401625	232771	155047	191189	217829	72991	117993
32142	74612	31560	23858	27221	33425	7973	6420
907	2522	1922	632	2471	2048	1437	1936

主要统计指标解释

工业 指从事自然资源的开采，对采掘品和农产品进行加工和再加工的物质生产部门。具体包括：(1)对自然资源的开采，如采矿、晒盐等(但不包括禽兽捕猎和水产捕捞)；(2)对农副产品的加工、再加工，如粮油加工、食品加工、缫丝、纺织、制革等；(3)对采掘品的加工、再加工，如炼铁、炼钢、化工生产、石油加工、机器制造、木材加工等，以及电力、自来水、煤气的生产和供应等。

工业统计调查单位为独立核算法人工业企业。

独立核算法人工业企业指从事工业生产经营活动的单位。独立核算法人工业企业应同时具备以下条件：①依法成立，有自己的名称、组织机构和场所，能够承担民事责任；②独立拥有和使用资产，承担负债，有权与其他单位签订合同；③独立核算盈亏，并能够编制资产负债表。

工业统计调查范围为全市境内的全部工业企业。1997年以前，工业的统计范围按隶属关系划分，分为乡及乡以上独立核算工业企业和非独立核算生产单位。村办工业、城镇合作工业、农村合作工业、城镇个体工业、农村个体工业六大部分(1984年以前村办工业不在工业统计范围内)。1998年及以后年份，工业统计调查范围由按隶属关系划分，改变为按企业规模划分，分为全部国有及年主营业务收入在500万元以上非国有工业企业和年主营业务收入在500万元以下非国有工业企业两部分。2011年及以后年份的统计范围为年主营业务收入2000万元及以上工业法人企业。

本年鉴中涉及的企业登记注册类型：

国有及国有控股企业 指国有企业加上国有控股企业。国有企业(即原全民所有制工业或国营工业)指企业全部资产归国家所有，并按《中华人民共和国企业法人登记管理条例》规定登记注册的非公司制的经济组织。包括国有企业、国有独资公司和国有联营企业。1957年以前的公私合营和私营工业，后均改造为国营工业，1992年改为国有工业，这部分工业的资料不单独分列时，均包括在国有企业内。国有控股企业是对混合所有制经济的企业进行的“国有控股”分类。它是指这些企业的全部资产中国有资产(股份)相对其他所有者中的任何一个所有者占资(股)最多的企业。该分组反映了国有经济控股情况。

集体企业 指企业资产归集体所有，并按《中华人民共和国企业法人登记管理条例》规定登记注册的经济组织。是社会主义公有制经济的组成部分。包括城乡所有使用集体投资举办的企业，以及部分个人通过集资自愿放弃所有权并依法经工商行政管理机关认定为集体所有制的企业。

股份合作企业 指以合作制为基础，由企业职工共同出资入股，吸收一定比例的社会资产投资组建，实行自主经营，自负盈亏，共同劳动，民主管理，按劳分配与按股分红相结合的一种集体经济组织。

联营企业 指两个及两个以上相同或不同所有制性质的企业法人或事业单位法人，按自愿、平等、互利的原则，共同投资组成的经济组织。联营企业包括：

国有联营企业指国有企业与国有企业间的联营；

集体联营企业指集体企业与集体企业间的联营；

国有与集体联营企业指国有企业与集体企业间的联营。

有限责任公司 指根据《中华人民共和国公司登记管理条例》规定登记注册，由两个以上，五十个以下的股东共同出资，每个股东以其所认缴的出资额对公司承担有限责任，公司以其全部资产对其债务承担责任的经济组织。

有限责任公司包括国有独资公司以及其他有限责任公司。

股份有限公司 指根据《中华人民共和国企业法人登记管理条例》规定登记注册，其全部注册资本由等额股份构成并通过发行股票筹集资本，股东以其认购的股份对公司承担有限责任，公司以其全部资产对其债务承担责任的经济组织。

私营企业 指由自然人投资设立或由自然人控股，以雇佣劳动为基础的营利性经济组织。包括按照《公司法》、《合伙企业法》、《私营企业暂行条例》规定登记注册的私营有限责任公司、私营股份有限公司、私营合伙企业和私营独资企业。

港、澳、台商投资企业 指企业注册登记类型中的港、澳、台资合资、合作、独资经营企业和股份有限公司之和。

外商投资企业 指企业注册登记类型中的中外合资、合作经营企业、外资企业和外商投资股份有限公司之和。

“三资”企业系指港、澳、台商投资企业和外资企业的简称。

轻工业 指主要提供生活消费品和制作手工工具的工业。按其所使用的原料不同，可分为两大类：(1)以农产品为原料的轻工业，是指直接或间接以农产品为基本原料的轻工业。主要包括食品制造、饮料制造、烟草加工、纺织、缝纫、皮革和毛皮制作、造纸以及印刷等工业；(2)以非农产品为原料的轻工业，是指以工业品为原料的轻工业。主要包括文教体育用品、化学药品制造、合成纤维制造、日用化学制品、日用玻璃制品、日用金属制品、手工工具制造、医疗器械制造、文化和办公用机械制造等工业。

重工业 指为国民经济各部门提供物质技术基础的主要生产资料的工业。按其生产性质和产品用途，可以分为下列三类：(1)采掘(伐)工业，是指对自然资源的开采，包括石油开采、煤炭开采、金属矿开采、非金属矿开采等工业；(2)原材料工业，指向国民经济各部门提供基本材料、动力和燃料的工业。包括金属冶炼及加工、炼焦及焦炭、化学、化工原料、水泥、人造板以及电力、石油和煤炭加工等工业；(3)加工工业，是指对工业原材料进行再加工制造的工业。包括装备国民经济各部门的机械设备制造工业、金属结构、水泥制品等工业，以及为农业提供的生产资料如化肥、农药等工业。

工业总产值

(1)定义：

工业总产值是以货币形式表现的，工业企业在一定时期内生产的工业最终产品或提供工业性劳务活动的总价值量。它反映一定时间内工业生产的总规模和总水平。

(2)计算原则：

工业生产的原则，即凡是企业在报告期生产的经检验合格的产品，不管是否在报告期销售，均包括在内。

最终产品的原则，即凡是计入工业总产值的产品，必须是本企业生产的经检验合格的，不需要再进行任何加工的最终产品。如果企业有中间产品(半成品)对外销售，则对外销售的中间产品应视为企业的最终产品。

工厂法原则，即工业总产值是以工业企业作为基本计算(核算)单位，即按企业的最终产品计算工业总产值。按这种方法计算的工业总产值，不允许同一产品价值在企业内部重复计算，不能把企业内部各个车间(分厂)生产的成果相加，但允许企业间的重复计算。

(3)内容及计算方法：

1995年全国工业普查对工业总产值(原规定)的内容及计算原则和方法做了某些修订，修订后的工业总产值(新规定)包括三项内容：即本期生产成品价值、对外加工费收入、在制品半成品期末期初差额价值三部分。

本期生产成品价值：指企业本期生产，并在报告期内不再进行加工，经检验、包装入库的全部工业成品(半成品)价值合计，包括企业生产的自制设备及提供给本企业在建工程、其他非工业部门和福利部门等单位使用的成品价值。本期生产成品价值为按自备原材料生产的产品的数量乘以本期不含增值税(销项税额)的产品实际销售平均单价计算；会计核算中按成本价格转帐的自制设备和自产自用的成品，按成本价格计算生产成品价值。生产成品价值中不包括用定货者来料加工的成品(半成品)价值。

对外加工费收入:指企业在报告期内完成的对外承接的工业品加工(包括用定货者来料加工产品)的加工费收入和对外工业修理作业所取得的加工费收入。对外加工费收入按不含增值税(销项税额)的价格计算,可根据会计"产品销售收入"科目的有关资料取得。

对于本企业对内非工业部门提供的加工修理、设备安装的劳务收入,如果企业会计核算基础较好,能取得这部分资料,而且这部分价值所占比重较大,应包括在对外加工费收入中。

自制半成品在制品期末期初差额价值:指企业报告期在制品期末减期初的差额价值,本指标一般可以从会计核算资料中取得。如果会计产品成本核算中不计算半成品、在制品的成本,则总产值中也不包括这部分价值,反之则包括。

(4)工业总产值统计范围变化和计算方法修订情况:

1984年以前工业总产值不包括村办工业,村办工业总产值划归农业。1984年以后工业总产值包括村办工业。

1995年工业普查对工业总产值计算方法做了修订,即从1995年始按新修订(新规定)方法计算工业总产值。新规定与原规定的区别如下:

全价与加工费的计算原则不同:新规定为凡自备原材料,不论其生产繁简程度如何,一律按全价计算工业总产值;凡来料加工,允许按加工费计算工业总产值。原规定则视生产加工的繁简程度不同,规定哪些行业按全价,哪些行业按加工费计算工业总产值。

自制半成品、在产品期末期初差额价值的计算原则不同:新规定要求,凡会计产品成本核算时计算了成本的差额价值,总产值中就应包括,否则可不包括;原规定则按生产周期六个月的界限区分,凡生产周期六个月以上的企业,总产值计算中应包括这部分差额价值,否则可不包括。

计算价格不同:新规定按不含增值税(销项税额)的价格计算;原规定则按含增值税(销项税额)的价格计算。

工业增加值 指工业企业在报告期内以货币表现的工业生产活动的最终成果。

工业增加值有两种计算方法:一是生产法,即工业总产出减去工业中间投入加上应交增值税;二是收入法,即从收入的角度出发,根据生产要素在生产过程中应得到的收入份额计算,具体构成项目有固定资产折旧、劳动者报酬、生产税净额、营业盈余,这种方法也称要素分配法。本年鉴中的工业增加值是以生产法计算的。

生产法工业增加值的计算方法为:

工业增加值=工业总产出-工业中间投入+应交增值税

(1)工业总产出:指工业企业在一定时期内工业生产活动的总成果。工业总产出包括:成品生产价值,对外加工费收入,自制半成品、在产品期末期初差额价值。1995年后用新规定计算的工业总产值代替。

(2)工业中间投入:指工业企业在工业生产活动中消耗的外购物质产品和对外支付的服务费用。服务费用包括支付给物质生产部门(工业、农业、批发零售贸易业、建筑业、运输邮电业)的服务费用和支付给非物质生产部门(如保险、金融、文化教育、科学研究、医疗卫生、行政管理等)的服务费用。工业中间投入的确定须遵循以下原则:必须从外部购入的,并已计入工业总产出的产品和服务价值;必须是本期投入生产,并一次性消耗掉(包括本期摊销的低值易耗品等)的产品和服务价值。

工业中间投入包括直接材料费用、制造费用中的工业中间投入、管理费用中的工业中间投入、销售费用中的工业中间投入和利息支出五部分。

资产总计 指企业拥有或控制的能以货币计量的经济资源,包括各种财产、债权和其他权利。资产按流动性分为流动资产、长期投资、固定资产、无形资产、递延资产和其他资产。该指标根据企业会计"资产负债表"中"资产总计"项目的期末数增列。

流动资产 指企业可以在一年内或者超过一年的一个生产周期内变现或者耗用的资产,包括现金及各种存款、短期投资,应收及预付款项、存货等。

负债合计 指企业所承担的能以货币计量，将以资产或劳务偿付的债务，偿还形式包括货币、资产或提供劳务。负债一般按偿还期长短分为流动负债和长期负债。根据会计“资产负债表”中“负债合计”的年末数填列。

所有者权益 指企业投资人对企业净资产的所有权。企业净资产等于企业全部资产减去全部负债后的余额，包括企业投资人对企业的最初投入的实际到位的资产及资本公积金、盈余公积金和未分配利润。所有者权益合计数小于零，表示企业资不抵债。

主营业务收入 指企业销售产品和提供劳务等主要经营业务取得的收入。

主营业务成本 指企业销售产品和提供劳务等主要经营业务过程中的实际成本。

主营业务税金及附加 指企业销售产品和提供劳务等主要经营业务应负担的城市维护建设税、消费税、资源税和教育费附加。

利润总额 指企业生产经营活动的最终成果，是企业在一定时期内实现的盈亏相抵后的利润总额（亏损以“-”号表示），它等于营业利润加上补贴收入加上投资收益加上营业外净收入再加上以前年度损益调整。

本年应交增值税 指企业在报告期内应交纳的增值税额。它等于本年销项税额加上出口退税加上进项税额转出数减去本年进项税额。小规模纳税企业直接按全年计税销售额乘以征收率计算取得。

从业人员平均人数 是指报告期内每天拥有的从业人员人数。其计算公式为：

$$季平均人数=\frac{季内各月平均人数之和}{3}$$

$$月平均人数=\frac{报告月内每天实有人数之和}{报告月日历日数}$$

$$年平均人数=\frac{年内各月平均人数之和}{12}$$

工业增加值率 指在一定时期内工业增加值占同期工业总产值的比重，反映降低中间消耗的经济效益。计算公式为：

工业增加值率（%）= 工业增加值（现价）/工业总产值（现价）×100%

工业统计上大中小微型企业划分标准 1.大型、中型和小型企业须同时满足下表所列指标的下限，否则下划一档；微型企业只须满足所列指标中的一项即可。2.附表中各行业的范围以《国民经济行业分类》（GB/T4754－2011）为准。3.企业划分指标以现行统计制度为准。（1）从业人员，是指期末从业人员数，没有期末从业人员数的，采用全年平均人员数代替。（2）营业收入，采用主营业务收入。（3）资产总额，采用资产总计代替。

指标名称	计量单位	大型企业	中型企业	小型企业	微型企业
从业人员（X）	人	X≥1000	300≤X<1000	20≤X<300	X<20
营业收入（Y）	万元	Y≥40000	2000≤Y<40000	300≤Y<2000	Y<300

十、建 筑 业

简要说明

●本篇资料反映我市建筑业概况。

●本篇资料来自依据国家统计局制定的建筑业统计报表制度规定而收集的有关年报资料。

建筑业报表统计范围为：辖区内具有建筑业资质等级的所有独立核算建筑业企业。

内容提要

●2014 年，建筑业总产值 4293472 万元，比 2013 年增长 14.3%。

本篇资料整理、校对

顾朝晖、孙小娟

10－1 总承包和专业承包

（2014

指标名称	企业个数		合同情况(万元)			
	建筑业企业个数（个）	有工作量的建筑业企业个数（个）	签订的合同额	上年结转合同额	本年新签合同额	直接从建设单位承揽工程完成的产值
总计	195	192	6304638	1349021	4955617	3970284
其中:国有及国有控股企业	8	8	152293	40592	111701	108906
一、按登记注册类型分组						
内资企业	195	192	6304638	1349021	4955617	3970284
国有企业	2	2	104290	26630	77660	53061
集体企业	14	14	93490	19275	74215	74702
有限责任公司	69	68	1439285	236261	1203024	1204344
国有独资公司						
其他有限责任公司	69	68	1439285	236261	1203024	1204344
股份有限公司	21	21	467411	151852	315559	304921
私营企业	89	87	4200162	915002	3285160	2333257
私营有限责任公司	77	75	3696409	897222	2799187	2194888
私营股份有限公司	12	12	503753	17780	485973	138369
房屋建筑业	109	108	4606463	1041265	3565198	2988068
房屋建筑业	109	108	4606463	1041265	3565198	2988068
房屋建筑业	109	108	4606463	1041265	3565198	2988068
土木工程建筑业	71	70	1432017	188973	1243045	833334
铁路、道路、隧道和桥梁工程建筑	51	50	1079092	142238	936853	592585
铁路工程建筑						
公路工程建筑	3	3	57056	5411	51646	51382
市政道路工程建筑	46	45	999635	126827	872808	518804
其他道路、隧道和桥梁工程建筑	2	2	22400	10000	12400	22400
水利和内河港口工程建筑	11	11	186841	20821	166020	153239
水源及供水设施工程建筑	5	5	34255	2267	31989	20127
河湖治理及防洪设施工程建筑	5	5	142929	15040	127889	124447
港口及航运设施工程建筑	1	1	9657	3515	6142	8665
工矿工程建筑	2	2	9359	57	9302	9258
工矿工程建筑	2	2	9359	57	9302	9258
架线和管道工程建筑	3	3	35116	1696	33421	32915
架线及设备工程建筑	3	3	35116	1696	33421	32915
其他土木工程建筑	4	4	121609	24160	97449	45336
其他土木工程建筑	4	4	121609	24160	97449	45336
建筑安装业	3	3	16247	1358	14889	14210
电气安装	1	1	1300	591	709	1000
电气安装	1	1	1300	591	709	1000
管道和设备安装	1	1	4747	767	3980	3010
管道和设备安装	1	1	4747	767	3980	3010
其他建筑安装业	1	1	10200		10200	10200
其他建筑安装业	1	1	10200		10200	10200
建筑装饰和其他建筑业	12	11	249911	117425	132486	134673
建筑装饰业	6	6	15226	1996	13230	17742

建筑业企业生产情况(一)

年)

承包工程完成情况(万元)			建筑业总产值(万元)						竣工产值(万元)
自行完成施工产值	分包出去工程的产值	从建设单位以外承揽工程完成的产值	建筑业总产值(万元)	其中:装饰装修产值	其中:在外省完成的产值	建筑工程产值	安装工程产值	其他产值	
3567293	402991	726179	4293472	258174	1881917	3549703	250289	493480	3442893
79974	28932	28932	108906		28161	100280		8626	98249
3567293	402991	726179	4293472	258174	1881917	3549703	250289	493480	3442893
24129	28932	28932	53061		28161	44435		8626	55032
71903	2799	3472	75375	216	1406	73157	1889	328	67940
998133	206211	181401	1179534	40733	287410	1018241	63463	97830	1027772
998133	206211	181401	1179534	40733	287410	1018241	63463	97830	1027772
303916	1005	22839	326755	5733	125220	304871	6667	15217	205630
2169213	164044	489534	2658747	211491	1439720	2109000	178269	371478	2086520
2032323	162565	273185	2305507	208422	1294126	1875733	111420	318354	1790877
136890	1479	216349	353240	3069	145594	233266	66849	53124	295643
2596100	391968	477674	3073774	189825	1445379	2536599	151737	385438	2470658
2596100	391968	477674	3073774	189825	1445379	2536599	151737	385438	2470658
2596100	391968	477674	3073774	189825	1445379	2536599	151737	385438	2470658
822972	10362	247843	1070815	58902	376745	867900	96213	106702	862847
583223	9362	232563	815786	54011	313964	642165	86021	87600	657318
51382			51382			51382			40322
509442	9362	232563	742005	54011	313964	586383	86021	69600	603033
22400			22400			4400		18000	13964
153239		14280	167519	4884	61629	155408	1643	10469	145573
20127		14280	34407	412		22707	1373	10326	30569
124447			124447	4472	61629	124035	270	142	106339
8665			8665			8665			8665
9258			9258			632		8626	8626
9258			9258			632		8626	8626
32915			32915	7		25782	7126	7	30962
32915			32915	7		25782	7126	7	30962
44336	1000	1000	45336		1152	43914	1422		20368
44336	1000	1000	45336		1152	43914	1422		20368
14210			14210			14210			12090
1000			1000			1000			
1000			1000			1000			
3010			3010			3010			1890
3010			3010			3010			1890
10200			10200			10200			10200
10200			10200			10200			10200
134011	662	662	134673	9447	59793	130994	2339	1340	97297
17080	662	662	17742	6847	2444	16373	29	1340	12899

10－1　续表1

指标名称	企业个数		合同情况(万元)			
	建筑业企业个数(个)	有工作量的建筑业企业个数(个)	签订的合同额	上年结转合同额	本年新签合同额	直接从建设单位承揽工程完成的产值
建筑装饰业	6	6	15226	1996	13230	17742
工程准备活动	1	1	1220		1220	1220
建筑物拆除活动	1	1	1220		1220	1220
其他未列明建筑业	5	4	233465	115429	118036	115711
其他未列明建筑业	5	4	233465	115429	118036	115711
二、按隶属关系分组						
省(自治区、直辖市)	4	4	34712	6131	28581	47178
地区(州、盟、省辖市)	5	5	304468	114517	189951	190505
县(区、市、旗)	37	36	897210	173075	724135	740793
街道	2	2	8424	1388	7036	3010
镇	5	5	54418	9631	44787	48929
其他	142	140	5005406	1044278	3961128	2939870
三、按企业资质等级分组						
企业资质等级(施工总承包)	185	182	6245190	1347127	4898063	3909366
一级	8	8	1646173	244627	1401546	1071209
二级	85	85	3660350	913139	2747211	2116739
三级及以下	92	89	938668	189361	749306	721419
企业资质等级(专业总承包)	10	10	59448	1893	57554	60918
二级	3	3	5826	98	5729	7116
三级及以下	7	7	53622	1796	51826	53802
四、按地区分组						
信州区	30	29	1276821	302573	974248	831437
上饶县	11	11	161890	22551	139339	123283
广丰县	79	77	3494098	685337	2808760	1954422
玉山县	12	12	115760	31998	83763	74121
铅山县	3	3	151634	44315	107320	113583
横峰县	4	4	34202	6884	27319	16256
弋阳县	8	8	89759	28702	61057	60339
余干县	9	9	120772	8047	112725	113130
鄱阳县	17	17	571929	160534	411395	419669
万年县	8	8	127107	26736	100371	114436
婺源县	6	6	25848	6778	19070	23565
德兴市	8	8	134818	24567	110251	126044
五、按营业状态分组						
营业	193	190	6279781	1347675	4932106	3945799
当年关闭	2	2	24857	1345	23511	24485
六、按控股情况分组						
国有控股	8	8	152293	40592	111701	108906
集体控股	15	15	104316	27615	76701	82708
私人控股	168	165	5859895	1214964	4644932	3652582
其他	4	4	188133	65850	122283	126088

承包工程完成情况(万元)			建筑业总产值(万元)						竣工产值(万元)
自行完成施工产值	分包出去工程的产值	从建设单位以外承揽工程完成的产值	建筑业总产值(万元)	其中:装饰装修产值	其中:在外省完成的产值	建筑工程产值	安装工程产值	其他产值	
17080	662	662	17742	6847	2444	16373	29	1340	12899
1220			1220			1220			1220
1220			1220			1220			1220
115711			115711	2600	57349	113401	2310		83178
115711			115711	2600	57349	113401	2310		83178
47178			47178			38552		8626	46546
161572	28932	28932	190505		90851	188181	2204	120	110047
537749	203044	172026	709775	9883	223103	644330	25419	40026	621777
3010		3500	6510			6510			1890
48929			48929		16763	48929			47390
2768855	171015	521720	3290574	248291	1551200	2623201	222666	444708	2615243
3506375	402991	726179	4232554	254049	1865460	3503393	237585	491575	3385565
843476	227732	322854	1166330	106377	541051	1003920	71834	90576	840532
1958241	158498	338489	2296730	90905	1142625	1803230	135922	357579	1844982
704657	16761	64836	769493	56767	181784	696243	29829	43421	700052
60918			60918	4125	16457	46310	12703	1905	57328
7116			7116	929		7116			7116
53802			53802	3196	16457	39194	12703	1905	50212
801505	29932	31097	832602	96583	421822	822812	7647	2143	546962
123283			123283		26520	119837	2443	1003	122783
1582024	372397	661423	2243447	126002	1190578	1671208	194546	377693	1905901
74121			74121	929	22878	72143		1978	66002
113583			113583		53245	82218	10542	20822	70273
16256		14280	30536			19568	1054	9914	28345
59677	662	9728	69405	17638		67376	2029		49071
113130			113130	2858		107744	2501	2885	102856
419669			419669	12509	112960	332014	23900	63755	304952
114436			114436	1588	49614	106990	3198	4248	96286
23565			23565	66	4300	22941	212	412	24101
126044		9651	135695			124852	2217	8626	125361
3542808	402991	726179	4268986	258174	1881917	3525408	250098	493480	3418408
24485			24485			24295	190		24485
79974	28932	28932	108906		28161	100280		8626	98249
79909	2799	3472	83381	216	1406	81163	1889	328	76426
3281322	371260	693774	3975097	257957	1790591	3275049	237957	462091	3187199
126088			126088		61759	93211	10442	22435	81019

10－1 总承包和专业承包

（2014

指 标 名 称	房屋建筑施工面积(平方米)			
	房屋建筑施工面积	其中：本年新开工面积	其中：实行投标承包面积	其中：本年新开工
总计	32219969	16202883	13593362	9533188
其中:国有及国有控股企业	350656	53852		0
一、按登记注册类型分组				
内资企业	32219969	16202883	13593362	9533188
国有企业				
集体企业	724149	590096	554769	534344
有限责任公司	17020651	5603150	5065805	3721959
国有独资公司	17020651	5603150	5065805	3721959
其他有限责任公司	1111844	455141	525796	411022
股份有限公司	13363325	9554496	7446992	4865863
私营企业	12060576	8480842	6883895	4314512
私营有限责任公司	1302749	1073654	563097	551351
私营股份有限公司				
房屋建筑业	28223410	13691484	12515004	8742489
房屋建筑业	28223410	13691484	12515004	8742489
房屋建筑业	28223410	13691484	12515004	8742489
土木工程建筑业	3399773	2024627	1031036	744010
铁路、道路、隧道和桥梁工程建筑	2768177	1663395	845096	606631
铁路工程建筑				
公路工程建筑	2768177	1663395	845096	606631
市政道路工程建筑				
其他道路、隧道和桥梁工程建筑	318838	150128	135289	126728
水利和内河港口工程建筑	70783	68183	44783	44783
水源及供水设施工程建筑	90506	81945	90506	81945
河湖治理及防洪设施工程建筑	157549			
港口及航运设施工程建筑				
工矿工程建筑				
工矿工程建筑	99750	56950	4982	4982
架线和管道工程建筑	99750	56950	4982	4982
架线及设备工程建筑	213008	154154	45669	5669
其他土木工程建筑	213008	154154	45669	5669
其他土木工程建筑	141361	57983	36180	36180
建筑安装业	84181	21803		
电气安装	84181	21803		
电气安装	57180	36180	36180	36180
管道和设备安装	57180	36180	36180	36180
管道和设备安装				
其他建筑安装业				
其他建筑安装业	455425	428789	11142	10509
建筑装饰和其他建筑业	10509	10509	10509	10509
建筑装饰业	10509	10509	10509	10509

建筑业企业生产情况(二)

年)

从业人员情况(人)								
直接从事生产经营活动的平均人数	期末从业人数	其中：工程技术人员	其中：一级建造师	合　计	住宅房屋	商业及服务用房屋	商厦房屋（批发和零售用房）	宾馆用房屋（住宿用房）
164178		30037	1807	18948603	10687253	1355120	240833	91879
4004		626	60	273302	224369			
164178		30037	1807	18948603	10687253	1355120	240833	91879
2079		365	36					
5087		707	2	613010	386451	74375		
52713		8590	401	6525501	2902461	344652	207827	72186
52713		8590	401	6525501	2902461	344652	207827	72186
11587		3245	95	791739	556057	88194		6794
92712		17130	1273	11018353	6842284	847899	33006	12899
79668		15079	1075	9719167	5937620	744011	33006	12899
13044		2051	198	1299186	904664	103888		
110461		20017	874	15683313	9216061	989071	223830	68579
110461		20017	874	15683313	9216061	989071	223830	68579
110461		20017	874	15683313	9216061	989071	223830	68579
47247		7949	377	2903749	1421186	180904	17003	23300
35863		5891	267	2399355	1277515	156394	17003	23300
783		230	3					
34310		5613	264	2399355	1277515	156394	17003	23300
770		48						
7312		1401	98	310488	24371	12231		
1396		459	5	70783	24371	7829		
5129		775	87	82156		4402		
787		167	6	157549				
489								
489								
1372		394		98252	49781			
1372		394		98252	49781			
2211		263	12	95654	69519	12279		
2211		263	12	95654	69519	12279		
843		179	10	21000	21000			
80		40						
80		40						
353		49		21000	21000			
353		49		21000	21000			
410		90	10					
410		90	10					
5627		1892	546	340541	29006	185145		
1188		602	4	19269				
1188		602	4	19269				

10－1 续表 2

指标名称	房屋建筑施工面积(平方米)			
	房屋建筑施工面积	其中：本年新开工面积	其中：实行投标承包面积	其中：本年新开工
建筑装饰业				
工程准备活动				
建筑物拆除活动	444916	418280	633	
其他未列明建筑业	444916	418280	633	
其他未列明建筑业				
二、按隶属关系分组	244667			
省(自治区、直辖市)	150511	150511	150511	150511
地区(州、盟、省辖市)	12812332	2602757	1875369	1473230
县(区、市、旗)	68390	47182	36180	36180
街道	456918	362904	274199	236304
镇	18487151	13039529	11257103	7636963
其他				
三、按企业资质等级分组	32041431	16076465	13526813	9469931
企业资质等级(施工总承包)	14332215	3541879	2562263	504946
一级	12077010	8401895	6541176	5358031
二级	5632206	4132691	4423374	3606954
三级及以下	178538	126418	66549	63257
企业资质等级(专业总承包)	8093	8093		
二级	170445	118325	66549	63257
三级及以下				
四、按地区分组	3447507	2251361	2016957	317711
信州区	1068647	821893	735429	602471
上饶县	19734646	7924051	5130169	4485994
广丰县	938436	585700	612519	423579
玉山县	445874	369286	443995	364073
铅山县	204061	140461	178060	117060
横峰县	353200	231600	327800	170000
弋阳县	817898	773473	817898	773473
余干县	2795473	2168057	2102325	1614375
鄱阳县	1335746	552151	721580	341511
万年县	310967	140996	141629	140996
婺源县	767514	243854	365001	181945
德兴市				
五、按营业状态分组	31961118	15969330	13345746	9300042
营业	258851	233553	247616	233146
当年关闭				
六、按控股情况分组	350656	53852		
国有控股	872568	618515	554769	534344
集体控股	30241208	15057923	12334816	8526251
私人控股	755537	472593	703777	472593
其他	75554	47259	70378	47259

从业人员情况(人)								
直接从事生产经营活动的平均人数	期末从业人数	其中：工程技术人员	其中：一级建造师	合　计	住宅房屋	商业及服务用房屋	商厦房屋（批发和零售用房）	宾馆用房屋(住宿用房）
12								
12								
4427		1290	542	321272	29006	185145		
4427		1290	542	321272	29006	185145		
1731		186	21	244667	195734			
5956		2619	65	150511	58632	23562	23562	
23339		4080	149	2814038	1468085	230347	8908	24794
842		267	2	21000	21000			
2003		138	1	415731	241425			
130307		22747	1569	15302656	8702377	1101211	208363	67085
161585		29071	1807	18768285	10564166	1355120	240833	91879
28516		3188	233	4041244	2550460	148430	148430	
83649		14609	1209	10181110	6069899	913527	36861	12341
49420		11274	365	4545931	1943807	293163	55542	79538
2593		966		180318	123087			
204		88		2611	2611			
2389		878		177707	120476			
22495		5223	197	2222797	1986307	35926	34426	
5470		1615	19	885716	785219			
78729		14477	810	9368121	4700662	713589	32804	68669
3762		1051	12	545427	460957	40237		
2874		681	67	313478	291778	21700	13020	5210
1506		150	5	198523	184903			
3570		667	30	140600	126000	10600	10600	
5312		1563	7	762641	306985	154565		
21109		2992	604	2477249	768010	358317	148430	
13269		865	15	1113353	567480			
1827		268	8	303537	78694	1563	930	
4255		485	33	617161	430258	18623	623	18000
162626		29976	1807	18700610	10612510	1355120	240833	91879
1552		61		247993	74743			
4004		626	60	273302	224369			
5763		833	2	691429	464870	74375		
151312		27860	1718	17566370	9625399	1240508	240833	91879
3099		718	27	417502	372615	40237		
310		72	3	41750	37262	4024		

10－1 总承包和专业承包

（2014

指标名称	房屋建筑竣工				
	餐饮用房屋（餐饮用房）	商务会展用房屋	其他商业及服务用房屋（居民服务业用房）	办公用房屋	科研、教育、医疗用房屋
总计	50039	10802	961567	1660540	1264298
其中：国有及国有控股企业					
一、按登记注册类型分组					
内资企业	50039	10802	961567	1660540	1264298
国有企业					
集体企业			74375	39064	32081
有限责任公司	6872	7556	50211	719047	824513
国有独资公司	6872	7556	50211	719047	824513
其他有限责任公司			81400	6104	39528
股份有限公司	43167	3246	755581	896325	368176
私营企业	30301	3246	664559	837925	360522
私营有限责任公司	12866		91022	58400	7654
私营股份有限公司					
房屋建筑业	14955	3346	678361	1359806	1163709
房屋建筑业	14955	3346	678361	1359806	1163709
房屋建筑业	14955	3346	678361	1359806	1163709
土木工程建筑业	35084	7456	98061	300734	100589
铁路、道路、隧道和桥梁工程建筑	35084	7456	73551	289547	84916
铁路工程建筑					
公路工程建筑	35084	7456	73551	289547	84916
市政道路工程建筑					
其他道路、隧道和桥梁工程建筑			12231		15673
水利和内河港口工程建筑			7829		
水源及供水设施工程建筑			4402		15673
河湖治理及防洪设施工程建筑					
港口及航运设施工程建筑					
工矿工程建筑					
工矿工程建筑				3000	
架线和管道工程建筑				3000	
架线及设备工程建筑			12279	8187	
其他土木工程建筑			12279	8187	
其他土木工程建筑					
建筑安装业					
电气安装					
电气安装					
管道和设备安装					
管道和设备安装					
其他建筑安装业					
其他建筑安装业			185145		
建筑装饰和其他建筑业					
建筑装饰业					

建筑业企业生产情况(三)

年)

面积(平方米)									
科学研究用房屋	教育用房屋	医疗用房屋(卫生医疗用房)	文化、体育、娱乐用房屋	厂房及建筑物	厂房	仓库	其他未列明的房屋建筑物*	合 计	住宅房屋
168441	833723	262134	354099	2578443	1162263	403326	645524	2162105	1337240
				48933				39249	31909
168441	833723	262134	354099	2578443	1162263	403326	645524	2162105	1337240
	32081			35547	23107	21787	23705	61158	40020
150288	469975	204250	13972	1401431	639513	125661	193764	576080	307885
150288	469975	204250	13972	1401431	639513	125661	193764		
	14248	25280		101459	19079		397	576080	307885
18153	317419	32604	340127	1040006	480564	255878	427658	103887	78470
18153	309765	32604	333036	1034741	480564	243454	227858	1420980	910866
	7654		7091	5265		12424	199800	1252879	791358
								168101	119508
166708	752085	244916	321611	1954857	942721	356476	321722	1764217	1148113
166708	752085	244916	321611	1954857	942721	356476	321722	1764217	1148113
166708	752085	244916	321611	1954857	942721	356476	321722	1764217	1148113
1733	81638	17218	32488	516465	112421	36341	315042	352726	182016
1733	73288	9895	32488	261563	15068	30954	265978	294745	162840
1733	73288	9895	32488	261563	15068	30954	265978		
								294745	162840
	8350	7323		212744	55195	1387	44082		
				6237	6237		32346	29832	3718
	8350	7323		48958	48958	1387	11736	10437	3718
				157549				10730	
								8665	
				36489	36489	4000	4982		
				36489	36489	4000	4982	16651	7456
				5669	5669			16651	7456
				5669	5669			11499	8003
								11499	8003
								1890	1890
								1890	1890
								1890	1890
				107121	107121	10509	8760		
						10509	8760	43272	5221
						10509	8760	2935	

指标名称	房屋建筑竣工				
				办公用房屋	科研、教育、医疗用房屋
	餐饮用房屋(餐饮用房)	商务会展用房屋	其他商业及服务用房屋(居民服务业用房)		
建筑装饰业					
工程准备活动					
建筑物拆除活动			185145		
其他未列明建筑业			185145		
其他未列明建筑业					
二、按隶属关系分组					
省(自治区、直辖市)				895	2568
地区(州、盟、省辖市)			196645	282781	358382
县(区、市、旗)					
街道				65477	14341
镇	50039	10802	764922	1311387	889007
其他					
三、按企业资质等级分组	50039	10802	961567	1657540	1264298
企业资质等级(施工总承包)				495042	389891
一级	15597	4477	844251	835267	304533
二级	34442	6325	117316	327231	569874
三级及以下				3000	
企业资质等级(专业总承包)					
二级				3000	
三级及以下					
四、按地区分组			1500	78453	25691
信州区				28873	45760
上饶县	46569	10802	554745	962974	649455
广丰县			40237	3489	1038
玉山县	3470				
铅山县					
横峰县					4000
弋阳县			154565	77526	31724
余干县			209887	266874	438361
鄱阳县				182452	62061
万年县			633		5837
婺源县				59899	371
德兴市					
五、按营业状态分组	50039	10802	961567	1652260	1191962
营业				8280	72336
当年关闭					
六、按控股情况分组					
国有控股			74375	39064	32081
集体控股	50039	10802	846955	1621476	1231179
私人控股			40237		1038
其他			4024		104

面积(平方米)									
科学研究用房屋	教育用房屋	医疗用房屋(卫生医疗用房)	文化、体育、娱乐用房屋	厂房及建筑物	厂房	仓库	其他未列明的房屋建筑物*	合　计	住宅房屋
0								2935	
				107121	107121				
				107121	107121			40337	5221
								40337	5221
				48933					
	2568		1560	62898	4065	396		36700	29360
103000	140382	115000	649	416869	71649	23703	33222	19461	7329
								251446	174709
	14341			82556	13316		11932	1890	1890
65441	676432	147134	351890	1967187	1073233	379227	600370	36795	21161
								1815814	1102792
168441	833723	262134	354099	2541954	1125774	399326	631782		
144081	127218	118592		298783			158638	2136387	1322347
17445	259814	27274	314200	1284380	502681	233937	225367	517389	417927
6915	446691	116268	39899	958791	623093	165389	247777	1183129	703481
				36489	36489	4000	13742	435868	200939
								25719	14893
				36489	36489	4000	13742	359	359
								25360	14535
1683	3786	20222	1560	83955	9734	10905			
	25134	20626				18832	7032	384874	348002
121523	394511	133421	326764	1193696	410293	362362	458619	116319	102250
	1038			38167	25604		1539	1002042	537723
								65289	55240
							13620	50396	48551
	4000							19706	17896
	31724		19126	67293	67293		105422	19724	12770
39398	311098	87865	6000	592952	556557	7924	38811	74655	28063
	62061			279492	45328	1387	20481	242102	82290
5837				217443	47454			94086	48109
	371		649	105445		1916		20728	5933
								72185	50413
168441	769170	254351	354099	2498454	1082274	395402	640803		
	64553	7783		79989	79989	7924	4721	2139295	1330232
								22810	7008
				48933					
	32081			35547	23107	21787	23705	39249	31909
168441	800604	262134	354099	2490351	1135544	381539	621819	69644	48506
	1038			3612	3612			1992071	1200911
	104			361	361			61142	55915

（2014

指标名称	竣工房屋					
	商业及服务用房屋	商厦房屋（批发和零售用房）	宾馆用房屋（住宿用房）	餐饮用房屋（餐饮用房）	商务会展用房屋	其他商业及服务用房屋（居民服务业用房）
总计	153120	23889	6251	5796	1166	116018
其中：国有及国有控股企业						
一、按登记注册类型分组						
内资企业	153120	23889	6251	5796	1166	116018
国有企业						
集体企业	8124					8124
有限责任公司	29443	18107	3996	1011	514	5815
国有独资公司						
其他有限责任公司	29443	18107	3996	1011	514	5815
股份有限公司	6187		734			5453
私营企业	109366	5782	1520	4785	652	96627
私营有限责任公司	96948	5782	1520	3481	652	85513
私营股份有限公司	12418			1305		11114
房屋建筑业	109365	21670	4907	1819	666	80302
房屋建筑业	109365	21670	4907	1819	666	80302
房屋建筑业	109365	21670	4907	1819	666	80302
土木工程建筑业	16566	2218	1344	3977	500	8527
铁路、道路、隧道和桥梁工程建筑	12143	2218	1344	3977	500	4105
铁路工程建筑						
公路工程建筑						
市政道路工程建筑	12143	2218	1344	3977	500	4105
其他道路、隧道和桥梁工程建筑						
水利和内河港口工程建筑	2748					2748
水源及供水设施工程建筑	1872					1872
河湖治理及防洪设施工程建筑	876					876
港口及航运设施工程建筑						
工矿工程建筑						
工矿工程建筑						
架线和管道工程建筑						
架线及设备工程建筑						
其他土木工程建筑	1675					1675
其他土木工程建筑	1675					1675
建筑安装业						
电气安装						
电气安装						
管道和设备安装						
管道和设备安装						
其他建筑安装业						
其他建筑安装业						
建筑装饰和其他建筑业	27189					27189
建筑装饰业						

建筑业企业生产情况（四）

年）

价值（万元）

办公用房屋	科研、教育、医疗用房屋	科学研究用房屋	教育用房屋	医疗用房屋（卫生医疗用房）	文化、体育、娱乐用房屋	厂房及建筑物	厂房	仓库	其他未列明的房屋建筑物＊
171953	107929	11307	77965	18657	42338	249281	108593	38404	61840
						7340			
171953	107929	11307	77965	18657	42338	249281	108593	38404	61840
3866	2804		2804			3118	2015	1328	1899
51906	56429	8262	36250	11917	2209	114371	56842	5837	8002
51906	56429	8262	36250	11917	2209	114371	56842	5837	8002
694	4550		1758	2793		13933	2248		54
115488	44146	3045	37153	3948	40130	117859	47487	31239	51886
108138	43362	3045	36369	3948	39416	117329	47487	29972	26356
7350	785		785		714	530		1267	25530
135297	96854	11053	68525	17277	38193	184150	84112	33024	19220
135297	96854	11053	68525	17277	38193	184150	84112	33024	19220
135297	96854	11053	68525	17277	38193	184150	84112	33024	19220
36656	11075	255	9440	1380	4145	57204	16554	4075	40990
34763	10263	255	8985	1023	4145	32509	1524	3462	34621
34763	10263	255	8985	1023	4145	32509	1524	3462	34621
	812		455	357		17091	8426	36	5428
						840	840		4008
	812		455	357		7587	7587	36	1419
						8665			
777						6900	5900	577	942
777						6900	5900	577	942
1117						705	705		
1117						705	705		
						7927	7927	1305	1630
								1305	1630

10－1 续表4

指标名称	竣工房屋					
	商业及服务用房屋	商厦房屋（批发和零售用房）	宾馆用房屋（住宿用房）	餐饮用房屋（餐饮用房）	商务会展用房屋	其他商业及服务用房屋（居民服务业用房）
建筑装饰业						
工程准备活动						
建筑物拆除活动						
其他未列明建筑业	27189					27189
其他未列明建筑业	27189					27189
二、按隶属关系分组						
省（自治区、直辖市）						
地区（州、盟、省辖市）	2945	2945				
县（区、市、旗）	22273	819	2966			18488
街道						
镇						
其他	127901	20124	3285	5796	1166	97530
三、按企业资质等级分组						
企业资质等级（施工总承包）	153120	23889	6251	5796	1166	116018
一级	11469	11469				
二级	114616	3998	1317	1892	761	106648
三级及以下	27035	8422	4934	3904	405	9370
企业资质等级（专业总承包）						
二级						
三级及以下						
四、按地区分组						
信州区	4668	4378				290
上饶县						
广丰县	75775	3830	3576	5501	1166	61702
玉山县	4861					4861
铅山县	1845	1107	443	295		
横峰县						
弋阳县	2954	2954				
余干县	19032					19032
鄱阳县	41553	11469				30084
万年县						
婺源县	132	81				50
德兴市	2301	69	2232			
五、按营业状态分组						
营业	153120	23889	6251	5796	1166	116018
当年关闭						
六、按控股情况分组						
国有控股						
集体控股	8124					8124
私人控股	140135	23889	6251	5796	1166	103033
其他	4861					4861

价值(万元)

办公用房屋	科研、教育、医疗用房屋	科学研究用房屋	教育用房屋	医疗用房屋(卫生医疗用房)	文化、体育、娱乐用房屋	厂房及建筑物	厂房	仓库	其他未列明的房屋建筑物 *
0								1305	1630
						7927	7927		
						7927	7927		
						7340			
112	321		321		195	8509	508	50	
9949	12096	3090	5556	3450	72	27948	10066	1538	2862
6226	1220		1220			7661	633		529
155667	94293	8217	70869	15207	42071	197823	97386	36816	58450
171176	107929	11307	77965	18657	42338	242381	102693	37827	59268
39104	15596	7674	3924	3998		14015			19277
101020	36995	3005	31044	2946	37429	137693	51458	27889	24006
31052	55338	628	42997	11713	4909	90673	51236	9938	15984
777						6900	5900	577	2572
777						6900	5900	577	2572
15309	3105	191	465	2448	195	12241	1213	1355	
4534	6326		3355	2971				2291	917
99333	47094	6219	35965	4911	39160	123688	45976	33691	45578
500	135		135			4403	3017		150
									1810
	4000		4000						
7386	2980		2980		2211	6174	6174		8810
25037	39533	4392	26814	8327	700	48978	45399	822	3188
14401	4178		4178			25975	2425	36	1387
	505	505				14158	4389		
5451	73		73		72	13665		210	
171050	101113	11307	71975	17831	42338	242521	101833	37582	61339
903	6817		5990	827		6760	6760	822	501
						7340			
3866	2804		2804			3118	2015	1328	1899
168088	104990	11307	75026	18657	42338	238591	106347	37076	59941
	135		135			231	231		

10－2 各种分组总专包

（2014

指标名称	一、年初存货	流动资产合计	应收工程款
总计	292625	1329590	368751
其中:国有及国有控股企业	14167	84890	45305
一、按登记注册类型分组			
内资企业	292625	1329590	368751
国有企业	5018	40583	27666
集体企业	17913	26155	10051
有限责任公司	104720	350724	91121
其他有限责任公司	104720	350724	91121
股份有限公司	23276	166431	34237
私营企业	141698	745698	205677
私营有限责任公司	122717	683379	190760
私营股份有限公司	18981	62319	14917
二、按国民经济行业分组			
房屋建筑业	179046	982988	270588
土木工程建筑业	102813	293198	85285
铁路、道路、隧道和桥梁工程建筑	89146	224294	58234
公路工程建筑	11180	22302	11728
市政道路工程建筑	77262	198369	45440
其他道路、隧道和桥梁工程建筑	703	3623	1065
水利和内河港口工程建筑	6060	36302	17211
水源及供水设施工程建筑	1914	11720	6335
河湖治理及防洪设施工程建筑	4146	20813	9679
港口及航运设施工程建筑		3768	1197
工矿工程建筑	410	9570	3962
架线和管道工程建筑	72	5495	2899
架线及设备工程建筑	72	5495	2899
其他土木工程建筑	7126	17538	2980
建筑安装业	1157	15070	997
电气安装		10925	
管道和设备安装	155	445	197
其他建筑安装业	1002	3700	800
建筑装饰和其他建筑业	9609	38334	11881
建筑装饰业	1014	6828	1940
工程准备活动	7	1872	1735
建筑物拆除活动	7	1872	1735
其他未列明建筑业	8588	29635	8206

全部企业财务汇总表(一)

年)　　　　计量单位:万元

二、年末资产负债

其中:存货	固定资产合计	固定资产减值准备	固定资产原价	累计折旧	其中:本年折旧	在建工程	资产合计
315486	595257	3493	613337	157638	36937	79147	2752217
10290	26353	500	26511	12444	1654	12072	123321
315486	595257	3493	613337	157638	36937	79147	2752217
5286	5105		12279	7174	300		56268
10289	25167	1701	11345	4164	332	1459	53834
86137	226915	777	202576	43298	10457	60702	619585
86137	226915	777	202576	43298	10457	60702	619585
12221	57289		81799	27049	3478	298	269136
201553	280781	1014	305339	75954	22371	16689	1753394
180176	228525	234	244247	61661	19429	16472	1630015
21377	52256	780	61092	14293	2942	216	123380
236587	332545	242	362181	98121	22882	42338	2090366
64310	238950	3250	221908	51050	11751	36341	581916
46961	200591	3250	190818	38659	8936	17008	471033
9046	25902	1240	19724	8081	1183	13076	48361
36699	167228	2010	163076	29431	7222	3432	410587
1216	7461		8018	1147	531	500	12085
7908	32054		23444	10651	2346	19261	71300
2079	4156		5037	882	220		16406
5830	27899		18407	9769	2126	19261	49429
							5465
926	804		1323	732	122		10570
947	1750		2115	365	114		7292
947	1750		2115	365	114		7292
7568	3751		4208	642	234	72	21722
3798	4524		5032	3008	480		19594
2765	2500						13425
134	119		282	163	5		564
900	1905		4750	2845	475		5605
10790	19237		24216	5460	1824	468	60341
2053	6713		7580	1248	712	380	13571
	340		658	318	318		2221
	340		658	318	318		2221
8737	12184		15978	3894	794	88	44548

10-2 续表 1

指标名称	一、年初存货	流动资产合计	应收工程款
三、按隶属关系分组			
省(自治区、直辖市)	535	27652	15780
地区(州、盟、省辖市)	14871	140656	37913
县(区、市、旗)	45682	144291	40774
街道	405	660	357
镇	2331	9380	1690
其他	228800	1006951	272238
四、按企业资质等级分组			
施工总承包	291430	1318962	365027
一级	25415	290968	149234
二级	205110	767487	152044
三级以下	60905	260507	63749
专业承包	1195	10628	3724
二级	18	1605	479
三级以下	1177	9023	3246
五、按地区分			
上饶市	292625	1329590	368751
信州区	35421	407190	141087
上饶县	16151	45427	11095
广丰县	155491	528878	105746
玉山县	8044	35555	8090
铅山县	8742	39154	11847
横峰县	1616	4851	975
弋阳县	13025	50126	21025
余干县	258	6856	873
鄱阳县	25111	91103	34502
万年县	11983	32903	3199
婺源县	2032	26898	2248
德兴市	14752	60651	28065
六、按营业状态分			
营业	291680	1319984	366408
当年关闭	945	9606	2343
七、按控股情况分			
国有控股	14167	84890	45305
集体控股	22708	33101	10153
私人控股	250965	1187926	299935
其他	4785	23672	13358

二、年末资产负债

其中:存货	固定资产合　计	固定资产减值准备	固定资产原　价	累计折旧	其中:本年折旧	在建工程	资产合计
1713	6098		10069	4184	1175		34493
8332	47377	500	50883	15804	522	12298	225146
48972	103089	1701	84108	33373	5852	32689	261528
151	1420	11	1514	213	21		3390
3210	9917	106	11543	2108	211		23665
253108	427356	1174	455220	101958	29156	34161	2203994
314144	584457	3492	601035	155256	36131	78267	2729701
46665	64072		83101	27418	12229	4307	379905
161173	333660	3299	321243	95677	17627	63299	1220158
106307	186725	194	196691	32162	6275	10661	1129638
1342	10800		12301	2382	807	880	22516
304	5539		6187	1148	508	500	8144
1038	5260		6114	1234	298	380	14372
315486	595257	3493	613337	157638	36937	79147	2752217
57669	93882	500	107832	35845	13228	12811	552311
13728	15999		16678	4866	772	4142	72616
153654	330864	2153	343450	77582	15346	24730	1592590
16521	25550		19766	4409	1322	10093	63236
12870	8209		5418	1429	135	4215	55011
1602	6156		5405	1049	152	400	11821
11807	15434	100	8805	1069	166	7634	68829
273	7887		11931	4044	544		14743
24931	44954		50624	10194	2292	4111	145292
7185	28755		14851	4693	685	10745	62096
3413	2984		3675	729	82	38	33462
11834	14583	740	24902	11731	2213	229	80211
314372	591365	3493	609500	157141	36879	78596	2737378
1114	3892		3837	497	59	552	14839
10290	26353	500	26511	12444	1654	12072	123321
14630	26356	1701	12559	5077	480	1459	61969
284632	533223	1291	567179	138040	34495	61400	2531503
5935	9325		7087	2078	308	4215	35423

10－2 各种分组总专包

（2014

指标名称	流动负债合计	应付账款	非流动负债合计	负债合计
总计	523304	143064	39675	716812
其中:国有及国有控股企业	34660	19502	10150	48139
一、按登记注册类型分组				
内资企业	523304	143064	39675	716812
国有企业	13998	5849		15577
集体企业	10249	4893	184	13765
有限责任公司	116057	31065	12528	159942
其他有限责任公司	116057	31065	12528	159942
股份有限公司	112072	17925	11692	126710
私营企业	270929	83333	15271	400818
私营有限责任公司	250586	71414	9367	374149
私营股份有限公司	20343	11918	5904	26670
二、按国民经济行业分组				
房屋建筑业	398741	93747	34802	561004
土木工程建筑业	111012	45454	4873	141732
铁路、道路、隧道和桥梁工程建筑	80365	33052	4299	110233
公路工程建筑	17313	12681	4132	23618
市政道路工程建筑	60631	18950	162	84189
其他道路、隧道和桥梁工程建筑	2421	1421	4	2425
水利和内河港口工程建筑	11049	5971	351	11678
水源及供水设施工程建筑	2286	1211	274	2560
河湖治理及防洪设施工程建筑	5656	4759	77	6011
港口及航运设施工程建筑	3107			3107
工矿工程建筑	6317	3980		6317
架线和管道工程建筑	1628	1266	223	1851
架线及设备工程建筑	1628	1266	223	1851
其他土木工程建筑	11653	1186		11653
建筑安装业	705	200		855
电气安装				150
管道和设备安装				
其他建筑安装业	705	200		705
建筑装饰和其他建筑业	12846	3663		13221
建筑装饰业	2149	648		2149
工程准备活动	427	354		427
建筑物拆除活动	427	354		427
其他未列明建筑业	10270	2661		10645

全部企业财务汇总表(二)

年) 计量单位:万元

二、年末资产负债

所有者权益合计	其中:实收资本	其中:国家资本	其中:集体资本	其中:法人资本	其中:个人资本	其中:港澳台资本	其中:外商资本
2035405	1387767	43700	19879	662214	661941	17	15
75182	45388	42867		2500	21		
2035405	1387767	43700	19879	662214	661941	17	15
40692	31000	31000					
40069	13686		10495	1141	2050		
459642	225289	7017	8179	58308	151785		
459642	225289	7017	8179	58308	151785		
142427	101398	5594	1176	11094	83534		
1352576	1016394	89	30	591671	424572	17	15
1255866	961212	89	30	590292	370769	17	15
96710	55182			1378	53803		
1529362	1116683	33311	7278	610333	465729	17	15
440184	248057	9389	12601	48721	177346		
360800	203235	8589	9294	33718	151633		
24742	3910	3000	65	35	810		
326398	191817	5589	3729	33683	148815		
9659	7508		5500		2008		
59622	31968		3307	8434	20226		
13846	11483		607	327	10550		
43417	18384		600	8108	9677		
2358	2100		2100				
4252	2500			2500			
5441	3378			2050	1328		
5441	3378			2050	1328		
10069	6977	800		2018	4159		
18739	5071			2500	2571		
13275	2500			2500			
564	564				564		
4900	2007				2007		
47119	17955	1000		660	16295		
11422	5195			660	4535		
1794	1000	1000					
1794	1000	1000					
33903	11760				11760		

10－2 续表2

指标名称	流动负债合计	应付账款	非流动负债合计	负债合计
三、按隶属关系分组				
省(自治区、直辖市)	16929	12812		16929
地区(州、盟、省辖市)	96125	8641	11842	111765
县(区、市、旗)	30503	10109	11546	50297
街道	36		21	66
镇	3878	352	328	8204
其他	375834	111151	15937	529552
四、按企业资质等级分组				
施工总承包	519603	141169	39452	712889
一级	92528	17621	1200	95307
二级	380832	105323	33502	450661
三级以下	46243	18225	4750	166920
专业承包	3701	1895	223	3924
二级	1177	91		1177
三级以下	2524	1804	223	2747
五、按地区分				
上饶市	523304	143064	39675	716812
信州区	202835	13896	13062	228283
上饶县	19746	3319	1480	21292
广丰县	162388	69397	4708	291460
玉山县	15815	5590		18571
铅山县	23987	2447	1700	25687
横峰县	1257	386		1257
弋阳县	6355	3512	19	14422
余干县	4242	383	1148	5389
鄱阳县	27216	15352	4	31194
万年县	21775	7516	3334	25387
婺源县	7661	912	10012	17673
德兴市	30027	20355	4207	36197
六、按营业状态分				
营业	523000	142842	39675	714575
当年关闭	304	222		2237
七、按控股情况分				
国有控股	34660	19502	10150	48139
集体控股	12175	5908	184	20527
私人控股	474145	116759	29341	645823
其他	2324	894		2324

二、年末资产负债

所有者权益合计	其中：实收资本	其中：国家资本	其中：集体资本	其中：法人资本	其中：个人资本	其中：港澳台资本	其中：外商资本
17564	8500	6000		2500			
113382	70296	34000			36296		
211231	107672	3017	10635	26003	68018		
3324	1274				1274		
15462	9507		439	164	8904		
1674442	1190517	683	8806	633547	547449	17	15
2016812	1374459	43700	14379	659504	656843	17	15
284598	145356	31000		48738	65618		
769497	395474	11656	9747	94831	279239		
962718	833629	1044	4632	515935	311986	17	15
18592	13308		5500	2710	5098		
6967	6600		5500		1100		
11625	6708			2710	3998		
2035405	1387767	43700	19879	662214	661941	17	15
324028	168792	34000	579	37377	96836		
51324	27759			1880	25879		
1301130	1017752	678	5659	579433	431950	17	15
44666	23533		1873	4630	17030		
29324	15188				15188		
10563	6818		2032	300	4486		
54407	11911	5	105	585	11216		
9353	9353		239	6724	2391		
114099	50667		5500	18311	26856		
36708	17659		1039	9424	7196		
15789	15557	2067	2854	2050	8586		
44014	22778	6950		1500	14328		
2022803	1380661	43700	19879	657634	659415	17	15
12602	7106			4580	2526		
75182	45388	42867		2500	21		
41443	14882		11074	1141	2668		
1885680	1311850	833	8806	658573	643606	17	15
33100	15646				15646		

10-2 各种分组总专包

（2014

指标名称	营业收入	主营业务收入	营业成本	主营业务成本
总计	4171418	4093346	3477589	3380178
其中:国有及国有控股企业	96671	95872	84004	81792
一、按登记注册类型分组				
内资企业	4171418	4093346	3477589	3380178
国有企业	32557	32118	27277	25512
集体企业	79194	78857	67325	63371
有限责任公司	1242397	1222614	987933	958627
其他有限责任公司	1242397	1222614	987933	958627
股份有限公司	286880	231504	256459	204282
私营企业	2530391	2528252	2138595	2128387
私营有限责任公司	2223377	2222295	1866044	1865734
私营股份有限公司	307014	305958	272551	262653
二、按国民经济行业分组				
房屋建筑业	2929862	2909033	2397091	2373023
土木工程建筑业	1092512	1035409	949546	876203
铁路、道路、隧道和桥梁工程建筑	853578	796511	748395	675350
公路工程建筑	48424	47382	40716	35695
市政道路工程建筑	795288	739264	699853	631829
其他道路、隧道和桥梁工程建筑	9866	9866	7827	7827
水利和内河港口工程建筑	169856	169841	144288	144174
水源及供水设施工程建筑	40473	40465	35231	35123
河湖治理及防洪设施工程建筑	120718	120711	101767	101760
港口及航运设施工程建筑	8665	8665	7290	7290
工矿工程建筑	15262	15262	13562	13562
架线和管道工程建筑	31537	31525	23847	23836
架线及设备工程建筑	31537	31525	23847	23836
其他土木工程建筑	22278	22269	19454	19281
建筑安装业	15810	15810	11800	11800
电气安装	1000	1000	700	700
管道和设备安装	3010	3010	2750	2750
其他建筑安装业	11800	11800	8350	8350
建筑装饰和其他建筑业	133234	133094	119152	119152
建筑装饰业	17124	17114	14672	14672
工程准备活动	1210	1080	891	891
建筑物拆除活动	1210	1080	891	891
其他未列明建筑业	114900	114900	103589	103589

全部企业财务汇总表(三)

年）　　　　计量单位:万元

三、损益及分配

营业税金及附加	主营业务税金及附加	其他业务利润	销售费用	管理费用	其中:税金	财务费用	利息收入
159386	138354	1719	52366	165432	10265	18118	944
2936	2636	271	20	5655	334	746	13
159386	138354	1719	52366	165432	10265	18118	944
1191	1191	46		2032	258	782	7
3680	3326	337	1095	2244	227	243	6
44804	43057	201	17579	60525	2068	5085	178
44804	43057	201	17579	60525	2068	5085	178
10448	8214	85	2223	7252	500	920	-9
99263	82566	1052	31470	93379	7212	11089	762
86473	70189	944	30903	88921	6955	10437	759
12790	12377	108	567	4458	257	652	3
110916	94269	1082	45204	125961	6649	13833	201
42135	37751	553	5226	34360	2878	3686	742
31269	27518	525	3920	22877	2150	1526	738
1895	1163	94	20	617	32	301	
28920	25901	431	3853	21391	2100	1168	728
454	454		46	869	17	58	10
8349	7718	15	596	7905	459	1606	5
1848	1847	8	13	1186	238	153	5
5964	5333	7	583	5999	212	1424	1
537	537			720	10	29	
172	172			1110	7	-28	-4
1710	1709	12	676	1855	209	188	
1710	1709	12	676	1855	209	188	
635	635	1	34	613	53	394	2
661	661			3022	609	5	-5
60	60			30	5	10	
211	211			42	4		
390	390			2950	600	-5	-5
5674	5674	84	1936	2088	130	594	6
535	535	6	81	514	14	54	1
36	36	78		138			
36	36	78		138			
5103	5103		1856	1436	115	540	6

10－2　续表 3

指标名称	营业收入	主营业务收入	营业成本	主营业务成本
三、按隶属关系分组				
省(自治区、直辖市)	53436	53148	47197	47123
地区(州、盟、省辖市)	82557	82118	69980	68015
县(区、市、旗)	683868	671282	543960	514141
街道	7210	7210	6070	6070
镇	52808	52808	45539	45539
其他	3291539	3226780	2764843	2699290
四、按企业资质等级分组				
施工总承包	4113993	4035943	3433412	3336012
一级	955522	954487	677998	676229
二级	2377328	2312808	2112138	2031332
三级以下	781143	768648	643276	628451
专业承包	57424	57403	44177	44166
二级	5461	5461	4617	4617
三级以下	51963	51941	39560	39549
五、按地区分				
上饶市	4171418	4093346	3477589	3380178
信州区	611029	554545	424914	370842
上饶县	118021	118021	100842	100842
广丰县	2382231	2381200	2118392	2092657
玉山县	107029	87995	76426	60151
铅山县	65715	65715	6927	6927
横峰县	36280	36280	31304	31304
弋阳县	46615	46615	38047	38047
余干县	113252	113130	92276	92066
鄱阳县	409734	409734	343519	343519
万年县	121849	121849	106152	106152
婺源县	25115	25052	20473	20473
德兴市	134549	133209	118318	117198
六、按营业状态分				
营业	4146878	4068806	3457672	3360261
当年关闭	24539	24539	19917	19917
七、按控股情况分				
国有控股	96671	95872	84004	81792
集体控股	89449	89112	76381	72427
私人控股	3906353	3841534	3298700	3217625
其他	78945	66827	18504	8335

三、损益及分配

营业税金及附加	主营业务税金及附加	其他业务利润	销售费用	管理费用	其中:税金	财务费用	利息收入
1325	1325	163		3069	53	–36	5
3046	2746	46	24	3908	352	1391	7
26503	25064	459	6248	21251	482	2604	11
361	361		4	392	115	3	1
1310	1310		472	2487	481	155	7
126840	107548	1052	45618	134324	8782	14001	913
156616	136271	1701	51391	162217	10037	17918	934
39045	24507	640	5698	34676	894	2637	43
86601	81612	1027	14641	58110	4279	13031	197
30970	30151	34	31052	69431	4864	2250	693
2770	2083	18	975	3214	228	200	10
186	186		50	127	7	10	9
2584	1897	18	925	3087	222	190	1
159386	138354	1719	52366	165432	10265	18118	944
26471	9422	872	538	21185	1723	4598	41
4790	4773		578	2662	465	1097	10
82596	79775	390	41759	95329	5583	8299	743
3967	2920	16	811	6428	53	918	79
3455	3455		184	585	5	103	2
2007	2007		162	531	4	11	1
4208	4203		311	1031	324	354	19
5881	5869	122	149	3800	1066	980	17
16402	16402		5242	22119	492	913	23
4437	4437		1425	4927	401	451	28
1343	1343	63	1103	1642	43	37	2
3828	3748	257	104	5193	104	358	–20
158414	137382	1719	51863	164348	10178	18106	944
972	972		504	1083	87	12	
2936	2636	271	20	5655	334	746	13
4251	3897	337	1303	2515	229	276	6
148703	128781	1111	50422	156103	9690	16821	923
3496	3041		621	1158	12	275	2

10－2　各种分组总专包

（2014

指标名称	其中：利息支出	资产减值损失	公允价值变动收益	投资收益
总计	11291	154	14	849
其中：国有及国有控股企业	724	32	10	10
一、按登记注册类型分组				
内资企业	11291	154	14	849
国有企业	722			
集体企业	91			163
有限责任公司	2402	38	10	48
其他有限责任公司	2402	38	10	48
股份有限公司	818	44	4	
私营企业	7257	72		638
私营有限责任公司	7074	72		643
私营股份有限公司	184			－5
二、按国民经济行业分组				
房屋建筑业	8789	107	4	376
土木工程建筑业	1904	47	10	473
铁路、道路、隧道和桥梁工程建筑	1394	54	10	478
公路工程建筑	2	30	10	10
市政道路工程建筑	1387	24		468
其他道路、隧道和桥梁工程建筑	6			
水利和内河港口工程建筑	87			
水源及供水设施工程建筑	16			
河湖治理及防洪设施工程建筑	70			
港口及航运设施工程建筑				
工矿工程建筑	1	－8		
架线和管道工程建筑	30			
架线及设备工程建筑	30			
其他土木工程建筑	392			－5
建筑安装业	8			
电气安装	8			
管道和设备安装				
其他建筑安装业				
建筑装饰和其他建筑业	590			
建筑装饰业	52			
工程准备活动				
建筑物拆除活动				
其他未列明建筑业	539			

全部企业财务汇总表(四)

年）　　计量单位:万元

三、损益及分配							
营业利润	营业外收入	补贴收入	营业外支出	利润总额	应交所得税	应付职工薪酬（本年贷方累计发生额）	建筑业企业在境外完成的营业收入
144932	11557	930	9389	148229	44644	573797	1466
3298	583		311	3570	1229	7535	
144932	11557	930	9389	148229	44644	573797	1466
1275	428		240	1464	365	536	
4611	187	121	430	4652	867	16386	
70998	3453	563	5847	69818	17112	204769	1466
70998	3453	563	5847	69818	17112	204769	1466
9541	32		128	9444	2129	40913	
58507	7457	246	2746	62851	24170	311192	
42503	7234	246	2361	47008	19267	267106	
16004	223		385	15843	4903	44086	
85193	9918	807	7539	88532	29941	393715	
55627	1608	123	1849	55555	13853	157454	1466
43528	1422	123	1008	44112	10850	133117	1466
4865	130		43	4953	2418	3220	
38052	1292	123	965	38547	8354	127903	1466
612				612	79	1994	
7229	175		474	6931	1857	15798	
2152	2		287	1867	416	3074	
4988	173		186	4975	1419	9971	
89				89	22	2753	
454	8		14	447	143	1278	
3274	3		352	2925	639	2558	
3274	3		352	2925	639	2558	
1142			2	1140	364	4702	
323				323	21	2815	
200				200	5	42	
8				8	1	1023	
115				115	15	1750	
3790	31		2	3819	829	19813	
1268	8			1276	289	3669	
145	23		1	167	46	154	
145	23		1	167	46	154	
2376				2376	495	15990	

10－2 续表 4

指标名称	其中：利息支出	资产减值损失	公允价值变动收益	投资收益
三、按隶属关系分组				
省(自治区、直辖市)	1	2		
地区(州、盟、省辖市)	1330	30	10	10
县(区、市、旗)	1214			163
街道	2			
镇	36			
其他	8708	122	4	676
四、按企业资质等级分组				
施工总承包	11254	154	14	849
一级	1138	60		
二级	8515	54	26	648
三级以下	1600	40	－13	201
专业承包	38			
二级	6			
三级以下	32			
五、按地区分				
上饶市	11291	154	14	849
信州区	3035	90	10	173
上饶县	845		16	
广丰县	5318	28		676
玉山县	809			
铅山县	104			
横峰县	10			
弋阳县	70	35	－13	
余干县	127			
鄱阳县	835			
万年县	45	－8		
婺源县	9			
德兴市	84	9		
六、按营业状态分				
营业	11282	154	14	849
当年关闭	9			
七、按控股情况分				
国有控股	724	32	10	10
集体控股	118			163
私人控股	10173	122	4	676
其他	276			

三、损益及分配							建筑业企业在境外完成的营业收入
营业利润	营业外收入	补贴收入	营业外支出	利润总额	应交所得税	应付职工薪酬（本年贷方累计发生额）	
1879	54		48	1885	716	6266	
4197	528		260	4466	1382	13428	
32760	440	121	1430	32054	7882	98033	1466
381				381	151	3635	
2845				2845	851	7328	
102870	10535	809	7653	106598	33661	445107	
138832	10676	930	9038	141600	43730	567959	1466
44315	1894		2743	43466	9238	110736	
89705	7392	930	5956	92637	22773	317618	
4813	1390		338	5497	11719	139606	1466
6100	881		352	6629	914	5838	
471				471	43	522	
5629	881		352	6157	872	5316	
144932	11557	930	9389	148229	44644	573797	1466
32871	1364		803	33432	5674	44936	
8071	196		71	8194	1477	24745	
33923	6927	367	2023	38996	22198	327546	1466
18478	1059	563	2264	17273	1713	12400	
3589			46	3869	1624	8796	
2265				2265	366	4495	
4279				4009	340	7534	
10387	12		2134	8265	1653	10294	
20255	1914		1926	20243	5029	83528	
4464	4		44	4424	1093	29911	
516	2		10	508	138	3912	
5834	80		67	6751	3340	15700	
142880	11557	930	9389	146177	44189	568413	1466
2052				2052	455	5384	
3298	583		311	3570	1229	7535	
4728	187	121	430	4768	896	18872	
132561	10787	809	8600	135594	41025	537573	1466
4345			49	4297	1495	9816	

主要统计指标解释

建筑业总产值 是以货币表现的建筑安装企业在一定时期内生产的建筑业产品的总和。建筑业总产值包括三部分内容：

(1)**建筑工程产值**：指列入建筑工程预算内的各种工程价值，主要包括：各种用途的房屋、构筑物的建筑工程和暖气、卫生、通风、照明、煤气等设备安装价值；设备基础、支柱、操作台、梯子、烟囱、凉水塔的砌筑工程；各种锅炉炉体砌筑和金属结构安装工程；施工现场布置、场地平整、施工临时用水、电、道路的铺筑与架设；矿井的开凿、井巷掘进延伸、露天矿的剥离、石油、天然气钻井工程；铁路、公路、港口、桥梁的建筑工程；水利工程；防空、地下建筑等特殊工程。和对建筑物内部或外部进行装饰、装修的价值。

(2)**设备安装工程产值**：指设备安装工程价值，主要包括生产、动力、起重、运输、传动、医疗、实验、电讯、光纤、电话、计算机和电子设备等各种需要安装设备的装配与安装，与设备相联接的工作台、梯子、栏杆等装设工程；附属于被安装设备的管线敷设工程；被安装设备的绝缘、防腐保温、油漆等工作；为测定安装工作质量，对单个设备、系统设备进行单机试车和系统联动无负荷试运转工作，但产值中不包括被安装设备的价值。

(3)**其他产值**：建筑业总产值中除建筑工程、安装工程以外的产值。包括房屋、构筑物修理产值、非标准设备制造产值、总包企业向分包企业收取的管理费以及不能明确划分的施工活动所完成的产值。

①**房屋、构筑物修理产值**：指房屋和构筑物修理所完成的产值，但不包括被修理房屋、构筑物本身产值和生产设备的修理产值。

②**非标准设备制造产值**：指加工制造没有定型的非标准生产设备的加工费和原材料价值。

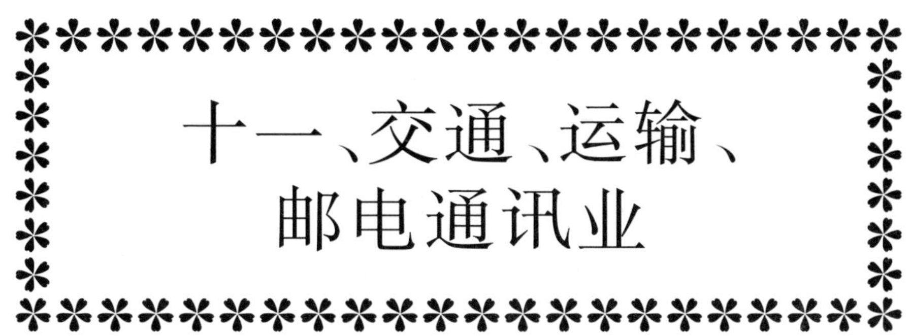

十一、交通、运输、邮电通讯业

简要说明

●本篇资料反映我市当前交通运输和邮电通信事业发展的基本情况。

●本篇有关公路资料由市公路及交通部门提供。有关客货运输方面资料由市交通局提供，有关邮电通讯资料来源于市邮政局、电信公司、移动通信公司、联通公司。

内容提要

●2014 年全社会货物周转量 3823463 万吨公里，旅客周转量 369723 万人公里，邮电业务收入 32.1 亿元。

本篇资料整理、校对

徐　静、孙　飞

11－1 公路线路年底到达数

（2014 年末） 单位:公里

指标	总计	国道	省道	县道	乡道	专用公路	村道
公路里程	19542.12	189.05	1293.23	2875.21	3284.92	112.58	11787.15
公路分局养护	2551.09	189.05	1244.68	951.86	142.5	23.01	
交通局养护	16991.03		48.55	1923.35	3142.42	89.57	11787.15
按技术等级分							
一级	240.84	42.70	185.08	7.66		5.40	
二级	1429.19	146.35	970.75	256.23	20.69	15.98	19.19
三级	1678.56		105.31	1315.50	146.08	28.58	83.09
四级	11854.97		29.79	1203.95	2523.08	43.39	8054.76
等外路	4338.56		2.29	91.87	595.07	19.22	3630.11
按路面等级分							
高级	14213.70	189.05	1260.76	2326.10	2472.88	59.66	7905.25
次高级	688.17		30.18	389.65	80.17	1.57	186.60
未铺装路面	4640.25	0	2.29	159.45	731.87	51.35	3695.29
按通车情况分							
晴雨通车里程	18257.01	189.05	1293.23	2859.98	3059.07	101.96	10753.73
#绿化里程	9255.27	31.96	1268.90	2463.10	1859.83	11.66	3619.82
晴通雨阻里程	1285.11			15.22	225.84	10.62	1033.42

注:①本资料未含境内归属省高速公路管理局管理的高速公路 617.543 公里。②此资料由交通局提供。

11－2　各县（市、区）公路养护通车里程

（2014 年末）　　单位：公里

县　市	合　计	公路分局 养　护	交通局 养　护
全　　市	19542.11	2551.09	16991.03
信州区	475.99	85.35	390.64
上饶县	2056.50	235.82	1820.68
广丰县	1754.81	157.46	1597.34
玉山县	1580.73	233.34	1347.38
铅山县	1159.33	227.32	932.02
横峰县	713.69	98.72	614.97
弋阳县	1144.59	219.05	925.55
余干县	2245.70	200.34	2045.36
鄱阳县	3971.70	268.55	3703.15
万年县	1238.61	135.61	1103.00
婺源县	2019.31	297.80	1721.51
德兴市	1181.15	391.74	789.41

注：①本资料未含境内归属省高速公路管理局管理的高速公路 617.543 公里。②此资料由交通局提供。

11－3 全社会客货运输量

（2014 年）

指　　标	旅客运输量（万人）	旅客周转量（万人公里）	货物运输量（万吨）	货物周转量（万吨公里）
合　　计	9712.7	369723	20591.1	3823463
公　　路	9663	368842	19817	3645644
水　　运	49.7	881	774.1	177819
交通部门	9663	368842	19985.5	3713353
公　　路	9663	368842	19817	3645644
水　　运			168.5	67709
非交通部门	49.7	881	605.6	110110
水　　运	49.7	881	605.6	110110

备注：此资料由交通局提供。

11－4 邮电事业

（2014年）

项目	本年实际	项目	本年实际
邮电业务收入(亿元)	32.1	移动短信业务量(万条)	58849.0
#邮政业务收入(亿元)	2.9	固定电话年末用户(万户)	89.2
电信业务收入(亿元)	29.1	#住宅电话(万户)	82.9
邮路总长度(公里)	4902.0	公用电话(万户)	6.3
农村投递路线总长度(公里)	11513.0	数字数据(DDN)用户(户)	217.0
邮政汽车(辆)	106.0	计算机互连网用户(万户)	74.9
函件(万件)	624.4	其中:xDSL用户(万户)	25.4
包裹(万件)	7.4	互联网出口带宽(G)	394.0
报刊期发数(万份)	22.7	国家一级光缆干线(条)	8.0
报刊累计数(万份)	6157.7	国家二级光缆干线(条)	8.0
集邮业务(万枚)	504.8	市级城域网主干光缆(km)	191293.0
移动电话年末用户(万户)	508.1	增值电信业务服务收入(万元)	21747.0
其中:3G用户(万户)	150.5	#因特网接入服务(万元)	38200.0

备注:表中所列数据为邮政、电信、移动、联通的有关数据。

11－5 全市民用车辆拥有量

（2014 年末） 单位：辆

指标名称	总计	营运	非营运	特种	总计中 其中：进口	其中：个人	其中：新注册	报废
合计	561542	74693	486160	689	7967	501257	74440	126379
汽车	305626	52525	252412	689	7955	252596	56138	5766
1、载客汽车	229772	6954	222129	689	7889	204857	44286	2383
其中：大型	2593	2044	359	190	8	44	303	93
中型	2656	1250	907	499	17	507	395	152
小型	221880	3660	218220		7805	201952	43534	2063
微型	2643		2643		59	2354	54	75
其中：轿车	155230		151578		3821	141531	28545	640
2、载货汽车	60362	33304	27058		51	38111	9549	1240
其中：重型	15358	14894	464		42	928	2516	77
中型	6251	6129	122			3224	540	17
轻型	38555	12252	26303		9	33788	6493	1134
微型	198	29	169			171		12
其中：普通载货	27928	5890	22038		8	24327	4833	1133
3、其他汽车	15492	12267	3225		15	9628	2303	2143
其中：三轮汽车	1581	1195	386			1551	251	155
低速汽车	12346	10574	1772			7616	1896	1911
摩托车	249185	15457	233728		12	248626	17859	120569
1、普通	248158	15457	232701		12	247612	17811	120031
2、轻便	1027		1027			1014	48	538
挂车	6726	6711	15			33	443	43
其它类型车	5		5			2		

主 要 统 计 指 标 解 释

公路里程 指在一定时期内实际达到《公路工程技术标准 JTJ01－88》规定的等级公路，其计算单位为：km。它包括大中城市的郊区公路以及通过小城镇街道部分的公路里程，也包括桥梁、渡口的长度，但不包括大中城市的街道、厂矿、林区生产用道和农业生产用道的里程。两条或多条公路共同经由同一路段，只计算一次，不重复计算里程长度。公路里程是反映公路建设发展规模的重要指标，也是计算运输网等指标的基本资料。

内河道里程 也称“内河通航里程”，是反映内河水运网规模、水平和发展情况的主要指标；是指在一定时期内，能通航运输船舶及排筏的天然河流、湖泊水库、运河及通过航渠道的长度。包括全年季节性通航累计三个月以上的航道，但不包括仅供零散流放竹木排的河道。

货(客)运量 指在一定时期内，各种运输工具实际运送的货物(游客)量。反映运输业为国民经济和人民生活服务的数量指标，也是制定的检查运输生产计划、研究运输发展规模和速度的重要指标。货物不论运输距离长短，货物类别，均换实际重量统计；旅客不论行程远近或标价多少，均按一人一次作为客运量统计。半票价，也按一人统计。

货物(旅客)周转量 是指在一定时期内，由各种运输工具运送的货物(游客)数量与其相应运输距离的乘积之总和，是反映运输生产计划、计算运输效率、劳动生产率以及核算运输单位成本的主要基本资料。通常以吨公里和人公里为计算单位。计算货物周转量通常按发出站与到达站之间的最短距离，也就是计费距离计算。

邮电业务总量 指以货币表现的邮电部门为用户传递信息和提供其他邮电服务的总数量。它综合反映了一定时期邮电工作的总成果，是研究邮电业务量构成和发展趋势的重要指标。根据邮电管理体制不同，分为中央国营业务总量和地方国营业务总量。它用各种邮电分类业务量，如函件件数、电报份数、长话张数、市内电话和农村电话的年均户数、订销报刊累计份数等，分别乘以相应的平均单价(不变价格)加总后再加上出租线路和设备的收入、代用户维护电话交换机和线路等设备的收入、其他业务收入求得。

市内电话 指接入县城(包括个别城镇)及县以上城市的市内电话网上，并按市内电话进行经营管理的电话。按计费办法分为包月制和计次制两种。

(1)住宅电话 指话机装在居民住宅里的电话。包括私人付费、公费和免费三个部门。

(2)私人付费电话 指住宅居民自费安装并自己缴纳通话费的电话。

无线寻呼电话用户 指携带小型寻呼机，接收市话用户通过无线寻呼中心，在规定范围内向其发生声音、数字或文字显示信息的用户。目前在邮电部门办理登记手续的无线寻呼电话用户，每一部寻呼机按一户计算。

移动电话用户 指在邮电部门登记，通过移动电话交换机进入移动电话网、占有移动电话号码的电话用户。用户数量以实际办理登记手续进入邮电部门移动电话网的户数进行计算，一部或一台移动电话统计为一户。

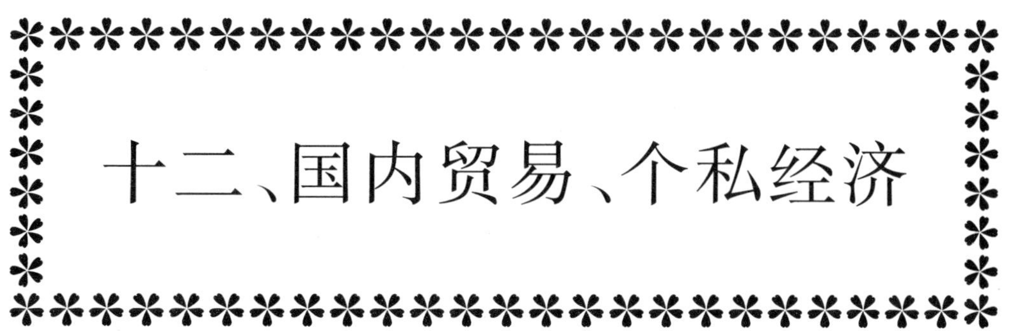

十二、国内贸易、个私经济

本篇资料整理、校对

徐　静、邓晓芸

简要说明

●本篇资料主要反映全市国内贸易基本情况、零售市场的发展和批发和零售业商品流转情况、住宿和餐饮业经营情况以及主要财务状况、全市个私经济情况。

●本篇资料国内贸易部分是上饶市统计局根据国家统计局制定的《批发和零售业、住宿和餐饮业统计报表制度》进行搜集和加工整理而得;个私经济资料来自市工商局。

●本篇资料限额以上批发业统计范围为年主营业务收入达2000万元及以上的批发业法人单位和个体经营户;限额以上零售业统计范围为年主营业务收入达500万元及以上的零售业企业和个体经营户;限额以上住宿业、餐饮业统计范围为年主营业务收入达200万元及上的住宿业、餐饮业法人单位和个体经营户。

内容提要

●2014年,全市社会消费品零售总额565.7亿元,比上年增长13.0%;其中,限额以上消费品零售额148.4亿元,可比增长14.4%。

12－1 各县(市、区)社会消费品零售总额

单位:万元、%

项目	2013年	2014年	增长
全市合计	5005892	5656658	13.0
按销售单位所在地分			
城镇	3621652	4089698	12.9
其中:城区	2213993	2512882	13.5
乡村	1384240	1566960	13.2
按行业分			
批发业	1272264	1385496	8.9
零售业	3175196	3656775	15.2
住宿业	91329	99640	9.1
餐饮业	467103	514747	10.2
按县(市、区)分			
信州区	959741	1075289	12.0
上饶县	342465	386792	12.9
广丰县	436674	498039	14.1
玉山县	406738	464674	14.2
铅山县	336790	383611	13.9
横峰县	176505	200454	13.6
弋阳县	295642	335481	13.5
余干县	386049	439206	13.8
鄱阳县	494779	558306	12.8
万年县	338853	386307	14.0
婺源县	340507	385002	13.1
德兴市	337886	381958	13.0
开发区	116575	119604	2.6
三清山	36466	41936	15.0

备注:江西省统计局根据三经普资料对各设区市2013年社会消费品零售总额的数据进行了修订,上饶市统计局参照省局要求对各县(市、区)、管委会2013年社会消费品零售额进行了修正。

12－2　各县(市、区)限额以上零售额

（2014 年）　　单位：万元、个

县　　市	限额以上零售额	按单位类别分		单位数	
		法　人	个体和产业活动单位	法　人	个体和产业活动单位
全　　市	1483980	1299183	184798	300	126
信州区	552873	524950	27923	47	30
上饶县	103516	102795	721	28	2
广丰县	68036	52940	15096	34	15
玉山县	150230	106967	43263	34	17
铅山县	64964	10220	54745	5	14
横峰县	21855	9624	12231	6	9
弋阳县	35597	31162	4435	7	4
余干县	63560	63560		21	
鄱阳县	68375	63019	5356	19	9
万年县	77508	69124	8384	16	12
婺源县	86204	77583	8621	30	5
德兴市	44527	43156	1371	21	4
开发区	119604	119604		16	
三清山	27133	24481	2652	16	5

12－3 限额以上批发和零售业商品销售、库存情况

（2014 年） 单位：万元

指标名称	批发业（法人、个体户和附营产业）		零售业（法人、个体户和附营产业）	
	销售额	零售额	销售额	零售额
总计	1482168	429294	987470	948248
其中：通过互联网实现的商品销售	554612		12702	12702
1.粮油、食品、饮料、烟酒类	746256	27196	179292	175117
(1)粮油、食品类	148546	20017	115923	114744
其中：粮油类	65277	12225	27625	27399
肉禽蛋类	45694		14597	14596
水产品类	9524		5042	5040
蔬菜类			10145	10143
干鲜果品类	5595	135	11580	11580
(2)饮料类	9041	1730	23672	23466
(3)烟酒类	588669	5449	39696	36908
2.服装、鞋帽、针纺织品类			75818	74648
(1)服装类			49116	48407
(2)鞋帽类			15073	14747
(3)针、纺织品类			11630	11494
3.化妆品类			14271	14219
4.金银珠宝类			37841	37840
5.日用品类			25513	25289
其中：洗涤用品类			12428	12314
儿童玩具类			4532	4457
6.五金、电料类			6989	6861
7.体育、娱乐用品类			9345	9313
8.书报杂志类			428	427
9.电子出版物及音像制品类			983	983
10.家用电器和音像器材类			105876	102935
11.中西药品类	132665	34368	18355	15019
其中：西药类	99349	25510	10605	8830
中草药及中成药类	22860	8858	5512	3951
12.文化办公用品类			6308	6263
13.家具类			74472	70620
14.通讯器材类			2034	2032
15.煤炭及制品类	4817		7764	4
17.石油及制品类	379970	334548	18685	18583
18.化工材料及制品类	8802		2417	
其中：化肥类	7115		2417	
20.建筑及装潢材料类	671	671	42919	42919
21.机电产品及设备类			6965	5962
其中：农机类			727	
22.汽车类	59403	28260	315393	303571
25.其他类	149584	4251	35803	35642

12－4 私营企业基本情况

（2014年）

项目	户数(户)		注册资本(万元)		投资者人数(人)		雇工人数(人)	
	合计	其中：城镇	合计	其中：城镇	合计	其中：城镇	合计	其中：城镇
合计	35843	22738	12234520	8339117	70258	44797	191841	102660
农、林、牧、渔业	2906	1014	1020357	451469	6092	2209	18058	4642
农、林、牧、渔服务业	145	77	53158	28601	363	158	1172	292
采矿业	334	62	128090	46260	653	151	3876	871
开采辅助活动	66	22	18302	6930	120	56	599	159
制造业	7179	3361	3026440	1622378	15285	7149	69938	28369
金属制品、机械和设备修理业	32	19	6656	5963	61	37	210	51
电力、热力、燃气及水生产和供应业	444	103	135473	63848	1319	349	2925	828
建筑业	2423	1994	1731991	1454057	4994	4163	10257	7736
批发和零售业	10342	7234	2148037	1581783	18666	13344	38813	26372
交通运输、仓储和邮政业	1702	838	270856	173232	3200	1577	7361	3888
住宿和餐饮业	542	433	263323	196946	1018	820	4318	3626
信息传输、软件和信息技术服务业	1156	881	102377	90146	1737	1415	3089	2340
金融业	169	148	166879	152479	428	394	628	526
房地产业	1552	1210	1447875	1165913	3286	2657	7942	6141
租赁和商务服务业	4711	3764	1192211	964079	9198	7429	11982	9500
科学研究和技术服务业	623	480	164909	119040	1180	916	2820	1444
水利、环境和公共设施管另业	235	127	197124	95013	488	268	1414	628
居民服务、修理和其他服务业	1035	750	127781	74166	1826	1282	5452	3713
教育	95	63	12579	8999	183	142	536	426
卫生和社会工作	35	27	13771	11301	80	62	490	348
文化、体育和娱乐业	357	247	76572	60164	617	464	1939	1262
其他	3	2	7875	7845	8	6	3	

12－5 个体工商业基本情况

（2014 年）

项　　目	户数（户）	# 城镇	从业人员（人）	# 城镇	资金数额（万元）	# 城镇
合　计	201061	103011	335273	170986	1864037	1018695
农、林、牧、渔业	8189	1814	15681	3112	152987	25397
农、林、牧、渔服务业	321	47	616	92	7761	1355
采矿业	462	47	1060	116	16389	1875
开采辅助活动	57	6	114	15	1956	145
制造业	10533	3828	26785	9025	141913	42887
金属制品、机械和设备修理业	47	16	119	43	933	144
电力、热力、燃气及水生产和供应业	156	19	324	24	11127	543
建筑业	1239	987	1554	1118	55352	52040
批发和零售业	143727	73023	223091	113060	1100930	627775
交通运输、仓储和邮政业	2460	1289	4088	2307	19612	9917
住宿和餐饮业	13411	9006	26680	18681	147575	110341
信息传输、软件和信息技术服务业	1693	539	2399	795	9598	3941
房地产业	77	71	124	117	806	690
租赁和商务服务业	1426	783	2546	1464	20082	8550
科学研究和技术服务业	376	190	657	375	2687	1757
水利、环境和公共设施管理业	20	4	38	8	740	21
居民服务、修理和其他服务业	15967	10562	27094	18605	149775	105750
教育	47	40	102	90	679	610
卫生和社会工作	352	213	760	406	7403	6130
文化、体育和娱乐业	501	389	1631	1281	23429	19037
其他	425	207	659	402	2953	1434

12－6　限额以上批发和零售业法人基本情况表

（2014 年）

指标名称	法人企业数（个）	从业人员期末人数（人）	其中：女性	法人所属产业活动单位数（个）	批发和零售业	其他
总计	249	17617	10560	475	242	233
一、批发业	43	4101	1620	220	179	41
1.按批发行业小类分						
农、林、牧产品批发	4	485	174	30	27	3
谷物、豆及薯类批发	2	437	156	28	27	1
种子批发	1	12	5	1		1
棉、麻批发	1	36	13	1		1
食品、饮料及烟草制品批发	10	1350	299	39	29	10
米、面制品及食用油批发	2	85	14	10	9	1
肉、禽、蛋、奶及水产品批发	2	101	13	2		2
盐及调味品批发	1	93	29	3	3	
酒、饮料及茶叶批发	2	20	7	2		2
烟草制品批发	1	936	171	20	17	3
其他食品批发	2	115	65	2		2
纺织、服装及家庭用品批发	1	5	4	1		1
灯具、装饰物品批发	1	5	4	1		1
医药及医疗器材批发	10	751	318	10		10
西药批发	9	728	308	9		9
中药批发	1	23	10	1		1
矿产品、建材及化工产品批发	13	1312	733	135	123	12
煤炭及制品批发	6	206	33	6		6
石油及制品批发	1	945	660	123	123	
金属及金属矿批发	2	20	7	2		2
化肥批发	2	93	23	2		2
其他化工产品批发	2	48	10	2		2
机械设备、五金产品及电子产品批发	1	110	60	1		1
汽车零配件批发	1	110	60	1		1
其他批发业	4	88	32	4		4
再生物资回收与批发	2	25	11	2		2
其他未列明批发业	2	63	21	2		2
2.按登记注册类型分						
内资企业	42	4096	1616	219	179	40
国有企业	6	1551	370	61	56	5
集体企业	2	57	20	2		2
有限责任公司	16	698	234	16		16
国有独资公司	1	41	13	1		1
其他有限责任公司	15	657	221	15		15
股份有限公司	5	1239	754	127	123	4
私营企业	13	551	238	13		13
私营有限责任公司	12	496	234	12		12
私营股份有限公司	1	55	4	1		1
港、澳、台商投资企业	1	5	4	1		1
港澳台商独资企业	1	5	4	1		1
国有控股	9	2547	1046	186	179	7
集体控股	5	336	109	5		5
私人控股	23	933	376	23		23
港澳台商控股	1	5	4	1		1
其他	5	280	85	5		5
4.按经营形式分						
独立门店	26	1419	531	32	8	24
连锁总店	2	1881	831	143	140	3
连锁门店	1	57	8	5	4	1
其他	14	744	250	40	27	13

12－6 续表1

指标名称	法人企业数（个）	从业人员期末人数（人）	其中：女性	法人所属产业活动单位数（个）	批发和零售业	其他
5.按单位规模分						
大型	2	1881	831	143	140	3
中型	19	1616	639	53	36	17
小型	20	499	135	22	3	19
微型	2	105	15	2		2
二、零售业	206	13516	8940	255	63	192
1.按零售行业小类分						
综合零售	37	6791	5569	51	18	33
百货零售	18	2403	1862	19	2	17
超级市场零售	15	4288	3666	28	16	12
其他综合零售	4	100	41	4		4
食品、饮料及烟草制品专门零售	15	357	170	15		15
果品、蔬菜零售	1	13	11	1		1
肉、禽、蛋、奶及水产品零售	3	48	16	3		3
酒、饮料及茶叶零售	10	266	137	10		10
其他食品零售	1	30	6	1		1
纺织、服装及日用品专门零售	2	282	212	2		2
服装零售	2	282	212	2		2
文化、体育用品及器材专门零售	9	224	57	9		9
珠宝首饰零售	3	86	39	3		3
工艺美术品及收藏品零售	6	138	18	6		6
医药及医疗器材专门零售	6	411	284	19	16	3
药品零售	6	411	284	19	16	3
汽车、摩托车、燃料及零配件专门零售	85	2651	1089	97	14	83
汽车零售	82	2526	1012	83	2	81
摩托车及零配件零售	1	14	11	1		1
机动车燃料零售	2	111	66	13	12	1
家用电器及电子产品专门零售	29	1499	929	39	15	24
日用家电设备零售	29	1499	929	39	15	24
五金、家具及室内装饰材料专门零售	11	937	487	11		11
五金零售	2	18	9	2		2
家具零售	5	582	308	5		5
其他室内装饰材料零售	4	337	170	4		4
货摊、无店铺及其他零售业	12	364	143	12		12
互联网零售	3	64	47	3		3
其他未列明零售业	9	300	96	9		9
内资企业	205	13491	8917	254	63	191
国有企业	1	18	3	1		1
集体企业	1	18	3	1		1
股份合作企业	2	118	86	2		2
有限责任公司	76	5040	2901	86	14	72
国有独资公司	1	101	34	1		1
其他有限责任公司	75	4939	2867	85	14	71
股份有限公司	18	3005	2425	40	26	14
私营企业	106	5282	3493	123	23	100
私营独资企业	6	113	54	6		6
私营合伙企业	1	65		1		1
私营有限责任公司	90	4239	2781	101	14	87
私营股份有限公司	9	865	658	15	9	6
其他企业	1	10	6	1		1
港、澳、台商投资企业	1	25	23	1		1
港澳台商投资股份有限公司	1	25	23	1		1

12－6 续表2

指标名称	法人企业数（个）	从业人员期末人数（人）	其中:女性	法人所属产业活动单位数(个)	批发和零售业	其他
国有控股	4	496	294	15	12	3
集体控股	3	64	22	3		3
私人控股	187	12084	8158	225	51	174
港澳台商控股	1	25	23	1		1
其他	11	847	443	11		11
独立门店	187	11375	7692	218	42	176
连锁总店	2	239	202	8	7	1
连锁门店	3	313	108	4	2	2
其他	14	1589	938	25	12	13
大型	1	313	260	1		1
中型	64	10131	7289	102	46	56
小型	113	2824	1296	124	17	107
微型	28	248	95	28		28
有店铺零售	202	13432	8883	251	63	188
食杂店	2	28	16	2		2
便利店	2	167	124	2		2
超市	19	1416	1094	27	10	17
大型超市	13	4010	3275	26	17	9
仓储会员店	2	78	8	2		2
百货店	11	1781	1393	11		11
专业店	60	1837	867	82	26	56
专卖店	82	3054	1529	88	10	78
家居建材商店	4	524	283	4		4
购物中心	2	297	211	2		2
厂家直销中心	5	240	83	5		5
无店铺零售	4	84	57	4		4
网上商店	4	84	57	4		4
三、批发业按地区分组	43	4101	1620	220	179	41
信州区	5	2192	938	148	143	5
上饶县	10	454	169	10		10
广丰县	4	117	18	8	4	4
铅山县	3	79	28	3		3
横峰县	1	23	10	1		1
弋阳县	6	409	158	6		6
余干县	4	484	176	30	27	3
鄱阳县	2	164	75	2		2
万年县	2	40	11	6	5	1
婺源县	1	30		1		1
德兴市	5	109	37	5		5
四、零售业按地区分组	206	13516	8940	255	63	192
信州区	28	2312	1534	48	24	24
上饶县	39	2136	992	39		39
广丰县	30	736	270	31	2	29
玉山县	28	1358	981	28		28
铅山县	2	43	18	2		2
横峰县	3	54	12	3		3
弋阳县	1	18	3	1		1
余干县	14	2504	2161	36	29	7
鄱阳县	18	1993	1447	18		18
万年县	15	721	420	21	8	13
婺源县	14	738	488	14		14
德兴市	14	903	614	14		14

12－7 限额以上批发和零售

（2014

指标名称	法人企业数（个）	执行《2006年企业会计准则》企业数（个）	一、年初存货	流动资产合计	应收帐款	存货
总计	249	210	259484	691112	116160	179678
一、批发业	43	34	152895	387370	72089	72266
1.按批发行业小类分						
农、林、牧产品批发	4	2	8195	13528	1340	6145
谷物、豆及薯类批发	2	2	8186	11245	541	6124
种子批发	1		7	2002	729	19
棉、麻批发	1		3	281	70	2
食品、饮料及烟草制品批发	10	9	112999	184981	1354	31693
米、面制品及食用油批发	2	1	15490	15135	237	12721
肉、禽、蛋、奶及水产品批发	2	2	881	3381	2	2098
盐及调味品批发	1	1	659	1143		553
酒、饮料及茶叶批发	2	2	1455	2265	231	1590
烟草制品批发	1	1	13681	160803	625	14411
其他食品批发	2	2	80833	2254	260	320
纺织、服装及家庭用品批发	1	1		11725	11134	
灯具、装饰物品批发	1	1		11725	11134	
医药及医疗器材批发	10	8	11651	87719	28480	8703
西药批发	9	7	11435	86377	27722	8488
中药批发	1	1	215	1343	757	215
矿产品、建材及化工产品批发	13	11	5047	37328	15857	7728
煤炭及制品批发	6	5	2176	28791	13780	5638
石油及制品批发	1	1	563	935	247	687
金属及金属矿批发	2	2	712	1826	1139	414
化肥批发	2	1	1560	2343	664	973
其他化工产品批发	2	2	35	3433	28	15
机械设备、五金产品及电子产品批发	1	1	14295	41291	8296	16819
汽车零配件批发	1	1	14295	41291	8296	16819
其他批发业	4	2	708	10798	5628	1179
再生物资回收与批发	2	1	31	4338	1267	362
其他未列明批发业	2	1	678	6460	4361	816
2.按登记注册类型分						
内资企业	42	33	152895	375645	60955	72266
国有企业	6	5	38016	188326	1402	33808
集体企业	2	1	946	1817	678	312
有限责任公司	16	14	23021	110576	35356	26256
国有独资公司	1	1	59	106	2	66
其他有限责任公司	15	13	22962	110470	35354	26190
股份有限公司	5	3	5998	17562	7954	6427
私营企业	13	10	84915	57365	15565	5462
私营有限责任公司	12	9	84863	57015	15340	5350
私营股份有限公司	1	1	52	350	225	112
港、澳、台商投资企业	1	1		11725	11134	
港澳台商独资企业	1	1		11725	11134	
3.按控股情况分						
国有控股	9	8	39433	192044	4125	34562
集体控股	5	2	6230	18184	8265	6040
私人控股	23	18	105090	122108	34442	25610
港澳台商控股	1	1		11725	11134	
其他	5	5	2142	43309	14123	6055
4.按经营形式分						
独立门店	26	23	122061	183905	50579	43442
连锁总店	2	2	14244	161737	872	15098
连锁门店	1		4850	4110		2837
其他	14	9	11739	37617	20638	10889

法人企业财务状况综合表(一)

年)　　单位:万元

二、期末资产负债

固定资产合计	固定资产原价	累计折旧	本年折旧	在建工程	资产总计	流动负债合计	应付帐款	非流动负债合计	负债合计
172663	277793	107475	13578	24160	949975	467299	109839	67132	528857
64595	143724	78815	3619	6674	486537	210169	65930	27260	238021
10738	15560	4822	761	24	24608	18931	3488	2133	21064
10550	15307	4758	742	24	21821	17873	2744	2054	19927
187	205	18	18		2189	1011	730		1011
2	48	46			599	48	14	79	127
34176	48328	14153	2126	1012	223518	40306	10009	419	40725
7715	8297	582			22850	14454	36	192	14646
7579	8575	996	475		10960	9289		61	9350
415	1312	898	21		1701	483	234		483
30	72	42	42		2295	635	534		635
15212	26160	10948	1388	1012	178660	12415	8941	166	12581
3225	3913	687	200		7052	3029	265		3029
18	18				11743	3798	440		3798
18	18				11743	3798	440		3798
3904	5889	1985	186	97	98427	85725	24026	1260	86985
3895	5880	1985	186	93	97070	84494	22965	1260	85754
10	10			4	1357	1231	1061		1231
7452	64943	57177	399	5541	67846	32859	15585	23031	55891
1582	2262	680	269	180	31562	25969	15071	29	25998
4701	60633	55931		5360	26597	3889	91	21923	25812
26	349	10	7	1	2469	968	208	20	988
885	1169	284	55		3459	1474	215	1059	2532
258	530	272	68		3759	561			561
7218	7261	43	43		48509	20166	7925		20166
7218	7261	43	43		48509	20166	7925		20166
1089	1724	636	105		11887	8383	4456	417	9392
170	191	21	2		4508	2710	920		3302
919	1534	615	103		7379	5673	3536	417	6090
64577	143706	78815	3619	6674	474794	206371	65490	27260	234223
33891	51076	17185	2151	1036	225032	45225	11954	2412	47637
59	136	77	5		2423	708	18	693	1401
18350	21427	3077	941	184	133775	88430	32946	104	89126
354	426	72	6		459	357		61	418
17997	21002	3005	935	184	133316	88073	32946	44	88708
7229	64405	57175	125	5360	48772	22402	8550	22786	45187
5047	6662	1301	398	93	64793	49606	12022	1266	50872
4924	6510	1272	369	93	64320	49362	11787	1237	50599
123	152	29	29		473	244	235	29	273
18	18				11743	3798	440		3798
18	18				11743	3798	440		3798
38951	112141	73190	2158	6397	254785	51091	13592	24396	75487
2557	3836	1279	88		24307	19181	8474	1555	20736
20932	24052	2807	1138	193	145589	92893	27448	1309	94794
18	18				11743	3798	440		3798
2137	3678	1540	236	84	50114	43206	15975		43206
30434	37201	6453	1223	202	225087	157802	48527	1622	159423
19914	86792	66879	1388	6372	205257	16304	9032	22089	38393
329	579	250			4439	4101		192	4293
13918	19152	5234	1009	100	51754	31963	8371	3357	35912

12－7 续表1

指标名称	法人企业数（个）	执行《2006年企业会计准则》企业数（个）	一、年初 存货	流动资产合计	应收帐款	存货
5.按单位规模分						
大型	2	2	14244	161737	872	15098
中型	18	16	131231	175664	43473	50443
小型	17	11	6057	33485	18690	5953
微型	6	5	1362	16484	9053	772
二、零售业	206	176	106590	303742	44071	107412
1.按零售行业小类分						
综合零售	37	30	29817	60814	18543	26873
百货零售	18	15	12213	36623	16065	16202
超级市场零售	15	13	16585	23108	1729	10405
其他综合零售	4	2	1020	1083	749	266
食品、饮料及烟草制品专门零售	15	13	2253	8297	869	2160
果品、蔬菜零售	1	1	69	74	5	69
肉、禽、蛋、奶及水产品零售	3	2	73	242	58	56
酒、饮料及茶叶零售	10	9	2060	7639	806	2035
其他食品零售	1	1	51	342		
纺织、服装及日用品专门零售	2	2	797	1090		940
服装零售	2	2	797	1090		940
文化、体育用品及器材专门零售	9	9	554	3332	680	1970
珠宝首饰零售	3	3	372	986	316	670
工艺美术品及收藏品零售	6	6	182	2347	365	1300
医药及医疗器材专门零售	6	5	2289	6925	3510	2738
药品零售	6	5	2289	6925	3510	2738
汽车、摩托车、燃料及零配件专门零售	85	72	42593	145119	10089	41218
汽车零售	82	70	41305	142728	10001	39856
摩托车及零配件零售	1		798	992	32	886
机动车燃料零售	2	2	490	1400	56	476
家用电器及电子产品专门零售	29	25	8680	28847	1694	7496
日用家电设备零售	29	25	8680	28847	1694	7496
五金、家具及室内装饰材料专门零售	11	10	14316	32163	2566	17087
五金零售	2	2	165	3295	117	86
家具零售	5	4	3046	9918	1805	2808
其他室内装饰材料零售	4	4	11106	18950	644	14193
货摊、无店铺及其他零售业	12	10	5291	17154	6119	6931
互联网零售	3	2	1735	5400	3177	1879
其他未列明零售业	9	8	3557	11754	2943	5052
2.按登记注册类型分						
内资企业	205	175	105844	302709	44071	106478
国有企业	1	1		128		
集体企业	1	1	920	856	721	135
股份合作企业	2	2	811	2808	12	1927
有限责任公司	76	68	40653	145890	17586	36731
国有独资公司	1	1	3196	6255	778	2388
其他有限责任公司	75	67	37457	139634	16808	34343
股份有限公司	18	16	15662	24230	1473	14563
私营企业	106	86	47798	128397	23983	53017
私营独资企业	6	5	2190	2570	129	1451
私营合伙企业	1	1	17	782	63	16
私营有限责任公司	90	74	37932	105535	14903	42365
私营股份有限公司	9	6	7660	19510	8888	9185
其他企业	1	1		401	296	104
港、澳、台商投资企业	1	1	746	1033		935
港澳台商投资股份有限公司	1	1	746	1033		935
3.按控股情况分						
国有控股	4	4	4796	9019	839	2863

单位:万元

二、期末资产负债

固定资产合计	固定资产原价	累计折旧	本年折旧	在建工程	资产总计	流动负债合计	应付帐款	非流动负债合计	负债合计
19914	86792	66879	1388	6372	205257	16304	9032	22089	38393
40768	50448	9681	1877	272	225979	166581	42645	1465	168046
3429	5498	1756	281	1	38236	16640	7102	2422	19654
485	985	501	74	29	17065	10644	7151	1284	11928
108069	134069	28659	9959	17486	463438	257130	43909	39872	290836
43532	51673	8131	3576	1743	112295	64594	11338	8851	72678
28197	32494	4285	2870	236	66639	18374	6530	7038	24409
14641	18351	3712	660	1507	43552	45297	4545	1740	47272
694	828	134	46		2104	923	263	74	997
2406	3439	1033	378	118	12071	5910	659	539	6530
3	3				113	37	34		37
108	272	165	105		350	156	20		176
1956	2751	795	260	118	10777	5686	605	539	6286
340	413	73	12		832	32			32
1	1				1137	1035	935		1035
1	1				1137	1035	935		1035
1827	3095	1268	709		7635	1902	387	175	1990
1016	1729	713	239		4015	1474	3		1474
811	1366	555	470		3619	428	384	175	516
1463	2062	599	98		8461	6287	4273	619	6906
1463	2062	599	98		8461	6287	4273	619	6906
30730	40732	11067	3668	2957	192617	134412	18573	6663	142303
27292	35913	9685	2661	2957	186788	132459	17610	3591	137278
641	953	312	47		1633	1069	143	276	1345
2796	3867	1070	959		4196	885	820	2796	3680
13986	16219	3834	375		46800	20881	2376	8421	22691
13986	16219	3834	375		46800	20881	2376	8421	22691
6230	8427	2197	857	4200	47554	14110	1616	4418	18528
	30	29			3295	2071	932	26	2097
3823	5238	1416	378	4200	21707	5411	604	2959	8369
2407	3159	752	479		22552	6628	80	1434	8062
7893	8422	532	300	8470	34869	8000	3752	10186	18176
1120	1124	7	5	110	6519	2857	1261	606	3453
6774	7299	525	295	8360	28349	5143	2492	9580	14723
108069	134069	28659	9959	17486	462405	256150	42974	39872	289856
53	116	63	5		181	94			94
166	195	29	17		1349	769	202		769
139	272	133	21		3096	1491	1426	90	1580
32704	39572	9521	2315	2018	194590	122380	18820	8300	124280
382	563	181	59		6692	2600	141		2600
32322	39009	9341	2256	2018	187898	119780	18679	8300	121681
23676	29315	5639	1783	9126	62144	24982	6416	14119	38981
50944	62110	11171	5759	5906	200177	106367	16042	17363	124084
680	861	182	43		3453	2088	874	12	2243
280	380	100	35		1585	980		35	1015
20748	27979	7236	2683	5906	145233	95454	11563	8356	104107
29236	32889	3654	2998		49906	7845	3606	8960	16718
387	2491	2104	58	437	868	68	68		68
					1033	981	935		981
					1033	981	935		981
5724	8334	2611	1218		15752	11156	622	2796	13952

12－7　续表2

指标名称	法人企业数（个）	执行《2006年企业会计准则》企业数（个）	一、年初存货	流动资产合计	应收帐款	存货
集体控股	3	3	1394	1894	804	544
私人控股	187	159	91098	258266	38239	96332
港澳台商控股	1	1	746	1033		935
其他	11	9	8556	33531	4189	6739
4.按经营形式分						
独立门店	187	158	89991	250400	39577	86054
连锁总店	2	2	526	1449	424	896
连锁门店	3	3	1599	9625	92	989
其他	14	13	14474	42268	3977	19474
5.按单位规模分						
大型	2	2	829	2636	1072	988
中型	53	44	68879	196689	27003	76566
小型	87	71	20325	55456	7500	17780
微型	64	59	16556	48961	8496	12078
6.按零售业态分						
有店铺零售	202	174	104855	298314	40894	105522
食杂店	2	1	91	163	48	115
便利店	2	1	172	391	36	210
超市	19	17	13299	38931	14855	13584
大型超市	13	11	14356	28352	909	9691
仓储会员店	2	2	5	1848	1002	175
百货店	11	10	5772	16770	6496	6791
专业店	60	56	20934	80550	6307	21325
专卖店	82	66	36257	102804	8849	36629
家居建材商店	4	3	11880	20688	1711	14586
购物中心	2	2	206	544	128	165
厂家直销中心	5	5	1883	7274	553	2252
无店铺零售	4	2	1735	5428	3177	1891
网上商店	4	2	1735	5428	3177	1891
三、批发业按地区分组	43	34	152895	387370	72089	72266
信州区	5	5	19090	183117	12669	20060
上饶县	10	10	21841	91906	31610	21801
广丰县	4	3	5824	8060	2308	3356
铅山县	3	1	371	11651	5438	441
横峰县	1	1	215	1343	757	215
弋阳县	6	5	2987	58187	15063	7125
余干县	4	1	9799	10223	349	8120
鄱阳县	2	2	80776	5234	425	193
万年县	2	1	10646	13027	965	9903
婺源县	1	1	312	730	260	320
德兴市	5	4	1032	3892	2246	733
四、零售业按地区分组	206	176	106590	303742	44071	107412
信州区	28	26	13500	52830	11142	11258
上饶县	39	33	35362	121106	3526	34878
广丰县	30	28	4061	15447	3491	4975
玉山县	28	27	6330	15801	4854	6601
铅山县	2	2	191	899	93	46
横峰县	3	3	21	899	18	209
弋阳县	1	1	920	856	721	135
余干县	14		10259	14362	766	11365
鄱阳县	18	16	9840	17195	2452	5482
万年县	15	15	5773	20281	10804	7510
婺源县	14	14	15274	28207	2822	19699
德兴市	14	11	5060	15858	3383	5256

单位:万元

二、期末资产负债

固定资产合计	固定资产原价	累计折旧	本年折旧	在建工程	资产总计	流动负债合计	应付帐款	非流动负债合计	负债合计
695	1054	359	64		2925	1648	271		1648
96615	119541	24534	8055	16452	401417	211661	35554	37050	242545
					1033	981	935		981
5035	5141	1156	621	1034	42311	31685	6528	26	31710
89534	112611	24135	8141	16758	388986	230798	38485	29052	260319
33	58	25	4		1482	1021	462		1021
7876	7965	1690	42		17950	1046	422	6635	1046
10626	13435	2809	1773	728	55019	24265	4540	4185	28450
329	612	284	38	197	3161	16401	1529		16401
80226	94787	17227	7252	11508	304593	153592	26445	33177	180134
17985	26213	8228	1356	4969	87625	50218	7499	4160	55630
9530	12458	2920	1314	813	68058	36920	8437	2534	38672
106905	132901	28652	9954	17376	456845	254220	42612	39263	287327
7	10	2			206	98	54		98
491	602	111	32		882	145	25	71	216
33564	37641	4064	2842	1507	77963	31952	11699	7342	38172
18046	21529	5086	775		51209	25592	2040	8082	27275
5	7	2	1		1853	698	375		698
2333	3777	1444	128	236	20064	25496	2633	2	25497
21951	26665	5764	3120	9351	120215	66867	8605	15041	83049
25512	36174	10677	2336	2589	145716	91405	16465	7205	98833
2399	3134	735	464	3162	27527	7486	245	1434	8920
5	13	8	2		595	445	－193		445
2591	3351	759	254	532	10615	4037	664	87	4125
1164	1169	7	5	110	6592	2910	1297	608	3509
1164	1169	7	5	110	6592	2910	1297	608	3509
64595	143724	78815	3619	6674	486537	210169	65930	27260	238021
21760	90947	69187	1479	6372	231647	38729	20910	22089	60818
16243	18214	1971	642		111805	63591	18684	44	63635
558	1167	295	43	1	9235	7777	1122	192	7969
1003	1283	280	110	100	12754	10127	4179		10127
10	10			4	1357	1231	1061		1231
1038	1712	675	237	172	60505	53248	15429	428	53676
12534	17541	5006	870		22757	16993	3185	2849	19842
3413	4269	856	191	24	10231	5361	103	886	6246
7573	7923	351	18		20600	11364	765		11364
12	46	34	9		757	475	265		475
451	613	161	19		4890	1273	226	773	2638
108069	134069	28659	9959	17486	463438	257130	43909	39872	290836
22418	27573	6757	1523	1173	81060	61642	10510	9533	64421
18036	23158	6187	2040	1695	152886	111394	16112	3918	116540
2059	4350	2279	736	3580	23045	7843	2621	688	7442
4330	7132	2804	430	547	24707	12558	4684	808	13436
16	28	12	2		1025	322	4	12	333
252	334	82	21	2	1172	524	275		524
166	195	29	17		1349	769	202		769
12763	15576	2813	726		27125	14581	1271	5381	19962
6452	8346	1896	528		29255	18502	732	475	19212
28680	32298	3618	2937	302	51940	7031	3644	7375	14549
9474	10672	1198	723	9460	50118	11642	415	11497	23139
3423	4408	985	276	728	19755	10324	3440	186	10510

12－7 限额以上批发和零售

(2014

指标名称	二、期末资产负债(续)					
	所有者权益合计	实收资本				
			国家资本	集体资本	法人资本	个人资本
总计	421118	145899	13039	5527	69877	57330
一、批发业	248516	39132	11850	1621	14663	10875
1.按批发行业小类分						
农、林、牧产品批发	3544	2405	1728	476	201	
谷物、豆及薯类批发	1894	1883	1728	4	151	
种子批发	1178	50			50	
棉、麻批发	472	472		472		
食品、饮料及烟草制品批发	182793	11955	8783		3172	
米、面制品及食用油批发	8204	8318	8318			
肉、禽、蛋、奶及水产品批发	1610	1301	101		1200	
盐及调味品批发	1218	364	364			
酒、饮料及茶叶批发	1659	450			450	
烟草制品批发	166079	702			702	
其他食品批发	4023	820			820	
纺织、服装及家庭用品批发	7945	125				
灯具、装饰物品批发	7945	125				
医药及医疗器材批发	11442	9221	200		7646	1375
西药批发	11316	9221	200		7646	1375
中药批发	126					
矿产品、建材及化工产品批发	11955	9412	1138	857	2617	4800
煤炭及制品批发	5564	5500	510		690	4300
石油及制品批发	785	785	628		157	
金属及金属矿批发	1482	1500			1500	
化肥批发	926	926		857	70	
其他化工产品批发	3198	700			200	500
机械设备、五金产品及电子产品批发	28343	3500				3500
汽车零配件批发	28343	3500				3500
其他批发业	2495	2515		288	1027	1200
再生物资回收与批发	1206	1200				1200
其他未列明批发业	1289	1315		288	1027	
2.按登记注册类型分						
内资企业	240572	39007	11850	1621	14663	10875
国有企业	177395	11266	10410	4	852	
集体企业	1022	1022		1022		
有限责任公司	44649	15959	611		6588	8760
国有独资公司	42	101	101			
其他有限责任公司	44608	15858	510		6588	8760
股份有限公司	3585	2769	828	595	1346	
私营企业	13921	7991			5876	2115
私营有限责任公司	13721	7791			5676	2115
私营股份有限公司	200	200			200	
港、澳、台商投资企业	7945	125				
港澳台商独资企业	7945	125				
3.按控股情况分						
国有控股	179299	13153	11650	4	1499	
集体控股	3571	2756	200	1617	939	
私人控股	50795	17141			8266	8875
港澳台商控股	7945	125				
其他	6908	5958			3958	2000
4.按经营形式分						
独立门店	65663	30666	9252	1026	11364	9024
连锁总店	166864	1487	628		859	
连锁门店	146	368	368			
其他	15842	6611	1601	595	2440	1851

法人企业财务状况综合表(二)

年)　　　　　　　　　　　　　　　　　　　　单位:万元

		三、损益及分配							
港澳台资本	外商资本	营业收入	主营业务收入	营业成本	主营业务成本	营业税金及附加	主营业务税金及附加	其他业务利润	销售费用
126	1	2434991	2425525	2124328	2116654	51372	47873	12218	72310
125		1457103	1452376	1266763	1262721	36229	36228	6138	34437
		17201	16948	16636	16455	65	64	182	588
		10992	10739	10802	10621	63	63	182	519
		2580	2580	2357	2357				44
		3629	3629	3477	3477	2	2		26
		596290	595877	459995	459915	31390	31390	328	10550
		13406	13406	12656	12656				591
		59415	59415	58475	58475	45	45		355
		4808	4751	3056	3046	25	25	48	1222
		11491	11486	8366	8366	73	73		1283
		484143	483792	358175	358105	29265	29265	280	6289
		23027	23027	19267	19267	1982	1982		810
125		30049	30049	27478	27478	332	332	5359	2826
125		30049	30049	27478	27478	332	332	5359	2826
		153655	153652	142875	142872	341	341	4	3985
		149713	149710	139270	139267	327	327	4	3802
		3942	3942	3605	3605	14	14		183
		450643	446587	429255	425479	1044	1044	263	13230
		93332	93332	89591	89591	117	117		2571
		332214	328161	316463	312688	298	298		10526
		8159	8159	8006	8006	2	2		6
		9113	9110	7854	7851	619	619	263	110
		7824	7824	7342	7342	8	8		18
		87663	87663	72516	72516	2805	2805		723
		87663	87663	72516	72516	2805	2805		723
		121602	121599	118009	118006	252	251	3	2536
		7219	7219	5482	5482	9	9		1761
		114384	114381	112527	112524	243	243	3	775
		1427054	1422328	1239286	1235243	35897	35895	779	31611
		513349	512688	384689	384428	29353	29353	509	8620
		8327	8327	7304	7304	612	612	260	98
		381248	381248	355740	355740	2983	2983	1	7200
		10806	10806	10694	10694	1	1		13
		370442	370442	345046	345046	2982	2982	1	7187
		386306	382248	365191	361412	636	635	5	12100
		137825	137817	126361	126358	2312	2312	3	3595
		135221	135213	123965	123962	2234	2234	3	3595
		2604	2604	2396	2396	78	78		
125		30049	30049	27478	27478	332	332	5359	2826
125		30049	30049	27478	27478	332	332	5359	2826
		885361	880647	740532	736498	29659	29658	509	19172
		59337	59332	54007	54002	905	904	266	1582
		314635	314627	281402	281399	5260	5260	3	8813
125		30049	30049	27478	27478	332	332	5359	2826
		167722	167722	163344	163344	73	73	1	2046
		521384	521255	482872	482862	5720	5720	309	10330
		816357	811954	674638	670793	29563	29563	280	16815
		6833	6833	6658	6658				369
125		112530	112335	102595	102407	946	945	5549	6923

12－7 续表3

指标名称	二、期末资产负债(续)					
	所有者权益合计	实收资本				
			国家资本	集体资本	法人资本	个人资本
5.按单位规模分						
大型	166864	1487	628		859	
中型	57933	27538	10119		10194	7224
小型	18582	7375	364	1617	2920	2351
微型	5137	2732	738	4	690	1300
二、零售业	172602	106767	1189	3906	55215	46455
1.按零售行业小类分						
综合零售	39617	22872	1000	410	7986	13476
百货零售	42230	10529			3473	7056
超级市场零售	－3720	11414	1000		4003	6411
其他综合零售	1107	930		410	510	10
食品、饮料及烟草制品专门零售	5541	4103	68		1600	2435
果品、蔬菜零售	76	50			50	
肉、禽、蛋、奶及水产品零售	174	98	68		30	
酒、饮料及茶叶零售	4491	3555			1120	2435
其他食品零售	800	400			400	
纺织、服装及日用品专门零售	102	50			50	
服装零售	102	50			50	
文化、体育用品及器材专门零售	5645	2757			1846	911
珠宝首饰零售	2541	988			787	201
工艺美术品及收藏品零售	3103	1769			1059	710
医药及医疗器材专门零售	1555	865			577	289
药品零售	1555	865			577	289
汽车、摩托车、燃料及零配件专门零售	50313	50157	120	1626	31560	16851
汽车零售	49510	49369	120	1126	31350	16773
摩托车及零配件零售	288	288			210	78
机动车燃料零售	516	500		500		
家用电器及电子产品专门零售	24110	7860		1539	1637	4684
日用家电设备零售	24110	7860		1539	1637	4684
五金、家具及室内装饰材料专门零售	29026	9284			3900	5384
五金零售	1199	1284				1284
家具零售	13338	6300			2900	3400
其他室内装饰材料零售	14490	1700			1000	700
货摊、无店铺及其他零售业	16693	8820	1	331	6059	2426
互联网零售	3067	1420			900	520
其他未列明零售业	13627	7400	1	331	5159	1906
2.按登记注册类型分						
内资企业	172549	106767	1189	3906	55215	46455
国有企业	87	68	68			
集体企业	581	410		410		
股份合作企业	1516	1500		500		1000
有限责任公司	70309	50292	1	1870	24445	23974
国有独资公司	4092	4000			4000	
其他有限责任公司	66217	46292	1	1870	20445	23974
股份有限公司	23163	17218	1000		12727	3491
私营企业	76093	36479	120	1126	18043	17189
私营独资企业	1210	886			155	731
私营合伙企业	570	570				570
私营有限责任公司	41126	30406	120	1126	14658	14502
私营股份有限公司	33188	4616			3230	1386
其他企业	801	801				801
港、澳、台商投资企业	52					
港澳台商投资股份有限公司	52					
3.按控股情况分						
国有控股	1800	5068	1068		4000	

单位：万元

		三、损益及分配							
港澳台资本	外商资本	营业收入	主营业务收入	营业成本	主营业务成本	营业税金及附加	主营业务税金及附加	其他业务利润	销售费用
		816357	811954	674638	670793	29563	29563	280	16815
		494583	494401	460595	460414	4964	4964	183	9684
125		101843	101773	88458	88441	1664	1663	5675	7552
		44320	44248	43073	43073	38	38		386
1	1	977888	973149	857565	853934	15143	11645	6081	37873
		242779	242478	203209	202934	4844	4743	1026	16139
		124164	124120	106311	106276	1414	1414	270	4430
		94302	94046	76850	76838	2550	2449	754	11565
		24314	24312	20048	19821	880	879	2	144
		18635	18635	15921	15842	124	124	554	765
		584	584	497	497				25
		5357	5357	5206	5206	1	1		21
		11565	11565	9517	9439	113	113	554	681
		1128	1128	700	700	10	10		38
		2550	2550	2114	1954	44	44		
		2550	2550	2114	1954	44	44		
		9520	9520	5918	5918	213	213		419
		3603	3603	2670	2670	44	44		51
		5917	5917	3248	3248	169	169		368
		21270	21268	18749	18747	194	194	2	783
		21270	21268	18749	18747	194	194	2	783
		417493	414042	384002	382140	2541	2534	1181	11662
		396565	393115	364779	362918	2439	2433	1179	10251
		2057	2055	1677	1675	99	99	2	43
		18872	18872	17546	17546	3	3		1367
		77063	76578	66157	65503	870	862	1073	5516
		77063	76578	66157	65503	870	862	1073	5516
		80929	80929	69140	69140	2640	2640	1930	1677
		1262	1262	1048	1048	25	25		14
		41526	41526	34875	34875	634	634	1930	994
		38141	38141	33217	33217	1982	1982		670
1	1	107649	107149	92356	91756	3673	291	316	911
		10008	9508	8396	7796	313	173	300	439
1	1	97641	97641	83961	83960	3360	118	16	473
1	1	976006	971267	856020	852388	15135	11637	6081	37873
		4836	4836	4717	4717				
		23129	23129	19024	18798	838	838		135
		10846	10846	9827	9827	208	208		337
1	1	422445	420120	378144	376596	4525	1282	1094	15610
		37047	35444	36020	34653	23	23		670
1	1	385397	384676	342124	341943	4502	1259	1094	14940
		103514	102596	88771	88484	2005	1902	586	3097
		406809	405312	351537	349966	7445	7294	4400	18655
		8741	8612	7734	7657	114	114	128	192
		6954	6954	5922	5922	28	28		200
		334844	333489	294219	292736	5879	5728	4258	16237
		56270	56257	43662	43650	1425	1424	14	2026
		4428	4428	4000	4000	113	113		39
		1882	1882	1546	1546	8	8		
		1882	1882	1546	1546	8	8		
		76477	74665	71895	70527	145	145	209	1946

12－7 续表4

指标名称	二、期末资产负债(续)					
	所有者权益合计	实收资本				
			国家资本	集体资本	法人资本	个人资本
集体控股	1277	850		740	110	
私人控股	158872	89164	121	2666	47005	39369
港澳台商控股	52					
其他	10601	11686		500	4100	7086
4.按经营形式分						
独立门店	128667	98094	1188	3405	53660	39841
连锁总店	462	456			290	166
连锁门店	16904	786			286	500
其他	26570	7432	1	501	980	5948
5.按单位规模分						
大型	－13240	300			300	
中型	124460	60648	1000	1539	35101	23008
小型	31995	25567	189	1437	11181	12757
微型	29387	20253		930	8633	10690
6.按零售业态分						
有店铺零售	169518	105337	1189	3906	54305	45935
食杂店	108	80			80	
便利店	666	666			500	166
超市	39792	9328			3307	6021
大型超市	23934	12510	1000	1539	3639	6332
仓储会员店	1156	1324			180	1144
百货店	－5434	4776		410	1220	3146
专业店	37166	25008			14317	10692
专卖店	46883	46226	188	1956	29149	14933
家居建材商店	18607	1350			1150	200
购物中心	150	150			50	100
厂家直销中心	6491	3920	1	1	714	3202
无店铺零售	3084	1430			910	520
网上商店	3084	1430			910	520
三、批发业按地区分组	248516	39132	11850	1621	14663	10875
信州区	170829	3809	1192		2617	
上饶县	48170	10525			5340	5060
广丰县	1266	1488	368		1120	
铅山县	2627	2500				2500
横峰县	126					
弋阳县	6829	6520	510		3046	2964
余干县	2916	2916	1500	595	670	151
鄱阳县	3984	852	228	4	620	
万年县	9236	8000	7950		50	
婺源县	282	200			200	
德兴市	2252	2323	101	1022	1000	200
四、零售业按地区分组	172602	106767	1189	3906	55215	46455
信州区	16639	14760	1000	1539	5520	6701
上饶县	36347	37752		1100	21206	15446
广丰县	15603	8206	1	1	4046	4156
玉山县	11270	8601	120	160	1810	6511
铅山县	692	388			158	230
横峰县	648	548	68			480
弋阳县	581	410		410		
余干县	7163	7163		366	4921	1876
鄱阳县	10043	8536			7082	1454
万年县	37392	5932		330	3315	2287
婺源县	26980	8030			6627	1404
德兴市	9246	6442			532	5911

单位:万元

港澳台资本	外商资本	三、损益及分配 营业收入	主营业务收入	营业成本	主营业务成本	营业税金及附加	主营业务税金及附加	其他业务利润	销售费用
		30376	30376	24961	24736	879	879		245
1	1	812225	809303	708037	706001	14028	10530	5692	32781
		1882	1882	1546	1546	8	8		
		56928	56923	51127	51125	84	83	180	2902
		765064	760793	669843	666375	9527	9271	5512	31097
		10886	10886	10153	10153	302	302		303
		12677	12208	10029	10027	76	76	468	2052
1	1	189261	189261	167539	167379	5237	1995	100	4421
		32863	32863	30302	30302	103	103	479	8137
		600929	596966	533866	531809	9012	5765	3910	20732
1	1	207075	206881	177290	176358	3742	3732	985	5618
		137021	136440	116106	115464	2286	2045	707	3386
1	1	967370	963130	848694	845663	14822	11464	5781	37434
		1106	1106	986	986	1	1		46
		9725	9723	9229	9228	286	286	2	9
		111725	111653	95280	95247	1276	1276	408	5257
		89668	88978	72577	72562	2520	2419	873	4942
		77621	77621	68275	68275	3320	78		167
		73522	73517	63388	63160	1139	1139	573	9512
		180934	180111	155248	154403	1327	1319	1059	7713
		362044	359396	332347	330635	2824	2817	2851	8352
		51567	51567	44288	44288	1998	1998		929
		1759	1759	1604	1444	38	38		49
1	1	7701	7701	5471	5434	94	94	15	459
		10518	10018	8871	8271	321	181	300	439
		10518	10018	8871	8271	321	181	300	439
125		1457103	1452376	1266763	1262721	36229	36228	6138	34437
		974189	969728	826829	822975	29651	29651	328	20100
125		209495	209490	185771	185771	3274	3274	5360	5995
		23119	23119	21406	21406	55	55		567
		26083	26083	22110	22110	34	34		3818
		3942	3942	3605	3605	14	14		183
		141261	141261	135964	135964	141	141		1879
		22277	22087	20191	20003	462	461	190	626
		19123	19052	15706	15706	1854	1854		766
		9154	9154	8355	8355				265
		4268	4268	3841	3841	128	128		125
		24194	24194	22984	22984	616	616	260	114
1	1	977888	973149	857565	853934	15143	11645	6081	37873
		147692	145380	134284	132753	813	813	1434	14709
		275344	273591	257623	257131	785	781	2849	8275
1	1	47732	47732	35255	35255	588	588	381	1712
		97712	97173	84462	83827	1843	1703	787	3047
		3408	3408	2121	2121	24	24	16	37
		7006	7006	6723	6723				
		23129	23129	19024	18798	838	838		135
		59884	59837	47476	47433	2948	2944	47	1070
		61412	61323	54198	54198	1018	918	190	2514
		70161	70161	56642	56015	763	756	232	1925
		67526	67526	57109	57109	2151	2151		2076
		116883	116883	102647	102570	3373	131	144	2374

12－7　限额以上批发和零售

（2014

指标名称	三、损益及分配(续)					
	管理费用	税　金	财务费用	利息收入	利息支出	资产减值损　失
总计	60704	2710	9828	5086	8510	666
一、批发业	31353	751	242	4636	3187	421
1.按批发行业小类分						
农、林、牧产品批发	1660	10	325	3	327	
谷物、豆及薯类批发	1491	8	324	3	327	
种子批发	52					
棉、麻批发	118	3	1			
食品、饮料及烟草制品批发	20110	399	－4105	4553	358	411
米、面制品及食用油批发	389		348	14	362	
肉、禽、蛋、奶及水产品批发	523		2	2		
盐及调味品批发	113		－4	－4	－5	
酒、饮料及茶叶批发	168	28	41			
烟草制品批发	18720	368	－4537	4540		
其他食品批发	198	3	45			411
纺织、服装及家庭用品批发	70	2		1		
灯具、装饰物品批发	70	2		1		
医药及医疗器材批发	2786	229	2114	45	1731	
西药批发	2739	187	2022	45	1731	
中药批发	47	42	91			
矿产品、建材及化工产品批发	3941	53	1339	33	594	11
煤炭及制品批发	746	33	905	26	445	11
石油及制品批发	2516		234			
金属及金属矿批发	78	15	65		64	
化肥批发	315	5	142		85	
其他化工产品批发	286	1	－6	6		
机械设备、五金产品及电子产品批发	2528		322			
汽车零配件批发	2528		322			
其他批发业	258	58	249	1	177	
再生物资回收与批发	21		41			
其他未列明批发业	237	58	207	1	177	
2.按登记注册类型分						
内资企业	31283	749	243	4635	3187	421
国有企业	20713	376	－3869	4554	684	
集体企业	263	5	55		54	
有限责任公司	4924	84	1442	78	544	11
国有独资公司	98					
其他有限责任公司	4826	84	1442	78	544	11
股份有限公司	3798	177	686		90	
私营企业	1585	108	1929	3	1815	411
私营有限责任公司	1440	108	1920	3	1814	411
私营股份有限公司	145		9		1	
港、澳、台商投资企业	70	2		1		
港澳台商独资企业	70	2		1		
3.按控股情况分						
国有控股	23429	390	－3571	4560	754	11
集体控股	1388	154	467		144	
私人控股	5419	136	2714	73	2038	411
港澳台商控股	70	2		1		
其他	1047	69	632	2	251	
4.按经营形式分						
独立门店	7054	266	3407	64	2358	421
连锁总店	21237	368	－4303	4540		
连锁门店	248		180	5	185	
其他	2814	117	959	27	644	

法人企业财务状况综合表(三)

年) 单位:万元

三、损益及分配(续)							四、人工成本		五、从事批发和零售业活动的从业人员平均人数(人)
公允价值变动收益	投资收益	营业利润	营业外收入	补贴收入	利润总额	应交所得税	应付职工薪酬(本年贷方累计发生额)	应交增值税	
114	258	122381	32169	2169	118655	25920	56221	38373	17367
-30	236	93049	29808	1943	95732	21783	24039	25969	3997
		-2073	2251	444	176	2	890	2	354
		-2206	2251	444	43	1	752		306
		128			128		45		12
		6			6	1	94	2	36
		77940	946	763	77907	20196	13439	22656	1398
		-578	624	622	46		424		85
		16	2		14	3	358		99
		397	31		421	107	620	183	93
		1560	135		1053	248	81	1598	20
		76230	154	141	76292	19818	11706	20875	986
		315			81	20	250		115
		4702			4702	1175	25	60	5
		4702			4702	1175	25	60	5
	236	1795	48	46	1857	239	2592	1320	740
	236	1793	48	46	1852	239	2517	1278	717
		2			5		75	42	23
-30		1674	26521	670	2081	94	6503	1699	1312
		-607	670	658	62	58	2365	395	219
-30		2148	25839		1907		3679		944
		2			2	5	29	24	10
		76	13	12	71	14	207	3	79
		55			39	16	223	1278	60
		8770	13		8783		360		110
		8770	13		8783		360		110
		240	30	20	226	76	231	234	78
		-99	5		-78	10	90	111	25
		339	25	20	305	66	141	122	53
-30	236	88347	29808	1943	91030	20607	24015	25910	3992
		73843	3060	1208	76801	19926	13502	21058	1470
		-6	12	12	6	1	150	2	55
	200	8967	699	678	9675	109	4054	2169	708
			2		2		139		39
	200	8967	698	678	9673	109	3916	2169	669
-30	36	3906	25843		2973	230	4790	176	1228
		1636	195	46	1575	342	1519	2505	531
		1661	195	46	1600	342	1389	2505	465
		-25			-25		130		66
		4702			4702	1175	25	60	5
		4702			4702	1175	25	60	5
-30		76099	28900	1208	78818	19952	17387	21128	2462
	36	1030	16	12	992	229	1211	15	324
		10493	803	637	10394	406	4534	4408	923
		4702			4702	1175	25	60	5
	200	725	89	87	826	20	884	359	283
	236	11638	345	287	11152	382	5061	1509	1422
-30		78379	25993	141	78199	19818	15385	20875	1930
		-623	624	622	1		189		57
		3656	2846	893	6381	1582	3405	3585	588

12－7 续表5

指标名称	三、损益及分配(续)					
	管理费用	税金	财务费用	利息收入	利息支出	资产减值损失
5.按单位规模分						
大型	21237	368	－4303	4540		
中型	7972	175	3851	89	2802	411
小型	1601	150	494	－3	268	
微型	544	57	200	10	117	11
二、零售业	29351	1959	9586	450	5323	245
1.按零售行业小类分						
综合零售	9799	856	3020	185	1035	201
百货零售	3910	224	1886	1	183	205
超级市场零售	5755	628	1111	169	847	－4
其他综合零售	134	5	22	15	6	
食品、饮料及烟草制品专门零售	614	21	154	1	133	
果品、蔬菜零售	22		1		1	
肉、禽、蛋、奶及水产品零售	128					
酒、饮料及茶叶零售	430	21	149	1	133	
其他食品零售	34	1	4			
纺织、服装及日用品专门零售	68	3				
服装零售	68	3				
文化、体育用品及器材专门零售	909	68	76		9	
珠宝首饰零售	219	3	11		9	
工艺美术品及收藏品零售	691	66	65			
医药及医疗器材专门零售	715	67	107	4	96	
药品零售	715	67	107	4	96	
汽车、摩托车、燃料及零配件专门零售	10826	621	3919	218	2689	31
汽车零售	10680	603	3874	218	2667	31
摩托车及零配件零售	91	18	41		22	
机动车燃料零售	56		4			
家用电器及电子产品专门零售	1392	181	780	7	303	3
日用家电设备零售	1392	181	780	7	303	3
五金、家具及室内装饰材料专门零售	2300	76	940	2	569	1
五金零售	54	10	35			1
家具零售	1081	66	640	2	569	
其他室内装饰材料零售	1164		266		1	
货摊、无店铺及其他零售业	2728	66	590	34	488	9
互联网零售	423	16	21	31	11	9
其他未列明零售业	2305	50	569	3	477	
2.按登记注册类型分						
内资企业	29351	1959	9586	450	5323	245
国有企业	119					
集体企业	95		15	15		
股份合作企业	242					
有限责任公司	11677	408	4211	207	2802	16
国有独资公司	304	8	112	5	89	15
其他有限责任公司	11373	399	4099	202	2714	1
股份有限公司	5223	515	1204	1	730	
私营企业	11962	1037	4155	227	1790	229
私营独资企业	327	14	150		109	
私营合伙企业	130		8			205
私营有限责任公司	8766	597	2426	227	1521	24
私营股份有限公司	2739	426	1571		160	
其他企业	33		1			
港、澳、台商投资企业						
港澳台商投资股份有限公司						
3.按控股情况分						
国有控股	3338	8	113	2	89	15

单位:万元

三、损益及分配(续)							四、人工成本		五、从事批发和零售业活动的从业人员平均人数(人)
公允价值变动收益	投资收益	营业利润	营业外收入	补贴收入	利润总额	应交所得税	应付职工薪酬(本年贷方累计发生额)	应交增值税	
-30		78379	25993	141	78199	19818	15385	20875	1930
	236	7286	3473	1649	10594	244	6412	2773	1441
		7437	200	12	6850	1680	1626	2048	423
		-53	142	142	89	40	616	273	203
144	22	29333	2361	226	22923	4137	32182	12404	13370
		5718	1829	37	10000	464	14652	1241	6699
		5914	60		3955	65	5237	392	2091
		-3284	236	37	5838	387	9224	767	4501
		3088	1534		207	11	191	82	107
	15	1074	24		400	44	1002	107	357
		39			39		32		13
		2			2		101	4	31
	15	692	24		360	43	796	103	283
		341					72		30
		324			-5		578	57	283
		324			-5		578	57	283
		1985			1150	150	684	303	201
		607				120	250	9	86
		1377			1150	30	435	294	115
		724	2		774	43	1058	252	371
		724	2		774	43	1058	252	371
6	-138	4377	276	2	997	2220	8559	8918	3054
6	-138	4373	273	2	1012	2203	7992	8864	2937
		108	1		87	17	35	1	9
		-104	3		-102		532	53	108
	30	2975	215	180	1996	236	2475	651	1405
	30	2975	215	180	1996	236	2475	651	1405
	5	4235			4196	412	2380	252	727
	5	89			-78		58	5	18
		3303			3489	386	1476	246	496
		843			786	26	846		213
138	110	7922	15	7	3414	569	793	623	273
138	110	948			948	12	201	145	58
		6974	15	7	2467	557	592	478	215
144	22	29004	2361	226	22923	4137	32116	12347	13345
							51		14
		3023	1533		153		75	6	70
		231	4		235	1	313	219	113
	-120	8427	423	212	1067	850	12079	9723	4872
		-97			-97		309	195	90
	-120	8524	423	212	1165	850	11770	9528	4782
		3776	187	14	3448	652	6878	418	2350
144	142	13305	214		17778	2635	12698	1981	5916
		223	25		-8	27	365	64	120
		462					263		65
144	142	7761	131		13334	2347	10358	1514	4905
		4860	58		4453	262	1712	402	826
		242			242		22		10
		329					66	57	25
		329					66	57	25
		-975	25	14	-964		1922	228	481

12－7 续表 6

指标名称	三、损益及分配(续)					
	管理费用	税 金	财务费用	利息收入	利息支出	资产减值损 失
集体控股	867	14	143	15	37	
私人控股	23426	1921	8845	420	5063	230
港澳台商控股						
其他	1720	17	484	14	133	
4.按经营形式分						
独立门店	25690	1912	8557	449	4676	245
连锁总店	111		2			
连锁门店	127	26	69	－3	13	－1
其他	3424	22	958	4	634	1
5.按单位规模分						
大型	707		58	1	87	
中型	17547	1088	6349	356	3529	16
小型	6044	656	1924	60	1111	14
微型	5053	215	1254	34	596	215
6.按零售业态分						
有店铺零售	28907	1943	9565	419	5312	236
食杂店	31		1		1	
便利店	128	5	8		6	
超市	3194	42	1916	114	678	205
大型超市	5178	642	956	59	489	－1
仓储会员店	813	1	23			
百货店	1963	190	562	15	87	
专业店	4845	333	2389	98	1317	1
专卖店	10728	702	3057	131	2382	31
家居建材商店	1453		285		20	
购物中心	111	4				
厂家直销中心	464	24	369	1	332	
无店铺零售	444	16	21	31	11	9
网上商店	444	16	21	31	11	9
三、批发业按地区分组	31353	751	242	4636	3187	421
信州区	22185	459	－3955	4538	114	
上饶县	4407	13	332	51	18	
广丰县	624	50	274	5	238	
铅山县	312	3	472	20	226	
横峰县	47	42	91			
弋阳县	976	71	2186	9	1890	11
余干县	1914	107	530	3	427	
鄱阳县	228	3	48		32	411
万年县	193		168	9	177	
婺源县	44		28			
德兴市	425	5	67		65	
四、零售业按地区分组	29351	1959	9586	450	5323	245
信州区	5535	228	1130	10	491	18
上饶县	6733	132	3350	274	2693	
广丰县	2874	299	595	1	111	1
玉山县	2002	79	150	32	60	228
铅山县	634	14	96			
横峰县	177	1				
弋阳县	95		15	15		
余干县	3169	1073	1148		477	
鄱阳县	1735	37	321	5	141	－2
万年县	2471	27	1439	1	193	
婺源县	1812	65	882	111	722	
德兴市	2115	5	463	2	435	

单位:万元

三、损益及分配(续)							四、人工成本		五、从事批发和零售业活动的从业人员平均人数(人)
公允价值变动收益	投资收益	营业利润	营业外收入	补贴收入	利润总额	应交所得税	应付职工薪酬(本年贷方累计发生额)	应交增值税	
		3282	1534		170		271	46	92
144	22	26075	789	210	23010	3863	27594	11656	11976
		329					66	57	25
		622	14	2	708	275	2329	417	796
144	17	21307	2166	39	19789	3647	27275	11748	11103
		16	1		8	9	608	38	215
		325	184	180	161	58	472	204	313
	5	7685	11	7	2965	424	3826	414	1739
		- 6444	14		3990		1531		594
		13615	657	201	8245	1564	20474	9663	8540
6	- 93	12941	1645	2	7232	2337	5183	1386	2131
138	115	9221	46	23	3457	237	4993	1355	2105
6	- 88	28378	2361	226	21968	4124	31936	12184	13290
		41			41		82	4	28
		66	1		55	9	491	1	127
	30	5125	216		3742	64	2974	760	2261
		3738	252	217	1899	439	8783	822	3412
		5023	7	7	518	127	127	115	35
		- 3079	1548		4238	47	3489	30	1479
	20	9446	94	2	5187	786	5832	1440	2290
6	- 138	4566	245		2780	2240	7637	8634	2697
		2613			2845	320	1312	64	436
		- 5			- 16	1	580	5	296
		845			680	91	630	310	229
138	110	955			955	14	246	220	80
138	110	955			955	14	246	220	80
- 30	236	93049	29808	1943	95732	21783	24039	25969	3997
- 30	36	79326	26045	161	79245	20086	16908	21170	2253
	200	15155	148		15278	1469	1597	3074	464
		192	624	622	198	23	371	668	107
		- 663	603	591	- 48	31	1963	420	79
		2			5		75	42	23
		106	114	114	214	44	1228	569	413
		- 1439	2114	303	542	109	881	17	319
		110	142	142	37		319		164
		173			173		280		40
		102			81	20	96		30
		- 16	19	12	6	1	323	10	105
144	22	29333	2361	226	22923	4137	32182	12404	13370
	45	- 8153	405	194	2167	109	6065	802	2203
	- 150	- 1558	265	2	- 726	223	6623	8071	1974
	5	6612	1		2658	237	1936	1075	1161
144	122	6502	4		4589	1647	3469	762	1080
		495			300	75	139	182	32
		105	1		106	1	143	1	50
		3023	1533		153		75	6	70
		4121	15		3315	663	5079	387	2296
		1855	32		517	6	3236	414	1022
		6922	55		5613	368	1661	124	727
		3497	21		3161	568	1626	203	1493
		5912	30	30	1073	241	2129	377	1262

12－8　限额以上批发零售法人

（2014

指 标 名 称	法人企业数（个）	从业人员期末人数（人）	商品购进额	进口
总计	249	17617	1956872	2738
一、批发业	43	4101	993307	205
1.按批发行业小类分				
农、林、牧产品批发	4	485	26304	
谷物、豆及薯类批发	2	437	19779	
种子批发	1	12	2599	
棉、麻批发	1	36	3926	
食品、饮料及烟草制品批发	10	1350	466614	205
米、面制品及食用油批发	2	85	17800	
肉、禽、蛋、奶及水产品批发	2	101	59340	
盐及调味品批发	1	93	2945	
酒、饮料及茶叶批发	2	20	12639	
烟草制品批发	1	936	358836	205
其他食品批发	2	115	15054	
纺织、服装及家庭用品批发	1	5	27478	
灯具、装饰物品批发	1	5	27478	
医药及医疗器材批发	10	751	142482	
西药批发	9	728	138877	
中药批发	1	23	3605	
矿产品、建材及化工产品批发	13	1312	128834	
煤炭及制品批发	6	206	102341	
石油及制品批发	1	945		
金属及金属矿批发	2	20	9973	
化肥批发	2	93	7952	
其他化工产品批发	2	48	8568	
机械设备、五金产品及电子产品批发	1	110	90188	
汽车零配件批发	1	110	90188	
其他批发业	4	88	111408	
再生物资回收与批发	2	25	5717	
其他未列明批发业	2	63	105691	
2.按登记注册类型分				
内资企业	42	4096	965829	205
国有企业	5	1523	390767	205
集体企业	2	57	8035	
有限责任公司	17	726	393197	
国有独资公司	2	69	19405	
其他有限责任公司	15	657	373792	
股份有限公司	5	1239	56767	
私营企业	13	551	117063	
私营有限责任公司	12	496	114390	
私营股份有限公司	1	55	2673	
港、澳、台商投资企业	1	5	27478	
港澳台商独资企业	1	5	27478	
3.按控股情况分				
国有控股	9	2547	438860	205
集体控股	5	336	61518	
私人控股	23	933	295679	
港澳台商控股	1	5	27478	
其他	5	280	169773	
4.按经营形式分				
独立门店	26	1419	515038	
连锁总店	2	1881	358836	205
连锁门店	1	57	9208	
其他	14	744	110225	

企业商品购进、销售和库存

年）　　　　　　　　　　　　　　　　　　　　　　　　　　单位:万元

商品销售额	其中:通过公共网络实现的商品销售额	其中:使用银行卡支付的商品销售额	批发额	零售额	其中:通过公共网络实现的商品销售额	期末商品库存额	年末零售营业面积(平方米)
2648854	578786	389722	1372188	1276666	26719	240627	829966
1624714	565064	236618	1204764	419950	700	121581	223757
28754			27131	1623		15297	2666
22245			20622	1623		15275	2206
2580			2580			19	260
3929			3929			3	200
682566	564364	227480	673577	8990		61737	21939
13406			12559	847		26373	896
59415			59415			2098	17533
4751			4751			551	80
12437			10947	1490		1507	678
568701	544774	227480	568701			13811	
23857	19590		17205	6653		17397	2752
30049			30049				200
30049			30049				200
163322		9138	128617	34704		8773	10476
159380		9138	124675	34704		8558	7476
3942			3942			215	3000
510761			169289	341472		17777	180610
99888			96860	3028		5595	4420
383949			45997	337952		9837	167227
8660			8539	122		1367	8045
9110			8739	371		973	648
9155			9155			5	270
87663	700		59403	28260	700	16819	5000
87663	700		59403	28260	700	16819	5000
121599			116699	4901		1179	2866
7219			6198	1021		362	2350
114381			110501	3880		816	516
1594665	565064	236618	1174715	419950	700	121581	223557
602528	544774	227480	600058	2470		45370	2866
8627			8627			313	410
396981	700	9138	362136	34845	700	37061	34802
17380			17380			10706	1516
379601	700	9138	344756	34845	700	26355	33286
445070			82096	362974		15703	168859
141460	19590		121798	19662		23133	16620
138856	19590		119194	19662		23064	14620
2604			2604			69	2000
30049			30049				200
30049			30049				200
1032848	544774	227480	692426	340422		65913	171809
66667			43135	23531		5977	1464
319600	20290	9138	266571	53028	700	43461	46404
30049			30049				200
175551			172583	2968		6230	3880
548887	20290	9138	472518	76369	700	71609	48807
952649	544774	227480	614697	337952		23648	167227
6833			5986	847		15733	580
116345			111563	4781		10592	7143

12－8 续表1

指标名称	法人企业数（个）	从业人员期末人数（人）	商品购进额	进口
5.按单位规模分				
大型	2	1881	358836	205
中型	20	1695	507066	
小型	20	499	126853	
微型	1	26	553	
二、零售业	206	13516	963565	2533
1.按零售行业小类分				
综合零售	36	6771	233304	50
百货零售	18	2403	122277	50
超级市场零售	15	4288	90464	
其他综合零售	3	80	20563	
食品、饮料及烟草制品专门零售	15	357	18285	
果品、蔬菜零售	1	13	215	
肉、禽、蛋、奶及水产品零售	3	48	5818	
酒、饮料及茶叶零售	10	266	11142	
其他食品零售	1	30	1110	
纺织、服装及日用品专门零售	2	282	2611	
服装零售	2	282	2611	
文化、体育用品及器材专门零售	9	224	7251	
珠宝首饰零售	3	86	1267	
工艺美术品及收藏品零售	6	138	5983	
医药及医疗器材专门零售	6	411	19053	
药品零售	6	411	19053	
汽车、摩托车、燃料及零配件专门零售	85	2651	426067	2483
汽车零售	82	2526	406572	2483
摩托车及零配件零售	1	14	1700	
机动车燃料零售	2	111	17796	
家用电器及电子产品专门零售	29	1499	68499	
日用家电设备零售	29	1499	68499	
五金、家具及室内装饰材料专门零售	11	937	82346	
五金零售	2	18	1271	
家具零售	5	582	44319	
其他室内装饰材料零售	4	337	36757	
货摊、无店铺及其他零售业	13	384	106150	
互联网零售	4	84	14365	
其他未列明零售业	9	300	91785	
2.按登记注册类型分				
内资企业	205	13491	962020	2533
国有企业	1	18	4717	
集体企业	1	18	20020	
股份合作企业	2	118	11563	
有限责任公司	76	5040	421175	2333
国有独资公司	1	101	36788	
其他有限责任公司	75	4939	384387	2333
股份有限公司	18	3005	102127	
私营企业	106	5282	397886	200
私营独资企业	4	64	6716	
私营合伙企业	1	65	7256	
私营有限责任公司	91	4263	334399	200
私营股份有限公司	10	890	49516	
其他企业	1	10	4532	
港、澳、台商投资企业	1	25	1546	
港澳台商投资股份有限公司	1	25	1546	
3.按控股情况分				
国有控股	4	496	74445	

单位:万元

商品销售额	其中:通过公共网络实现的商品销售额	其中:使用银行卡支付的商品销售额	批发额	零售额	其中:通过公共网络实现的商品销售额	期末商品库存额	年末零售营业面积(平方米)
952649	544774	227480	614697	337952		23648	167227
532471	20290	9138	455768	76703	700	90666	34377
138657			133362	5295		7262	22003
937			937			5	150
1024141	13722	153104	167424	856716	26019	119046	606209
251540		12279	12581	238959		31502	286777
128728			8575	120154		11105	102016
101135		12279	1589	99546		19480	168123
21677			2417	19260		917	16638
19794		2	7381	12412		1793	10045
584			253	331		25	600
5869			523	5346		68	1410
12100		2	5916	6184		1700	7575
1240			689	551			460
2664			80	2584		1299	10320
2664			80	2584		1299	10320
8915			1528	7387		2875	5850
3542			1528	2014		1591	580
5373				5373		1285	5270
21525				21525		2772	7527
21525				21525		2772	7527
440163		43925	34508	405655	12807	51787	148855
418236		43925	34406	383830	12807	50411	140327
2055				2055		886	1028
19871			101	19770		490	7500
73810		10196	4820	68989		11376	57055
73810		10196	4820	68989		11376	57055
93006		600	22568	70439		9697	71165
1262		600	305	957		124	1130
48755			21763	26993		4987	44835
42989			500	42489		4585	25200
112725	13722	86101	83959	28766	13212	5946	8615
13722	13722		500	13222	13212	746	620
99002		86101	83459	15544		5200	7995
1022259	13722	153104	167345	854914	26019	118013	605889
4836				4836			850
21004			2417	18587		798	1200
11306			101	11205		492	3500
440732		122685	110491	330241	12807	48761	267755
35882				35882		4151	6100
404850		122685	110491	294358	12807	44610	261655
107757		9938	1077	106680		17405	70437
432197	13722	20481	53258	378938	13212	50453	260647
6066		3653	2761	3305		1222	765
6954				6954		411	800
362419	13722	16828	49417	313002	13212	44325	235503
56757			1080	55677		4495	23579
4428				4428		104	1500
1882			80	1802		1033	320
1882			80	1802		1033	320
77523		9938		77523		5355	33950

12－8 续表 2

指标名称	法人企业数（个）	从业人员期末人数（人）	商品购进额	进口
集体控股	3	64	26677	
私人控股	187	12084	801822	200
港澳台商控股	1	25	1546	
外商控股				
其他	11	847	59076	2333
4.按经营形式分				
独立门店	187	11375	753498	2533
连锁总店	2	239	13397	
连锁门店	3	313	13389	
其他	14	1589	183282	
5.按单位规模分				
大型	1	313	25197	
中型	65	10371	654980	2383
小型	113	2599	250528	150
微型	27	233	32860	
6.按零售业态分				
有店铺零售	202	13432	949201	2533
食杂店	2	28	784	
便利店	2	167	11844	
超市	19	1416	109372	
大型超市	13	4010	78348	50
仓储会员店	2	78	72621	
百货店	11	1781	76806	
专业店	60	1837	181907	2483
专卖店	82	3054	360190	
家居建材商店	4	524	49353	
购物中心	2	297	2129	
厂家直销中心	5	240	5848	
无店铺零售	4	84	14365	
网上商店	4	84	14365	
三、批发业按地区分组	43	4101	993307	205
信州区	5	2192	510743	205
上饶县	10	454	211943	
广丰县	4	117	27063	
铅山县	3	79	24228	
横峰县	1	23	3605	
弋阳县	6	409	135492	
余干县	4	484	18568	
鄱阳县	2	164	25953	
万年县	2	40	11191	
婺源县	1	30		
德兴市	5	109	24521	
四、零售业按地区分组	206	13516	963565	2533
信州区	28	2312	150050	
上饶县	39	2136	298869	2333
广丰县	30	736	45257	
玉山县	28	1358	94832	
铅山县	2	43	2520	
横峰县	3	54	6994	
弋阳县	1	18	20020	
余干县	14	2504	48949	
鄱阳县	18	1993	60669	
万年县	15	721	62835	200
婺源县	14	738	60879	
德兴市	14	903	111692	

单位:万元

商品销售额	其中:通过公共网络实现的商品销售额	其中:使用银行卡支付的商品销售额	批发额	零售额	其中:通过公共网络实现的商品销售额	期末商品库存额	年末零售营业面积(平方米)
28244			2417	25827		1047	2054
858185	13722	127075	161630	696555	13212	101482	528199
1882			80	1802		1033	320
58307		16091	3298	55008	12807	10129	41686
800219	13722	69436	78687	721533	26019	103576	492653
13292			2338	10954		1061	1380
12793			503	12290		3104	31512
197837		83669	85897	111940		11306	80664
25038			2015	23023		988	5000
701176		125787	126766	574409	12807	84894	417394
266008	13212	26717	33543	232465	12702	31162	152072
31919	510	600	5100	26819	510	2001	31743
1010418		153104	166924	843494	12807	118300	605589
1107			776	331		71	960
11871			2338	9533		385	1318
112164		4984	2754	109411		12449	30695
93000		15944	2091	90909		15781	152690
77621		75000	75000	2621		1705	372
78001			8337	69664		8517	134988
186925		39747	29603	157322	12807	27557	77623
383740		17002	43607	340132		43973	157558
56415			1049	55366		5383	20835
1872		427	208	1665		426	13000
7701			1161	6540		2054	15550
13722	13722		500	13222	13212	746	620
13722	13722		500	13222	13212	746	620
1624714	565064	236618	1204764	419950	700	121581	223757
1117458	544774	227480	754289	363170		28544	167807
213045	700	9138	184761	28284	700	21692	27416
23119			20660	2459		17415	9370
26083			22034	4049		441	3920
3942			3942			215	3000
149177			137058	12119		7021	3570
22087			19877	2210		8120	1986
31387	19590		24339	7049		26288	1952
9154			9154			10659	576
4268			3656	612		453	2000
24995			24995			735	2160
1024141	13722	153104	167424	856716	26019	119046	606209
154396		19781	8467	145929		16593	162412
303133		49642	59522	243611	12807	40902	127750
48242	510	600	5252	42990		5199	60001
102362	13212	1729	3091	99271	13212	6298	50296
3788		3033		3788		64	800
7267				7267		181	1600
21004			2417	18587		798	1200
59837			1376	58460		11364	54887
62351		353	4755	57595		13990	76296
70152			1528	68624		4447	16816
72779		302	1164	71615		13056	26350
118831		77665	79852	38979		6154	27801

12－9 限额以上住宿和餐饮法人企业基本情况

（2014 年） 单位：万元

指标名称	法人企业数（个）	从业人员期末人数（人）	其中：女性	法人所属产业活动单位数（个）	住宿和餐饮业	其他
总计	87	7346	4855	88	2	86
一、住宿业	62	5727	3780	63	2	61
1.按住宿业行业小类分						
旅游饭店	43	4140	2736	44	2	42
一般旅馆	18	1390	928	18		18
其他住宿业	1	197	116	1		1
2.按登记注册类型分						
内资企业	62	5727	3780	63	2	61
国有企业	3	298	209	3		3
股份合作企业	2	93	68	2		2
有限责任公司	19	2028	1298	19		19
其他有限责任公司	19	2028	1298	19		19
股份有限公司	12	874	596	13	2	11
私营企业	25	2364	1559	25		25
私营独资企业	3	161	99	3		3
私营合伙企业	1	68		1		1
私营有限责任公司	18	1908	1297	18		18
私营股份有限公司	3	227	163	3		3
其他企业	1	70	50	1		1
3.按控股情况分						
国有控股	4	348	229	4		4
私人控股	55	5187	3403	56	2	54
外商控股	1	78	58	1		1
其他	2	114	90	2		2
4.按经营形式分						
独立门店	59	5580	3689	60	2	58
其他	3	147	91	3		3
5.按单位规模分						
中型	8	1382	914	8		8
小型	53	4324	2854	54	2	52
微型	1	21	12	1		1
6.按星级分						
五星	2	574	296	2		2
四星	22	2408	1562	23	2	21
三星	20	1434	1041	20		20
二星	1	44	31	1		1
其他	17	1267	850	17		17
二、餐饮业	25	1619	1075	25		25
正餐服务	25	1619	1075	25		25
内资企业	24	1547	1023	24		24
有限责任公司	7	546	336	7		7
其他有限责任公司	7	546	336	7		7

12－9 续表 1

单位:万元

指标名称	法人企业数(个)	从业人员期末人数(人)	其中:女性	法人所属产业活动单位数(个)	住宿和餐饮业	其他
股份有限公司	3	173	127	3		3
私营企业	14	828	560	14		14
私营独资企业	2	118	89	2		2
私营合伙企业	2	150	128	2		2
私营有限责任公司	10	560	343	10		10
港、澳、台商投资企业	1	72	52	1		1
港澳台商独资企业	1	72	52	1		1
国有控股	1	263	178	1		1
集体控股	1	67	52	1		1
私人控股	21	1157	756	21		21
港澳台商控股	1	72	52	1		1
其他	1	60	37	1		1
独立门店	25	1619	1075	25		25
中型	2	443	299	2		2
小型	23	1176	776	23		23
三、住宿业按地区分组	62	5727	3780	63	2	61
信州区	9	905	592	9		9
上饶县	2	294	194	2		2
广丰县	1	68	50	1		1
玉山县	22	1674	1045	22		22
铅山县	1	92	61	1		1
横峰县	2	45	27	2		2
弋阳县	2	109	93	2		2
余干县	4	508	398	4		4
鄱阳县	2	471	288	2		2
万年县	1	161	150	1		1
婺源县	11	945	565	12	2	10
德兴市	5	455	317	5		5
四、餐饮业按地区分组	25	1619	1075	25		25
信州区	4	224	99	4		4
上饶县	2	352	229	2		2
广丰县	3	272	183	3		3
玉山县	3	101	66	3		3
铅山县	2	114	87	2		2
横峰县	1	49	30	1		1
弋阳县	1	12	9	1		1
余干县	3	218	185	3		3
鄱阳县	1	60	30	1		1
万年县	1	44	26	1		1
婺源县	1	16	13	1		1
德兴市	3	157	118	3		3

12－10 限额以上住宿和餐饮业

（2014

指标名称	法人企业数（个）	执行《2006年企业会计准则》企业数（个）	一、年初存货	流动资产合计	应收帐款	存货
总计	87	77	6142	153328	8254	5697
一、住宿业	62	55	5030	145011	6843	4772
1.按住宿业行业小类分						
旅游饭店	43	39	3984	95997	3399	3714
一般旅馆	18	16	952	40316	3300	968
其他住宿业	1		94	8698	144	90
2.按登记注册类型分						
内资企业	62	55	5030	145011	6843	4772
国有企业	3	2	68	1071	435	40
股份合作企业	2	2	11	575	14	11
有限责任公司	19	18	1721	80657	2401	1148
其他有限责任公司	19	18	1721	80657	2401	1148
股份有限公司	12	12	663	17184	1678	1114
私营企业	25	20	2556	45495	2311	2434
私营独资企业	3	2	212	701	78	58
私营合伙企业	1	1	13	308	126	12
私营有限责任公司	18	14	1689	41601	2054	1711
私营股份有限公司	3	3	643	2885	53	653
其他企业	1	1	10	30	5	25
3.按控股情况分						
国有控股	4	3	76	1084	440	47
私人控股	55	49	4818	141913	5991	4620
外商控股	1	1		230		
其他	2	2	136	1784	411	105
4.按经营形式分						
独立门店	59	53	4849	142717	6033	4583
其他	3	2	180	2294	810	188
5.按单位规模分						
中型	8	7	1390	51279	1448	1277
小型	53	48	3599	93360	5351	3453
微型	1		42	372	43	42
6.按星级分						
五星	2	2	162	24246	258	185
四星	22	18	2569	70572	2347	2587
三星	20	18	1010	17920	1950	1301
二星	1	1	15	110	35	16
其他	17	16	1273	32164	2252	683
二、餐饮业	25	22	1112	8317	1411	926
1.按餐饮业行业小类分						
正餐服务	25	22	1112	8317	1411	926
2.按登记注册类型分						
内资企业	24	21	1109	7042	1394	922
有限责任公司	7	7	765	3298	1023	458
其他有限责任公司	7	7	765	3298	1023	458

法人企业财务状况综合表(一)

年　　　　　　　　　　　　　　　　　　　　　　　　　　　　　　　　　　　　单位:万元

二、期末资产负债

固定资产合计	固定资产原价	累计折旧	本年折旧	在建工程	资产总计	流动负债合计	应付帐款	非流动负债合计	负债合计
176997	226723	50123	9989	45242	429047	161075	23593	105025	266100
162173	204396	42570	8875	44595	401956	152006	22185	102349	254355
140147	177824	38024	7844	43209	310506	122098	16887	78314	200412
17529	20828	3298	621	1386	71430	20018	4986	23585	43604
4497	5745	1248	410		20020	9890	313	450	10340
162173	204396	42570	8875	44595	401956	152006	22185	102349	254355
1917	2443	526	109		3238	1653	622	442	2095
2367	2970	602	75		3575	3271	160		3271
52547	66161	13853	2982	20283	169763	58303	6432	49178	107481
52547	66161	13853	2982	20283	169763	58303	6432	49178	107481
34880	48524	13644	2613	827	58895	13906	3075	12317	26223
70441	84273	13940	3091	23485	166436	74853	11877	40407	115261
1949	2388	439	232		3376	1194	381	474	1668
1226	1871	645	5	224	1982	795	77	2	796
49961	59690	9836	1949	17332	119025	39167	7484	36972	76139
17305	20325	3020	906	5930	42053	33698	3935	2960	36658
20	25	5	5		50	20	20	5	25
5846	7499	1653	296		7180	3877	622	442	4319
146121	186158	40384	8049	37769	379883	144715	21338	101907	246623
					862	662	115		662
10206	10739	533	530	6826	14032	2752	111		2752
160266	201946	42028	8805	44595	396379	150333	22028	102331	252664
1908	2450	542	70		5577	1673	157	19	1692
58175	74603	16668	2968	10907	151957	85128	15447	25167	110295
103906	129503	25705	5890	33687	249535	66022	6677	77183	143204
93	290	198	17		464	856	62		856
21859	25056	3197	277	19857	70674	21593	3829	35608	57201
71985	93062	21425	4490	8772	188286	99023	10853	37686	136709
33258	44291	11033	2092	1750	61910	21699	4402	8959	30659
428	434	6			672	236	217	230	466
34644	41554	6910	2016	14216	80414	9456	2884	19866	29322
14824	22327	7553	1114	648	27091	9069	1407	2676	11745
14824	22327	7553	1114	648	27091	9069	1407	2676	11745
14759	22041	7333	1099	648	25751	9042	1393	2676	11718
2786	4704	1919	351	86	7938	2389	571		2389
2786	4704	1919	351	86	7938	2389	571		2389

12－10　续表1

指标名称	法人企业数（个）	执行《2006年企业会计准则》企业数（个）	一、年初存货	流动资产合计	应收帐款	存货
股份有限公司	3	2	28	638	30	82
私营企业	14	12	316	3106	341	382
私营独资企业	2	2	29	919		46
私营合伙企业	2		39	233	28	40
私营有限责任公司	10	10	249	1954	312	296
港、澳、台商投资企业	1	1	4	1275	17	3
港澳台商独资企业	1	1	4	1275	17	3
3.按控股情况分						
国有控股	1	1		1688	626	255
集体控股	1	1	679	766		139
私人控股	21	18	428	4238	425	521
港澳台商控股	1	1	4	1275	17	3
其他	1	1	3	351	343	8
4.按经营形式分						
独立门店	25	22	1112	8317	1411	926
5.按单位规模分						
中型	2	2	181	2212	695	457
小型	23	20	931	6105	716	469
三、住宿业按地区分组	62	55	5030	145011	6843	4772
信州区	9	8	769	24855	520	752
上饶县	2	2	256	23608	123	259
广丰县	1	1	22	2246	129	19
玉山县	22	22	2191	53176	3394	1915
铅山县	1	1	18	324	285	40
横峰县	2		49	479	96	46
弋阳县	2	2	102	727	582	99
余干县	4		89	723	105	93
鄱阳县	2	2	307	11302	236	340
万年县	1	1	88	456	215	86
婺源县	11	11	1012	19577	537	1000
德兴市	5	5	128	7541	622	125
四、餐饮业按地区分组	25	22	1112	8317	1411	926
信州区	4	4	92	789	430	113
上饶县	2	2		2232	628	256
广丰县	3	3	185	1818	86	205
玉山县	3	3	41	293	106	8
铅山县	2	2	29	1049	4	101
横峰县	1	1				
弋阳县	1	1	1	222		
余干县	3		67	407	54	67
鄱阳县	1	1	6	47		
万年县	1	1		150	81	26
婺源县	1	1	3	4	1	1
德兴市	3	3	689	1307	20	149

单位:万元

二、期末资产负债

固定资产合计	固定资产原价	累计折旧	本年折旧	在建工程	资产总计	流动负债合计	应付帐款	非流动负债合计	负债合计
3425	4115	741	212		4090	284	68	1430	1714
8548	13222	4674	537	562	13723	6369	754	1246	7615
1480	1709	230	17		2517	1175			1175
438	577	139	28		671	169	31	254	423
6631	10935	4305	492	562	10535	5025	723	992	6017
65	286	221	15		1340	27	15		27
65	286	221	15		1340	27	15		27
201	281	80	80		2039	959	251		959
1525	2725	1200	164		3390	826			826
12925	18880	6005	830	648	19865	7013	898	2676	9689
65	286	221	15		1340	27	15		27
107	155	48	26		458	244	244		244
14824	22327	7553	1114	648	27091	9069	1407	2676	11745
4362	8012	3650	497	562	7285	4835	143		4835
10462	14315	3903	617	86	19806	4234	1265	2676	6909
162173	204396	42570	8875	44595	401956	152006	22185	102349	254355
14896	18649	3861	852	487	49139	21041	782	11371	32412
5977	7328	1591	368	1211	33901	21370	1884	13257	34627
1032	1032			1000	5633	4739	133		4739
91751	113943	22192	5518	20390	187987	56375	12179	34042	90416
644	842	199	46		982	309			309
492	769	277	17		1851	915	76	100	1015
199	279	79	33		926	948	944		948
3263	4584	1321	225		3985	633	194	1003	1636
6600	10023	3422	138	4843	27324	16542	3968	8500	25042
532	1516	984	150		1177	679	302		679
31399	37880	6481	1067	16414	72491	20844	1049	29228	50072
5388	7552	2164	461	249	16560	7610	674	4849	12459
14824	22327	7553	1114	648	27091	9069	1407	2676	11745
580	954	375	62	86	2379	379	330	980	1359
476	556	80	80		3049	969	251		969
4239	8092	3853	434	562	6696	3909	-94	12	3921
2163	2720	557	87		2893	660	591		660
3344	3968	624	134		4505	1305	40		1305
136	142	6	3		142				
101	102	2	1		322	122	92		122
1801	2092	341	103		2208	282	60	1454	1736
120	120				167	147	37		147
21	22	1	1		256	129	100		129
180	464	284	21		286	225			225
1664	3095	1431	190		4189	943	1	230	1173

指标名称	二、期末资产负债(续)					
	所有者权益合计	实收资本				
			国家资本	集体资本	法人资本	个人资本
总计	162947	153471	836	2563	104764	43546
一、住宿业	147601	138009	536		101145	36128
1.按住宿业行业小类分						
旅游饭店	110093	103120	536		85163	17420
一般旅馆	27827	24689			5782	18707
其他住宿业	9681	10200			10200	
2.按登记注册类型分						
内资企业	147601	138009	536		101145	36128
国有企业	1143	945	536		409	
股份合作企业	304	304			104	
有限责任公司	62282	65259			54289	10970
其他有限责任公司	62282	65259			54289	10970
股份有限公司	32672	17896			12955	4941
私营企业	51175	53580			33373	20207
私营独资企业	1708	2013			1893	120
私营合伙企业	1186	1138			1138	
私营有限责任公司	42886	45109			25022	20087
私营股份有限公司	5395	5320			5320	
其他企业	25	25			15	10
3.按控股情况分						
国有控股	2861	2663	536		2127	
私人控股	133260	124326			90518	33808
外商控股	200	200				
其他	11280	10820			8500	2320
4.按经营形式分						
独立门店	143715	134729	536		100565	33428
其他	3885	3280			580	2700
5.按单位规模分						
中型	41662	36860			30360	6500
小型	106330	101049	536		70785	29528
微型	－392	100				100
6.按星级分						
五星	13473	13984			13484	500
四星	51578	57285	536		38432	18317
三星	31251	23530			16658	6673
二星	207	20				20
其他	51092	43190			32571	10618
二、餐饮业	15346	15462	300	2563	3619	7418
1.按餐饮业行业小类分						
正餐服务	15346	15462	300	2563	3619	7418
2.按登记注册类型分						
内资企业	14033	13900	300	2563	3619	7418
有限责任公司	5549	3859	300	2563	20	976
其他有限责任公司	5549	3859	300	2563	20	976

法人企业财务状况综合表(二)

单位:万元

		三、损益及分配							
港澳台资本	外商资本	营业收入	主营业务收入	营业成本	主营业务成本	营业税金及附加	主营业务税金及附加	其他业务利润	销售费用
1562	200	124897	123849	64074	61576	7154	6989	560	22865
	200	99123	98109	50598	48131	5551	5387	543	18285
		79555	78562	41271	40517	4425	4297	534	13274
	200	15453	15432	8338	6625	835	799	9	3536
		4115	4115	989	989	291	291		1475
	200	99123	98109	50598	48131	5551	5387	543	18285
		5864	5702	3746	3586	394	393	33	719
	200	3515	3515	997	997	119	119	4	1248
		34673	34389	17007	15730	1898	1865	2	8438
		34673	34389	17007	15730	1898	1865	2	8438
		24151	24122	12613	12500	1308	1308	36	2784
		30645	30107	16070	15152	1812	1682	468	5068
		3704	3704	1868	1868	234	111		685
		1115	1057	312	279	42	42	58	352
		21375	20894	10941	10057	1290	1284	410	3569
		4452	4452	2949	2949	245	245		462
		275	275	165	165	20	20		30
		8639	8476	5161	5001	519	518	33	1121
		87282	86438	44369	42063	4880	4717	506	16101
	200	800	800	34	34	40	40	4	481
		2402	2395	1034	1033	112	112		583
	200	97882	96868	49982	47515	5482	5318	543	18066
		1241	1241	616	616	68	68		220
		23560	23560	11353	11353	1305	1305	5	4764
	200	75496	74482	39235	36767	4241	4077	538	13459
		67	67	11	11	4	4		63
		4062	4062	1391	1391	214	214		975
		36899	36301	18004	16062	2077	2037	178	7200
	200	37436	37041	19562	19333	2039	2038	140	6306
		314	314	128	128	21	21		160
		20412	20391	11513	11216	1200	1077	225	3644
1562		25774	25740	13475	13446	1604	1603	17	4580
1562		25774	25740	13475	13446	1604	1603	17	4580
		25265	25231	13085	13055	1593	1592	17	4580
		9054	9054	4249	4249	596	596		2263
		9054	9054	4249	4249	596	596		2263

12－10 续表2

指标名称	二、期末资产负债(续)					
	所有者权益合计	实收资本				
			国家资本	集体资本	法人资本	个人资本
股份有限公司	2376	2274			167	2107
私营企业	6108	7768			3432	4336
私营独资企业	1342	1342			1342	
私营合伙企业	248	248			150	99
私营有限责任公司	4518	6178			1941	4237
港、澳、台商投资企业	1313	1562				
港澳台商独资企业	1313	1562				
3.按控股情况分						
国有控股	1080	300	300			
集体控股	2563	2563		2563		
私人控股	10176	10911			3619	7292
港澳台商控股	1313	1562				
其他	214	126				126
4.按经营形式分						
独立门店	15346	15462	300	2563	3619	7418
5.按单位规模分						
中型	2450	3300	300			3000
小型	12896	12162		2563	3619	4418
三、住宿业按地区分组	147601	138009	536		101145	36128
信州区	16726	20586			12182	8204
上饶县	－725	4120			1800	2320
广丰县	893	1000			700	300
玉山县	97571	79190			60808	18382
铅山县	673	673			673	
横峰县	836	1328				1328
弋阳县	－22	400			100	300
余干县	2349	2349	536		1383	430
鄱阳县	2282	1623				1623
万年县	498	500			500	
婺源县	22419	22677			20637	2040
德兴市	4101	3563			2363	1200
四、餐饮业按地区分组	15346	15462	300	2563	3619	7418
信州区	1021	966			600	366
上饶县	2080	1300	300		1000	
广丰县	2775	4653			91	3000
玉山县	2233	1420				1420
铅山县	3200	3200			1200	2000
横峰县	142	142			142	
弋阳县	200	200			200	
余干县	472	472			316	155
鄱阳县	21	20			20	
万年县	127	127				127
婺源县	61	50			50	
德兴市	3016	2913		2563		350

单位:万元

港澳台资本	外商资本	三、损益及分配 营业收入	主营业务收入	营业成本	主营业务成本	营业税金及附加	主营业务税金及附加	其他业务利润	销售费用
		3451	3443	2253	2246	244	244	4	317
		12761	12735	6583	6561	753	753	14	2000
		4539	4539	2861	2861	285	285		490
		1303	1296	704	697	138	138	7	48
		6919	6900	3018	3003	330	330	6	1463
1562		509	509	390	390	11	11		
1562		509	509	390	390	11	11		
		3844	3844	1999	1999	251	251		1589
		1303	1303	486	486	73	73		225
		19552	19518	10316	10286	1251	1251	17	2766
1562		509	509	390	390	11	11		
		566	566	285	285	18	18		
1562		25774	25740	13475	13446	1604	1603	17	4580
		6280	6280	2652	2652	390	390	6	2456
1562		19494	19460	10823	10794	1214	1213	11	2124
	200	99123	98109	50598	48131	5551	5387	543	18285
	200	9932	9910	2253	2220	636	636	4	4270
		3709	3702	1283	1282	119	119		1507
		841	841	229	229	46	46		494
		50569	50569	27765	26297	2655	2496	41	6070
		8240	7983	5983	5983	496	496		499
		555	555	356	356	13	13		94
		849	849	391	391	41	41		282
		5544	4903	3031	2395	527	522	101	415
		3749	3749	1155	1155	220	220	7	1436
		2059	2059	1554	1554	113	113		24
		8413	8348	3803	3771	429	429	388	2193
		4664	4643	2798	2501	257	257	3	1003
1562		25774	25740	13475	13446	1604	1603	17	4580
		2558	2558	1324	1324	83	83		257
		4399	4399	2277	2277	282	282		1589
1562		3233	3233	1167	1167	151	151	6	868
		2813	2794	1221	1206	226	226		519
		5002	5002	3537	3537	326	326		490
		1295	1295	810	810	49	49		
		112	112	62	62	3	3		
		2243	2228	1118	1104	251	250	11	71
		480	480	190	190	32	32		
		558	558	300	300	30	30		163
		817	817	449	449	46	46		105
		2265	2265	1022	1022	126	126		519

12－10 限额以上住宿和餐饮业

指标名称	三、损益及分配(续)					
	管理费用	税金	财务费用	利息收入	利息支出	资产减值损失
总计	20222	1149	7375	39	4852	
一、住宿业	16021	816	6397	12	4103	
1.按住宿业行业小类分						
旅游饭店	11756	656	5538	11	3658	
一般旅馆	2745	160	807	1	444	
其他住宿业	1520		52			
2.按登记注册类型分						
内资企业	16021	816	6397	12	4103	
国有企业	736	81	59	2	48	
股份合作企业	514		30			
有限责任公司	6012	129	2603	3	2339	
其他有限责任公司	6012	129	2603	3	2339	
股份有限公司	3900	266	2643	3	895	
私营企业	4839	340	1052	4	811	
私营独资企业	178		68			
私营合伙企业	13		7			
私营有限责任公司	3949	324	934	3	780	
私营股份有限公司	700	16	42	1	31	
其他企业	20		10		10	
3.按控股情况分						
国有控股	920	81	330	2	48	
私人控股	14663	735	5975	10	4054	
外商控股	178		6			
其他	259		86			
4.按经营形式分						
独立门店	15812	816	6380	12	4098	
其他	208		17		5	
5.按单位规模分						
中型	5849	23	1844	1	1711	
小型	10161	793	4553	11	2391	
微型	11					
6.按星级分						
五星	1657		160		152	
四星	7079	547	3241	4	2980	
三星	4948	147	2629	5	759	
二星	2					
其他	2334	122	368	3	212	
二、餐饮业	4201	333	978	28	749	
1.按餐饮业行业小类分						
正餐服务	4201	333	978	28	749	
2.按登记注册类型分						
内资企业	4128	333	978	28	749	
有限责任公司	1445	5	115	25	89	
其他有限责任公司	1445	5	115	25	89	

法人企业财务状况综合表(三)

单位:万元

三、损益及分配(续)							四、人工成本		五、从事住宿和餐饮业活动的从业人员平均人数(人)
公允价值变动收益	投资收益	营业利润	营业外收入	补贴收入	利润总额	应交所得税	应付职工薪酬(本年贷方累计发生额)	应交增值税	
	97	3957	261	129	2062	616	18808	22	7113
	-22	2885	231	129	1904	525	14585	14	5576
		3330	202	129	3062	414	10539	10	4004
	-22	-657	7		-968	111	3377	4	1381
		212	22		-191		669		191
	-22	2885	231	129	1904	525	14585	14	5576
		243	3		213	30	543	3	283
		546			546	43	279		93
		-567	92	25	-1509	30	5375	4	1987
		-567	92	25	-1509	30	5375	4	1987
		904	2		-2	147	2183		891
	-22	1730	124	104	2616	275	6185	7	2252
	-22	670			692		449		161
		389			389		152		68
		616	124	104	1480	210	4808	7	1801
		55	1		55	64	777		222
		30	10		40		20		70
		619	3		213	30	644	3	329
	-22	1937	221	129	1355	495	13368	11	5053
							226		78
		329	7		336		347		116
		2773	231	129	1777	493	14178	14	5430
	-22	112			127	32	407		146
		-1136	181	129	293	190	4388		1354
		4042	50		1610	335	10154	14	4201
	-22	-22					43		21
		-336	26		271	38	1402		555
		-264	78	25	-801	199	6348	7	2303
	-22	1913	115	104	785	173	4070	3	1437
		2			2		134		44
		1569	13		1646	114	2633	4	1237
	119	1072	30		158	91	4223	8	1537
	119	1072	30		158	91	4223	8	1537
	119	1037	30		123	91	4031	8	1468
		385	1		-78	9	1495		542
		385	1		-78	9	1495		542

12－10 续表3

指标名称	三、损益及分配(续)					
	管理费用	税金	财务费用	利息收入	利息支出	资产减值损失
股份有限公司	366	76	51		31	
私营企业	2317	253	813	3	629	
私营独资企业	302	13	60			
私营合伙企业	258	78	33		22	
私营有限责任公司	1758	162	720	3	608	
港、澳、台商投资企业	73					
港澳台商独资企业	73					
3.按控股情况分						
国有控股	675		38	21	17	
集体控股	249		70		70	
私人控股	3024	329	866	3	663	
港澳台商控股	73					
其他	181	5	4	4		
4.按经营形式分						
独立门店	4201	333	978	28	749	
5.按单位规模分						
中型	1672	139	638	21	617	
小型	2529	194	340	7	132	
三、住宿业按地区分组	16021	816	6397	12	4103	
信州区	3379	90	1076	1	658	
上饶县	502	23	1579		1513	
广丰县	59	12				
玉山县	6816	251	2702	4	1097	
铅山县	65		2			
横峰县	36	4	1			
弋阳县	192		1		1	
余干县	937	277	185		123	
鄱阳县	1593		12			
万年县	335		9	1	2	
婺源县	1447	123	369	3	271	
德兴市	659	36	462	4	438	
四、餐饮业按地区分组	4201	333	978	28	749	
信州区	370	10	119	7	8	
上饶县	961		38	21	17	
广丰县	1089	155	600		600	
玉山县	175		1		1	
铅山县	342		60			
横峰县	18	13				
弋阳县	53					
余干县	509	153	83		52	
鄱阳县	223					
万年县	27	2				
婺源县	115		5			
德兴市	320		72		71	

单位:万元

三、损益及分配(续)							四、人工成本		五、从事住宿和餐饮业活动的从业人员平均人数(人)
公允价值变动收益	投资收益	营业利润	营业外收入	补贴收入	利润总额	应交所得税	应付职工薪酬(本年贷方累计发生额)	应交增值税	
		224	3		84	15	478	2	159
	119	427	26		117	67	2059	6	767
		542			419		233	4	118
		130	1		105	21	295	3	127
	119	- 245	25		- 407	46	1531		522
		35			35		192		69
		35			35		192		69
		- 707	1		- 706		720		261
		200					206		67
	119	1465	29		751	91	2992	8	1080
		35			35		192		69
		78			78		113		60
	119	1072	30		158	91	4223	8	1537
		- 1523	6		- 1525		1308		441
	119	2594	24		1683	91	2915	8	1096
	- 22	2885	231	129	1904	525	14585	14	5576
		- 1318	26		- 1725	23	2324		897
		- 1282	44	25	- 1237		859		304
		13			13	3	195		68
		4556	4		3730	341	5117		1682
		1195					342		93
	- 22	- 22			77		93		50
		- 57			- 470		205		109
		489	10		400	80	1076	10	366
		- 666	17		- 50		1284		471
		25	106	104	1211	7	465		161
		172	23		176	66	1922		946
		- 222	3		- 221	6	703	4	429
	119	1072	30		158	91	4223	8	1537
	119	524			320	33	592		219
		- 748	1		- 747		878		319
		- 636	5		- 784		824		267
		671	18		689	3	283		99
		248					266		114
		419			419		87	4	49
		- 5			- 5		26		12
		223	3		181	36	484	4	181
		35					150		60
		38	1				113		44
		97			77	19	38		16
		207	2		9		482		157

12－11 限额以上住宿和餐饮业

（2014

指标名称	法人企业数（个）	从业人员期末人数（人）	营业额	其中:使用银行卡支付的营业额	客房收入	其中:通过公共网络实现的客房收入
总计	87	7346	125216	18661	55497	4008
一、住宿业	62	5727	99401	17788	47786	3839
1.按住宿业行业小类分						
旅游饭店	43	4140	79720	14390	36494	2280
一般旅馆	18	1390	15566	1263	9393	574
其他住宿业	1	197	4115	2135	1900	986
2.按登记注册类型分						
内资企业	62	5727	99401	17788	47786	3839
国有企业	3	298	5864	742	2674	27
股份合作企业	2	93	3515	543	1913	
有限责任公司	19	2028	34696	6519	17673	1263
其他有限责任公司	19	2028	34696	6519	17673	1263
股份有限公司	12	874	24151	4419	10132	1373
私营企业	25	2364	30901	5564	15243	1176
私营独资企业	3	161	3704	1007	1522	33
私营合伙企业	1	68	1144		433	
私营有限责任公司	18	1908	21601	2732	11135	741
私营股份有限公司	3	227	4452	1826	2154	402
其他企业	1	70	275		152	
3.按控股情况分						
国有控股	4	348	8639	954	3364	27
私人控股	55	5187	87567	16463	42458	3793
外商控股	1	78	800		761	
其他	2	114	2395	371	1203	18
4.按经营形式分						
独立门店	59	5580	98160	17777	47007	3839
其他	3	147	1241	11	779	
5.按单位规模分						
中型	8	1382	23712	6689	11500	2184
小型	53	4324	75621	11088	36220	1655
微型	1	21	67	11	67	
6.按星级分						
五星	2	574	4092		2628	
四星	22	2408	37034	10103	18152	2752
三星	20	1434	37559	4066	16101	756
二星	1	44	314	167	86	33
其他	17	1267	20403	3452	10820	298
二、餐饮业	25	1619	25815	874	7710	169
1.按餐饮业行业小类分						
正餐服务	25	1619	25815	874	7710	169
2.按登记注册类型分						
内资企业	24	1547	25306	874	7506	169
有限责任公司	7	546	9251	826	3221	169
其他有限责任公司	7	546	9251	826	3221	169

法人经营情况

年）

单位:万元

餐费收入	其中:通过公共网络实现的餐费收入	商品销售收入	其他收入	客房数（间）	床位数（个）	餐位数（位）	年末餐饮营业面积（平方米）
59850	2656	7204	2666	10743	18823	40239	161656
43457	2239	6004	2154	9357	16338	29468	126486
35323	307	5843	2059	7005	12301	22254	93836
5985	782	160	28	2156	3749	6614	28970
2149	1150		67	196	288	600	3680
43457	2239	6004	2154	9357	16338	29468	126486
2812		217	162	305	511	1552	5200
1371		212	19	273	495	260	1110
13006	1153	2795	1222	3315	5642	9844	49073
13006	1153	2795	1222	3315	5642	9844	49073
12214	121	1620	185	1446	2633	4580	16990
13931	965	1160	567	3818	6707	13032	52513
1914	134	268		351	696	620	6000
625		62	25	126	230	195	200
9300	831	653	514	2822	4776	11157	33351
2093		177	28	519	1005	1060	12962
123				200	350	200	1600
4692		415	168	407	713	1782	6250
37714	2239	5415	1980	8605	15041	26526	112375
18		14	7	182	320	60	160
1033		160		163	264	1100	7701
43070	2239	5928	2154	9033	15752	29088	123886
387		76		324	586	380	2600
11568	1900	435	210	1900	3228	6590	36924
31889	339	5569	1944	7375	12946	22878	88362
				82	164		1200
1307		96	61	624	881	1450	7300
17235	2060	861	786	3783	6658	13497	52475
16171		3997	1291	2377	4292	7922	29924
170	134	58		67	128	270	300
8574	45	993	16	2506	4379	6329	36487
16393	417	1200	512	1386	2485	10771	35170
16393	417	1200	512	1386	2485	10771	35170
16088	417	1200	512	1307	2335	10371	32170
5777	417	253		408	754	2837	7017
5777	417	253		408	754	2837	7017

12－11　续表 1

指标名称	法人企业数（个）	从业人员期末人数（人）	营业额	其中:使用银行卡支付的营业额	客房收入	其中:通过公共网络实现的客房收入
股份有限公司	3	173	3446		1056	
私营企业	14	828	12608	47	3229	
私营独资企业	2	118	4489		1185	
私营合伙企业	2	150	1303			
私营有限责任公司	10	560	6816	47	2044	
港、澳、台商投资企业	1	72	509		205	
港澳台商独资企业	1	72	509		205	
3.按控股情况分						
国有控股	1	263	3844		1536	
集体控股	1	67	1492		778	
私人控股	21	1157	19405	874	5043	21
港澳台商控股	1	72	509		205	
其他	1	60	565		148	148
4.按经营形式分						
独立门店	25	1619	25815	874	7710	169
5.按单位规模分						
中型	2	443	6264		2927	
小型	23	1176	19551	874	4783	169
三、住宿业按地区分组	62	5727	99401	17788	47786	3839
信州区	9	905	9932	3425	5895	1017
上饶县	2	294	3702	1289	2086	88
广丰县	1	68	841	50	497	
玉山县	22	1674	50682	10282	22589	2270
铅山县	1	92	8240		2785	
横峰县	2	45	555	11	217	
弋阳县	2	109	849		441	
余干县	4	508	5544		2376	
鄱阳县	2	471	3778		1911	
万年县	1	161	2182		1213	
婺源县	11	945	8433	2375	4847	460
德兴市	5	455	4664	356	2932	4
四、餐饮业按地区分组	25	1619	25815	874	7710	169
信州区	4	224	2465	377	260	148
上饶县	2	352	4399		1536	
广丰县	3	272	3217		1596	
玉山县	3	101	2813	496	824	21
铅山县	2	114	5002		1940	
横峰县	1	49	1245			
弋阳县	1	12	112		64	
余干县	3	218	2239			
鄱阳县	1	60	480			
万年县	1	44	563			
婺源县	1	16	817		338	
德兴市	3	157	2464		1152	

单位:万元

餐费收入	其中:通过公共网络实现的餐费收入	商品销售收入	其他收入	客房数(间)	床位数(个)	餐位数(位)	年末餐饮营业面积(平方米)
2047		273	71	170	318	1495	6410
8264		675	441	729	1263	6039	18743
2315		584	406	103	152	190	760
1268		28	7			1604	2942
4681		63	28	626	1111	4245	15041
305				79	150	400	3000
305				79	150	400	3000
2308				141	219	1200	2000
713				140	280	220	270
12650		1200	512	977	1734	8591	28900
305				79	150	400	3000
417	417			49	102	360	1000
16393	417	1200	512	1386	2485	10771	35170
3321			16	350	557	2200	3230
13072	417	1200	496	1036	1928	8571	31940
43457	2239	6004	2154	9357	16338	29468	126486
3861	1153	95	82	1218	1964	2241	16920
1564			52	411	632	1740	8101
344				136	204	500	2000
24780	782	3078	235	3725	7016	11695	61822
2294		2143	1018	94	177	100	110
338				163	264	400	5500
408				159	279	1400	3800
2371		156	641	434	629	2636	5412
1650		156	61	329	463	1410	6530
970				212	368	1500	2794
3148	300	373	65	1793	3111	4074	9415
1730	4	2		683	1231	1772	4082
16393	417	1200	512	1386	2485	10771	35170
2204	417	1		135	252	911	6800
2862				141	219	2030	6711
1605			16	288	488	1714	4630
1717		260	11	207	390	802	2967
1762		828	472	223	392	330	3160
1245						60	600
48				54	103	400	500
2171		57	11			2690	6142
480						625	2000
562			1			320	600
424		54		90	170	200	300
1312				248	471	689	760

12－12　亿元商品市场成交额

（2014 年）　　　　单位:亿元

地　区	亿元市(商)场及商业街名称	全年
	总 计	270.0
信州区(10 家)	※江南商贸城	69.0
	※上饶市赣东北农产品批发大市场	12.0
	上饶大市场	5.8
	※信州区八角塘市场	4.4
	※信州区白鸥园	2.5
	抗建路步行街	5.0
	信江路副食品批发街	8.0
	赣东北大道商业街	1.2
	南方棉布批发市场	24.0
	洪客隆投资发展(上饶)有限公司	2.3
上饶县(2 家)	※上饶县香港国际家具城	2.9
	※上饶佳利商品批发交易中心	15.5
广丰县(5 家)	※广丰裕丰大市场	3.5
	※卧龙城建材市场	4.2
	广丰县烟花鞭炮批发市场	3.2
	广丰县鸟林街	2.2
	月兔广场商业街	3.0
玉山县(4 家)	玉山将军庙市场	3.7
	玉山沿河路市场	3.1
	玉山县商业街	3.5
	玉山县步行街	4.5
铅山县(2 家)	※铅山县河口消费品综合大市场	13.0
	铅山县河口镇建材大市场	2.1
横峰县(1 家)	横峰县农贸市场	1.5
弋阳县(2 家)	※弋阳县城北综合大市场	3.7
	※弋阳县文庙大市场	1.2
余干县(3 家)	※余干县商贸广场	3.9
	※余干县财富广场	2.7
	余干县五一超市股份有限公司	3.5
鄱阳县(5 家)	鄱阳县帅特龙商业街	2.3
	鄱阳县建材大市场	2.0
	鄱阳县恒昌糖酒有限公司	1.9
	鄱阳湖商贸批发中心	1.5
	鄱阳县装饰大市场	1.4
万年县(3 家)	万年县万昌大市场	2.3
	万年县新天地超市	2.5
	★万达建材家居广场	1.3
德兴市(2 家)	※德兴市禾底畈农贸市场	3.4
	德兴市铜都大市场	2.7
婺源县(2 家)	婺源县茶乡商贸城	4.1
	婺源县朱子步行街	2.0
开发区(1 家)	月亮湾汽车城	27.5

注:“※”为省认定的亿元市场,“★”为 2014 年新增。

主要统计指标解释

社会消费品零售总额 指批发和零售业、住宿和餐饮业以及其他行业直接售给城乡居民和社会集团的消费品零售额。其中，对居民的消费品零售额，是指售予城乡居民用于生活消费的商品金额；对社会集团的消费品零售额，是指售给机关、社会团体、部队、学校、企事业单位、居委会或村委会等，公款购买的用作非生产、非经营使用与公共消费的商品金额。社会消费品零售总额包括：售给城乡居民作为生活消费用的商品和修建房屋用的建筑材料的金额，以及售给来华的外国人、华侨、港澳台同胞的消费品金额；售给社会集团用作非生产、非经营使用与公共消费的商品金额。

不包括：

城市居民间或居民委托信托商店卖出的商品；

售给农业、工业、建筑业等行业用于生产的商品。

亿元以上商品交易市场 指年成交额在亿元及以上的商品交易市场。商品交易市场是指经有关部门和组织批准设立，有固定场所、设施，有经营管理部门和监管人员，若干市场经营者入内，常年或实际开业三个月以上，集中、公开、独立地进行生活消费品、生产资料等现货商品交易以及提供相关服务的交易场所，包括各类消费品市场、生产资料市场等。

综合市场 指经营生产资料、工业消费品、农产品等多种商品的综合性现货商品交易市场。市场内经营的两类或两类以上工业消费品或农业消费品，如果不属于同一专业市场大类，应将市场划为工业消费品综合市场或农产品综合市场。如，市场中既有服装、鞋帽、针纺织品摊位，又有日用品类摊位，且成交比重难以分出主次的，应将市场类别确定为工业消费品综合市场；市场中既有粮油类、肉禽蛋类、水产品类，又有蔬菜类、干鲜果品类，且成交比重难以分出主次的，将市场类别确定为农产品综合市场。

专业市场 指主要进行某一领域商品的交易活动的现货市场。根据所经营的商品类别，分为12类专业市场。

专业市场类别应根据摊位交易情况确定，即经营某类商品的摊位成交额超过总成交额的60%，市场则确定为相应的专业市场，如以粮油类商品成交为主的市场确定为粮油市场；经营灯具、日用塑料制品、日用金属制品、日用小百货、餐具、厨具、工艺品、儿童玩具、洗涤用品、钟表眼镜、烟花爆竹、缝纫机、人力或助动车类及配件等为主的市场，摊位成交额为日用品类成交额，市场类别为小商品市场；经营天然植物、人造花卉类为主的市场，摊位成交额为其他类成交额，市场类别为花卉市场；经营五金电料类、家具类、木材及制品类和建筑及装潢材料类等商品的市场，摊位成交额中这四类商品成交额超过总成交额的60%，市场类别为这四类成交额中最大的商品所对应的专业市场类别。

营业额 指住宿和餐饮业单位在经营活动中因提供服务或销售商品等取得的全部收入，包括：客房收入、餐费收入、商品销售额(含增值税)和其他收入。不包括法人企业附营的其他行业产业活动单位的餐费收入、商品销售收入等各项收入。

十三、对外经济贸易、旅游业

简要说明

●本篇资料反映全市对外贸易、利用外资和旅游事业发展状况。

●本篇中有关对外经济贸易和利用外资的数据来源于市商务局，有关旅游的资料来源于市旅游局。

内容提要

● 2014 年，外贸出口总额 360692 万美元，比 2013 年增长 18.3%。

● 2014 年，实际利用外资 83912 万美元，比 2013 增长 10.8%。

● 2014 年，接待国内游客 7019 万人次，比 2013 年增长 30.0%；旅游综合收入 5726641 万元，比 2013 年增长 32.1%。

本篇资料整理、校对

徐　静、邓晓芸

13－1　分商品进出口情况

（2014 年）　　金额单位:万美元、%

商品名称	出口	同比增长	进口	同比增长
全　　市	360692	18.3	42928	219.4
#高新技术产品	94897	50.0	31872	348.4
机电产品	170793	28.6	33654	347.7
光伏产品	85484	62.7	30198	355.3
纺织服装	56371	2.2	796	3.4
农产品	18797	53.8	14	－13.0
陶瓷产品	9749	－5.2		
钢　　材	2984	59.7	2	864.7
玻璃制品	2652	－36.8	99	0.2
纸及纸板	1757	－14.6	2	506.3
纺织机械及零件	1196	119.3	0.6	
印刷品	587	－5.6	0.3	－42.1
医药品	251	－0.9	5	

13－2 县(市、区)实际利用外资情况

单位:万美元

县(市、区)	2013 年	2014 年	增幅(%)
总　　计	75733	83912	10.8
市　　直	132		
信 州 区	5935	6545	10.3
上 饶 县	7680	5795	－24.5
广 丰 县	7808	8656	10.9
玉 山 县	5120	5653	9.7
铅 山 县	3750	4116	9.8
横 峰 县	3600	4210	16.9
弋 阳 县	4131	4561	10.4
余 干 县	4180	4674	11.8
鄱 阳 县	4689	5171	10.3
万 年 县	4974	5439	9.4
婺 源 县	3510	3875	10.4
德 兴 市	3009	3558	18.3
开 发 区	15810	20100	27.1
三 清 山	1405	1559	11.0

13－3 主要景区旅游接待人数及收入

（2014 年） 单位:万人次、万元、%

	旅游人数		旅游综合收入	
	总计	增长	总计	增长
全市合计	7019	30.0	5726641	32.1
信州区	767	39.7	880981	30.4
上饶县	202	34.9	170207	35.1
广丰县	393	12.4	490678	13.3
玉山县	745	35.1	579600	32.1
铅山县	280	27.4	214605	31.7
横峰县	137	13.3	112044	21.3
弋阳县	389	68.1	286800	54.2
余干县	190	41.6	143514	40.7
鄱阳县	748	20.3	524443	21.2
万年县	270	34.2	224168	39.3
婺源县	1283	27.4	650246	27.0
德兴市	180	20.0	215920	23.4
三清山	1079	33.6	855748	45.9
集中营	263	9.8	350562	50.8
方管委	92	38.3	27126	42.0

13-4 主要风景名胜一览

（2014年）

名 称	简 介
三清山	东方女神、巨蟒出山、观音赏曲、万笏朝天……，鬼斧神工的绝景；春花秋月、晨曦暮霭、云涛雾海、珍禽异兽……，美不胜收的自然。世界自然遗产、世界地质公园、国家级风景名胜区、国家5A级旅游景区三清山，因玉京、玉虚、玉华“三峰峻拔，如三清列坐其巅”而得名，高凌云汉、清绝尘嚣，自古号称“天下第一仙峰，世上无双福地”，被誉为“世界精品、人类瑰宝、精神玉境”。
婺 源	中国最美的乡村、首批中国旅游强县婺源县位于赣东北，与皖浙两省交界，徽州六县和徽州文化的发祥地之一。县内生态环境优美，全县森林覆盖率82.5%，全县就是一个大公园、大景区。境内文化底蕴深厚，历史遗迹、明清古迹遍布乡野，三雕（石雕、砖雕、木雕）、歙砚制作技艺为国家非物质文化遗产。婺源素有“书乡”、“茶乡”之称，是全国著名的文化与生态旅游示范县，2013年1月16日婺源县江湾景区成功创建国家5A级旅游景区，目前全县共有6个4A级旅游景区，1个3A级旅游景区；2011年10月全国唯一的“国家乡村旅游度假实验区”落户婺源，将把婺源旅游发展提升到一个新的水平。
龟 峰	世界自然遗产、世界地质公园、国家级风景名胜区、国家4A级旅游景区—龟峰，这里“无山不龟、无峰不龟、无石不龟”，素有“江上龟峰天下稀”之美誉。徐霞客赞叹“盖龟峰峦嶂之奇、雁荡所无”，是“天赐的园林”、“璀璨的明珠”。典型丹霞地貌的龟峰，丹山碧水中有精雕细刻的灵巧，又有刀削斧劈的粗犷，三十六峰、峰峰奇特，八大景观、景景壮观；峻峭的山峦、秀逸的峰岩、嶙峋的怪石、幽奇的岩洞，让你一饱眼福；挺拔的劲松、亭亭的翠竹、葱茏的草木、汩汩的清泉，使你流连忘返……
鄱阳湖国家湿地公园	鄱阳湖国家湿地公园位于鄱阳湖东岸，国家4A级旅游景区，面积365平方公里，她浓缩了中国湖泊的精华，荟萃了鄱阳湖水、鸟、草、鱼、岛、渔等自然与人文精华，被誉“地球上最美的母亲”。春：在山花烂漫的湖畔有氧踏车，在斑斓的热气球中飞翔，或是赤脚奔跑在湖畔青草地上。夏：蓝天碧水，白鱼青虾，一湖睡莲。可一枚扁舟上慵懒悠闲，也可乘游艇惊险刺激，或是寻个无人野渡畅游潜泳，摸鱼抓虾。秋：搭帐篷、观候鸟、看星星？还是荡舟湖上、与落霞孤鹜一起，品读夕阳的静谧绚丽，抑或点起一堆篝火，自渔自烹。冬：98%的湿地候鸟群、数十万只天鹅、白鹤、大雁、白鹳，沉寂单调绝不属于鄱阳湖的冬天。你可以聆听天籁般的鸟鸣，可以观看，可以与鸟同行，幸运的话，把小鸟送回它温暖的窝。
鹅湖书院	鹅湖书院位于鹅湖山国家森林公园，号称天下四大书院之一，现为国家重点文物保护单位。南宋淳熙二年（1175），朱熹、吕祖谦、陆九渊、陆九龄及其友朋弟子在此共同讲学（史称“鹅湖之会”），成为中国理学史上的里程碑，对我国古代的文化学术和哲学的发展与繁荣起到了极大的作用，影响巨大。
葛仙山	葛仙山地处江西铅山县南武夷山北麓，是著名的道教名山。因汉末赤乌元年间江左著名道士、医药学家，道教灵宝派创始人葛玄（后人称之为葛仙翁）在此炼丹、飞升，故亦名葛仙山，又称葛山。葛仙山以神秘悠久的宗教文化和旖旎秀丽的自然风光而著称于闽浙皖赣，号称“中华灵宝第一山”。一山两教，道佛双修，世所罕见。葛仙殿、老君殿、慈济寺、飞升亭、观道亭、碑林等灵宝派道教建筑群，为东南亚之最。一千多年的道教文化积淀，使葛仙山蕴藏着周边风景区无法比拟的文化内涵。
大茅山	大茅山国家级风景名胜区座落在德兴市境内，与三清山东西并峙，是一处以“登山揽胜、休闲度假、宗教朝觐、红色缅怀”为主要功能的山岳型风景名胜区，由大茅山、笔架山、四角坪、双溪湖四个景区组成。风景区风光秀丽、松竹茂密、瀑布聚集、云海雾涛、蔚为壮观，珍稀野生动植物丰富，同时拥有溪、潭、山、石、林、花等多种景源。区内奇特的花岗岩峰峦地貌、良好的森林植被和丰富的水资源融为一体，形成了独特的以“森林生态、峡谷水景”为主要性的山水景观，具有很高的游憩、景观价值。
灵 山	灵山风景名胜区位于江西省上饶县北部，距离上饶县城和上饶市区18公里，为国家级风景名胜区。灵山自然环境独特，地质构造复杂，地貌类型多样，是道、佛二教圣地，道家书列天下第三十三福地，素有“华夏第一龙脊，灵应逍遥福地”之美誉，是一个集运动休闲、度假养生、观光体验、宗教朝觐为一体的近郊山岳型风景名胜区。
上饶集中营	上饶集中营景区座落于江西省上饶市城区南部（今茅家岭街道境内），分为五大参观游览区，拥有革命烈士陵园区、茅家岭监狱旧址、周田监狱旧址区、李村监狱旧址区、七峰岩监狱旧址区等纪念性建筑物及23处遗址、遗迹。上饶集中营名胜区是全国重点文物和革命烈士纪念建筑物重点保护单位，全国爱国主义教育示范基地，全国十大红色旅游基地，全国红色旅游经典景区、国家4A级旅游景区。
方志敏纪念馆·闽浙皖赣革命根据地旧址	上饶方志敏纪念馆·闽浙皖赣革命根据地旧址管委会所辖景区位于弋阳、横峰两县境内，拥有方志敏纪念馆、方志敏故居、漆工暴动纪念馆、叠山书院，闽浙赣省委、省苏维埃政府、省军区、红五分校、红军操场，列宁公园等纪念地，是全国红色旅游经典景区，全国爱国主义教育示范基地，全国重点文物保护单位，国家国防教育示范基地，国家三级博物馆。
神农源	神农源国家级风景名胜区座落在万年、弋阳、乐平三县（市）交界处，是联合国粮农组织评定的“世界农业文化遗产”，分仙人洞、神农宫等6个景区。仙人洞、吊桶环遗址的考古发现，把世界人工栽培水稻的历史提前了5000年。景区内生态资源丰富，地质景观奇特，山林溪水优美，历史古迹众多，具有很高的自然景观与历史文化价值。是一处以山水文化为内涵，以观光游览、科学研究、休闲度假、文化科普为主要功能，集特色、研究与旅游价值较高的山水型风景名胜区。
铜钹山	铜钹山位于闽浙赣三省交界处，距广丰县城26公里，先后被评为国家森林公园、国家3A级景区、省级自然保护区。明代大旅行家徐霞客游历铜钹山后，在《闽游日记后》中赞叹：峰峦环列，此真独胜。铜钹山是“千年封禁神山，休闲养生福地”，拥有3.6万亩原始森林、5万余株红豆杉、135平方公里丹霞石林、3大高峡平湖。境内的白花岩是江南佛教圣地，北宋抗金名将张叔夜故里一塔底，至今还存着宋高宗、宋宁宗御题全文。明代文学家吕怀、清代诗人徐兆伦等文人墨客在这里写下了许多佳词与秀美的自然景观辉映，美不胜数。
云碧峰	云碧峰国家级森林公园位于上饶市信江南岸，原名琅琊峰，是一处融山、林、江、寺为一体的市区内森林绿地。植被以亚热带天然次生林为主，有乔木、灌木、藤木及草本植物共307种，森林覆盖率85%。公园内的“亭、台、楼、阁”是典型的中式风格、中国文化元素，是城市的亮点。

13－5 县(市、区)旅游星级饭店情况

(2014 年)

	四星(家)	三星(家)	二星(家)	小计
全 市 合 计	22	33	3	58
信 州 区	4	2		6
上 饶 县	2			2
广 丰 县	1	1	1	3
玉 山 县	4	3		7
弋 阳 县		2		2
横 峰 县		1		1
铅 山 县		1		1
鄱 阳 县		1		1
余 干 县	1	3		4
万 年 县		1		1
德 兴 市	1	3		4
婺 源 县	5	9	2	16
三 管 委	4	6		10

主 要 统 计 指 标 解 释

外贸进出口总额 对外贸易进出口总额是指从国外(境外)进入国境的进口商品和从国内运出国境的出口商品的总金额,包括一般贸易(含进料加工)、技术成套设备进口和出口、补偿贸易、来料加工装配、易货贸易以及中外合资、合作和外商独资企业的进口和出口等。外贸进口按到岸价格(CIF)计算,出口按离岸价格(FOB)计算。

海关进出口总额 海关进出口总额指实际进出我国国境的货物总金额,包括对外贸易实际进出口货物,来料加工装配进出口货物,国家间、联合国及国际组织无偿援助物资和赠送品,华侨、港澳同胞和外籍华人捐赠品,租赁期满归承租人所有的租赁货物,进料加工进出口货物,边境地方贸易及边境地区小额贸易进出口货物(边民互市贸易除外),中外合资经营企业、中外合作经营企业、外商独资经营企业进出口货物和公用物品,到、离岸价格在规定限额以上的进出口货样和广告品(无商业价值、无使用价值和免费提供出口的除外),从保税仓库提取在国境内销售的进口货物,以及其他进出口货物。进出口总额用以观察一个国家在对外贸易方面的总规模。海关出口货物按离岸价格计算,进口货物按到岸价格计算。

利用外资 是指我国各级政府、部门、企业、中国银行和其他单位通过对外借款、吸收外商直接投资和用其他方式筹措的境外现汇、设备、技术等。不包括赠款、援款。

对外借款 是我国利用外资的主要部分,包括我国通过外国政府贷款、国际金融组织贷款、外国银行商业贷款、出口信贷以及对外发行证券等方式,从国外和港澳地区筹措的资金。

外商直接投资 是指外国企业和经济组织或个人(包括华侨、港澳同胞以及我国在境外注册的企业)按我国有关政策、法规,在我国境内开办外商独资企业、与我国境内的企业或经济组织共同举办中外合资经营企业、合作经营企业或合作开发资源的投资以及外商从企业得到收益的再投资。

外商其他投资 指对外借款和外商直接投资以外,用其他方式吸收的外资,包括补偿贸易、加工装配以及国际租赁等。

旅游人数 是指来我国参观、访问、旅行、探亲、访友、休养、考察、参加会议和从事经济、科技、文化、教育、体育、宗教等活动的外人、华侨、港澳和台湾同胞的人数。不包括外国在我国的常驻机构,如领使馆、通讯社、企业办事处的工作人员和来我国常住的外国专家和留学生等。

旅游外汇收入 指国内各部门为来我国旅游的外国人、华侨、港澳和台湾同胞提供商品和劳务而得到的外汇收入。包括供应商品、饮食和提供住宿、交通、邮电、文化娱乐、导游等各项服务所得的全部外汇收入。

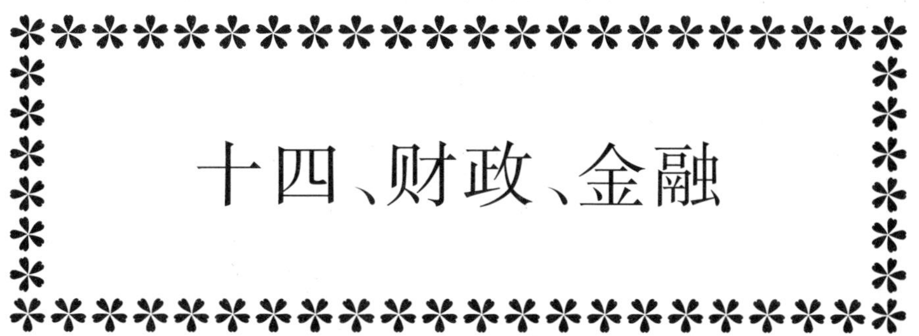

十四、财政、金融

简要说明

●本篇资料反映财政收支状况及金融业发展情况。

●本篇财政部分资料来源于市财政局财政决算报表,金融部分资料来源于市人民银行统计报表。

内容提要

●2014 年,全市财政总收入 2626098 万元,比 2013 年增长 13.2%,公共财政预算收入 1942099 万元,比 2013 年增长 18.1%。

●2014 年,全市公共财政预算支出 3846056 万元,比 2013 年增长 8.0%。

●2014 年末,全市人民币金融机构存款余额 1906.4 亿元,其中居民储蓄存款 1240.9 亿元;人民币贷款余额 1234.1 亿元。

本篇资料整理、校对

何莉、王忠诚

14－1 公共财政预算收支情况

（2014年） 单位：万元

项目	金额	项目	金额
收入合计	1942099	支出合计	3846056
一、税收收入	1311647	一、一般公共服务支出	295412
增值税	250566	二、外交支出	
营业税	332111	三、国防支出	1555
企业所得税	110282	四、公共安全支出	153980
企业所得税退税		五、教育支出	870814
个人所得税	23132	六、科学技术支出	42041
资源税	63706	七、文化体育与传媒支出	45739
城市维护建设税	59054	八、社会保障和就业支出	442241
房产税	23012	九、医疗卫生与计划生育支出	470701
印花税	12057	十、节能环保支出	74878
城镇土地使用税	24779	十一、城乡社区支出	260667
土地增值税	140150	十二、农林水支出	549901
车船税	8069	十三、交通运输支出	87918
耕地占用税	145245	十四、资源勘探信息等支出	217676
契税	119484	十五、商业服务业等支出	56783
烟叶税		十六、金融支出	989
其他税收收入		十七、援助其他地区支出	
二、非税收入	630452	十八、国土海洋气象等支出	32797
专项收入	44778	十九、住房保障支出	163936
行政事业性收费收入	182388	二十、粮油物资储备支出	9269
罚没收入	77138	二十一、预备费	
国有资本经营收入		二十二、国债还本付息支出	17952
国有资源（资产）有偿使用收入	303905	二十三、其他支出	50807
其他收入	22243		

14－2　分县(市、区)财政收支情况

（2014 年）　　　　　　　　　　　　单位:万元

地　　区	财政总收入	公共财政预算收入	税收收入	公共财政预算支出
上饶市	2626098	1942099	1311647	3846056
市本级	430319	302044	171153	484545
县市区小计	2195779	1640055	1140494	3361511
信州区	185862	140683	121484	190993
上饶县	200019	134897	109027	307622
广丰县	373323	242674	168446	398921
玉山县	185033	138306	99185	284736
铅山县	160002	117792	69780	217063
横峰县	127004	104669	37473	175513
弋阳县	121312	92421	69353	220274
余干县	125632	96460	73244	321579
鄱阳县	140125	114173	84522	475101
万年县	150353	124925	94910	237319
德兴市	310020	245197	147440	328988
婺源县	117094	87858	65630	203402

14－3　金融机构人民币信贷收支情况

单位：万元

项　　目	2014年末	比年初增减数	
		2013年	2014年
资金来源合计	17435670	2790219	2169613
#各项存款	19063649	2597099	2411486
单位存款	5904886	863243	640384
个人存款	12489431	1700033	1701692
储蓄存款	12408688	1632911	1709859
财政性存款	584946	23096	1418
临时性存款	30561	7252	22227
委托存款	747	－2	645
其他存款	53078	3478	45120
应付及暂收款	563012	215219	39655
同业往来(来源方)	2440	－4164	585
外汇买卖(来源方)	638922	223154	476884
各项准备	425330	67688	61505
所有者权益	1135577	294484	145274
其他	－4393260	－603260	－965777
资金运用合计	17435670	2790219	2169613
#各项贷款	12340959	1771157	2291659
短期贷款	5695163	1025657	905444
中长期贷款	6289881	737010	1128210
票据融资	352312	7299	256214
有价证券	611915	163719	5336
股权及其他投资	1060895	187646	266505
应收及预付款	158161	49997	31511
系统内资金往来(运用方)	2159829	341870	－976132
外汇买卖(运用方)	637578	223054	476380
固定资产	270655	32042	28877
库存现金	165678	20734	15476

统 计 指 标 解 释

财政收入　国家财政参与社会产品分配所取得的收入,是实现国家职能的财力保证。财政收入所包括的内容几经变化,目前主要包括:

1.各项税收:包括增值税、营业税、消费税、土地增值税、城市维护建设税、资源税、城市土地使用税、印花税、固定资产投资方向调节税、个人所得税、企业所得税、关税和耕地占用税等。

2.专项收入:包括征收排污费、征收城市水资源费收入、教育费附加收入等。

3.其他收入:包括基本建设贷款归还收入、国家能源交通重点建设基金收入、国家预算调节基金等。

4.国有企业计划亏损补贴:这项为负收入,冲减财政收入。

财政支出　国家财政将筹集起来的资金进行分配使用,以满足经济建设和各项事业的需要,主要包括一般公共服务、外交、国防、教育、公共安全、科学技术、文化体育与传媒、社会保障和就业、医疗卫生、环境保护、城乡社区事务、农林水事务、交通运输、工业商业金融等事务和其他支出等科目。

信贷资金　国家银行用于发放贷款的资金叫信贷资金。中国人民银行信贷资金的来源有各项存款、对国际金融机构负债、流通中货币、银行自有资金及当年结益等。信贷资金的运用有各项贷款、黄金占款、外汇占款、财政借款及在国际金融机构中的资产等。

存款　企业、机关、团体或居民根据可以收回的原则,把货币资金存入银行或其他信用机构保管并取得一定利息的一种信用活动形式。根据存款对象的不同可划分:企业存款、财政存款、机关团体存款、对外贸易存款、城乡居民储蓄存款和农村存款等科目,它是银行信贷资金的主要来源。

贷款　银行或其他信用机构根据必须归还的原则,按一定利率,为企业、个人等提供资金的一种信用活动形式。我国银行贷款,分流动资金贷款、固定资产贷款、城乡个体工商户贷款以及农业贷款等科目。

城乡居民储蓄存款　指某一时点城乡居民存入银行及农村信用社的储蓄金额,包括城镇居民储蓄存款和农民个人储蓄存款,不包括居民的手存现金和工矿企业、部队、机关、团体等单位存款。

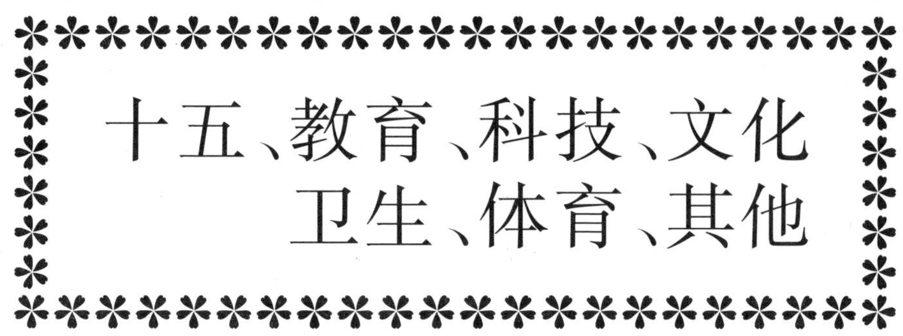

十五、教育、科技、文化卫生、体育、其他

本篇资料整理、校对

汪涛、孙小娟、林嵩

简要说明

●本表反映教育、科技、文化、卫生、体育、社会福利、城市建设及其他事业发展情况。

●资料来源:教育方面的资料由市教育局提供;专业技术人员方面的资料由市人力资源和社会保障局提供;广播电视、文化方面的资料由市广播电视局和文化局提供;卫生方面的资料由市卫生局提供;体育方面的资料由市体育局提供;律师、公证、调解情况由市司法局提供;城市园林绿化、环境保护方面的资料由市建设局和市环保局提供;火灾、交通事故方面的资料由市武警消防支队和市公安局交警支队提供;社会福利和婚姻登记情况由市民政局提供;城市建设基本情况由市建设局提供。

内容提要

● 2014 年末,各类全日制学校 4455 所,其中:高等学校 3 所,中等专业学校 7 所;在校学生 139.41 万人,其中:高等学校 2.44 万人,中等专业学校 2.59 万人。

● 2014 年末,卫生机构 1054 个,床位 3.14 万张,卫生技术人员 2.46 万人。

15－1 各类全日制学校基本情况

（2014 年）

类　　别	学 校 数（所）	在校学生数（人）	招 生 数（人）	毕业生数（人）	教职工数（人）	
						# 专职教师
普通高等学校	3	24444	8460	6674	1639	1285
中等专业学校	7	25887	8995	7734	756	595
中等技术学校	5	15660	5337	4245	364	273
中等师范学校	2	10227	3658	3489	392	322
普通中学	460	399446	139075	125923	31839	26673
高　　中	76	132957	47749	40929	9600	6871
初　　中	384	266489	91326	84994	22239	19802
职业中学	28	15522	6197	6226	898	708
小　　学	1905	686965	116401	96339	35889	34892
特殊教育学校	11	3506	767	484	109	88
幼儿园	2041	238364	140222	106772	13924	8580

15－2 各类学校教师负担学生数

单位：人

类　　别	专 任 教 师		平均每个教师负担学生数	
	2013 年	2014 年	2013 年	2014 年
普通高等学校	1112	1285	20	20
中等学校	27804	27976	18	16
中等专业学校	578	595	44	44
普通中学	26538	26673	15	15
职业中学	688	708	24	22
小　　学	34615	34892	19	20

15－3　普通高等学校、中等专业学校基本情况

（2014 年）　　单位：人

类　　别	在校学生数	招　生　数	毕业生数	教职工数	#专职教师
普通高等学校	24444	8460	6674	1639	1285
上饶师范学院	16704	4960	4752	1006	829
江西医学高等专科学校	6393	2756	1613	449	330
上饶职业技术学院	1347	744	309	184	126
民办高等院校					
江西凤凰科技专修学院					
江西清林专修学院					
中等技术学校	15660	5337	4245	364	273
婺源茶校	637	284	152	78	70
市卫生学校	9638	2847	2153		
市中等专业学校	3327	1179	1637	286	203
市职业技术学院中专部	2058	1027	213		
赣东北职业技术教育学校			90		
中等师范学校	10227	3658	3489	392	322
上饶师范学校	5289	1709	1709	232	189
万年师范学校	4938	1949	1780	160	133

15－4　普通中学基本情况

（2014 年）　　单位：人

类　　别	学校数（所、班）	在校学生数	招　生　数	毕业生数	教职工数	#专职教师
总　　计	460	399446	139075	125923	31839	26673
城　　区	31	34739	12081	10860	2915	2569
镇　　区	240	284786	98834	89189	21338	17474
乡　　村	189	79921	28160	25874	7586	6630
初　　中	384	266489	91326	84994	22239	19802
城　　区	20	19680	6878	6332	1644	1514
镇　　区	187	175102	59610	55475	13813	12064
乡　　村	177	71707	24838	23187	6782	6224
高　　中	76	132957	47749	40929	9600	6871
城　　区	11	15059	5203	4528	1271	1055
镇　　区	53	109684	39224	33714	7525	5410
乡　　村	12	8214	3322	2687	804	406

注：初中包括初级中学和九年一贯制，高中包括完全中学、高级中学和十二年一贯制

15－5 分县(市、区)普通中学概况

(2014 年)

县市	学校数(所)			毕业生数(人)			招生数(人)		
	合计	初中	高中	合计	初中	高中	合计	初中	高中
全市	460	384	76	125923	84994	40929	139075	91326	47749
市直	4		4	4119	1356	2763	4688	1444	3244
信州区	21	16	5	3901	3348	553	4750	4200	550
上饶县	45	39	6	13467	9276	4191	15351	10702	4649
广丰县	49	39	10	16708	11311	5397	18614	11573	7041
玉山县	26	20	6	10328	7050	3278	12685	8575	4110
铅山县	38	34	4	5901	3959	1942	7303	5046	2257
横峰县	13	12	1	2577	1799	778	3189	2235	954
弋阳县	26	23	3	5593	4041	1552	6326	4545	1781
余干县	65	52	13	17839	12875	4964	17207	11779	5428
鄱阳县	104	92	12	26939	18163	8776	28391	18013	10378
万年县	22	17	5	8451	5238	3213	9274	5669	3605
婺源县	25	22	3	5558	3394	2164	6146	3999	2147
德兴市	21	17	4	4447	3089	1358	5052	3447	1605
三管委	1	1		95	95		99	99	

15－5 续表

县市	在校学生数(人)			教职工数(人)	
	合计	初中	高中		#专职教师
全市	399446	266489	132957	31839	26673
市直	13489	4255	9234	963	883
信州区	13144	11610	1534	1232	1025
上饶县	44850	31299	13551	3454	2874
广丰县	53512	34875	18637	4018	3456
玉山县	34371	23264	11107	2339	2097
铅山县	20859	14288	6571	2008	1736
横峰县	8901	6339	2562	895	732
弋阳县	17889	13178	4711	1476	1297
余干县	47783	32061	15722	4395	3366
鄱阳县	85240	56755	28485	6391	5148
万年县	26944	17015	9929	1963	1571
婺源县	17453	11264	6189	1410	1305
德兴市	14716	9991	4725	1270	1159
三管委	295	295		25	24

15－6　分县(市、区)职业中学概况

(2014 年)　　　　单位:人

县　市	毕业生数	招生数	在校学生数	教职工数	
				合　计	# 专任教师
全　市	6226	6197	15522	898	708
信州区	1307	1009	2830	172	106
上饶县	346	820	1695	105	86
广丰县	530	1044	2390	75	59
玉山县	665	516	1201	104	77
铅山县	744	247	904	57	38
横峰县	0	0	0	0	0
弋阳县	885	544	1208	43	41
余干县	587	423	996	38	34
鄱阳县	361	418	1387	150	131
万年县	60	363	568	56	51
婺源县	211	313	816	76	63
德兴市	530	500	1527	22	22

15－7　分县(市、区)小学概况

(2014 年)

县　市	学校数(所)	毕业生数(人)	招生数(人)	在校学生数(人)	教职工数(人)	
						# 专任教师
全　市	1905	96339	116401	686965	35889	34892
市　直	1	235	416	2195	69	57
信州区	71	4884	5896	36179	1732	1640
上饶县	225	10893	10239	71966	4242	4188
广丰县	165	11223	13904	79063	4312	4210
玉山县	123	8206	9174	58400	2412	2384
铅山县	81	4892	5175	39451	1883	1843
横峰县	59	2220	4150	20790	1067	1054
弋阳县	116	4624	7100	38438	1824	1816
余干县	365	14805	16538	96356	5258	5009
鄱阳县	461	20355	24201	136995	7635	7334
万年县	137	6220	8697	46651	2125	2056
婺源县	40	4135	5358	30146	1614	1605
德兴市	51	3451	5225	28448	1636	1616
三管委	10	196	328	1887	80	80

15－8 幼儿教育基本情况

（2014年）

城乡	园数（所）	在园幼儿数（人）	新入园幼儿数（人）	教工人数（人）	#教师
总计	2041	238364	140222	13924	8580
城区	178	22136	10611	2056	1187
镇区	836	119763	67668	7815	4989
乡村	1027	96465	61943	4053	2404

15－9 城乡小学基本情况

（2014年）

城乡	学校数（所、班）	在校学生数（人）	招生数（人）	毕业生数（人）	教工人数（人）	#教师
总计	1905	686965	116401	96339	35889	34892
城区	73	44278	7806	5821	2156	2056
镇区	486	333498	51194	51494	16288	15837
乡村	1346	309189	57401	39024	17445	16999

15－10 小学学龄儿童入学率情况

（2014年） 单位：人

城乡	校内外六至十二周岁学龄儿童总数	小学在校学龄儿童情况分组								学龄儿童入学率（%）
		合计	六周岁	七周岁	八周岁	九周岁	十周岁	十一周岁	十二周岁	
总计	656033	656033	100879	119530	121098	112253	106294	95979		100
城区	42394	42394	6657	7735	7618	7586	6841	5957		100
镇区	315105	315105	43981	52919	57253	54790	55180	50982		100
乡村	298534	298534	50241	58876	56227	49877	44273	39040		100
△女儿童	308061	308061	47610	56354	57250	53111	49628	44108		100

15－11　分县(市、区)学龄儿童入学率

(2014 年)　　单位:人

县　市	六至十二周岁学龄儿童总数	已入学的六至十二周岁学龄儿童总数	入学率(%)
全　市	656033	656033	100
信州区	36809	36809	100
上饶县	69153	69153	100
广丰县	71453	71453	100
玉山县	57629	57629	100
铅山县	37942	37942	100
横峰县	19104	19104	100
弋阳县	36659	36659	100
余干县	91502	91502	100
鄱阳县	134894	134894	100
万年县	44148	44148	100
婺源县	29567	29567	100
德兴市	27173	27173	100

说明:市本级、三管委并非国家定的正式行政区域,无正式国标码,故将上述两个地方的“校内外人口数”和“在读人数”自然划定到所属的信州区和玉山县统计。

15－12 成 人 教 育 概 况

项 目	2013 年	2014 年
学校数(所)	107	109
成人高等学校	6	6
成人中等学校	11	12
成人初等学校		
成人技术培训学校	90	91
招生数(人)	21123	20052
成人高等学校	4094	3045
成人中等学校	1075	1098
成人初等学校		
成人技术培训学校	15954	15909
毕业生数(人)	19027	18794
成人高等学校	2645	1910
成人中等学校	229	751
成人初等学校		
成人技术培训学校	16153	16133
在校学生数(人)	14237	15253
成人高等学校	11953	12996
成人中等学校	2284	2257
成人初等学校		
成人技术培训学校		

15－13　地方国有企事业单位各类专业技术人员

类　　别	2013年		2014年		平均每万人口中专业技术人员(人)		平均每万职工中专业技术人员(人)	
	人　数（人）	比　重（%）	人　数（人）	比　重（%）	2013年	2014年	2013年	2014年
总　　计	86004	100	87441	100	129.26	130.98	2340.24	2262.97
工程技术人员	3967	4.61	4194	4.80	5.96	6.28	107.95	108.54
农业技术人员	1535	1.78	2507	2.87	2.31	3.76	41.77	64.88
卫生技术人员	29812	34.66	15902	18.19	44.81	23.82	811.21	411.54
科学研究人员	79	0.09	97	0.11	0.12	0.15	2.15	2.51
教学人员	47007	54.66	60116	68.75	70.65	90.05	1279.10	1555.80
会计人员	1251	1.45	1338	1.53	1.88	2.00	34.04	34.63
统计人员	416	0.48	401	0.46	0.63	0.60	11.32	10.38
播音人员	43	0.05	73	0.08	0.06	0.11	1.17	1.89
翻译人员	2		4			0.01	0.05	0.10
体育人员	23	0.03	102	0.12	0.03	0.15	0.63	2.64
经济人员	773	0.90	760	0.87	1.16	1.14	21.03	19.67
图书档案文博人员	147	0.17	261	0.30	0.22	0.39	4.00	6.75
工艺美术人员	5	0.01	13	0.01	0.01	0.02	0.14	0.34
律师公证人员	106	0.12	109	0.12	0.16	0.16	2.88	2.82
政工人员	354	0.41	698	0.80	0.53	1.05	9.63	18.06
新闻出版人员	161	0.19	165	0.19	0.24	0.25	4.38	4.27
艺术人员	323	0.38	701	0.80	0.49	1.05	8.79	18.14

15－14　文化事业机构人员情况

（2014 年）

项　　目	机构数（个）	职工数（人）	项　　目	机构数（个）	职工数（人）
总　　计	258	1116	群众文化馆	13	207
艺术事业	12	169	文化站	198	340
艺术表演团体	7	143	文艺教育机构	0	0
艺术表演场所	4	17	其他事业单位	3	100
文艺科研机构	1	9	文物事业	19	137
图书馆事业	13	163	博物馆	13	118
公共图书馆	13	163	文物保护机构	6	19
群众文化事业	211	547			

1、总计＝艺术事业＋图书馆事业＋群众文化事业＋文艺教育机构＋其他事业单位＋文物事业

2、群众文化事业＝群众文化馆＋文化站

15－15　各县（市、区）文化事业单位数

（2014 年）　　单位：个

县　　市	艺术表演团体	艺术表演场所	文　化　馆	公共图书馆	博物（纪念）馆
总　　计	6	4	13	13	13
信州区	1	0	1	1	1
上饶县	1	0	1	1	1
广丰县	0	0	1	1	1
玉山县	1	1	1	1	1
铅山县	0	0	1	1	1
横峰县	0	1	1	1	1
弋阳县	1	1	1	1	1
余干县	0	1	1	1	1
鄱阳县	0	0	1	1	1
万年县	0	0	1	1	1
德兴市	1	0	1	1	1
婺源县	1	0	1	1	1
市　　级	0	0	1	1	1

15－16 各县(市、区)文化事业单位业务情况

(2014 年)

县 市	艺术表演团体演出场次(场)	艺术表演团体演出观众人数(千人次)	群艺、文化馆组织文艺活动(次)	公共图书馆总藏书量(千册)	博物(纪念)馆文物藏品(件)
总 计	1478	1201.7	511	1970.7	20330
信州区	203	481	263	170.2	1093
上饶县	200	50	12	57.2	550
广丰县	0	0	8	57	67
玉山县	266	53.2	9	90.5	1161
铅山县	0	0	4	67	893
横峰县	0	0	5	60	67
弋阳县	492	520	26	139.8	238
余干县	0	0	17	72	1562
鄱阳县	0	0	30	100	1473
万年县	0	0	38	56.3	1501
德兴市	146	12	17	113.5	1252
婺源县	171	85.5	12	85.2	10384
市 级	0	0	70	902	89

15－17 卫生机构、床位和各类人员数

项 目	2013 年	2014 年
机构数总计(个)	1055	1054
床位数总计(张)	21993	31399
人员数总计(人)	28831	28813
卫生技术人员合计	24345	24627
执业医师	7335	7416
执业助理医师	1672	1789
注册护士	9748	10018
药师(士)	1539	1560
技师(士)	1700	1710
其他	2351	2134
其他技术人员	1188	1091
管理人员	1231	987
工勤人员	2067	2108

其中:卫生技术人员＝执业医师＋执业助理医师＋注册护士＋药师＋技师＋其他;人员总计＝卫生技术人员＋其它技术人员＋管理人员＋工勤人员

15－18 各类卫生机构基本情况

（2014年）

分组	机构数（个）	床位数（张）	人员合计（人）	#卫生技术人员	#医生
总计	1054	31399	28813	24627	9205
一、医院合计	113	16211	17796	15126	5064
综合医院	84	11991	13558	11575	3866
中医医院	12	2362	2467	2200	787
专科医院	17	1858	1771	1351	411
#精神病医院			564	444	118
骨科医院			145	114	45
二、社区卫生服务中心（站）	70	422	889	779	297
三、卫生院合计	239	13406	6247	5479	2264
四、门诊部	27	86	199	189	78
五、诊所.卫生所.医务室	518		706	667	565
六、急救中心（站）	1		8	6	1
七、采供血机构	1		79	58	2
八、专科疾病防治院（所、站）	18	605	713	579	268
#血吸虫病防治所、站					
皮肤病与性病防治所（站、中心）					
九、疾病预防控制中心（防疫站）	12		506	385	166
十、妇幼保健院（所、站）	13	669	875	755	314
十一、卫生监督所	12		213	180	
十二、健康教育所（站、所）					
十三、其他卫生机构	30		582	424	186

15－19 体育事业基本情况

（2014 年）

指标	数值	指标	数值
体委机关职工合计(人)	183	少年儿童业余体育学校情况	
公务员	65	学校(所)	9
教练员	39	在校学生数(人)	930
医生	2	专职教练员(人)	39
文化教师	35	各类体育培训班人数(人)	30000
管理人员	26	教练员	
工勤人员	13	裁判员	
其他人员	3	学校体育教师	
等级运动员发展人数(人)	62	体育干部	
国家运动健将		举办运动会或比赛	
# 女		# 举办现代运动会次数	46
一级		举办民间比赛次数	95
# 女		举办全民健身活动情况	
二级	62	# 举办全民健身活动次数	
# 女	16	# 1000 人以上的活动	
三级		参加活动人数	
# 女		国际体育活动情况	
少年级		# 出访起数	
# 女		出访人次	
等级裁判员发展人数(人)	219	《国家体育锻炼标准》施行情况	
国际裁判		应参加达标学校数	
# 女		应参加达标校活动学生数	
国家级		达标学生数	
# 女		其他体育场所使用情况	
一级	10	使用个数(个)	245
# 女	5	使用场次(场次)	141000
二级	209		
# 女	101		
三级			
# 女			

15－20 广播电视事业发展情况

指　　标	单　位	2013 年	2014 年
广播电视			
广播电台	(座)	12	12
节目套数	(套)	12	12
全年广播剧播出部数	(部)	3	3
全年广播剧播出集数	(集)	30	32
中短波广播发射台	(座)	1	1
广播人口覆盖率	(%)	98.58	98.63
# 农村广播人口覆盖率	(%)	98.33	98.33
电视台	(座)	12	12
节目套数	(套)	13	13
全年电视剧播出部数	(部)	860	873
全年电视剧播出集数	(集)	20516	29320
电视转播发射台数	(座)	51	51
电视人口覆盖率	(%)	98.71	98.7
# 农村电视人口覆盖率	(%)	98.59	98.59
广播电视卫星发射站	(座)	44500	45000
有线电视入户率	(%)	48.88	49.28
农村有线电视入户率	(%)	38.71	38.76

15－21 婚 姻 登 记 情 况

（2014 年）

县　　市	准予登记结婚（对）	初　婚　数（人）	再　婚　数（人）	准予登记离婚（对）
全　　市	81450	148422	14470	11037
信　州　区	4375	7368	1382	1027
上　饶　县	8940	16283	1597	1237
广　丰　县	12553	23562	1544	1015
玉　山　县	5617	9962	1272	899
铅　山　县	5092	9268	916	688
横　峰　县	2134	3723	545	438
弋　阳　县	4179	7528	826	663
余　干　县	11137	20971	1301	834
鄱　阳　县	17198	32186	2208	1763
万　年　县	4248	7664	832	744
德　兴　市	2612	4135	1089	916
婺　源　县	3236	5532	940	792
三清山管委会	129	240	18	21

15－22　律师、公证、调解工作基本情况

指　　　　标	2013 年	2014 年
律师工作		
律师事务所(个)	33	38
持律师职业证(人)	358	368
# 专职律师	338	348
兼职律师	20	20
聘请担任常年法律顾问的单位(家)	1025	912
民事代理(件)	3885	2670
刑事辩护(件)	1126	862
非诉讼事件(件)	526	468
公证工作		
公证处(个)	13	13
公证人员(人)	70	79
# 公证员	37	39
办理国内公证事项(项)	13504	12212
办理涉外公证(项)	1934	2377
人民调解工作		
专职司法助理员(人)	458	553
人民调解委员会(个)	3857	3781
调解人员　　(人)	21800	20433
调解民间纠纷　　(件)	20678	19609
调解成功率　　(%)	98.2	97.7

15－23　各县(市、区)火灾、交通事故情况

(2014年)

县　市	火灾情况				交通事故情况			
	起数(起)	死亡(人)	伤人(人)	损失(万元)	次数(次)	死亡(人)	伤人(人)	损失(万元)
合　计	546	2	2	1279	274	95	251	106.98
信州区	69		2	174	77	11	74	1.12
经开区	—	—	—	—	1	0	1	0.00
上饶县	54			132.1	35	12	28	2.79
广丰县	23			90.6	18	10	9	2.83
玉山县	44			60.20	29	7	37	66.17
铅山县	35			51	8	8	8	2.53
横峰县	22			24.4	4	2	4	0.76
弋阳县	59	1		119.3	30	8	29	11.52
余干县	82			130.3	11	9	3	4.98
鄱阳县	72			307	23	13	18	7.62
万年县	44			53	1	1	0	1.22
德兴市	33	1		93.6	11	8	10	0.64
婺源县	9			43.5	26	6	30	4.81

15-24 环境保护、园林绿化情况

指　　标	2013年	2014年
一、环境保护		
环境保护投资(万元)	41191	22560.0
工业废水排放总量(万吨)	4799.9	5047.9
工业废气排放总量(万标立方米)	10576672	12129936
废气中二氧化硫(吨)	34385.9	35431.5
# 去除率(%)	76.5	68.6
工业烟粉尘排放量(吨)	40046.5	36088.1
工业固体废物产生量(万吨)	5104.1	4679.3
工业固体废物综合利用率(%)	18.38	18.97
工业固体废物处置率(%)	2.69	1.8
二、园林绿化		
建成区面积(平方公里)	222.79	231.99
城市绿化覆盖率 (%)	48.24	47.16
城市绿地率 (%)	43.12	42.16
人均公共绿地面积 (平方米)	14.81	14.76

备注:1.环境保护投资仅为环保系统掌握的全市工业污染治理项目建设投资。

2.从2011年起,“烟尘排放量”改为“工业烟粉尘排放量”,所以2010年数据中,只包括烟尘排放量。

3.从2011年起,“工业固体废物处置率”指标未将工业固体废物贮存纳入处置方式。

15－25 社 会 福 利 事 业

（2014 年）

项　　目		合　计	项　　目		合　计
一、社会福利院（国家）	（个）	17	八、社会救济		
年末职工人数	（人）	309	（一）城镇		
床位数	（张）	2847	1、城市居民最低生活保障人数	（人）	114572
年末在院人数	（人）	2011	2、城市居民最低生活保障家庭数	（户）	60423
二、光荣院	（个）	64	3、城市临时救济人次数	（人次）	3524
年末职工人数	（人）	411	（二）农村		
床位数	（张）	3670	1、农村低保情况		
年末在院人数	（人）	3218	（1）农村居民最低生活保障人数	（人）	269585
三、工商登记福利工厂	（个）	51	（2）农村居民最低生活保障家庭数	（户）	144561
职工人数	（人）	6597	2、农村定期救济情况		
四、集体所有制社会福利厂	（个）		（1）农村定期救济人数	（人）	
职工人数	（人）		（2）农村传统救济人数	（人）	
五、烈士纪念建筑管理单位	（个）	5	3、农村临时救济人次数	（人次）	6821
职工人数	（人）	34	（三）农村医疗救助总人次数	（人次）	358861
六、救助管理站	（个）	4	（1）农村大病医疗救助人数	（人次）	58351
职工人数	（人）	38	（2）民政部门资助参医疗救助人数	人	300510
七、殡仪馆单位数	（个）	11	（四）城市医疗救助人数	人次	77144
职工人数	（人）	265			

15－26 城市建设基本情况

（2014 年）

指　　标	单　位	上饶市	其中:信州区
年末城市人口	（万人）	190.7	52.8
城区(县城)面积	（平方公里）	314.9	61.9
城市建成区面积	（平方公里）	232.0	49.8
供水管道长度	（公里）	2321.5	375.0
供水总量	（万立方米）	13484.1	4038.7
# 生活用	（万立方米）	6840.5	1433.4
用水人口	（万人）	189.7	40.4
天然气供应量	（万立方米）	1351.8	1035.7
# 生活用	（万立方米）	788.1	533.4
液化气供应量	（吨）	47394.1	14488.0
# 生活用	（吨）	36704.0	9581.0
污水年排放量	（万立方米）	10476.0	3098.0
污水处理总量	（万立方米）	8510.0	3094.0
排水管道长度	（公里）	2591.8	740.8
生活垃圾清运量	（万吨）	82.4	19.9
生活垃圾处理量	（万吨）	101.0	38.9
公园面积	（公顷）	2380.7	600.0
建成区绿化面积	（公顷）	10059.7	2323.0
道路长度	（公里）	1956.7	404.1
道路面积	（万平方米）	3696.1	938.9
桥梁数	（座）	100.0	15.0
照明路灯数	（盏）	121760.0	35731.0

主要统计指标解释

普通高等学校 指按照国家规定的设置标准和审批程序批准举办，通过国家统一招生考试，招收高中毕业生为主要培养对象，实施高等教育的全日制大学、独立设置的学院和高等专科学校、短期职业大学。

成人高等学校 指按照国家有关规定审批，招收通过全国成人高教统一招生考试的具有高中毕业或同等学历的在职从业人员利用脱产、半脱产、业余或函授等多种形式对其实施高等学历教育，培养高等教育专科或本科毕业水平的专门人才，修业年限、课程设置和总学时数均按高等学历教育要求付诸实施的学校。包括广播电视大学、职工高等学校、农民高等学校、管理干部学院、教育学院、独立设置的函授学院等。

小学学龄儿童入学率 指调查范围内已入小学学习的学龄儿童占校内外学龄儿童总数（包括弱智儿童在内，但不包括盲聋哑儿童）的比重。计算公式：

$$\text{小学学龄儿童入学率} = \frac{\text{已入学的小学学龄儿童数}}{\text{校内外小学学龄儿童总数}} \times 100\%$$

专业技术人员 指已取得科学技术职称，或大学、中专的理、工、农、医科系毕业，以及国民经济各部门从工作实践中提拔，从事理、工、农医等自然科学技术的研究、教学、生产的专业人员和在机关、企业、事业中从事科学技术业务管理工作的专业人员。

工程技术人员 指在国民经济各行业从事工程技术工作的自然科学技术专业人员，包括：高级工程师、工程师、助理工程师、技术员和未评定职称的技术人员。

农业技术人员 指在国民经济各行业从事农业技术工作的自然科学技术专业人员，包括：高级农艺师、农艺师、助理农艺师、技术员和未评定职称的技术人员。包括卫生事业机构支付工资的全部固定职工和合同制职工中现任职务为卫生技术工作人员。

卫生技术人员 指在国民经济各行业从事卫生医务工作的自然科学技术专业人员，包括：正副主任医师、主任医师、医师、医（护）士和未评定职称的技术人员。

科学研究人员 指在国民经济各行业从事科学技术活动的自然科学技术专业人员，包括：正副研究员、助理研究员、研究实习员、技术员和未评定职称的技术人员。

自然科学教学人员 指在国民经济各行业从事自然科学技术方面教学活动的专业人员，包括：正副教授、讲师、助教、教师和在中学从事自然科学技术方面教学活动的人员。

文化事业机构 指从事专业文化 作和为专业文化工作服务的独立建制的单独核算的单位。不包括这些单位另外举办独立核算的其他机构和各部门的业余文化组织。

艺术表演团体 指从事戏曲、音乐、舞蹈、杂技等专业技术表演，有独立帐户，实行单独核算的团体。不包括半工半艺、半农半艺和民间职业剧团。

电影放映单位 指具有放映机器设备、固定或不固定的放映场所与专职或兼职的放映技术人员，经有关部门登记批准，经常为一定的观众对象放映电影的机构。包括经批准对外开放进行营业，并与电影发行放映管理机构分帐的专用放映单位和军委系统租片单位。

艺术表演观众人数（人次） 指售票、包场演出或民族地区免费演出的艺术表演观众人次数。不包括彩排审查和内部观摩演出的观看人次数。

医院 指名称为医院，设有固定床位能收容病人住院并能为病人提供医疗、护理服务的医疗机构。

包括县及县以上医院、农村乡卫生院、其他医院三部分。按所属性质分为卫生部门、工业及其他部门、集体经济单位三类。其中县及县以上医院按业务性质分为综合医院和专科医院。

医生 指经卫生部门审查合格,从事医疗工作的专业人员。分为中医医生和西医医生,包括卫生技术人员中的中医师、西医师、中西医结合的高级医师、中医士、西医士和其他中医。

等级运动员人数 指经考核正式批准授予等级运动员称号的人数。运动员等级分为国际级运动健将、运动健将、一级运动员、二级运动员、三级运动员、少年级运动员。

等级裁判员人数 指经考核正式批准授予等级裁判员称号的人数。裁判员等级分为国际裁判、国家裁判、一级裁判、二级裁判、三级裁判。

运动场 指有400米跑道(中心含足球场)和固定道牙,跑道6条以上,没有固定看台的室外田径场地。

体育场 指有400米跑道(中心含足球场)和固定道牙,跑道6条以上,并有固定看台的室外田径场地。以看台空纳观众人数分:甲级25000人以上,乙级15000-25000人,丙级5000-15000人,丁级5000人以下,共四级。

律师 指受聘参加法律顾问处工作,担任法律顾问、刑(民)事代理人、刑事辩护人、办理非诉讼事件、解答法律询问、代写法律事务文书等主要律师业务的专职法律工作者和兼职律师。

公证人员 指在国家公证机关依法办理公证事务的司法人员。包括公证员、助理公证员和在公证处工作的其他人员。

办理公证文书 公证处在年内办结的公证文书件数。公证文书系按司法部规定或批准的格式制作。包括国内公证和涉外公证两部分。其中国内公证分为经济合同公证和民事法律关系公证两大类。

调解人员 在人民调解委员会担任调解民间一般民事纠纷和轻微违法行为所引起的纠纷的工作人员,包括调解委员会的委员和调解小组的调解员。

调解民间纠纷 指调解委员会依照法律规定,根据自愿原则,用说服教育的方法调解民间发生的有关民事权利和义务的争执,促成当事双方达到协议和谅解,解决纠纷。包括婚姻家庭纠纷,财产权益纠纷等。不包括法院受理调解的民事案件数。

社会福利事业单位 指集中收养社会孤、老、残、幼的机构。包括由民政部门管理的社会福利院、儿童福利院、精神病人福利院和城镇集体办的福利院,以及农村集体举办的敬老院。

社会福利事业单位收养人数 包括民政部门管理的和城镇及农村集体举办的社会福利事业单位中收养的老人、少年儿童、缺乏生活自理能力的残疾人员和精神病人。

劳保福利费用总额 指各单位在工资以外实际支付给职工个人和用于集体的劳动保险和福利费用,不包括用于职工的劳动保护费用。从企业来讲劳保、福利费不仅包括由职工福利基金支出的部分,而且还包括由企业营业外支出,企业基金或利润留成、工会文教费、企业管理费支出的部分。预算单位包括由职工福利费、公务费、差额补助费等支出部分。具体包括有:(1)退休离休退职费。(2)医疗卫生费。(3)职工死亡丧葬费和职工因病或非因工死亡的丧葬补助费、供养直系亲属的抚恤费、救济费和供养直系亲属的死亡丧葬补助费、救济费等。(4)职工生活困难补助。(5)文娱体育宣传费。(6)集体福利事业的补贴费。(7)集体福利设施费。

十六、江西省及兄弟市对比资料

本篇资料整理、校对

何　莉、王忠诚

16－1 各设区市行政区划、人口和土地面积

（2014 年）

地　　区	设区市（个）	县级市（个）	县（个）	市辖区（个）	年末总人口（万人）	#城镇人口	年平均人口（万人）	人口自然增长率（‰）	土地面积（平方公里）
江西省	11	10	70	20	4542.16	2281.07	4532.15	6.98	166933
南昌市	1		4	5	524.02	371.32	521.22	6.78	7194
景德镇市	1	1	1	2	162.98	101.50	162.46	6.85	5261
萍乡市	1		3	2	189.00	122.11	188.58	7.03	3830
九江市	1	2	9	2	480.69	236.02	479.82	7.02	19078
新余市	1		1	1	116.08	78.27	115.82	6.88	3161
鹰潭市	1	1	1	1	114.76	62.23	114.50	6.86	3560
赣州市	1	1	15	2	850.75	374.24	849.28	6.98	39363
吉安市	1	1	10	2	488.12	217.94	487.37	7.04	25283
宜春市	1	3	6	1	549.33	237.75	548.55	7.05	18668
抚州市	1		10	1	397.66	172.98	396.95	7.04	18799
上饶市	1	1	10	1	668.80	306.71	667.61	7.02	22736

16－2 各设区市生产产值

（2014 年）

地 区	地区生产总值	第一产业	第二产业	第三产业	人均生产总值
江西省	15714.63	1683.72	8247.93	5782.98	34674
南昌市	3667.96	162.72	2017.01	1488.23	70373
景德镇市	738.21	53.78	428.91	255.52	45438
萍乡市	864.95	58.48	509.99	296.48	45867
九江市	1779.96	131.38	984.95	663.63	37097
新余市	900.27	52.59	520.43	327.25	77730
鹰潭市	606.98	46.58	372.25	188.15	53011
赣州市	1843.59	282.58	843.42	717.60	21708
吉安市	1242.11	204.05	634.30	403.77	25486
宜春市	1522.99	224.16	824.58	474.25	27764
抚州市	1036.77	166.48	532.86	337.43	26118
上饶市	1550.24	213.26	779.01	557.97	23221

16－3　各设区市生产总值指数

（上年＝100）

地　区	地区生产总值	第一产业	第二产业	第三产业	人　均生产总值
江西省	109.7	104.7	110.9	109.1	109.2
南昌市	109.8	104.6	111.5	107.8	108.7
景德镇市	108.8	103.9	110.1	107.1	108.1
萍乡市	108.6	104.5	109.6	107.2	108.1
九江市	110.3	105.2	111.0	110.2	109.9
新余市	108.8	104.5	110.6	105.6	108.3
鹰潭市	109.7	104.8	111.3	107.4	109.3
赣州市	110.0	105.0	112.2	109.1	109.6
吉安市	110.2	105.3	110.2	112.7	109.9
宜春市	110.0	104.3	114.7	102.5	109.7
抚州市	109.8	104.9	111.2	110.1	109.5
上饶市	109.9	104.5	111.2	110.0	109.5

16－4 各设区市农业总产值

（2014年，按当年价格计算）

地区别	农业总产值（亿元）	农业产值	林业产值	牧业产值	渔业产值	服务业产值
江西省	2726.54	1144.08	274.18	814.88	400.65	92.74
南昌市	283.63	104.44	3.47	104.42	65.50	5.80
景德镇市	82.67	44.62	5.91	21.92	6.24	3.98
萍乡市	91.04	34.24	7.10	42.51	6.52	0.67
九江市	233.80	102.82	13.85	49.06	61.10	6.97
新余市	89.55	41.08	13.00	23.43	9.43	2.61
鹰潭市	75.29	28.19	4.41	32.29	9.28	1.12
赣州市	460.79	217.84	30.94	151.58	51.85	8.58
吉安市	350.40	169.63	42.62	93.81	37.57	6.78
宜春市	398.29	176.49	38.47	133.93	46.07	3.33
抚州市	313.14	185.20	14.75	77.41	29.70	6.08
上饶市	347.94	139.17	28.30	94.81	77.34	8.33

16－5 各设区市规模以上工业主要经济指标

（2014 年）

地区	企业单位数（个）	工业增加值		主营业务收入		利润税金		工业经济效益综合指数（%）
		总量（亿元）	比上年增长（%）	总量（亿元）	比上年增长（%）	总量（亿元）	比上年增长（%）	
江 西 省	8271	6833.72	11.8	30597.12	13.0	3358.71	14.4	339.33
南 昌 市	1086	1380.64	11.9	5072.23	13.0	566.24	22.2	330.15
景德镇市	305	243.88	11.3	1046.80	10.1	91.52	8.2	290.73
萍 乡 市	660	420.50	9.8	1641.98	7.4	278.33	7.4	395.03
九 江 市	1121	945.53	12.5	4731.09	19.8	485.50	15.3	389.96
新 余 市	307	331.46	11.3	1670.53	7.3	106.49	7.7	315.03
鹰 潭 市	217	340.21	11.2	3396.43	10.7	172.70	2.9	468.27
赣 州 市	1095	751.94	12.4	3002.79	14.9	330.04	9.9	308.96
吉 安 市	963	688.64	12.5	2809.60	15.9	367.22	17.6	412.61
宜 春 市	953	762.70	12.4	3168.99	12.4	424.81	14.3	327.25
抚 州 市	823	315.21	11.7	1473.36	14.8	159.87	19.5	345.42
上 饶 市	741	653.00	12.1	2613.31	8.0	375.99	16.6	393.78

注:本表数据为快报数

16-6 各设区市500万元以上项目固定资产投资

(2014年)

地区	投资完成额(亿元)			比上年增长(%)		
	固定资产投资	工业投资	房地产开发投资	固定资产投资	工业投资	房地产开发投资
江西省	14646.31	7906.91	1322.49	17.8	10.8	12.6
南昌市	3427.37	1392.68	414.07	18.3	12.1	2.0
景德镇市	622.54	451.51	36.97	15.6	10.0	-13.4
萍乡市	906.09	619.58	37.17	9.5	-3.4	52.5
九江市	1812.22	1248.22	129.18	20.2	18.9	71.6
新余市	747.49	430.96	28.62	6.2	7.7	-31.1
鹰潭市	464.23	246.36	44.94	17.8	1.0	22.7
赣州市	1608.71	621.45	230.34	20.9	14.4	17.1
吉安市	1270.12	772.80	66.10	19.3	14.2	6.2
宜春市	1354.85	841.37	110.73	20.5	15.9	9.6
抚州市	939.25	541.87	98.88	18.3	9.0	21.5
上饶市	1343.33	738.17	125.48	15.3	8.4	17.5

16-7 各设区市城乡居民人均收入和消费支出

（2014年）　　单位：元

地区	城镇居民可支配收入	农村居民可支配收入	城镇居民生活消费支出	农村居民生活消费支出
江西省	24309	10117	15142	7548
南昌市	29091	12414	19628	7896
景德镇市	26625	11547	16792	8282
萍乡市	26019	12769	17166	9009
九江市	25077	10139	15718	7922
新余市	27626	12831	17190	9208
鹰潭市	24591	11350	15088	8478
赣州市	22935	6946	14661	5867
吉安市	24797	9262	15121	6953
宜春市	23221	10526	14182	8089
抚州市	23101	10410	13459	6678
上饶市	24656	9102	13891	6304

16－8　各设区市财政、金融及其他

（2014年）

地区	公共财政预算收入（亿元）	公共财政预算支出（亿元）	人民币各项存款余额（亿元）	储蓄存款余额	人民币各项贷款余额（亿元）	在岗职工年平均工资（元/人）	社会消费品零售总额（亿元）
江西省	1881.83	3882.70	21513.08	10788.62	15458.18	47299	5292.63
南昌市	342.21	473.16	7271.56	2147.24	6321.33	51851	1474.75
景德镇市	82.15	149.30	744.25	442.23	423.76	40989	247.53
萍乡市	94.20	156.55	681.58	407.94	451.71	43358	275.05
九江市	213.66	383.53	1864.54	1046.28	1219.24	44403	512.22
新余市	89.92	131.50	698.74	362.70	598.75	46936	197.20
鹰潭市	73.39	114.99	550.13	290.82	377.77	47291	155.45
赣州市	225.31	536.27	2881.77	1728.00	1923.98	45127	649.65
吉安市	142.57	308.69	1696.34	1119.17	876.86	43173	351.64
宜春市	190.32	346.71	1915.90	1169.59	1098.82	41463	471.90
抚州市	116.38	255.79	1264.37	832.62	755.92	45714	391.59
上饶市	194.21	384.61	1906.36	1240.87	1234.10	43561	565.67

16－8 续表 1

地　区	进出口总额		出口额		实际利用外资	
	绝对数（万美元）	比上年增长（%）	绝对数（万美元）	比上年增长（%）	绝对数（万美元）	比上年增长（%）
江西省	4273082	16.4	3202532	13.7	845074	11.9
南昌市	1222244	25.9	841744	15.2	232115	9.7
景德镇市	78401	－30.1	75818	－30.8	15507	10.4
萍乡市	148665	8.5	146220	8.7	28012	9.9
九江市	576755	21.8	464239	15.2	145006	17.8
新余市	204586	－1.5	126425	17.9	34561	10.0
鹰潭市	412473	－6.2	88741	－5.9	21566	12.2
赣州市	390028	18.3	319991	9.8	122204	10.4
吉安市	442628	24.3	402013	21.0	78583	14.8
宜春市	238265	20.2	222694	21.6	58504	10.0
抚州市	155417	23.4	153956	23.5	25104	13.7
上饶市	403620	26.8	360692	18.3	83912	10.8

16－9　闽浙皖赣毗邻十市主要经济指标

（2014 年）

市名	行政区划土地面积（平方公里）	年末总人口（户籍，万人）	年末总人口（常住，万人）	地区生产总值		第一产业增加值	
				总额（亿元）	为上年（%）	总额（亿元）	为上年（%）
福建省							
南平市	26280	319.19	262.00	1232.56	109.6	271.61	105.2
浙江省							
金华市	10942	475.07	543.70	3208.20	108.3	138.56	102.3
衢州市	8845	255.67	212.40	1115.10	107.2	82.64	101.4
丽水市	17298	265.65	213.10	1051.75	107.0	88.56	102.5
江西省							
景德镇市	5256	167.84	162.98	738.21	108.8	55.25	104.5
鹰潭市	3560	126.90	114.76	606.98	109.7	46.58	104.8
上饶市	22791	773.09	668.80	1550.24	109.9	213.26	104.5
抚州市	18799	427.50	397.66	1036.77	109.8	173.74	104.9
安徽省							
黄山市	9807	147.69	136.30	507.17	107.6	54.60	104.2
宣城市	12313	279.84	257.40	917.63	109.0	117.92	104.4

16－9　续表 1

市名	第二产业增加值		工业增加值		第三产业增加值		人均地区生产总值	
	总额（亿元）	为上年（%）	总额（亿元）	为上年（%）	总额（亿元）	为上年（%）	总额（常住，元）	为上年（%）
福建省								
南平市	543.65	111.5	403.86	111.4	417.31	109.2	47044	109.8
浙江省								
金华市	1508.36	107.8	1302.05	107.7	1561.29	109.4	59056	108.0
衢州市	558.90	106.3	481.57	106.0	473.56	109.5	52500	107.1
丽水市	505.57	106.5	433.37	105.8	457.63	108.4	49459	106.6
江西省								
景德镇市	428.91	110.1	376.27	110.5	254.06	107.0	45438	108.1
鹰潭市	372.25	111.3	343.80	111.1	188.15	107.4	53011	109.2
上饶市	779.01	111.2	646.70	111.8	557.97	110.0	23221	109.5
抚州市	534.89	111.1	443.35	111.1	328.14	110.2	26119	109.4
安徽省								
黄山市	243.19	107.9	185.55	109.0	218.38	108.0	37306	107.4
宣城市	471.64	110.4	400.45	110.9	328.1	108.4	35726	108.6

16－9 续表 2

市名	农林牧渔业总产值（现价，亿元）	规模以上工业总产值（现价，亿元）	利税总额（亿元）	# 利润总额（亿元）	社会消费品零售总额（亿元）	出口总额（亿美元）	当年实际利用外资金额（亿美元）
福建省							
南平市	462.86	1655.03	111.80	63.39	451.70	13.02	1.20
浙江省							
金华市	223.00	4585.87	406.30	253.74	1592.70	396.71	2.78
衢州市	138.67	1541.40	145.92	90.93	503.79	28.85	0.70
丽水市	136.39	1839.23	196.44	144.74	476.35	26.37	1.78
江西省							
景德镇市	82.67	1083.53	91.52	48.42	239.88	7.58	1.55
鹰潭市	75.29	2073.92	180.57	106.33	150.65	8.87	2.16
上饶市	347.94	2611.74	384.59	238.03	565.67	36.07	8.39
抚州市	313.14	1464.10	159.87	88.81	379.50	15.40	2.51
安徽省							
黄山市	91.71	565.45	37.63	24.62	253.40	8.20	2.80
宣城市	213.59	1705.52	177.59	119.84	342.26	15.88	6.85

16－9 续表 3

市名	固定资产投资额（亿元）	财政总收入（亿元）	公共财政预算收入（亿元）	城乡居民储蓄存款余额（亿元）	农村居民人均可支配收入（元）	城镇居民人均可支配收入（元）	居民消费价格指数（上年＝100）
福建省							
南平市	1451.07	118.30	80.99	685.21	11252	24074	102.0
浙江省							
金华市	1594.79	461.40	268.87	3232.66	18544	39807	102.4
衢州市	782.10	126.82	80.32	792.73	15354	30583	102.5
丽水市	665.08	135.02	80.96	1035.59	13635	30413	102.6
江西省							
景德镇市	622.54	101.52	82.15	443.60	11547	26625	102.4
鹰潭市	464.23	101.66	73.39	290.82	11350	24591	102.4
上饶市	1343.33	262.61	194.21	1240.87	9102	24656	102.3
抚州市	957.25	150.07	116.38	834.31	10410	23101	103.2
安徽省							
黄山市	551.67	90.24	68.00	504.63	10942	24194	102.1
宣城市	1140.12	174.93	120.22	627.47	11251	26289	101.3

中国统计出版社最新图书简目

（仅供参考，以实际出版为准）